中华人民共和国出版史料
（一九七六年十月至一九七八年十二月）

中国新闻出版研究院　编

中国书籍出版社
·北京·

图书在版编目（CIP）数据

中华人民共和国出版史料.第15卷／中国新闻出版研究院编.
—北京：中国书籍出版社，2013.12
ISBN 978-7-5068-3834-4

Ⅰ.①中… Ⅱ.①中… Ⅲ.①出版工作—史料
—中国—1976～1978 Ⅳ.①G239.297

中国版本图书馆CIP数据核字（2013）第269513号

中华人民共和国出版史料.第15卷
中国新闻出版研究院　编

责任编辑	方厚枢　于建平
责任印制	孙马飞　张智勇
封面设计	陆本瑞
出版发行	中国书籍出版社
地　　址	北京市丰台区三路居路97号（邮编：100073）
电　　话	（010）52257143（总编室）　（010）52257153（发行部）
电子邮箱	chinabp@vip.sina.com
经　　销	全国新华书店
印　　刷	北京京海印刷厂
开　　本	880毫米×1230毫米　1/32
字　　数	407千字
印　　张	16.25
版　　次	2013年12月第1版　2013年12月第1次印刷
书　　号	ISBN 978-7-5068-3834-4
定　　价	47.00元

版权所有　翻印必究

| 顾　问 | 王　益　许力以　王仿子　刘杲 |

主　编	袁　亮
副主编	魏玉山　陆本瑞　方厚枢　邓从理
	余甘澍
本卷执行主编	方厚枢

| 编辑部办公室 | 主　任　魏玉山(兼) |
| | 成　员　丘　淙　李文娟 |

编辑说明

为系统地全面地总结和研究建国四十多年来，特别是中国共产党第十一届三中全会以来，出版工作在马列主义、毛泽东思想和邓小平同志建设有中国特色社会主义理论指导下的发展历程、取得的巨大成就和基本经验，以及受"左"的和右的思想影响而产生的教训，以便作好当今的出版工作，1992年，经王仿子同志建议，并报新闻出版署批准，我们开始编纂这套史料集。

本史料集选收史料的时间从1949年中华人民共和国成立到1991年12月止。为完整地反映出版历史，对建国前夕我党领导出版工作的重要史料适当收入。本史料集视史料多少按年分卷出版。

本史料集收入范围包括：

①中共中央、全国人大、国务院（政务院）、中央宣传部、国家文委、出版总署、文化部、国家出版局、新闻出版署、国家版权局等领导机关历年颁发的有关出版工作的重要文件、法令、法规等。

②中央宣传部、国家文委、出版总署、文化部、国家出版局、新闻出版署、国家版权局召开重要会议的文件及领导同志的讲话、报告等。

③出版总署、文化部、国家出版局、新闻出版署、国家版权局向上级的工作请示报告和上级的批示及重要的事业规划、工作计划、调查报告等。

④党和国家领导人（指中共中央政治局常委、国家主席、人

大委员长、政府总理)有关出版工作的讲话、指示、题词等。

⑤《人民日报》《光明日报》《红旗》杂志(后为《求是》杂志)发表的有关出版工作的社论、评论及重要文章。

⑥出版、印刷、发行等方面重要的统计资料、有价值的出版史料、出版大事等。

本史料集以历史唯物主义为指导,坚持实事求是的原则,凡在当时起过一定作用,有较大影响的文件、法规、领导人讲话、题词等,本书尊重历史,保持原貌,一般不加改动和删节。会议记录和个别调查报告,作了一些删节。

本书史料按时间顺序排列,个别会议、事件等专题史料,为便于读者了解来龙去脉,适当集中编排。

凡篇名前加*者,该标题为编者所加。

本史料集中所提及的人民币,1955年3月1日前,均为旧币。

本书大部分史料是根据中央档案馆、文化部档案室、新闻出版署档案室提供的档案资料、及中国出版科学研究所(2010年改为中国新闻出版研究院)、出版界老同志等保存的早期资料刊印。对史料中的错字、漏字、衍字均标出[ ]号加以订正或增补,对模糊不清的字以□号代替,对有明显错误的标点作了校正。

由于时间仓促,编者水平有限,本史料集在收文方面有遗漏和编排不当之处,请予指正。

《中华人民共和国出版史料》
编辑部
1995年5月

本卷编辑说明

一、本卷选编的是 1976 年 10 月至 1978 年 12 月的出版史料。

二、在本卷涵盖的这个时期,林彪、江青两个反革命集团利用毛主席的错误,制造的一些重大冤案尚未平反,故在少数几篇出版史料中,仍含有点名批判和诬陷刘少奇等中央领导同志的内容。我们为了保存历史真相,仍按原样编排。

三、在本卷收入的揭发批判"四人帮"的史料中,涉及个别领导人、知识界及其他界人士。后来其中有些人又出来工作了。我们也按原样保留相关史料,不作技术处理。

四、在本卷史料中,仍有许多"文革"中流行的错误观点和提法。为了保留历史原貌,我们均不作改动。只对一件史料中,有三段文字极度赞扬"文化大革命"的"伟大胜利",我们作了删节处理,并予注明。

我们编纂的《中华人民共和国出版史料》,从 1991 年中国出版科学研究所根据王仿子同志建议提出编纂报告、并经新闻出版署批准开始,到 2013 年出版本卷,共历时 22 年,共出版 15 卷,涵盖了新中国建立后,从 1949 年到 1978 年的共 30 年的出版史料。到此,我们完成了这套史料的第一阶段的编纂任务。以后,计划编纂的将是改革开放时期的出版史料了。后续的编纂工作何时启动,要视出版档案逐步解密的情况来决定了。

这套史料的第 1 卷至第 13 卷,是中国出版科学研究所和中央档案馆共同编纂的。第 14 卷和第 15 卷,是由中国新闻出版研究院(中国出版科学研究所 2010 年改名为中国新闻出版研究院)独立编纂的。从第 1 卷至第 15 卷,均由中国书籍出版社出版。在此,我们对相关单位的领导和同志表示感谢。在我们编纂这套史料的过程中,得到广大读者的关注和鼓励,在此致以谢忱,并望继续赐教。

本书编辑部
2013 年 10 月

中华人民共和国出版史料

(1976年10月至1978年12月)

目 录

编辑说明
本卷编辑说明

1976年10月—12月

中共中央关于出版《毛泽东选集》和筹备出版《毛泽东全集》的决定(1976年10月8日)……………………………………(1)
国家出版局领导小组关于停止发行《评<论全党全国各项工作的总纲>》等三本小册子的请示报告(1976年11月6日) …(3)
　　附件一：张春桥给迟群、谢静宜的信(1976年8月12日)
　　………………………………………………………………(4)
　　附件二：国家出版局关于三本批邓小册子印制情况的报告
　　　　　(1976年8月18日)…………………………………(5)
　　附件三：国家出版局关于三本批邓小册子各地印数的报告
　　　　　(1976年8月21日)…………………………………(7)
中共中央办公厅材料组关于出版《毛泽东选集》第五卷的报告(1976年12月25日)………………………………………(9)
　　附：国家出版局领导小组关于《毛泽东选集》第五卷出版准

1

备工作的请示报告(1976年12月11日) ············(10)

附:中央统战部、国家出版局关于《毛泽东选集》第五卷少数民族文版翻译出版工作的请示报告(1976年12月5日)
············(12)

1977年

国家出版局领导小组关于涉及"四人帮"反党集团图书处理工作的请示报告(1977年1月6日) ············(15)

围绕鲁迅著作出版问题的一场搏斗——揭露"四人帮"破坏鲁迅著作出版工作的罪行(1977年1月18日) ············(19)

国家出版局关于《毛泽东选集》第五卷准备工作和召开全国印制发行工作会议的通知(1977年2月3日) ············(28)

国家出版局、铁道部、邮电部、交通部、民航总局关于认真做好《毛泽东选集》第五卷发运工作的联合通知
(1977年2月11日) ············(31)

国家出版局、供销合作总社关于向广大农村发行《毛泽东选集》第五卷的联合通知(1977年2月15日) ············(33)

国家出版局关于印发《毛泽东选集》第五卷印制质量要求和做好发行工作意见的通知(1977年3月9日) ············(35)

附:《毛泽东选集》第五卷印制质量要求(1977年3月5日)
············(36)

附:关于认真做好《毛泽东选集》第五卷发行工作的意见
(1977年3月5日) ············(38)

国家出版局关于出版《列宁文稿》的请示报告(1977年3月16日)
············(42)

国家出版局关于领袖像像题的请示报告(1977年3月30日)
············(43)

国家出版局关于出版《毛泽东选集》第五卷繁体字竖排本和大字

线装本有关问题的请示报告(1977年4月20日)………(44)
国家出版局关于《毛泽东选集》第五卷少数民族文版定价标准和
　亏损拨补问题的通知(1977年5月10日)…………(46)
国家计委、教育部、国家出版局、轻工业部关于大力抓好凸版纸
　生产的通知(1977年7月19日)………………………(48)
"四人帮"对出版工作的干扰破坏(1977年8月3日)………(50)
国家出版局出版部关于各出版部门对涉及"四人帮"图书清理工
　作情况汇报(1977年8月23日)……………………………(63)
财政部、国家出版局关于核定涉及"四人帮"图书报废专项资金
　的通知(1977年9月7日)………………………………(69)
国家出版局领导小组关于鲁迅著作注释出版工作的请示报告
　(1977年9月11日)…………………………………………(72)
出书跟着"四人帮"另搞一套转造成的严重后果
　(1977年9月15日)…………………………………………(74)
国家出版局关于同意荣宝斋恢复收售现代绘画原作等传统业务
　的批复(1977年9月27日)………………………………(80)
　　附:荣宝斋请求撤销《关于荣宝斋停止收售代售现代绘画原
　　　作的决定》的报告(1977年8月8日)………………(80)
　　附:收售现代书画作品试行办法……………………………(81)
科技图书出版急待加强(1977年10月4日)…………………(83)
国家出版局关于试行新闻出版稿酬及补贴办法的通知
　(1977年10月12日)………………………………………(87)
　　附:国家出版局关于新闻出版稿酬及补贴试行办法的请示
　　　报告(1977年9月2日)………………………………(88)
　　附:新闻出版稿酬及补贴试行办法(1977年9月)………(89)
国家出版局关于新闻出版用纸紧张情况的报告
　(1977年10月18日)………………………………………(92)
中共上海人民出版社委员会关于《辞海》修订工作的请示汇报

(1977年10月20日)………………………………………(96)
"评法批儒"图书泛滥成灾(1977年10月21日)……………(109)
许力以在修订《辞源》第四次协作会议上的讲话
　　(1977年10月31日)……………………………………(115)
国家出版局1978年出版事业计划要点(草案)(1977年11月30日)
　　……………………………………………………………(128)
贯彻执行党的十一大路线,尽快地把出版工作搞上去——王匡
　　在全国出版工作座谈会上的发言(1977年12月3日)
　　……………………………………………………………(133)
"四人帮"炮制出版战线两个反革命"估计"的一些情况
　　(1977年12月3日)……………………………………(156)
1971年出版工作座谈会前夕,张春桥关于"两个估计"的黑指示
　　(1977年12月3日)……………………………………(160)
国家出版局关于发去1977年《全国图书发行工作座谈会纪要》
　　的通知(1977年12月5日)……………………………(162)
　　附:全国图书发行工作座谈会纪要(1977年10月15日)
　　……………………………………………………………(162)
揭露"四人帮"对上海出版工作者的迫害——王维在全国出版工
　　作座谈会上的发言(1977年12月6日)………………(168)
粉碎"四人帮"炮制的两个反革命"估计"——陈原在全国出版工
　　作座谈会上的发言(1977年12月7日)………………(178)
外贸部关于组织中国画出口问题的报告(1977年12月13日)
　　……………………………………………………………(191)
中共中央宣传部张平化部长在全国出版工作座谈会上的讲话
　　(1977年12月16日)……………………………………(193)
中共中央宣传部朱穆之副部长在全国出版工作座谈会上的讲话
　　(1977年12月16日)……………………………………(199)
王子野在全国出版工作座谈会上的总结发言

(1977年12月17日)……………………………………(201)
坚决推倒"四人帮"横加给出版界的"两个估计"(1977年12月19日)
………………………………………………………………(207)
国家出版局1978年—1985年出书规划初步设想(草案)
　　(1977年12月)………………………………………(215)

1978年

在十一大路线指引下多出书出好书,国家出版局在京召开全国
　　出版工作座谈会(1978年1月11日)…………………(233)
胡愈之等批驳所谓"三十年代黑店"论的发言(1978年1月14日)
………………………………………………………………(236)
教育部、国家出版局关于高等学校、中等专业学校教材供应工作
　　的通知(1978年1月17日)……………………………(244)
国务院批转关于克服书刊内容重复和滥编滥印现象的报告
　　(1978年1月30日)……………………………………(247)
　　附:国家出版局关于克服书刊内容重复和滥编滥印现象的
　　　　报告(1978年1月12日)…………………………(247)
国家出版局、教育部、铁道部、邮电部、交通部关于认真做好大、
　　中、小学教材运输工作的联合通知(1978年2月1日)
………………………………………………………………(249)
国家出版局转发《关于根据十届三中全会决议精神处理有关图
　　书的请示》,请参照办理的通知(1978年2月14日)…(251)
　　附:国家出版局领导小组关于根据十届三中全会决议精神
　　　　处理有关图书的请示(1978年2月5日)…………(252)
国务院批转教育部关于高等学校教材编审出版工作的请示报告
　　(1978年2月15日)……………………………………(253)
　　附:教育部关于高等学校教材编审出版工作的请示报告
　　　　(1978年1月20日)………………………………(254)

5

附:关于高等学校教材编审出版工作若干问题的暂行规定
....(255)
国务院批转关于加快和改进词典编写出版工作的请示报告
（1978年2月17日）................................(258)
  附:国家出版局、教育部关于加快和改进词典编写出版工作
    的请示报告(1978年1月18日)................(258)
国家出版局转发《关于涉及批判南斯拉夫图书处理意见的请示》
（1978年2月28日）................................(262)
  附:国家出版局党组关于涉及批判南斯拉夫图书处理意见
    的请示(1978年2月2日)........................(262)
国务院批转关于大力加强科技图书出版工作的报告
（1978年3月7日）..................................(264)
  附:国家出版局、国家科委关于大力加强科技图书出版工作
    的报告(1978年2月22日)........................(265)
国家出版局党组对《关于中华书局·商务印书馆方针任务的请示
  报告》的批复(1978年3月7日)................(270)
  附:中共中华书局·商务印书馆临时委员会关于中华书局·
    商务印书馆方针任务的请示报告(1978年2月21日)
    ....(271)
国家出版局批转《新华书店总店关于统一年画进发工作的几项
  意见》(1973年3月23日)........................(273)
  附:新华书店总店关于统一年画进发工作的几项意见
    ....(273)
缓解"书荒"的重要措施(1978年3月—8月)........(276)
  附:读者纷纷抢购中外文学名著，强烈要求增加印数
    ....(278)
国务院批转关于全国教材出版发行工作会议的报告

(1978年4月3日) ……………………………………(283)
　　　附：教育部、国家出版局关于全国教材出版发行工作会议的
　　　　报告(1978年3月15日) ……………………………(283)
国务院批转国家计委等部门关于开展节约纸张工作的报告
　　(1978年4月12日) ……………………………………(288)
　　　附：国家计委、财政部、轻工业部、商业部、供销合作总社、国
　　　　家出版局关于开展节约纸张工作的报告
　　　　(1978年4月3日) ……………………………………(289)
王匡同志和国家计委顾明同志对今年出版事业存在几个问题的
　　谈话摘记(1978年4月15日) …………………………(295)
国务院批转国家文物事业管理局关于图书开放问题的请示报
　　告(1978年4月24日) …………………………………(298)
　　　附：国家文物局关于图书开放问题的请示报告
　　　　(1978年4月15日) …………………………………(298)
国家出版局关于转发《为出版<中国美术全集>等书的座谈会纪
　　要》的通知(1978年5月16日) ………………………(300)
　　　附：为出版《中国美术全集》等书的座谈会纪要
　　　　(1978年4月30日) …………………………………(300)
一机部、国家出版局关于调整原下放地方自行安排解决的部分
　　印刷机械产品的通知(1978年5月16日) ……………(305)
国家出版局办公会议纪要(1978年5月22日) ……………(307)
民族翻译局筹备小组关于民族翻译局筹建情况和问题的报告
(1978年5月31日) ………………………………………(309)
中共人民出版社临时委员会关于人民出版社调整组织机构的意
　　见(1978年5月) ………………………………………(314)
国家出版局关于改变五个印刷企业的领导体制和恢复中国印刷
　　公司的请示报告(1978年6月8日) …………………(320)
北京对外翻译出版处关于我处的任务和今后三年规划的请示报

7

告(1978年6月8日)……………………………………(322)
国家出版局党组对《关于人民出版社方针任务的请示报告》的
　批复(1978年6月10日)　………………………………(327)
　　附:中共人民出版社临时委员会关于人民出版社方针任务
　　　的请示报告(1978年5月27日)……………………(327)
国家出版局关于完成秋季大专教材印刷发行任务的情况汇报
　(1978年7月10日)　……………………………………(330)
国务院批转国家出版局关于加强和改进出版工作的报告
　(1978年7月18日)　……………………………………(333)
　　附:国家出版局关于加强和改进出版工作的报告
　　　(1978年6月17日)　………………………………(334)
　　附:国务院办公室有关出版地图国界线画法审查工作问题
　　　的通知(1978年10月12日)………………………(342)
国家出版局关于改变北京新华印刷厂等三个印刷企业的领导体
　制有关问题的商谈意见(1978年7月20日)　…………(343)
国家出版局关于停止试用新简化字的通知(1978年7月29日)
　………………………………………………………………(346)
中国社会科学院党组关于成立《郭沫若文集》编辑出版委员会的
　请示报告(1978年8月9日)　…………………………(347)
教育部、国家出版局关于中等专业学校政治课教材的选用和供
　应的通知(1978年8月15日)　…………………………(349)
国家科委关于出版期刊审批手续的通知(1978年8月15日)
　………………………………………………………………(350)
新华书店总店关于迅速恢复和大力加强旧书收售业务的通知
　(1978年8月17日)　……………………………………(352)
国家出版局关于重申在图书版权页上记载印数的通知
　(1978年8月18日)　……………………………………(354)
供销合作总社、国家出版局关于供销社报送存书统计数字问题

8

的规定(1978年8月28日) …………………………………(355)
新华书店总店关于加强旅游图书供应工作的通知
　　(1978年9月16日) ……………………………………(356)
国家出版局发去《关于加强科技书发行工作的意见》的通知
　　(1978年9月18日) ……………………………………(359)
　　附:关于加强科技书发行工作的意见…………………(360)
新华书店总店颁发《图书发行统计报表制度》的通知
　　(1978年9月22日) ……………………………………(366)
国务院批转关于改用汉语拼音方案作为我国人名地名罗马字母
　　拼写法的统一规范的报告(1978年9月26日) ………(367)
　　附:文改会、外交部、测绘总局、中国地名委员会关于改用汉
　　　　语拼音方案作为我国人名地名罗马字母拼写法的统一
　　　　规范的报告(1978年8月30日)……………………(368)
　　附:关于改用汉语拼音方案拼写中国人名地名作为罗马字
　　　　母拼写法的实施说明 ………………………………(370)
国家出版局关于建立北京印刷学院的请示报告
　　(1978年9月28日) ……………………………………(372)
中央宣传部关于改变期刊审批办法的通知(1978年10月4日)
　　………………………………………………………………(375)
卫生部、国家出版局关于中等卫生学校试用教材编审出版发行
　　工作的通知(1978年10月6日) ………………………(376)
国家出版局关于成立中国印刷学会的函(1978年10月11日)
　　………………………………………………………………(378)
廖井丹副部长在全国少儿读物出版工作座谈会上的讲话
　　(1978年10月17日) …………………………………(379)
解放思想,勇闯禁区,迎接少儿读物繁花似锦的春天——陈翰伯
　　同志在全国少儿读物出版工作座谈会上的讲话
　　(1978年10月18日) …………………………………(383)

国务院批转国家物价总局关于提高部分纸张出厂价格的请示报
　　告(1978年10月26日) ···(389)
　　附:国家物价总局关于提高部分纸张出厂价格的请示报告
　　　(1978年9月18日) ···(390)
《郭沫若文集》编辑出版委员会第一次会议情况汇报
　　(1978年10月27日) ···(392)
国家出版局关于调整新华书店北京发行所机构,将原北京发行
　　所改为新华书店北京发行所和新华书店储运公司的通知
　　(1978年11月6日) ··(399)
国家出版局党组关于北京盲文印刷厂改北京盲文出版社的请
　　示报告(1978年11月7日) ·····································(400)
新华书店总店关于做好专业工作者所需专业书籍供应工作的意
　　见(1978年11月8日) ··(401)
国家出版局转发《关于大力加强少年儿童读物发行工作的意见》
　　的通知(1978年11月10日) ···································(403)
　　附:新华书店总店关于大力加强少年儿童读物发行工作的意
　　　见(1978年10月) ···(403)
国家出版局印刷部关于1978年上半年全国县及县以上印刷厂
　　基本情况的汇报(1978年11月14日) ···················(406)
国家出版局关于恢复加强书目编印工作的通知(1978年11月15日)
　　··(409)
国务院转发国家出版局关于编辑出版《中国大百科全书》的请示
　　报告和补充报告(1978年11月18日) ···················(411)
　　附:国家出版局、中国科学院、中国社会科学院党组关于编
　　　辑出版《中国大百科全书》的请示报告(1978年5月21日)
　　　···(412)
　　附:国家出版局党组关于编辑出版《中国大百科全书》的补
　　　充报告(1978年10月21日) ·······························(414)

10

努力做好少年儿童读物的创作和出版工作(《人民日报》1978年
　　11月18日社论)……………………………………………(416)
国家出版事业管理局关于出版用纸提价补贴问题的请示报告
　　(1978年11月20日)………………………………………(419)
国家出版局颁发《新华书店滞销书处理的试行规定》
　　(1978年11月23日)………………………………………(421)
　　附:新华书店滞销书处理的试行规定……………………(421)
新华书店总店颁发《国营书店会计制度》的通知
　　(1978年11月25日)………………………………………(425)
国家出版局颁发《新华书店图书发运工作办法》
　　(1978年11月25日)………………………………………(426)
　　附:新华书店图书发运工作办法…………………………(427)
全国科协、国家出版局关于执行《1978—1985年全国重点科普
　　图书出版规划》的通知(1978年12月5日)……………(432)
　　附:1978-1985年全国重点科普图书出版规划 …………(433)
财政部、国家出版局关于恢复县(市)新华书店财务由省、市、自治
　　区书店统一管理的联合通知(1978年12月6日)………(440)
国家出版局对领袖像(标准像)定价问题的批复(1978年12月6日)
　　……………………………………………………………(441)
国家出版局转发《1978至1980年部分重点少儿读物出版规划》
　　的通知(1978年12月14日)………………………………(442)
　　附:1978至1980年部分重点少儿读物出版规划 ………(443)
国家出版局关于动用《毛泽东选集》储备纸的请示报告
　　(1978年12月15日)………………………………………(452)
国家出版局转发关于调整凸版纸等五种纸张价格的通知
　　(1978年12月15日)………………………………………(453)
　　附:轻工业部、商业部关于调整凸版纸等五种纸张价格的
　　　　通知(1978年11月7日)……………………………(453)

国家出版局党组关于改变建立出版社审批办法的报告
　　(1978年12月19日)·····················(456)
国务院批转关于加强少年儿童读物出版工作的报告
　　(1978年12月21日)·····················(457)
　　附：国家出版局、教育部、文化部、共青团中央、全国妇联、全
　　　　国文联、全国科协关于加强少年儿童读物出版工作的报
　　　　告(1978年12月8日)·················(458)
财政部、国家出版局关于出版用凸版纸实行定额补贴办法的通
　　知(1978年12月23日)···················(465)
国家出版局关于用新闻纸印书刊的纸张价格调整问题的通知
　　(1978年12月30日)·····················(467)

补　遗

王仿子在全国书刊印刷工作会议上的讲话
　　(1964年6月28日)·····················(468)
极左思潮在出版工作中的一些表现(彦石)
　　(1978年5月)·························(482)
中国青年出版社出版学生课外读物的情况
　　(1964年4月3日)······················(492)
全国文艺杂志的出版情况(1964年4月30日)··········(495)
总政版《毛主席语录》的出版发行情况
　　(1966年3月11日)·····················(497)
永安铁路车辆段支部书记到职工宿舍搜查没收私人藏书
　　(1966年3月11日)·····················(499)

1976年10月–12月

中共中央关于出版《毛泽东选集》和筹备出版《毛泽东全集》的决定

(1976年10月8日)

半个多世纪以来,伟大的领袖和导师毛泽东主席根据马克思列宁主义的普遍真理和革命具体实践相结合的原则,在领导我国完成新民主主义革命和进行社会主义革命、社会主义建设的伟大斗争中,在反对党内右的和"左"的机会主义路线的伟大斗争中,在反对帝国主义、以苏修叛徒集团为中心的现代修正主义和各国反动派的伟大斗争中,在各个方面继承、捍卫和发展了马克思列宁主义,丰富了马克思主义的理论宝库。毛主席的著作,是马克思列宁主义的不朽文献。出版毛主席的著作,对于我国各族人民继承毛主席的遗志,把无产阶级革命事业进行到底,对于全世界无产阶级和被压迫民族被压迫人民的解放事业,都具有伟大的现实意义和深远的历史意义。这是马克思主义发展史上的一件大事,一定要严肃认真地抓紧做好。中共中央决定:

(一)尽快出版《毛泽东选集》第五卷,并陆续出版以后各卷。在出版选集的同时,积极地筹备出版《毛泽东全集》。

(二)出版《毛泽东选集》和《毛泽东全集》的工作,由以华国锋同志为首的中共中央政治局直接领导,下设一个毛泽东主席著作编辑出版委员会,负责整理、编辑和出版的具体工作。

(三)毛主席著作的所有原件,由中共中央办公厅负责收集,保存。

中央责成各级党委将本地区、本单位保存的毛主席的一切手稿,包括文章、文件、电报、批示、书信、诗词、题词的原件,以及讲话的原始记录稿,尽快送交中央办公厅,中央办公厅应作出复制件,交提供原件的单位或个人保存。

中共中央号召全党、全军和全国各族人民,掀起一个学习马列著作和毛主席著作的新高潮,并且大力帮助收集毛主席的著作原件。中共中央希望各国马列主义政党、组织和进步团体、友好人士协助做好毛主席著作原件的收集工作。

(据国家出版局保存的原件刊印)

国家出版局领导小组关于停止发行《评〈论全党全国各项工作的总纲〉》等三本小册子的请示报告

1976年11月6日·(76)出版字第245号

汪东兴11月11日批:"请华主席、吴德同志阅示。"
华国锋批:"拟同意。请政治局同志阅批。"
吴德圈阅。
叶剑英、李先念、陈锡联、纪登奎、汪东兴、吴德、陈永贵、吴桂贤均圈阅。
(苏振华、倪志福不在北京)

党中央:

　　今年八月由人民出版社出版、内部发行的《评〈论全党全国各项工作的总纲〉》、《评〈关于科技工作的几个问题〉》、《评〈关于加快工业发展的若干问题〉》等三本小册子,是反党分子张春桥、姚文元直接布置迟群、谢静宜主持选编的。内容收有北京大学、清华大学大批判组的文章,并以北大、清华大批判组的名义写了编者前言。"四人帮"违背毛主席的方针,批邓另搞一套,别有用心。并在三本小册子中肆意吹捧他们自己,散布反革命修正主义言论。根据中央一九七六年中发十六号、十八号文件的精神,我们建议将这三本小册子停止发行。
请批示。

国家出版局领导小组

附件一
张春桥给迟群、谢静宜的信

1976 年 8 月 12 日

迟群、小谢同志：

这三本小册子，中央同志已批准交人民出版社内部发行。请持原件同人民出版社商量出版事宜。如果北京各印厂因防震排印有困难，可以请出版社安排到外地（如上海）排版、打纸型。出版社可以同新华书店商量，征求预定。

事情办完后将原批件退我存档。

敬礼

张春桥

附件二
国家出版局关于三本批邓小册子印制情况的报告

1976年8月18日·(76)出版字第194号

国务院并报
党中央：

中央关于出版三本批邓小册子的批示，十二日晚，迟群、静宜同志向我们作了传达。当晚到次日凌晨，我们和人民出版社一起进行了研究，作了具体安排，并电话通知了上海市革委会文教组。参加这项工作的印刷工人、编辑、校对、干部，听说是中央交办的任务，是深入批邓的重要措施，都极为重视，表示要尽快印出这三本小册子，为全国人民提供批邓的炮弹。京沪两地工作进展很快，上海市十四日开始出书，北京市克服了地震造成的困难，十五日开始出书。现将安排和进展情况汇报如下：

一、三本小册子交人民出版社出版，内部发行，在北京、上海两地同时排版，向各省、市、自治区出版社供给纸型，分地印制。东北、华北、西北由人民出版社负责供给纸型，华东、中南、西南由上海人民出版社负责供给纸型。上述纸型，已在十四、十五日两天全部发出。

二、各省、市、自治区租型造货，负责解决本地的需要(西藏所需汉文版由陕西供给)。各地印数多少，由出版部门请示省、市，自治区党委决定。

人民出版社代河北省印三种各三十万（该省自印三种各四十万）；代天津市印《评〈论全党全国各项工作的总纲〉》二百万，其他两种各十万；本社留三种各十万。十七日，人民出版社派负责同志专车往唐山市，送去三种各三万。

北京人民出版社安排三种各印一百七十万,二十日以前可完成一百万。

上海人民出版社安排,《评〈论全党全国各项工作的总纲〉》印三百万,《评〈关于加快工业发展的若干问题〉》印二百万,《评〈关于科技工作的几个问题〉》印一百万,二十二日以前全部完成。

其他各地的印数,已电报催问,待收齐后另行汇报。

三、蒙、藏、维、哈、朝五种少数民族文字版,由民族出版社出版,十五日已翻译完毕,本月下旬可先后发出纸型供各有关地区;安排在北京印刷的月底以前可以出书。

盲文版的翻译、校对和制版工作也已完成,本月下旬可以出书。

四、各地印制所需用纸,在原定分配各地的用纸计划之内自行安排。

五、人民出版社编辑部发现,这三本小册子附录邓小平等人炮制的材料,其中引用革命导师的语录多有错漏,态度极不严肃。经请示迟群同志同意,在书后加上文字说明,附录根据原件排印,所引语录错漏之处,未加改正。

以上报告,当否,请批示。

国家出版局

附件三

国家出版局关于三本批邓小册子各地印数的报告

1976年8月21日·(76)出办字第198号

国务院并报
党中央：

党中央批准出版的三本批邓小册子，我们于十三日电报通知各地安排印制，印数由出版部门请示省、市、自治区党委决定。现各地已将安排印数报来，至二十一日止，全国共安排，《评〈论全党全国各项工作的总纲〉》印二千四百多万册，《评〈关于加快工业发展的若干问题〉》印一千九百多万册，《评〈关于科技工作的几个问题〉》印一千六百多万册，各省、市、自治区的安排印数分列如下：

地 区	《论总纲》印数	《条例》印数	《提纲》印数	备 注
北京	200万	200万	200万	
上海	300万	200万	100万	
天津	200万	170万	170万	
河北	70万	70万	70万	
山西	30万	30万	30万	
内蒙	30万	30万	30万	汉文
辽宁	50万	50万	50万	第一批
吉林	50万	30万	20万	
黑龙江	50万	35万	35万	
陕西	30万	15万	16.5万	
甘肃	20万	20万	20万	第一批

(续表)

地 区	《论总纲》印数	《条例》印数	《提纲》印数	备 注
青海	20万	20万	20万	
宁夏	7.5万	7.5万	7.5万	
新疆	15万	10万	10万	汉文
西藏	4.5万	3万	1.5万	汉文
四川	100万	100万	100万	
云南	10万	10万	10万	
贵州	20万	20万	20万	
湖南	10万	10万	10万	
湖北	70万	50万	30万	
广东	130万	100万	70万	
广西	50万	50万	40万	
河南	30万	30万	30万	第一批
江西	100万	100万	100万	
福建	35万	20万	20万	
安徽	150万	120万	100万	
浙江	30万	20万	10万	第一批
山东	300万	200万	100万	
江苏	300万	200万	200万	
合 计	2411.55万	1922.05万	1622.05万	

此外,内蒙安排三种各印蒙文二万;新疆安排《论总纲》印维文八万、哈文一万、蒙文二千;《条例》印维文五万、哈文五千、蒙文二千;《提纲》印维文五万、哈文五千、蒙文二千。

以上报告,请予审阅。

国家出版局
(据国家出版局保存的原件刊印)

中共中央办公厅材料组关于
出版《毛泽东选集》第五卷的报告

1976年12月25日

此件已经中央领导同志批准

遵照华主席、党中央的批示,我们同国家出版事业管理局石西民同志进行了商谈,意见如下:

一、建议中央原则上同意国家出版事业管理局《关于出版〈毛泽东选集〉第五卷出版准备工作的请示报告》,并责成出版局作好一九七七年二月前出版《毛泽东选集》第五卷的各项准备工作。

二、《毛泽东选集》第五卷少数民族文版的翻译出版工作,由中共中央统战部和国家出版事业管理局负责领导,由民族语文翻译出版局会同民族出版社统一组织中央和地方民族文字翻译力量共同翻译定稿。

三、拟将中央政治局通读过的《毛泽东选集》第五卷各篇送国家出版事业管理局五十份,供准备出版和少数民族文字的翻译用。要求他们在公开出版前要严格注意保密。

四、毛主席著作编辑出版委员会的办事机构(即现在的材料组)派贾步彬同志同出版局联系,商办出版工作中的具体事宜。

以上报告妥否,请批示。

主送:东兴同志并报
　　　华主席、党中央

附：

国家出版局领导小组关于
《毛泽东选集》第五卷出版
准备工作的请示报告

1976年12月11日·(76)出领字第233号

中央关于出版《毛泽东选集》和筹备出版《毛泽东全集》的决定，充分反映了全党全军全国各族人民和全世界革命人民的共同心愿。我们热烈拥护，坚决照办。连日来，北京和外地的一些出版社、印刷厂、新华书店、造纸厂、油墨厂等有关单位的干部和群众，纷纷请战，表示决心在以华国锋同志为首的中共中央政治局直接领导下，在毛泽东主席著作编辑出版委员会的具体领导下，积极做好各项准备工作，以严肃认真地、高质量地尽快出版《毛泽东选集》第五卷，认真作好毛主席著作的出版工作，为在全中国和全世界传播毛泽东思想贡献力量。

现就《毛泽东选集》第五卷出版准备工作中的一些问题请示如下：

一、关于版本的选定

《毛泽东选集》一至四卷的版本，有大开本和小开本，繁体字和简化字，横排本和直排本，精装和线装，分卷和合订等多种，其中适合纸张规格和各地印刷条件的小三十二开横排简体字普及本，印数最大，约占总印数的四分之三。当前，为了尽快出版第五卷，我们建议先安排印制小三十二开横排简体字普及本，封面采用白底红字。为照顾老年同志阅读，同时适量印制大三十二开横排平装本和少量精装本。大三十二开平装本封面采用白纸印金字，外加深棕底色和金黄色毛主席浮雕像的包封；精装本封面采用紫色绢丝纺，上烫金字，外加同平装本一样的包封。毛主席像仍面向左。另外还少量印一部分大三十二开封面用红纸烫金字的平装本和封面采用羊皮红底金字的精装本。力求与过去发行量较大的版本配套，其他版本，以后再定。

二、关于单篇本的出版

以往出版《毛泽东选集》各卷时同时选定单篇本。第五卷中要出哪些单篇本，希望在第五卷排版时确定，以便安排生产。

三、关于印数

一至四卷已出版二亿多套。目前，第五卷拟先安排印二亿册左右，按需求情况陆续印制。

四、关于印制办法

五卷的排校工作需要动员北京有关印刷厂、出版社的力量，由人民出版社负责组织，并向各省市自治区出版社供型印制。

五、关于物资准备

《毛泽东选集》第五卷的正文用纸和封面用纸、配套材料、专用油墨和装订用料等都急待安排生产。我们建议由国家计委牵头，会同轻工部、石化部、商业部、出版局等有关部门参加，组成专门小组，统筹安排所需物资的生产和供应。

六、关于少数民族语文版

为了使蒙、藏、维、哈、朝五种少数民族文字版也能够尽快出版，民族语文翻译出版局请求中央将五卷初稿作为密件发给他们，先行翻译，定稿本下达后再校正。翻译的组织工作，拟由民族语文翻译出版局会同民族出版社统一组织中央和地方民族文字翻译力量共同翻译定稿。

为了及早做好各项准备工作，希望毛泽东主席著作编辑出版委员会能在近期听取我们一次口头汇报，并指定专人同人民出版社经常联系，随时解决出版工作中的具体问题。

我们打算在中央批示后，召集各省、市、自治区的出版行政部门的负责人开会,落实第五卷的印制、发行工作。

以上报告当否,请批示。

附:样本三册(略)

主送:华国锋主席并党中央

附:

中央统战部、国家出版局关于
《毛泽东选集》第五卷少数民族文版
翻译出版工作的请示报告

1976年12月5日·统请(76)第24号

中共中央关于出版《毛泽东选集》和筹备出版《毛泽东全集》的决定公布后,全国各族人民无不欢欣鼓舞,急切盼望早日出版。为了坚决贯彻以华主席为首的党中央这一英明决定,在抓紧准备出版汉文版《毛泽东选集》第五卷的同时,要努力做好少数民族文版的翻译出版工作。民族语文翻译出版单位的广大职工都纷纷请求任务,希望能像翻译外文版那样早日动手,使少数民族文版的出版不致比汉文版太迟。对此,我们同有关单位进行了认真研究。现将有关问题请示报告如下:

一、关于提前进行翻译工作问题

根据过去翻译出版《毛泽东选集》一至四卷的经验,第四卷是四卷中译印最快的一卷也用了一年半的时间。第五卷翻译成蒙、藏、维、哈、朝五种民族文版,从初译到定稿,如采取有效措施也约需半年左右时间,再加上排版、校对、印刷、发行,要一年左右才能到达各少数民族地区的读者手中。为了尽量缩短少数民族文版同汉文版在出版时间上的差距,适应少数民族干部和群众的迫切要求,应提前并抓紧进行翻译工作。因此,除我们积极做好准备工作外,建议中共中央毛泽东主席著作编辑出版委员会在正式发稿之前,采取外文版的办法,先逐篇或分批将书稿发下来,在保密的条件下进行翻译。

二、关于集中翻译力量问题

为了尽快地保质保量地翻译出版《毛泽东选集》第五卷,并准备连续完成以后各卷的翻译出版任务,在民族语文翻译出版局人力不足的情况下,需要集中较强的翻译力量,组成专门班子,并保持相对的稳定性。经我们研究,五种语文的翻译组各需翻译人员三十名左右,连同办公室工作人员,共一百六十名左右。这些人员,除由民族语文翻译出版局、民族出版社等在京有关单位抽调外,拟再向有关省、区借调翻译、审稿人员二十名(内蒙二、西藏四、青海三、新疆九、吉林二),并邀请十五名少数民族工农(牧)兵参加。上述人员全部集中在北京进行学习和工作。为了解决集中办公和住宿问题,拟从西苑旅社或友谊宾馆租用相应的房间,并请国务院机关事务管理局配备必要的交通工具和报销必要的经费。

三、关于译文的定稿问题

《毛泽东选集》第四卷五种民族文版的译文,是根据〇〇[①]的指示,由中央和地方的翻译人员集中在京译出,交有关少数民族自治区党委定稿的。实践证明,这样做便于广泛听取各方面的意见和统一解决翻译工作中遇到的问题,也利于发挥自治区党委的积极作用。我们考虑,在翻译《毛泽东选集》第五卷和以后各卷时,仍可采取这个办法定稿。并建议在翻译、定稿过程中,请中共中央毛泽东主席著作编辑出版委员会指定专人负责解答疑难问题。

四、关于出版印制工作问题

[①]原稿中即无姓名,仍保持原样。——编者

《毛泽东选集》第五卷及以后各卷民族文版，由民族出版社印制出版，拟先出大三十二开本精、平装两种，共二百五十万册，基本上按前四卷的版本和印数配套印制。鉴于毛主席著作和马列著作等排校任务不断增加，承担主要印制任务的民族出版社印刷厂急需补充排校力量，拟增加蒙、藏、维、哈、朝五种文字的排字工人（包括校对）六十人（从少数民族地区招收），铸字工人六人，制型工人四人（从北京市上山下乡知识青年中招收），共七十人。

五、关于翻译工作的领导问题

毛主席著作的翻译出版是长期的政治任务，翻译队伍是由中央统战部，国家出版局所属单位和有关省、区抽调组成的，为了统一组织《毛泽东选集》和《毛泽东全集》的翻译出版工作，充分调动中央、地方两个积极性，我们建议在中共中央毛泽东主席著作编辑出版委员会的领导下，成立一个毛泽东主席著作少数民族文版翻译出版领导小组。这个领导小组拟由中央统战部（包括民族出版社）、国家出版局（包括民族语文翻译出版局）和内蒙自治区、西藏自治区、新疆维吾尔自治区党委、吉林省委的有关领导同志各一人组成。领导小组工作会议由中央统战部和国家出版局负责召集。领导小组下设办公室，由民族语文翻译出版局和民族出版社派人共同组成，负责办理日常工作。

以上报告当否，请批示。

主送：吴德同志核报华主席、党中央

（据国家出版局保存的原件刊印）

1977 年

国家出版局领导小组
关于涉及"四人帮"反党集团图书
处理工作的请示报告

1977年1月6日·(77)出领字第007号

此件已经国务院批准

  为了贯彻执行中央(76)第十八号文件,我们直属人民出版社、人民文学出版社、中华书局·商务印书馆、人民美术出版社、人民音乐出版社对涉及"四人帮"反党集团的图书进行检查和处理。到目前为止,已处理了有关各种图书共一百六十四种。现将初步检查和处理情况报告于下:

  几年来,王张江姚反党集团利用他们窃取的权力,控制各种舆论工具,包括利用出版阵地肆意制造混乱,欺世惑众,散布种种修正主义谬论,干扰和破坏毛主席的革命路线,为他们篡党夺权大造反革命舆论。经初步检查,在我们直属出版社出版的一部分图书中除"四人帮"的著作、文章、讲话如江青的《为人民立新功》、《江青讲话选编》,张春桥的《论对资产阶级的全面专政》,姚文元的《论林彪反党集团的社会基础》等外,主要通过他们所控制的写作班子,利用小册子、报刊文章汇编,突出地宣扬了以下反革命修正主义谬论:

  第一,宣扬"四人帮"在无产阶级专政理论问题上的反动观点。

如有的书中违背毛主席关于学习理论、反修防修的一系列指示，大肆反对经验主义，叫嚷"犯经验主义的人带有很大的盲目性，很容易跟着修正主义路线走"。有的歪曲毛主席关于资产阶级"就在共产党内"的科学论断，恣意炮制所谓"从资产阶级民主派到走资派"的"演变"公式，恶毒地把大批革命老干部说成"走资派"。有的宣扬"四人帮"大反所谓"土围子"的反动叫嚣，鼓吹要"用革命的铁扫帚一个一个地打掉那些资产阶级的'土围子'"。有的任意阉割马克思列宁主义的基本原理，在生产关系与生产力、上层建筑与经济基础、政治与业务、革命与生产等一系列问题上，大搞形而上学，在理论上制造种种混乱。

第二，宣扬"四人帮"反革命修正主义文艺观点。不少书中吹捧江青是什么"文艺革命的英勇旗手"，鼓吹她的《谈京剧革命》"充满着马克思主义的反潮流精神，是一篇向修正主义文艺路线宣战的檄文"。有的鼓吹江青"培育"的革命样板戏开创了"社会主义文艺的新纪元"，革命样板戏是江青"直接指导"和"率领革命文艺工作者经过反复实践创造出来的艺术成果"。有的大肆宣扬所谓"三突出"的创作原则，胡说"坚持'三突出'的创作原则，就是坚持无产阶级文艺的党性原则"，"'三突出'的创作原则是指导一切文艺创作的根本原则"，"坚持'三突出'原则，就是坚持文艺舞台上的无产阶级专政；反对'三突出'原则，就是取消文艺舞台上的无产阶级专政"，等等。

第三，宣扬"四人帮"在批邓的问题上另搞一套的反革命论点。如《评〈论全党全国各项工作的总纲〉》、《评〈关于科技工作的几个问题〉》、《评〈关于加快工业发展的若干问题〉》等三本小册子，同毛主席的指示相对抗，为他们打倒中央和地方党政军负责同志的反革命阴谋制造舆论。许多小册子，按"四人帮"的调子，说"邓小平是党内最大的不肯改悔的走资派"，有的还竭力鼓吹层层揪邓，宣称"必须联系各条战线阶级斗争和路线斗争的实际"，深入揭发批判什么"邓小平一伙"、"邓小平一类"、"邓小平之流"、"邓小平一类修正主义路线的头子,就是现代的宋江"等。

第四,借批林批孔、评法批儒为名,歪曲和篡改历史,借古喻今,制造混乱。有的借口批林批孔,搞"三箭齐发",转移斗争大方向。有的宣称春秋战国以来,推动历史前进的是儒法斗争,以儒法斗争代替阶级斗争,还竭力美化所谓法家的帝王将相,否定人民群众是创造历史的真正动力,鼓吹阶级斗争熄灭论和剥削有功论。有的大肆吹捧吕后、武则天,胡说吕后"执行法家路线""佐高祖定天下",是"刘邦的重要助手";刘邦死后"她遵照刘邦遗嘱,坚持法治,使刘邦的路线和事业得以延续下去","在她执政期间,巩固了中央政权,维护了国家的统一,黎民得离战国之苦,社会生产也有新发展",为江青想当"女皇帝"制造舆论。有的鼓吹法家都是爱国的,儒家都是卖国的,以古讽今,含沙射影,恶毒地诬蔑攻击中央领导同志。

按照中央(76)第十八号文件的规定和精神,我们对有关上述这些问题的图书,分别不同情况进行处理:

一、"四人帮"的著作、讲话和带有"四人帮"形象的图书,一概停止发行(历史性文件不再发行、展出和陈列,但可应索供应)。对少数有"四人帮"名字或形象,但内容没有问题的图书,作技术处理后再发行。

二、吹捧"四人帮"和宣扬、引用他们的反革命修正主义谬论的,例如:《认真学习〈马克思恩格斯列宁论无产阶级专政〉》,大反经验主义;《彻底批判反动的唯生产力论》,诬蔑攻击"实现四个现代化"是"赤裸裸地宣扬唯生产力论";《革命样板戏论文集》、《文艺评论集》,宣扬"三突出"、"三对头"等"创作原则";《儒法斗争简史讲话》、《儒法斗争史概况》、《法家著作选读》第一辑,肆意歪曲历史,吹捧吕后,影射攻击敬爱的周总理等。这些图书,一概停止发行。对有的书个别地方受"四人帮"反动观点影响,但不直接引用"四人帮"文章中的字句,全书还有一定参考作用,可不作处理,再版时进行修改。

三、宣扬"四人帮"批邓另搞一套的,如《论党内走资派》、《在斗争中建设党》、《要害是复辟资本主义》、《牢牢掌握斗争大方向》等,违背中央(76)第四、五号文件精神,为"四人帮"妄图打倒中央和地方大批党政军领导干部制造舆论,一概停止发行。对有些在批邓提法上有问题,如"邓小平一伙"、"邓小平一类"、"邓小平是反革命修正主义头子"等,但全书内容没有其他错误,可作技术处理后再发行。

四、收有"四人帮"控制的写作班子,如北京大学、清华大学大批判组、梁效、秦怀文、池恒、程越、初澜、江天、罗思鼎文章的图书,一概停止发行。对这些写作班子用其他笔名写的文章,可查明情况并根据其内容分别进行处理。对有"四人帮"亲信的文章、形象的图书,如《革命现代京剧〈红灯记〉》《革命现代舞剧〈红色娘子军〉》、《革命样板作品剧照选集》(以上三书都有"四人帮"亲信浩亮、刘庆棠的剧照形象),以及《敢于反潮流》(有现行反革命分子张铁生的文章和事迹),一概停止发行。对有乔冠华形象的图书,停止发行,书中有乔冠华名义发表的讲话、函电,停止发行,但可应索供应。

为了坚决贯彻执行中央(76)第十八号文件,认真做好涉及"四人帮"反党集团图书处理工作,中央一级出版社出版的,请中央各有关主管部门审定;地方出版社出版的,请各省、市、自治区党委审定。凡作停售处理的图书,不要全部销毁,可酌留少量供内部批判之用。由于受"四人帮"影响,各地需要处理的图书,经济损失很大,这笔经费的开支建议按文化大革命中清理图书的办法,由财政部专门拨款解决。

以上报告当否,请批示。

主送:国务院

(据国家出版局保存的原件刊印)

围绕鲁迅著作出版问题的一场搏斗
——揭露"四人帮"破坏鲁迅著作出版工作的罪行

国家出版局批判组

1977年1月18日

一九七五年十月二十八日,周海婴同志就鲁迅著作的注释、出版和研究工作等方面存在的严重问题,写信反映给伟大领袖毛主席。毛主席接到周海婴同志的信后,于一九七五年十一月一日作了重要批示,赞成周海婴同志的意见,指示作出决定,"立即实行"。不久,毛主席、党中央又批准了有关部门关于鲁迅著作研究和出版的报告。毛主席的光辉批示,有力地支持了广大人民群众要求学习鲁迅著作的迫切愿望,给"四人帮"长期以来破坏鲁迅著作注释出版的罪恶行径以致命的打击。无产阶级和革命人民从中受到了极大的鼓舞。

长期以来,在鲁迅著作的注释、出版工作中,一直存在着尖锐激烈的斗争。伟大领袖毛主席亲自发动和领导的无产阶级文化大革命,摧毁了刘少奇、林彪两个资产阶级司令部,清算了他们反革命的修正主义路线,为鲁迅著作的注释、出版和研究工作开辟了广阔的前景。广大工农兵、革命干部和革命知识分子迫切希望尽早读到重新注释的鲁迅著作。但是,直到毛主席一九七五年十一月一日批示下达之前,大量珍贵的鲁迅书信一直不能出版,重新注释的鲁迅亲自编定的单行本一本也没有。人们要问:为什么鲁迅著作的注释、出版和研究得不到解决,原因在哪儿?

现在已经真相大白。原因就在"四人帮"一伙利用他们窃据的职权,千方百计地进行阻挠和破坏。王张江姚"四人帮"如同魔鬼怕见阳光那样对鲁迅极端仇视,极端恐惧,他们一直反对毛主席关于"读点鲁迅"的伟大号召,不准出版鲁迅著作,因为他们深知,广大人民学习鲁迅的革命思想和精神,对他们进行篡党夺权的阴谋活动将会带来极大的威胁。

一九七一年,伟大领袖毛主席批准,我们敬爱的周总理亲自领导召开的全国出版工作座谈会,确定重新整理出版鲁迅著作是全国重点项目之一,要调集力量"争取两三年内完成"。为了贯彻落实这一规划,国家出版部门在会后立即进行广泛调查,听取多方面意见,写了《关于重版鲁迅著作几个问题的报告》,提出《鲁迅杂文书信选》、《鲁迅创作选》、鲁迅著作单行本、新编《鲁迅全集》(包括日记、译文序跋等)、《鲁迅选集》以及鲁迅手稿等,都将从一九七二年起陆续出版。一九七二年一月,反革命文痞姚文元明明知道周总理对出版鲁迅著作非常关心,出版会议中提出的出版工作规划他也看过,但是当这个反党阴谋家拿到这份具体实施方案的报告以后,却背着周总理和中央其他领导同志,以"待研究"为名,立刻将它打入冷宫。此后,有关部门又先后写过多次报告,一次又一次提出建议,结果都是石沉大海,杳无音讯。原来姚文元的所谓"待研究",就是"不准出",这是"四人帮"的一个障眼法。也可以说是他们破坏鲁迅著作出版的一种特有的磨拖战术,磨得你怎么办都不行,拖得你什么也不能出。

反党阴谋家姚文元使出了浑身解数来扼杀鲁迅著作的出版。现在仅就他破坏《鲁迅杂文书信选》的情况加以揭露和批判。提起这本《鲁迅杂文书信选》,出版部门的革命群众肺都气炸了,还在出版会议期间,人民文学出版社就约请南开大学中文系、鲁迅博物馆等单位日夜奋战,进行编选注释。因此,《报告》特意写明,它已编辑就绪,上机待印。姚文元一看,可慌了手脚,砍去,太暴露;让出,又不甘心。于是他绞尽了文痞的脑汁,终于施出了一系列的鬼蜮伎俩,他在一月二十一日声称:(一)杂文可以出,但"以同书信分开为好",就是说,书信应当砍掉;(二)"上海也要出类似选集","以协商出一种为宜";(三)杂文选目录"大体编好之后",要送他"审阅"。因为姚文元这一声黑令,出版单位只好将上机待印的《鲁迅杂文书信选》立即停印,并派人到上海联系。可是,"四人帮"在上海的一个余党却假惺惺地说:上海没有出版鲁迅选集的计划,也不打算正式出版《鲁迅杂文选》。二月,有关部门将这一情况报告姚文元,并附调整后的《鲁迅杂文选》选目。几天后,他将选目作了若干增删退回,让再搞一份送他"审阅"。三月,一份全面调整后的《鲁迅杂文选》二校样连同"出版说明",又送给了姚文元。不料从此他却一声不吭,扣压达半年之久,几次打电话催问,得到的回答都是"放在桌上,没有时间看"。十一月,出版单位又将《鲁迅创作选》二校样送给姚,并催问《鲁迅杂文选》"审查"的结果。这个黑透了心肠的反革命文痞这次不再遮遮掩掩了,十二月二日,他黑笔一挥:"创作选"、"杂文选",通通"不必再选了"!就这样一刀砍到广大工农兵和出版战线革命战士的身上。

尽管如此,姚文元在砍了《鲁迅杂文选》以后,仍继续要弄反革命两面派手法,装模作样地说:鲁迅著作还是可以出的,但只能出鲁迅自己生前编定的单行本,理由是:"以省注解之繁"。他还将这个"批示"送给张春桥、江青,这伙黑帮沉瀣一气,都在当天画押同意。经过他们这番丑恶的"双簧"表演,不但砍掉了鲁迅著作的选本,而且连注释鲁迅著作的权利也被砍了。

从姚文元扣压第一份报告,到他和张春桥、江青串通一气扼杀《鲁迅杂文选》,"四人帮"破坏鲁迅著作注释出版,真是处心积虑,诡计多端。他们以"待研究"为名,扣押了鲁迅著作出版的多次报告;他们下令"不必再选",扼杀了一系列即将问世的鲁迅著作选本;他们还用"以省注解之繁"为借口,妄图阻止对鲁迅著作的注释。总之，按照"四人帮"这套逻辑，鲁迅著作就是不能注释，不能出版。他们这样卑劣地破坏和阻挠鲁迅著作的注释出版，实际是在意识形态领域对无产阶级实行赤裸裸的反革命专政，把罪恶的矛头指向伟大领袖毛主席和敬爱的周总理。

　　尤其令人愤慨的是，姚文元这个破坏鲁迅著作注释出版的罪魁，当感到自己的假面可能会被戳穿时，立刻就使出上海洋场的流氓手段，企图一溜了之。一九七四年一月，一位从事鲁迅研究的老同志写信给姚文元，对鲁迅著作迟迟不能出版提出意见，这时他故作惊讶，批转出版部门提出具体意见。不知这个文痞为何健忘若此，那份被他打入冷宫的《报告》，不就是具体意见吗？当时他要"待研究"，一"待"两年了，也没有"研究"出一个结果。现在他却佯装不知，又摆布出版部门向他提出具体意见。二月，当出版部门再一次将具体方案送去时，他又故伎重演，仍是不予理睬。直到"四人帮"垮台，这个姚文元还是没有"研究"出什么结果。"四人帮"就是这样一伙典型的反革命两面派。

　　"四人帮"破坏鲁迅著作的注释出版，理所当然地要激起无产阶级的无比义愤。周海婴同志的信，正是广大群众这种义愤的集中反映。可是，在伟大领袖毛主席对周海婴同志的信作了光辉的批示以后，"四人帮"又继续进行了一系列猖狂而又丑恶的表演。

　　"四人帮"对毛主席的光辉批示极端仇视。一九七五年十一月，张春桥在不得不向有关同志传达毛主席批示时，只是拿文件给看了一看，说了句"你们去做计划报中央"。他一句也不讲毛主席批示的重要意义，也不说半句对周海婴同志的信的意见，却大谈什么"我现在忙得很，这事那事一大堆，偏偏又碰上你们这个事情"。这串半是怨恨半是恼怒的黑话，把"四人帮"反对毛主席批示的阴暗心理，淋漓尽致地暴露出来了。张春桥说他"忙"。是呀，"四人帮"一伙从那时到垮台，阴谋篡党夺权的反革命步伐一步比一步紧，确实忙得很哪。"偏偏又碰上你们这个事"，张春桥这个狡猾的老狐狸，这一回倒算说了句实话，直言不讳地供认出版鲁迅著作不是他们的事。可是"偏偏又碰上了"，看他这不耐烦的劲儿，恨不得倾肠刮肚全都抖搂出来才觉着痛快。毛主席的批示打乱了"四人帮"反革命的阵脚，这就是张春桥为什么这样满腹怨恨的根由所在。

如果说张春桥这番牢骚所发泄的只是一种既怒且恨的情绪，那么接着而来的就是对周海婴同志杀气腾腾的吼叫了。"四人帮"的拿手武器是"帽子"和"棍子"，这回也不例外。他们一会儿亲自出马，一会儿通过他们的心腹，到处造谣，说周海婴同志写信是"有人指使的"。姚文元还派人调查周海婴同志"接近什么人"，叫嚣要抓"后台"。他们还通过别人肆意歪曲和攻击这封信的内容，污蔑它在感情上反映的只是"父子之情"，思想上则"反映了鲁迅研究上的一种旧的习惯势力的情绪"，等等。他们如此肆无忌惮地攻击毛主席赞成的这封信，就是要借打击、镇压写信人来发泄对毛主席批示的仇视和恐惧，矛头所向直指伟大领袖毛主席和党中央。猖狂如此，令人发指！

毛主席批示要作出决定，"立即实行"，这就是要打破"四人帮"对鲁迅著作注释出版的反革命封锁。而"四人帮"一面在他们控制的一些地方拒不传达毛主席批示，一面继续破坏鲁迅著作的注释出版工作，表明他们要一意孤行，顽固到底的反革命决心。去年四月，国家出版局召开鲁迅著作注释出版工作座谈会，学习毛主席的光辉批示，交流鲁迅著作注释、出版和研究工作的经验，进一步落实毛主席的批示。会议期间，各省市与会同志学习毛主席批示，受到了极大的鼓舞。大家说，毛主席他老人家最了解鲁迅，最了解全国人民要求学习鲁迅著作的迫切心情。可是，"四人帮"却躲在一边，恨得咬牙切齿。会后，他们把御用写作班子里一个参加会议的人找去，由王洪文、张春桥、姚文元分别单独接见，对这次会议肆意攻击。姚文元说，这个会请他几次，他就是不去，发泄对毛主席批示的不满。张春桥则说什么"北京和上海不是领导和被领导的关系"。

后来,"四人帮"在上海的一个余党就公开宣称:"北京要把上海吃掉"。他们心目中的"北京"和"上海",决不是不同区域的概念,而是两种根本对立营垒的代称。他们要和北京唱对台戏,就是要和毛主席、党中央分庭抗礼。

"四人帮"那么仇视鲁迅著作,处心积虑地破坏鲁迅著作的注释出版,其根本原因在于这伙历史上"大半不是正路人"的野心家、阴谋家,生怕鲁迅思想的光芒照出他们钻进革命营垒的"内奸"和"蛀虫"的真正面目,唯恐鲁迅著作的传播会使他们现出"假革命的反革命"的原形。

鲁迅说:"我们看历史,能够据过去以推知未来,看一个人的已往的经历,也有一样的效用。"早在三十年代,野心家江青就争演"和德国统帅瓦德西睡了一些时候"的"九天护国娘娘"赛金花,她正是鲁迅批判的那类"不是东西之流"。姚文元则是鲁迅痛斥"转向"的无耻叛徒姚蓬子的孝子。解放后,他挤进文坛,充当刘少奇反革命的修正主义路线的吹鼓手。至于张春桥,早就是追随王明路线,围剿鲁迅,向敌人"献媚"和"缴械"的老投降派。出于反革命的阶级本能,这群丑类时刻都感到,鲁迅著作的传播,严重地威胁着他们的生存。特别是那篇《三月的租界》,就像一根系命的捞什子拴在"四人帮"的脖子上,碰也不敢让人碰一下。

"四人帮"一伙,早就知道"狄克"是个什么东西。还在一九六六年,上海就有人告诉姚文元,说他从某个资料中看到,狄克就是张春桥,张还同反共老手陈伯达一起围攻过鲁迅。当时,姚文元装得若无其事,说:"算了,想想我们一些同志前些年写的文章,也不见得都是正确的。""四人帮"的一个余党也赶忙跳出来帮腔:"姚文元说的对,过去的讲它干什么?"而且还以一副奴隶总管的架式勒令:以后不许再多嘴了!

"四人帮"这伙唯心主义的笨驴,满以为"不讲"就能把历史的罪恶抹去。鲁迅曾经讽刺过反动派的那些所谓"名人""抹杀旧账"

的种种手法,其中最简捷也是最无耻的一种就是"眼也不白,问也不问",好像压根儿没这回事似的。"四人帮"采用的也正是这种卑劣手法。但是,他们表面上装得镇静,内心却极端虚弱,生怕有人揭了他们的反革命老底。

一九六八年,上海有一部分革命同志贴张春桥的大字报,造了他的反。"四人帮"的两个余党一听就吓了一跳,立刻意识到:"是不是三十年代事发"?他们这种胆战心惊的样子,不是和胡风那种咳一声都怕有人录音一模一样吗?

一九七〇年,上海一个大学编了一份题为《学习鲁迅,批判"四条汉子"》的鲁迅文摘,先在报上发表,以后又准备印成单行本。就在这时,"四人帮"通过他们控制的舆论工具放风,说:"这是有人借鲁迅来反对中央领导同志",不但下令不准印行,而且还叫嚷要对编辑人员进行审查。人们奇怪,他们为什么这样大动肝火?原来这份材料引了鲁迅一九三六年五月的一封信,说他曾写了两篇文章痛击了周扬一伙"英雄"。编者注明:鲁迅说的"二文",是指《三月的租界》和《"出关"的"关"》。刺中了张春桥这块心病,他们怎能不肝火大发?!

一九七二年,上海鲁迅纪念馆筹备开放,陈列方案中有《三月的租界》一文。他们立刻惊恐万状,赶忙派人把陈列小样要去,张春桥、姚文元亲自"审查",借口"不要繁琐",把《三月的租界》一文抽去,才让开放。

"四人帮"对上海图书馆保存的三十年代报刊资料尤为恐惧,先是派人查封,后又以"工作需要"为名全部拿走,并且对几十名革命群众进行种种打击和迫害。有的同志只因讲了一句狄克即是张春桥,就被打成"反革命",下令拘捕,关押数年之久。

"四人帮"就是这样凭借手中窃取的权力滥施淫威,将敢于反潮流的革命同志置于死地而后快。

原稿可以不让展出,资料可以封存,但有鲁迅的著作在,"四人帮"总觉得如芒在背,坐卧也不安宁。怎么办呢?还是姚文元这个反革命文痞的鬼点子多。他抛出一道黑令:不准出选本。而且还编了个堂而皇之的理由:"以省注解之繁"。这样,像《三月的租界》就不会引起读者的特别留心,即使看了,大多数人也无法知道狄克就是张春桥了。姚文元将这个黑点子送给了江青、张春桥,立即得到满口的赞成,他们当时可真乐了一阵。不料好景不长,伟大领袖毛主席批示赞成出版一部比较完善的新的注释本鲁迅全集(包括书信和日记),这就给了"四人帮"当头一棒。但他们一着不成又来一着。当毛主席批示传达以后,张春桥又苦思对策,提出"注释越简单越好",甚至说,把五八年版注释"略加修改"就可以了。他还唯恐别人领会不准,赶忙又补充一句:"周扬没篡改的",就"不需要注释什么了"。实际是要把周扬一伙搞的注释稍作修补重新抛出。翻开一九五八年版的《鲁迅全集》一查,《三月的租界》的注释,对狄克其人,未置一词。张春桥真不愧为"四人帮"的狗头军师,他这一阴谋,不但把毛主席批示要搞新注释的精神篡改了,而且更重要的是妄图长久掩盖自己罪恶的历史。一箭双雕,用心可谓良苦矣!

"四人帮"在上海的一个余党对此心领神会,当有人提出鲁迅著作中涉及好多人搞不清楚,要广泛查阅有关资料时,这个家伙立即跳了起来,叫嚷:"不要把注释组搞成专案组!"污蔑提意见的同志是"要把注释引入歧路",是"搞繁琐考证"。好家伙,一顶一顶的大帽子铺天盖地而来。他们以为靠这些帽子定会把人压死,也会把他们主子肮脏的历史捂起来。

"捣鬼有术,也有效,然而有限"。"四人帮"为了掩盖自己丑恶历史,阴谋篡党夺权,一直疯狂破坏鲁迅著作的注释出版。但是心劳日拙。他们跳得那么高,鲁迅依然是一株独立支撑的大树,岿然不动,最终是他们自己"掉到地上最不干净的地方去"。华主席为首的党中央一举粉碎"四人帮",全国各地工农兵作者和专业人员以及出版战线的广大革命战士精神振奋,正在加紧步伐,为争取《鲁迅全集》和其他鲁迅著作新编注释本早日出版贡献力量。鲁迅著作的光辉,将鼓舞我们在华主席为首的党中央领导下,沿着伟大领袖毛主席指引的方向,永远进击!

(原载 1977 年 1 月 18 日《光明日报》)

国家出版局关于
《毛泽东选集》第五卷准备工作和
召开全国印制发行工作会议的通知

1977年2月3日·(77)出版字第58号

以华主席为首的党中央关于出版《毛泽东选集》和筹备出版《毛泽东全集》的英明决定,充分反映了全党全军全国各族人民和全世界革命人民的共同心愿。出版战线广大职工怀着喜悦的心情积极投入出版《毛泽东选集》第五卷的准备工作。现在将有关《毛泽东选集》第五卷出版准备工作方面的问题,通知如下:

一、版　本

为了尽快出版《毛泽东选集》第五卷,决定先安排印制普及本、平装本和精装本三种版本。普及本为小三十二开,用老五号简体字横排,封面采用白底红字;平装本为大三十二开,用新四号简体字横排,封面采用白底印金字(不加勒口),外加深棕色有毛主席浮雕像的包封;精装本封面采用紫色绢丝纺,烫金字,外加同平装本一样的包封。

二、排　版

定稿后,为尽快向各地供型,普及本安排由北京、上海两地各排一付版(版式完全一致)打出纸型后划区供应。
大三十二开(精、平装)本在北京排版。

各地所需普及本纸型满足供应。发型计划将由人民出版社在二月十日前通知各地。

三、印　制

普及本由各省、市、自治区组织印制。大三十二开平装本在北京、上海两地印制；大三十二开精装本在北京印制。

各省、市、自治区分印普及本的任务，按照去年十二月在济南召开的毛主席著作出版用纸生产安排会议上商定的印数安排。

部队需要的部分，由人民出版社供型，战士出版社统一组织印制。

四、发行时间

发稿后多长时间全国统一发行，将请示中央决定。为便于做好印制发行准备工作，可考虑按以下两个方案安排。

第一方案在定稿发排一个月后在全国同时开始发行。由于全国需要纸型数量大，排版、制型时间较长，计划在发稿后第二十天可先供各省、市、自治区3—4付纸型，各省印装、发运时间只有十天左右。这样只能在省委所在地及若干地委所在地有少量普及本出售和陈列。

第二方案在定稿发排五十天后在全国同时开始发行。届时争取普及本出书达到计划印数的百分之十左右，平装本出书三十万册至四十万册，精装本出十万册。做到绝大部分县（包括大的工矿区）有普及本出售，有少量平装本陈列；地委所在地有普及本出售，少量平装本陈列和出售；省、市、自治区党委所在地还可以有部分精装本出售和陈列。

五、少数民族文版和盲文版的出版

蒙、藏、维、哈、朝五种少数民族文版由民族出版社出版。翻译工作正在进行中，排版印制发行工作应做好准备，主要语种文版争取半年左右译完出书。

盲文版由北京盲文印刷厂印制出版。

六、召开全国印制发行工作会议

为了进一步落实《毛泽东选集》第五卷的印制发行工作，中央已同意召开一次会议。拟于二月底在北京召开。请各省、市、自治区出版(文化)局一位负责同志和主管出版、印刷、发行、印刷物资工作的同志各一人参加,并请国务院有关部、委的代表参加。会议内容为传达和学习华主席、党中央的有关指示,揭批"四人帮"篡改马列主义,破坏毛主席著作出版的罪行,全面检查各项准备工作的落实情况,共同议定印制的质量标准和计划发行的办法。

会议的具体日期,另行通知。

随附人民出版社所拟"《毛泽东选集》第五卷印刷、装订质量要求草案"(见附件一)、新华书店总店所拟"关于认真作好《毛泽东选集》第五卷发行工作的意见草案"(见附件二),请各地讨论修改并将你们的意见连同你省印制发行工作安排(包括出书进度)于二月十五日前函告国家出版局。

附件:(略)

主送:各省、市、自治区出版(文化)局,人民出版社、民族语文翻译出版局、民族出版社、盲文印刷厂、新华书店总店、新华书店北京发行所、中国印刷物资公司、北京印刷技术研究所

抄送:战士出版社、外文出版发行局

(据国家出版局保存的原件刊印)

国家出版局、铁道部、邮电部、交通部、民航总局关于认真做好《毛泽东选集》第五卷发运工作的联合通知

1977年2月11日
(77)出发字第60号　(77)交水运字第95号
(77)铁运字第107号　(77)民航会文004号　(77)邮邮字第62号

英明领袖华主席亲自宣布，全党全军全国各族人民久已盼望的《毛泽东选集》第五卷，在今年上半年就可以和大家见面了。这是我国人民政治生活中一件大事，也是马克思主义发展史上一件大事。《毛泽东选集》第五卷，对于深入批判"四人帮"，对于我们党的建设，对于我国社会主义革命和社会主义建设，都具有伟大的指导意义，在国际上也将产生极为深刻的影响。

《毛泽东选集》第五卷普及本由各省、市、自治区印制（北京、上海代印一部分），平装本由北京、上海印制，精装本由北京印制。各项工作正在积极进行。五卷的三种版本，要求在全国各地新华书店同一日期发行。从出书到发行只有二十余天，运输时间甚为紧迫。为实现在华主席亲自宣布的时间内和全国读者见面，及时做好发运工作，是一个重要的环节。为此，特作如下通知。

一、新华书店北京、上海发行所，各省、市、自治区新华书店要和铁路、邮电、交通、民航等部门密切协作，根据五卷出书进度，安排好发运计划，及时送交通运输部门，以便安排运输。要包扎牢固，

标志鲜明。各担负中转任务的新华书店要及时转运,不得延误。

二、铁路、邮电、交通、民航部门对五卷的发运,要随时受理,优先发运,不得积压;要严防潮湿、污损和丢失。在运输任务繁忙时,要有专人负责五卷的承运工作,以保证及时到达目的地。数量较少的可采取客车(船、班机)捎带,数量较多的,要及时安排整车转运。

三、各省、市、自治区出版(文化)局,邮电管理局,交通(航运)局,各铁路局,民航各管理局和省(区)局要加强对五卷发运工作的领导。在发运工作中的问题,要及时帮助解决。相互之间密切配合,大力协同,努力完成这项重大的政治任务。

主送:各省、市、自治区出版(文化)局、邮电管理局,交通(航运)局,上海、广州海运局,上海港务局,长江航运局,各铁路局,东北铁路运输指挥部,民航各管理局和省(区)局

(据国家出版局保存的原件刊印)

国家出版局、供销合作总社关于向广大农村发行《毛泽东选集》第五卷的联合通知

1977年2月15日
(77)出发字第76号　(77)供销基联字第55号

全党全军全国各族人民久已盼望的《毛泽东选集》第五卷，在今年上半年就要出版了。这是我国人民政治生活上一件大事，也是马克思主义发展史上一件大事。在各地党委一元化领导下，认真做好《毛泽东选集》第五卷的农村发行工作，是新华书店和供销社极其光荣的、重大的政治任务，一定要严肃认真抓紧做好。为此，作如下通知。

一、紧紧抓住深入揭批"四人帮"这个纲，从思想上、组织上、物质上充分做好发行《毛泽东选集》第五卷的准备工作。要通过揭批"四人帮"的斗争，肃清其流毒，使书店、供销社的广大干部、职工，深刻认识《毛泽东选集》第五卷对于深入批判"四人帮"，对于我们党的建设，对于我国社会主义革命和社会主义建设，对于实现华主席讲话中提出的抓纲治国的战略决策所具有的极其伟大的指导意义。要调动一切积极因素，组织好发行力量，抓紧调查需要，制定供应方案，隆重、热烈地迎接第五卷的出版发行。

二、第五卷的发行工作要力求做到深入、普遍、及时、合理，有计划有步骤地满足广大人民群众的学习需要。对各地的供应，新华书店要负责全面规划，统筹兼顾，合理分配，努力消灭供应上的空白点，除做好书店本身的发行工作外，要积极认真地协助基层供销

社把第五卷发到广大农村去。供销社要积极主动地把农村发行任务承担起来。对于山区、牧区、海岛、边境等偏僻地区的需要,应该重点照顾;对于农村理论队伍、农村政治夜校辅导员和上山下乡知识青年,要优先供应。

三、第五卷在大、中城市或县城的统一发行日期,将另行通知。对农村的发行,应在统一发行日期以后,由各地根据出书、发运进度,自行安排。

四、通过第五卷的发行,要把整个农村图书发行工作提高一步。发行第五卷,不只是一时的突击工作,而是长期的政治任务。英明领袖华主席指出:"'我们的斗争需要马克思主义'。无论是深入揭批'四人帮',还是把党的建设搞好,或者是把国民经济搞上去,都必须认真学好马列著作和毛主席著作,学好无产阶级专政的理论,以马克思主义、列宁主义、毛泽东思想来指导我们的战斗,统帅我们的工作。"这就要求各地书店、供销社全面加强马列著作,毛主席著作和华主席著作以及其他革命图书的发行工作。各级供销社领导部门要把基层供销社发行图书的工作列入议事日程,要注意培养先进典型,总结推广好的发行经验,进一步办好基层供销社发行图书的门市部或专柜,积极做好送书下乡工作。店、社双方要密切协作,团结战斗,共同为宣传马列主义,毛泽东思想,为深入揭批"四人帮",为农业学大寨、普及大寨县积极贡献力量。

主送:各省、市、自治区出版(文化)局,各省、市、自治区供销社(商业局)

(据国家出版局保存的原件刊印)

国家出版局关于印发
《毛泽东选集》第五卷印制质量要求和
做好发行工作意见的通知

1977年3月9日·(77)出版字第93号

在最近召开的《毛泽东选集》第五卷全国印制发行工作会议上，经与会同志共同讨论，商订了"《毛泽东选集》第五卷印制质量要求"，现发给你们，望认真执行，严格遵守。同时，还提出了"关于认真做好《毛泽东选集》第五卷发行工作的意见"，一并发给你们，望参照执行。请注意总结经验，工作中的重要情况和问题望及时告诉我们。

主送：各省、市、自治区出版（文化）局、人民出版社、民族出版社、上海人民出版社、盲文印刷厂、新华书店总店、北京发行所、中国印刷物资公司、北京印刷技术研究所

抄送：战士出版社、外文出版发行局

附：
《毛泽东选集》第五卷印制质量要求

1977年3月5日

毛主席的著作,是马克思列宁主义的不朽文献。出版毛主席著作是一项严肃的重大政治任务,印制工作必须认真细致,一丝不苟,提高质量,不出差错。为此,商定《毛泽东选集》第五卷的印制质量要求。承担任务的出版社和印刷厂要加强党的领导,充分发动群众,采取相应的技术、组织措施和严格的检查制度,保证贯彻施行。

一、制版、制型质量要求

1. 全书文字,要求按照毛泽东主席著作编辑出版委员会所发定稿本,保证不错不漏一个字,不错不漏一个标点,不错不漏一个符号,没有一个歪字和缺笔断划字。

2. 全书版式,完全符合人民出版社的设计要求。普及本由北京、上海两地各排一副版,两副版的格式要完全一致,每页每行的文字要完全一致。

3. 封面、扉页和时期页的版子,要求按原稿做到不变形、无毛刺。像页上的标准像和包封上的浮雕像,要做到形象准确,层次清楚,网点清晰,反差适当,符合原稿要求;规格符合设计要求。

4. 纸型要保证不错不漏一个字,不错不漏一个标点、符号,没有一个歪字和缺笔断划字。版面要方正平直,不歪不斜。纸型深浅适度,每副纸型能浇版十次左右。纸型出厂之前,印刷厂要认真检查,并在纸型上印上使用说明,出版社发纸型前要认真核对无误。

二、印刷质量要求

1. 根据人民出版社的付印样本,要求一个字、一个标点、一个符号不错。文字要清楚,不缺笔断划、不变形、不变义。不掉行,不掉句。

2. 在版上换字,不要换错字,字形结构(包括简化偏旁等)必须同原字一致。换字,换版或在版上修刻,在书页上描修缺笔、断划、瞎字后,都必须经过严格的校对检查;个别字轻微断划不影响字义的可以不修。

3.每次上版和下版的样张要进行文字检查;在印刷过程中,每印刷一定数量,要作一次文字检查。

4.封面、扉页、像页、正文装版的规格尺寸,符合人民出版社的版式设计要求。正反面套印要准确,误差一般不超过 1.5 毫米。

5.正文印刷压力轻重适宜,版面无明显凸痕;字迹笔锋清晰,无糊版、跳胶等现象;墨色均匀,浓淡适度,全书墨色尽量保持一致。封面、扉页、像页的墨色,要符合人民出版社发的色标,印刷要光泽清晰,无脏点。

6.书页清洁,无钉帽、油污、墨痕,无皱折。

7.采用卷筒轮转和平版轮转等高速印刷机印刷的,应避免重影。如有重影要剔出。

8.折标和其他印刷标志,最好用数码,如用文字,要注意避免引起字义误解。大小要适当,以看书时不见为准。

9.每本书的纸张颜色力求一致。

三、装订质量要求

1.折页,要求正文的页码、字行对齐。无白页、多页、缺页、串页、倒页、脏页、破页、歪斜页、折角页(包括正文、封面、扉页,像页)。

2.索线牢固,不断线,不漏线,不露豁口;无线胶订粘结牢固,不脆裂,不脱页,要经久耐用。书脊卡纸和纱布(或无纺布)要坚固粘牢。

3.封面、扉页、像页的浆口不超过 5 毫米,宽窄均匀一致。

4.封面包正裹紧,书脊要平整、光洁、不起泡、不透胶,无皱纹,书脊字左右居中,扉页、像页贴正。

5.成书的裁切尺寸符合人民出版社的规定;书脊无破口;切口

无明显刀花、挂空、歪斜,底本不起毛;封面平整,无皱折、污迹。

6.书出厂前须经过逐本检查,符合要求方能出厂。检查合格的书中应放质量合格证或在版本记录页背面盖质量合格印记。

四、包装质量要求

1.包装整齐,数量准确,贴头无误。

2.包装粘结牢固结实,注意保持书籍清洁。

附:

关于认真做好《毛泽东选集》第五卷发行工作的意见

1977年3月5日

全党全军全国各族人民久已盼望的《毛泽东选集》第五卷即将出版了。这是我国人民政治生活中一件大事,也是马克思主义发展史上一件大事。《毛泽东选集》第五卷对于深入批判"四人帮",对于我们党的建设,对于我国社会主义革命和社会主义建设,对于实现华主席提出的抓纲治国的战略决策,都具有极其伟大的指导意义,在国际上也将产生极为深刻的影响。发行《毛泽东选集》第五卷是一项光荣重大的政治任务,全国新华书店、供销社必须严肃认真地抓紧做好。为此,提出如下意见。

一、基本要求

《毛泽东选集》第五卷的发行工作,必须在当地党委的领导下进行。发行方案的制定,书店的宣传陈列以及发行过程中的情况和问题,都要及时向当地党委请示汇报,按照党委的指示办理。

各级发行部门要学好文件抓住纲,深入揭判"四人帮",充分发动群众,调动一切积极因素,以饱满的政治热情,最好的服务态度,最高的发行质量,最快的发行速度,有计划有步骤地满足广大干部和群众的学习需要。

二、分配原则

统筹兼顾,适当安排。《毛泽东选集》第五卷的发行数量,不论在地区之间、城乡之间、各单位之间,都要本着统筹兼顾,适当安排的原则,合理分配。各省、市、自治区的普及本发行数,按一九七六年十二月在济南召开的毛主席著作出版用纸生产安排会议上商定的印行计划为准。精、平装本的发行数,由新华书店北京发行所分配。

一次分配,分批供应。省、市、自治区新华书店,根据出书进度制订分期分批发书计划,一次通知地、市、县新华书店。地、市、县新华书店要在调查研究并同有关单位充分协商的基础上,对本市、县所有单位和农村人民公社作出一次分配,分批供应的方案。发行一段时间后,可适当调整。

计划分配为主,门市零售为辅。零售比例由各地自定。开始发行时,大、中城市书店门市部,特别是主要门市部的零售数要大一些。精、平装本,尽可能地照顾年老同志和开本配套的需要。

关于农村的发行,按照国家出版局、供销合作总社一九七七年二月十五日的联合通知精神办理。

中国人民解放军机关、部队、院校系统需要的数量,已商定由战士出版社组织印制供应,其供应范围是:军队中的干部、战士、在编职工(包括基建工程兵、民航局、人武部、县中队、消防民警、边防检查站)。各地新华书店可事先向当地解放军机关、部队、院校联系说明。在门市零售时,如有解放军个人购买,仍应售给。

《毛泽东选集》第五卷的各种民族文字版,发行日期较汉文版要晚,分配原则,可参照上述原则办理。部队需要的民族文字版,由新华书店供应。

《毛泽东选集》第五卷的各种外文版在国内发行,可按照外文出版发行局的部署进行。

《毛泽东选集》第五卷的发行要注意实效,不论对集体还是对个人,都要坚持自愿购买的原则,不要提每人一册或每户一册的口号。

三、发运和储备

《毛泽东选集》第五卷的发运工作,应按照国家出版局、铁道部、邮电部、交通部、民航总局一九七七年二月十一日的联合通知精神办理。

在第五卷开始发行时,由于出书数量不多,为了尽可能适应迫切需要,各个发行环节,除发行所和省、市、自治区书店酌留少量机动数外,一般不留储备,随收随发。

四、宣传陈列

发行《毛泽东选集》第五卷,要广泛宣传。门市部的布置,要反映出隆重、热烈庆祝的气氛。设立专柜、专台陈列《毛泽东选集》一至五卷和各种单篇著作。凡有条件的书店,要精心设计制作宣传陈列《毛泽东选集》第五卷的橱窗。门市部要有一定数量的第五卷样书,供读者阅览。

在当地党委领导下,各地书店要积极配合新闻广播等单位,做好有关宣传报道工作。

五、服务态度

要加强对职工的政治思想教育,充分认识发行《毛泽东选集》第五卷的重大政治意义。要动员全体发行工作人员本着"对工作的极端的负责任,对同志对人民的极端的热忱"的精神,切实改善服务态度,热情接待工农兵读者,耐心答问。在发行过程中,要注意表扬全心全意为人民服务的好人好事。发行工作告一段落后,要进行总结。

《毛泽东选集》第五卷发行后,如发现差错,读者要求退换时,凡是公开发行的,不论是哪里印制的,当地书店都应换给,然后向有关出版社退换。

六、统计报表

新华书店北京、上海发行所和省、市、自治区新华书店,从出书的月份开始,每月十五日、三十日,用电报向新华书店总店汇报对市、县书店的发运册数。自开始发行的月份起,在每月的《电讯月报》内加一"五卷"的实际销售册数。对市、县新华书店统计报表的要求,由各省、市、自治区新华书店自定。

七、发行日期

《毛泽东选集》第五卷开始发行日期,中央确定后另行通知。

(据国家出版局保存的原件刊印)

国家出版局关于出版《列宁文稿》的请示报告

1977年3月16日·(77)出版字第105号

此件已经党中央、国务院领导同志批准

目前我国出版的《列宁全集》中文版一至三十九卷,系据《列宁全集》俄文第四版(1951—1960年出版)翻译出版的。赫鲁晓夫上台后,苏联又出版了《列宁全集》俄文第五版共五十五卷(1958—1965年出版)。此外,苏联从二十年代开始还出版了一种《列宁文集》俄文版,至今已陆续出版了三十八卷。这两部书中,有一部分材料,如很多书信、便条、手稿、笔记、提纲等,约六百万字,是《列宁全集》俄文第四版所没有编入的。中共中央马恩列斯著作编译局和人民出版社商定,组织一些高等院校把这部分材料译出,供研究使用,并为将来出版新的《列宁全集》中文版准备资料。此事中央编译局在一九七五年八月曾向中央组宣组写过报告。当时中央指定管编译局业务工作的胡乔木同志曾电话答复编译局,同意先翻译出来,如何出版以后再说。

最近,各翻译单位已开始交稿。人民出版社同中央编译局商量,拟把这部分材料分编为《列宁文稿》(书名暂定)十五卷,先印五万部,内部发行,主要供应中央领导机关和宣传研究机构、高等院校、各大图书馆。今年起陆续出版,争取两三年内出齐。

当否,请批示。

主送:国务院并报党中央

(据国家出版局保存的原件刊印)

国家出版局关于领袖像像题的请示报告

1977年3月30日·(77)出版字第126号

此件已经党中央、国务院领导同志批准

人民美术出版社反映,目前在国内发行的毛主席、周总理、朱委员长标准像没有像题,群众很有意见。我们觉得今后再印领袖像可加像题。

毛主席像像题,拟为:"伟大的领袖和导师毛泽东主席"。周总理、朱委员长像像题,拟为:"周恩来同志"、"朱德同志"。

华主席像像题,去年十月印制华主席像时,已用"华国锋主席",今后仍用这个像题。

向国外发行的像,毛主席像的像题,仍按中央一九七一年十一月五日指示,用"毛泽东主席"。华主席像和周总理、朱委员长像的像题,和国内用的相同。

当否,请批示。

主送:国务院

(据国家出版局保存的原件刊印)

国家出版局关于出版《毛泽东选集》第五卷繁体字竖排本和大字线装本有关问题的请示报告

1977年4月20日·(77)出版字第145号

此件已经党中央批准

遵照中央关于出版《毛泽东选集》第五卷繁体字竖排本和大字线装本的指示,我们同有关单位进行了认真研究,现将有关问题请示报告如下:

一、版　　本

一至四卷繁体字竖排本有精装、平装、普及本三种版本;大字线装本有甲种本(绢面)、乙种本(纸面)、丙种本(照相缩印)三种版本。我们建议繁体字竖排本只出精装和平装本两种,普及本可以不出了。因为普及本原用平装本的排样照相缩小影印的,字体太小了,阅读不便、损伤目力。大字线装本只出甲种本和丙种本两种,乙种本除封面用纸面外,其它和甲种本完全相同,不再出版。

二、排　　印

四种版本共排两副活版,排印工作仍由北京、上海两地原承担前四卷排印任务的印刷厂担负。

繁体字竖排本由北京新华印刷厂排印,用秀英体铅字排字。原用铜模已起化学变化,断笔现象严重不能再用,正在仿照秀英体重新刻制铜模(字的笔划结构,按照文改会公布的规范为准)。

大字线装本由上海中华印刷厂排印,原字模长期不用,部分生锈,正在修理,可以继续使用。

三、计划印数

繁体字竖排精装本印五万册;

繁体字竖排平装本印三十万至五十万册;

大字线装本(甲种本)印一千册(一至四卷,甲种本印了三百本,乙种本印了七百本);

大字线装本(丙种本,照相缩印)印一万册。

四、定　价

繁体字竖排本拟按简化字横排本定价统一,即:精装本三元六角,平装本一元二角五分。

大字线装本按前四卷定价比例核定,初步估算:甲种本二十七元,丙种本十六元。

五、出书时间

由于繁体字竖排本要重新刻模,大字线装本排印装订比较费时,计划在今年国庆出版。

以上意见,是否妥当,请批示。

主送:中共中央毛泽东主席著作编辑出版委员会

(据国家出版局保存的原件刊印)

国家出版局关于《毛泽东选集》第五卷少数民族文版定价标准和亏损拨补问题的通知

1977 年 5 月 10 日·(77)出版字第 102 号

关于《毛泽东选集》第五卷少数民族文版定价标准问题,经请示中央批准同意,仍按汉文版计价。即:维吾尔、哈萨克文老文字版小三十二开本定价七角八分;蒙古、藏、维吾尔、哈萨克、朝鲜文版 850×1168 纸幅的大三十二开平装本按汉文版印张计价,定为九角三分。精装本及纸面布脊精装本的定价,在大三十二开平装本定价的基础上,增加工本费。请根据我局下达的印制计划数印制。

按上述定价,发生经济亏损部分(按直接成本计算),由各有关省(区)出版社向民族出版社申报,民族出版社审核汇总后,报上级领导部门,统一报请财政部,在中央级文教卫生企业经费中拨补。

特此通知,请遵照办理。

主送:内蒙、辽宁、吉林、黑龙江、陕西、甘肃、青海、宁夏、新疆、四川、云南、西藏省(自治区)出版局,民族出版社

抄送:财政部,中央统战部,其他省(市、自治区)出版(文化)局,民族语文翻译出版局,人民出版社,战士出版社,新华书店总店,新华书店北京发行所

注：

《毛泽东选集》第五卷于 1977 年 4 月 15 日发行。

国家出版局于 1982 年 4 月 10 日发出(82)出版字第 241 号通知，称根据中央宣传部通知，《毛泽东选集》第五卷因有些提法(包括出版说明和注释)已不符合党的十一届三中全会精神，决定予以停售。

(据国家出版局保存的原件刊印)

国家计委、教育部、国家出版局、轻工业部关于大力抓好凸版纸生产的通知

1977年7月19日·(77)轻一字第61号

在英明领袖华主席为首的党中央领导下，在抓纲治国战略决策指引下，造纸工业的革命和生产形势发展很快，越来越好。在中共中央关于出版《毛泽东选集》和《毛泽东全集》决定的推动下，有力地促进了凸版纸生产的发展。今年四月份以来，月月超额完成月度生产进度，这是近几年来少有的现象。但是，由于"四人帮"干扰破坏造成的恶果，今年第一季度凸版纸没有完成生产计划，第二季度补上了部分欠产，上半年仍欠产二万多吨，供应紧张。据教育部门最近调查，中小学课本用纸严重不足，有的省课本不能印刷出版。边远地区，由于课本不能满足供应，苏修借机进行攻击、污蔑，并用邮包投寄课本等手段，进行破坏和捣乱。各地对学生课本不能保证，反映十分强烈，影响很大。对于这种情况，如不采取有效措施认真加以解决，势将影响教育革命的进一步深入开展。为此：

第一，进一步加强对造纸工业的领导，广泛深入地开展工业学大庆的群众运动，进一步促进生产的发展。对重点骨干企业要花大气力，切实抓紧抓好。上半年欠产的地区和企业，要力争在下半年补上。凸版纸生产比较分散的省、自治区，要采取措施，适当集中，便于保证生产。

第二，凸版纸生产需要的原料、材料、燃料、动力、包装材料、维修材料、劳动力和运输等，要优先安排，切实保证完成和超额完成

一九七七年凸版纸国家计划。

造纸工业部门和出版印刷部门,都要认真贯彻生产与节约并重的方针,充分发动群众,努力降低物资消耗,提高产品质量,做好节约用纸工作。中小学课本内容,要相对稳定。

第三,凸版纸的供应,在保证《毛泽东选集》第五卷和马列著作用纸计划的基础上,对今年中小学课本用纸要按计划优先做好安排,切实保证。

附:凸版纸上半年分省、市、自治区计划完成表(略)

主送:各省、市、自治区计委,工交办(组),教育局,出版(文化)局,轻(一轻)工业局抄报:国务院

(据国家出版局保存的原件刊印)

"四人帮"对出版工作的干扰破坏

1977年8月3日

国家出版局建立了专门班子,就"四人帮"对出版工作的干扰、破坏问题,进行调查研究。最近,他们约请各直属出版社和《人民文学》、《诗刊》编辑部以及荣宝斋的部分领导骨干和编辑人员,举行座谈。与会同志列举大量事实证明,"四人帮"反对伟大领袖和导师毛主席批示同意、敬爱的周总理主持制定的中央一九七一年四十三号文件,对出版工作进行了严重的干扰、破坏,特别是对出版工作的路线、方针和政策的干扰、破坏,更是触目惊心,不可低估。现将座谈会上谈到的几个主要问题,整理如下:

一、歪曲三服务方针,利用出版为篡党夺权服务

同志们在座谈中指出,"四人帮"出于篡党夺权的需要,打着要"紧密配合当前斗争"的旗号,歪曲出版为无产阶级政治服务,为工农兵服务,为社会主义服务的方针,利用出版物制造了大量的反革命舆论。特别是"十大"以后,"四人帮"在几大运动中另搞一套的反动谬论,在各类出版物中都有明显的反映。这几年,按照"四人帮"评法批儒的反动观点出版的法家著作,名目繁多,泛滥成灾。"四人帮"通过北京大学、清华大学大批判组炮制的批判所谓"三株大毒草"的小册子,全国不到十天就印了五千九百多万册,最后达到八千多万册,而且还翻译成少数民族文字,印成盲文,以出版史上前所未有的规模和速度,为"四人帮"的反革命阴谋大造舆论。在出版《毛泽东诗词》英汉对照本时,别有用心地删掉毛主席亲笔定稿的

有关杨开慧同志的注释,公开为江青篡党夺权张目。《坚持对资产阶级专政》一书,以介绍列宁对资产阶级作斗争的历史经验为名,大肆歪曲列宁的思想,说什么列宁号召"识破那些带着红领章,要抓枪杆子的阴谋家",还把"还乡团"也塞了进去。文化部搞的《反击右倾翻案风,歌颂无产阶级文化大革命歌曲选》,向全国征歌,要省委过问,用飞机送稿,内容大都是鼓吹"层层揪,揪一层",第一批就印了七十万册。至于像《纳吉与匈牙利事件》,根据反党电影《反击》、《盛大的节日》、《春苗》、《欢腾的小凉河》改编的连环画等图书,虽没来得及出版,但都是直接为"四人帮"篡党夺权服务的。同志们说,"四人帮"打着为工农兵服务的旗号,他们要送给工农兵的绝不是好东西,而是次品、赝品、毒品。

  大家谈到,这几年在"四人帮"的控制和影响下,把出版工作搞成"跟着运动转",实际上是跟着"四人帮"另搞一套转。近几年出的书,有一大批是报刊文章的选编本,搜罗的主要是梁效、罗思鼎、唐晓文、初澜这些御用写作班子的黑文。中华书局出了近百种《活页文选》,"四人帮"说什么它就搞什么,跟得紧,转得快。还说《活页文选》的特点就在于一个"活"字,随时可以配合,不只是出"古"的,还要出"今"的,连周一良的文章也上了《活页文选》。因为强调出书要跟着运动转,运动一来,大家抢着配合,情况一变,撕页、换页、挖改、停售,忙得团团转,不仅在政治上造成严重后果,经济上也有很大损失。人民出版社一九七五年共出新书一百零五种(不包括马列著作、毛主席著作和翻译著作),停售处理三十三种,占31%;一九七六年共出新书九十六种(不包括马列著作、毛主席著作和翻译著作),停售处理三十七种,占38%。人民文学出版社文艺理论方面的书,几乎全部报废。商务印书馆出版的《无产阶级专政理论丛书》,问题之大,报废之多,也是相当惊人的。

  大家还指出,这几年在"四人帮"的控制和影响下,真正为广大工农兵、革命干部、革命知识分子所急需的书,出得很少,普遍反映没有书看。多年来"四人帮"千方百计破坏《毛泽东选集》第五卷的出版。《马克思恩格斯全集》、《列宁全集》和马列的两个《选集》,长期脱销。重新注释的鲁迅著作,至今只出了《呐喊》、《彷徨》两本小说集。阐述马克思主义基本原理和学术性的理论著作几乎没有。毛主席、周总理多次指示编写的《简明中国通史》,至今没有出版。进行革命传统教育和共产主义道德教育的书很少。真正能为三大革命运动服务的好书出得也很少、很慢。昔阳的同志曾经尖锐地提出批评:"我们三年建成一个大寨县,你们五年印不出一本反映昔阳学大寨的书。"青少年读物数量少,质量低。各类工具书更是奇缺,教师备课都很难找到一本合用的汉语词典;外语词典也没有。现在世界上许多国家有大百科全书、小百科全书和大型专业词典,我们几乎什么也没有,这对提高我国人民的科学文化水平,大有妨碍。

二、反对二百方针,大搞文化专制主义

"百花齐放,百家争鸣",是促进社会主义科学文化繁荣的方针。中央一九七一年四十三号文件也明确指出,要贯彻二百方针。但是,由于"四人帮"反对二百方针,大搞资产阶级文化专制主义,在思想文化领域实行法西斯统治,给出版事业造成了严重的恶果。

大家普遍反映,长期以来,"四人帮"不许提二百方针,你一提二百方针,他就给你扣上"自由化"的大帽子。既然你"自由化",我就要对你实行"全面专政"。再加上江青、张春桥"要保留批评权"这跟大棒子,使得这几年出版物种类极少,用马列主义、毛泽东思想指导写作的学术著作、文艺理论,寥寥无几。不同学术观点的争鸣著作,几乎绝迹。社会科学方面,一大批是报纸剪辑或贩卖"四人帮"一套谬论的小册子,真正称得上是研究著作的,从一九七一到七六年底,全国仅出四十种左右,其中很多还是重印再版的。

文学艺术方面,这几年出得最多的是样板戏。毛主席、周总理肯定的八个样板戏是好的,应当出版、普及。有些只是凭江青的一句话,也就列为"样板戏"。每个戏,有综合本、总谱、主旋律乐谱、演出本、彩色剧照集、单色剧照集,还有各种画册、画片、条屏、单幅剧照、展览剧照,又是精装,又是平装,出版品种和规格,都远远超过马列主义经典著作,而且印数大,定价低,还卖不出去,有些只好大幅度减价出售,造成极大浪费。其他文艺作品,有不少是在所谓"三突出"思想指导下搞的。"四人帮"还规定题材问题上不能百花齐放,使作品公式化、概念化、雷同化,根本不可能真正反映出社会主义革命和社会主义建设丰富多彩的内容。在"四人帮"的棍棒下,有不少文艺形式濒于灭亡,例如童话、寓言以及科学幻想作品,这些群众喜闻乐见的形式,一部也没有。美术作品,许多只是变换标题,画面千篇一律;连环画的语言尽是标语口号,少年儿童看不懂,不欢迎。音乐创作也不景气,一九七〇年电台播放的器乐曲只有十三首,其他都被打入冷宫。在一部记录片上,画面是护士打针,配乐却是《我们走在大路上》的"向前进,向前进!""九大"以后,有人创作了一首欢庆"九大"的唢呐曲,被江青骂为"摇头摆尾",从此谁也不敢再搞了。有段时期的歌词全是些大话,空话,唱来唱去就是那么几句。

文艺理论书籍主要是出了"四人帮"的喉舌初澜等人的论文集,大肆宣扬"四人帮"的"根本任务"、"三突出"、"写大走资派"等一类货色。他们把马克思主义文艺理论糟踏得不成样子,恩格斯讲的典型环境,竟被初澜歪曲为"舞台装置",就是一例。文艺理论书籍的出版成了"四人帮"的"地主庄院",无产阶级文艺理论真的成了"空白",同志们十分愤慨地说,这几年把马列、毛主席的文艺理论丢得差不多了,编了一本《马恩列斯论文艺》,是内部征求意见本。

由于"四人帮"反动理论的毒害,实际工作中就发生许多不正常的事。人民出版社一九七三年出了杨荣国主编的《简明中国哲学史》,同时也出了任继愈主编的《中国哲学史简编》。两部书稿同时出版,本来可以体现百家争鸣的方针。有人竟横加挑剔,说什么出版任著是要和杨荣国唱对台戏,要用任著压杨著,最后告到"四人帮"那里。不许两部书稿同时出版,还谈什么百家争鸣?

新的出不来,旧的又不让出。"四人帮"所谓"空白论"在出版界流毒也很深。按照这种谬论,建国以来就没有什么好作品可以重印,"五四"以来就更不用说了。该肯定不肯定,实际是全盘否定。譬如文艺方面,"五四"以来,"四人帮"只许提一个鲁迅;《讲话》以后,没有一个作家、一部作品被他们肯定,这就直接否定了毛主席《讲话》的伟大历史作用,一笔抹煞了"五四"以来我党领导的文艺运动。对"四人帮"这种"否定一切"、"打倒一切",广大群众是有所抵制的,人民文学出版社曾经考虑再版一些作品,先提了几本书,如《青春之歌》、《林海雪原》等,要求研究一下,但后来却被当作黑线回潮遭到批判,连看一看、研究一下都不可以,更不用说出版了。

三、歪曲古为今用,洋为中用,大搞古为帮用,洋为帮用

"四人帮"大搞文化专制主义和实用主义,疯狂反对和肆意篡改毛主席"古为今用","洋为中用"的方针,对出版工作造成了极其严重破坏。

一段时期,在"四人帮"的淫威下,人们不敢提古,不能说洋。你一提古,就说你是"复辟";你一说洋,就说你是"崇洋"。中华书局、商务印书馆是专门担负整理古籍、出版外国哲学社会科学著作的专业出版社,这几年却流行着一种说法,说这里"复杂就复杂在一个'旧'字",干脆把整理古籍与复旧等同起来。有的社领导受"四人帮"谬论的影响,认为古籍整理"不能今用,要它没用",提出"打破分工"、"突破框框"的口号,竟要这个专业出版社不搞整理出版古籍、翻译外国学术著作,而去大搞所谓"直接配合"。你要对此提出不同意见,就批判你"不为工农兵服务","只要分工,不要路线"。结果是谈分工有罪,反分工有理;按照分工整理古籍、翻译外国学术著作有罪,反对分工、跟着"四人帮"的调调,赶浪头、出风头有理。在这种错误思想指导下,从一九七一年到七六年,除二十四史因为是毛主席批示的,不得不出,其他真正称得上新整理出版的古籍史料仅有十种左右。整理古籍似乎变成非法的了。中华书局一个编辑室文学组十三个编辑,全被拴在配合当前的《活页文选》上,而对广大读者迫切需要的古典文学作品及有关研究资料,却一直没人敢于过问。外国哲学社会科学著作的出版,更是屈指可数。商务印书馆一个编辑室哲学组从一九七一年到七六年,翻译著作总共只出了九种,其中重印书二种,原有纸型新印的二种,真正新组的译本仅五种。一九七四年却投入大部分人力去搞《批判三字经》以及《日本儒法思想资料》等。

荣宝斋是专门从事木版水印的书画社,不但在国内,尤其在国外有一定影响。但从一九七三年王曼恬等便伸进了黑手,公开攻击敬爱的周总理指示荣宝斋"以对外为主"的方针是"外汇挂帅","只要钱,不要线,出卖社会主义",使荣宝斋的工作受到严重干扰。一九七六年,又明确规定,取消经营文物字画,停止收售、代售现代画原作,使荣宝斋业务处于停顿状态,影响了毛主席革命外交路线的贯彻。比利时挂毯团等许多外国朋友到荣宝斋参观时,都要买小幅的古绢画、花卉画、宋人画册等,因为不能满足他们的要求,使他们感到很遗憾。去年七月,日本前外相小坂善太郎委托专人到荣宝斋买两方旧石章,由于这项业务停止,使来人空手而去。菲律宾总统的女儿埃米·马科斯要一幅山水画原作,因为上级单位决定不能供应,后来反映到对外友协,由友协买下送给她,才算解决。有的外国朋友对我们这一做法感到很不理解。韩素音看到我们过去复制的几幅古典绘画时,就说:"中国悠久的文化艺术,世界驰名,受到各国人民的欣赏。出版这些有什么不好!""这些年来,我来中国都到荣宝斋来,但你们这里,一年比一年小,商品一年比一年少,你们被'四人帮'压得够苦了。"

人民文学出版社除了四部古典小说,仅仅出了《史记选》和《关汉卿戏剧集》。《儒林外史》直到今年才出版。有些古典小说,在许多高等学校竟成了孤本;北大图书馆现在只有一本《官场现形记》。文学史上有些大家的作品,都没有人去整理,像李白、杜甫、白居易,都没有像样的新选本,而香港、台湾大量出版此类书籍,以至使人误认为我们不要文化遗产。外国文学,除了高尔基的《母亲》等少得可怜的几本外,什么也没出。莎士比亚戏剧集,巴尔扎克、托尔斯泰等人的著名作品,人民文学出版社都有纸型或译稿,就是不敢出。

音乐方面,更是一片沉寂。很多民间乐曲是劳动人民一代一代传下来的,江青却攻击是"靡靡之音",谁也不敢碰,一碰传统乐曲,就说你要翻文化大革命的案。外国音乐也同样遭到厄运,像贝多芬、肖邦等,从来不让提。连练习技法的《钢琴练习曲》也不准出。群众需要,又找不到,社会上有人就趁机牟利,晒图翻印出售,一本要十几块钱。"五四"以来的进步的音乐作品也不能出。使青年一代对外国、古代音乐,甚至对现代革命传统音乐,都一无所知。例如有些青年只知道近几年演出的《黄河协奏曲》,却不知它的前身《黄河大合唱》。演出《黄河大合唱》后,一个音乐学院学员竟说,冼星海真不简单,把《黄河协奏曲》改为《黄河大合唱》,改得这么好!

同时,"四人帮"又大搞实用主义,批林批孔以来,他们另搞一套,利用历史以古讽今,影射比附,把古为今用的方针篡改为古为帮用,为他们篡党夺权制造舆论,出版部门深受其害。在"四人帮""儒法斗争贯串两千年"的反动理论影响下,一时从学校到工厂、农村、部队,到处注释法家著作,大讲儒法斗争。据不完全统计,从一九七四到七六年底,全国共出有关儒法斗争的书一千四百零三种(不包括各地相互租型、翻印及少数民族文字版)。有的书,如讲秦始皇的就有三十七种,柳宗元《封建论》各种注、评,就有二十种,仅中华书局的《读〈封建论〉》就有十六个地方出版社租型,还被译成五种少数民族文字和盲文版。这些所谓历史书,大都是贩卖"四人帮"一套谬论,而且互相转抄,内容重复,造成了极坏的影响和严重的浪费。中华书局一九七四年几乎全部人力都投入搞法家著作注释,大本、小本、标点本、注释本,应有尽有。只要是法家著作,就奉若神明;不是法家著作,一概排斥或骂倒。人民文学出版社要搞一个法家和进步思想家诗文的选题,上下几千年,冷冷落落只有二十几人,后来只好把陆游、辛弃疾当作"团结"对象列了进去。而张居正的诗文并不好,因为说他是法家,也就硬把他拉进来。只要是中国历史上的东西,无论哪个学科,都要纳入儒法斗争,都要用儒法斗争的观点去写,结果使很多书稿无法处理。音乐出版社为了满足读者要求,想出一本中国音乐史,有些作家不是法家,有些好的作品很难挂上法家思想,因而就不能肯定他们在音乐史上的地位,把音乐史上许多优秀作品给去掉了,丰富多彩的中国音乐史变成寂然无声。比如琵琶曲《十面埋伏》,是描写楚汉战争的名曲,但是,"四人帮"为了证明它是反映法家思想的,硬把其中描写项羽乌江自刎一段很悲壮的音乐删去。

四、利用"三结合",大搞绝对化

领导、专业、群众三结合写书,是实现知识分子与工农结合的一个有效途径,也是党的群众路线在出版工作中的一种体现,应当坚持。工农兵有丰富的实践经验,他们参加三结合写作,用文艺形式反映他们的斗争生活,从理论上总结他们参加阶级斗争、生产斗争和科学实验三大革命运动的体会,请他们参加某些书稿的评审工作,这不但是必要的,而且也是行之有效,可以搞得好的。但这几年由于"四人帮"的干扰破坏,搞绝对化,不问书稿内容,不根据实际可能,一切都要"三结合",结果只能是弄虚作假,勉强搞出来了,质量也很差。譬如目前大多数工农群众,都不懂古文、外文,可是整理古籍、翻译外书也要工人同志搞,实际是强加于人,存心整人。中华书局不少法家著作都是请工人写的《前言》,王夫之的《读四书大全说》,参加三结合的几位工人同志根本看不懂,只好由编辑摘录其中若干好懂的词句向他们讲解、辅导,再请工人同志写点体会,准备连缀起来作为《前言》,但写出来一看实在不行,最后只好由责任编辑重写,念给工人听,就算是工人写的了。翻译外书也一定要搞三结合,而且要打破"禁区"直接找工人同志。工人搞不了,只好现教现译。人民出版社有本《林肯传》,在云南组织了三结合翻译班子,大部分是插队知识青年,外语基础很差,根本不能翻译,就请新华社等单位的几个同志先把近百万字的原书突击译出初稿,再由他们去节编重译。还有一本《约翰·布朗》,已出版了中译本,却又找工人搞节编,前后费时一年半,最后前言还是由编辑代写的。甚至连一些很偏僻的专业也要找工人,结果弄虚作假的现象非常普遍。把大批工人拉来搞古籍注释圈点,这也根本不符合建立马克思主义理论队伍的方向。可是,谁对这种做法提点意见,就被扣上"否定三结合,否定工农兵占领上层建筑"的大帽子。

同志们指出,占领,主要是指用马列主义、毛泽东思想来占领上层建筑,远非请一些工农兵来参加写作就算解决了。更不能把硬拉工农兵来写他们根本不了解的东西说成是支持工农兵占领上层建筑。这几年三结合编的书,许多不是工农兵的思想、观点,而是强奸民意,借用工农兵的牌子,贩卖"四人帮"的黑货。例如《中国农民反孔斗争史话》,就是江青指使梁效这个反革命黑笔杆按照她的旨意一手炮制,最后以"小靳庄大队理论组"名义抛出的。有的三结合编写组,也是先把"四人帮"的一套灌输给工农兵,然后再用工农兵名义拿出来。近年来,"四人帮"一些反马克思主义谬论,就是通过三结合编写的小册子,假借工农兵名义贩卖出去的。流毒之广,危害之深,实在不是短期所能肃清的。

由于片面强调什么都要三结合,把专业与业余的关系也搞得很乱,阻碍了二百方针的贯彻。特别是一九七四年提出工农兵是批林批孔的主力军的口号以后,编书、写书、审稿,一切都要假借工农兵名义,而对专业人员则采取排斥和歧视的态度。扶植、培养工农兵业余作者是对的,但不能排斥专业人员。由于片面强调三结合,有些出版社就是不愿或不敢出个人署名的专著。有的社领导,一见选题就问:是不是三结合搞的?好像不是三结合写的,就不能出版。北师大老教授白寿彝组织几位教师准备写一部简明中国通史,出版社一定要他也搞三结合。有些三结合编写组,专业人员不能发挥作用,而业余作者又长期脱产,变成"专业业余,业余专业",很不正常。这样搞,既打击了专业人员的积极性,也把工农兵中好的苗子慢慢地腐蚀了。

　　这几年,有的出版社还办了编辑分部,在所在基层党委领导下,由出版社编辑和工人业余作者组成,从确定选题到是否出版,都由编辑分部决定,相当于独立的出版社。中华书局、商务印书馆提出,在大连的编辑分部,要立足红旗(指大连红旗造船厂),面向大连,把整个东北管起来。这样又把地方党委置于何地?这个编辑分部是由工厂党委和出版社党委双重领导,并以工厂党委领导为主,结果把个国家出版社变成某个地区甚至某个工厂的宣传科。这个编辑分部搞的《无产阶级专政理论丛书》、《纳吉与匈牙利事件》等书都是竭力鼓吹"四人帮"的一套,如"揪一层,层层揪"等。大连红旗造船厂是毛远新控制的一个点,该厂革委会主任曾在一九七六年计划会议上猖狂攻击华主席。这个厂一个工人被请进当了中华书局、商务印书馆四编室支部副书记,此人在去年十月一日("四人帮"被粉碎前五天)公然跑到北师大历史系做"报告",点名攻击李先念同志。这个出版社的群众尖锐地提出:这个门到底开到哪里去了?这根本不是什么开门办社,而是向"四人帮"控制的一个点开门。

　　人民美术出版社的同志反映,他们办的编辑分部,把一个地区一个单位的工作中心,当作出版工作的中心。光出一个"点"上的作品,能有多大的代表性?他们在大连的编辑分部,出了《大连画册》,又出《大连工人画册》,甚至还要出《大连中学生画册》。在美术印刷厂搞的编辑分部,实际出的仅仅是美术学院附中毕业的一个青年工人的作品,出版社撒手不管,就让他自己画,自己审,而且个人发稿,放弃了领导。

大家指出,过去搞三结合,都提以地方党委为主,这就涉及由谁定稿的问题。出版社应该把关、审稿,但是有的书稿就不好处理。例如大连红旗造船厂编的《马恩列斯论历史科学》,问题很多。人民出版社编辑部说要修改,暂时还不能出版,他们竟蛮横地质问:究竟由谁说了算?是听我们的,还是听你们知识分子的?

五、编辑出版队伍受到严重破坏

同志们认为,"四人帮"破坏编辑出版队伍,使出版工作受到严重损失。

出版局所属出版社现有的编辑出版队伍主要由三部分人组成,一是原来出版系统的,一是从外单位调来的,一是一九七二年以后调进的解放军和新毕业的工农兵大学生。无论是原出版系统的,还是新调进的同志,绝大多数都有搞好社会主义出版事业的强烈愿望。同志们说,各方面来的干部,本应相互团结,取长补短,共同作好工作,但由于"四人帮"分裂革命队伍,局、社个别领导不执行党的干部政策和知识分子政策,极少数"闹而优则仕"的人从中挑拨,在新的与老的、原单位留下的与外单位调进来的之间制造许多矛盾,致使编辑出版队伍思想混乱,是非不清,造成许多人为的不团结。张春桥曾狂叫"要夺权,不要原来的人",要把所谓"老人马、老思想、老作风"统统换掉。在文化大革命中,原出版口一位负责人紧跟林彪、陈伯达、"四人帮",在一份送给陈伯达的黑报告中,说出版系统的领导骨干都是从三十年代三联书店过来的,不仅是一条黑线,而且是连窝端过来的黑店。出版系统的编辑队伍都黑了,是一股"旧势力",大部分不能用。一九七二年底,经国务院领导同志指示,原出版系统的干部陆续从干校调回,但有些人仍把他们看作刘少奇反革命修正主义路线的"社会基础"、"消极因素",经常用"复旧""回潮"的大帽子压他们,使他们的积极性受到压抑,没有充分发挥作用。打倒"四人帮"以后,绝大多数干部都强烈要求增强团结,但由于"四人帮"的流毒没有肃清,有些隔阂至今没有消除。

"四人帮"反对又红又专。一些认真学习马列、毛主席著作和专业知识的人,经常被扣上"白专道路"的帽子。在"四人帮"大批"刮业务台风"、"知识私有"的恶劣风气下,钻研业务成为"非法",不少编辑马列主义理论基础差,业务水平低,不能适应工作要求。搞翻译稿的编辑不懂外文,搞近代史的不懂历史。有位同志是学中文的,却被分去搞外国哲学,因为不懂外文,曾拿了一本德文书误作英文书出去组译,闹了个大笑话;有个大学生大学只学过几天近代史,在看到一部稿子中的王国维时,竟称"王国维同志"。对于这种状况,局、社领导熟视无睹,不是提倡又红又专,加强政治思想工作和业务学习,而是蛮横无理地批判所谓"知识私有"。有的领导不仅自己以"外行"为荣,还鼓吹什么"只要认识汉字就可以当编辑"。人民文学出版社有个领导同志为了帮助新来的同志熟悉业务,开了一个书单子,前面讲看看有关《红楼梦》研究、《武训传》批判等正反两面的材料,后面提了几本文学史、古典作品如巴尔扎克的小说等,合起来也不过二十多本书。都是些最基本的东西,这本来是件好事,结果被指责为"回潮"、"腐蚀青年"。中华书局、商务印书馆有几个青年请一个老编辑补习英语,结果那位老编辑遭到质问:会一门外语尾巴就翘起来了,再学一门外语,尾巴会翘得天高,你要把青年引到哪里去?在审读《丘吉尔回忆录》第四卷译稿时,竟安排几个不懂外文的同志分工通读、加工,还说这是创造了"不懂外文也能处理译稿"的经验。这个出版社担负外书的编辑室近三十人,外语汉语比较熟练的只有两个年过六十的老编辑,接不上茬的现象极为严重。

同志们强烈反映,这几年是"编辑打杂,到处叩头",责任编辑要负责对作者的送往迎来、生活照顾、代订车票、代买书籍,还要打邮包,发样书等,以致精力分散,学习和处理稿件的时间很少,用于编辑业务的时间一般每周不到两个工作日。平时借阅图书资料的限制也很多，编辑对国内外学术发展和出版动态一无所知，耳目很闭塞。

关于作者队伍，这几年一个突出的问题是，很少出版老作者、老专家的著作。一九七三年，谢冰心自己提出要写点东西，征求李季同志的意见，是写邢燕子(她曾和邢燕子有些接触，比较熟悉)，还是写工艺美术。李季同志表示，还是写点现实性的东西好，写邢燕子吧。此事竟遭到批判，说"让谢冰心写邢燕子是黑线回潮的表现"。傅雷，是翻译巴尔扎克、罗曼罗兰作品的著名译者，因为他曾是右派(已摘帽)，又在文化大革命中自杀，他翻译的《欧也妮·葛朗台》，译文质量很好，也不能出版，要另请北大西语系重译。傅雷翻译的巴尔扎克的《幻灭》，文化大革命前已打好纸型，但不敢出版。画家哈琼文作了两幅画，一幅署自己名字就没选上。另一幅用他在农村插队的女儿署名，很快入选。有人竟然赞扬这幅画说，专业的也画不出这个水平。一九七二年文化组编了本《1942—1972 歌曲选编》，连马可、吕骥等老作家的作品都没有入选。有一些作者家庭出身不好，作品也不能出版。同志们认为，"四人帮"对作者队伍是排斥专家，不要专业，架空业余。

(原载国家出版局编《出版工作情况反映》增刊，1977 年 8 月 3 日)

(据国家出版局保存的原件刊印)

国家出版局出版部关于
各出版部门对涉及"四人帮"图书
清理工作情况汇报

1977年8月23日

自七月十二日我局向各出版部门发出关于将涉及"四人帮"图书处理情况报局一电后,截止八月六日,先后收到二十三个省、市、自治区出版(文化)局(缺北京、黑龙江、江苏、云南、青海,甘肃已来电,材料未到)和五个直属出版社、十三个中央一级出版社的汇报材料和处理图书清单。现将各出版部门反映的清理图书工作情况综合汇报如下:

根据中共中央一九七六年十八号文件精神,各出版部门对涉及"四人帮"的图书都进行了检查和清理,并陆续分批作了处理。据报来的数字统计,二十三个省、市、自治区出版社已处理的有关图书共3531种(停售报废3007种、应索供应42种、技术处理126种、封存等172种),五个直属出版社已处理的共271种(停售227种、应索供应22种、技术处理22种),十三个中央一级出版社已处理的共221种(停售165种、应索供应13种、技术处理36种、封存7种),以上合计4023种。(由于统计方法和项目不一致,如有的包括本版和租型的,有的不算租型的,有的包括印制过程中的,有的不算印制过程中的,等等,因此只能是个大概数字。详见附表。)其中处理最多的是上海,达724种,其次是辽宁,372种,五个直属出版社,共271种(人民出版社104种、人民文学出版社62种、人民美术出版社55种、中华书局·商务印书馆43种、人民音乐出版社7种)。"四人帮"控制舆论工具、包括利用出版阵地散布种种修正主义谬论,干扰和破坏毛主席的革命路线,为他们篡党夺权大造反革命舆论,政治后果极其严重。经济损失也很大。

自中央十八号文件下达后,许多出版部门在当地党委领导下,高举毛主席的伟大旗帜,按照华主席、党中央抓纲治国的战略决策,配合揭批"四人帮"的斗争,积极地进行了清理图书工作,取得了较好成绩。如上海人民出版社采取发动各编辑室、新华书店、业务组、印刷厂的广大群众和清查图书小组相结合的方法,清理了大量有关的各种图书,成绩显著。有的出版社采取先易后难,由近及远,先封存后处理的办法,使清理图书工作不断进展。个别出版部门(如宁夏)由于受"四人帮"及其余党的资产阶级帮派体系的干扰和影响,清理工作进度较慢,目前正在抓紧进行。不少出版部门由于对部分有关图书的问题一时搞不清楚,界限不好掌握,也影响了清理工作的进度。各出版部门已经处理的图书大致有以下几类:

一、"四人帮"成员的报告、讲话、著作和有"四人帮"名字、形象的图书,如人民出版社出版的张春桥、江青、姚文元的著作、讲话共13种,有"四人帮"名字、照片的共19种,上海人民出版社出版的张春桥、姚文元的著作共有18种。

二、"四人帮'余党、亲信的文章、讲话、报告和"四人帮"御用的写作班子"梁效"等编写的书和文章等,如人民出版社出版的有梁效等文章的书有33种,有乔冠华署名的发言、文章的8种,上海人民出版社出版的"四人帮"及其在上海余党制造"风庆轮"事件,攻击敬爱的周总理的图书就有40多种,其中一种题为《我们要革命,风庆要远航》的年画印数达280万张。

三、"四人帮"借口批林批孔、学习无产阶级专政理论制造混乱,散布种种修正主义反动言论,鼓吹儒法斗争,以儒法斗争代替阶级斗争,歪曲和伪造历史,影射攻击中央领导同志的图书。

四、"四人帮"违背毛主席的指示,另搞一套,疯狂打击和诬陷邓小平同志的图书。

五、"四人帮"宣扬"三突出",鼓吹"写与走资派斗争",大肆吹捧江青以及有"四人帮"亲信形象的文艺论文集、中长篇小说、画册、图片、连环画等。

六、宣扬"四人帮"树立的所谓"反潮流"的典型人物如张铁生、李庆霖、朱克嘉等的图书。

目前,随着揭批"四人帮"运动的不断深入,各出版部门对有些在政治思想上、理论上被"四人帮"搞乱的、界限不清的以及有些与"四人帮"关系密切或有问题的作者编写的图书,尚在继续进行清理。

清理图书工作中存在的主要问题是:

一、有些被"四人帮"搞乱了的理论问题和涉及写走资派的问题,界限不太清楚,难以掌握。

福建反映,关于涉及"四人帮"反革命修正主义路线的一些反动论点,特别是涉及路线是非的问题,应怎样审查清理,希望有个明确规定。

人民出版社提出,有的书中有一些错误的或有争论的提法,如"党内资产阶级的典型代表"、"对资产阶级实行全面专政"、"资产阶级法权"、"唯生产力论"等等,这些涉及理论上的一些问题,有待进一步研究解决。

天津提出,文艺评论集中有不少是宣扬所谓"三突出"创作原则的,还有一些文艺作品是按照"三突出"原则创作的,有的还写与走资派斗争的,应该怎样掌握处理?希望能明确一些界限原则。

山东反映,对反映文化大革命和写走资派的文艺书,有些问题看法不一,难以作出结论。

二、关于评法批儒等问题。

人民出版社提出,关于批林批孔、评法批儒、评论《水浒》等问题,"四人帮"到底搞了哪些破坏,他们如何歪曲、篡改了毛主席的指示,现在还搞不太清楚,因此在清理图书和审查处理稿件中有很大困难。

河南提出,"四人帮"批吕不韦,影射攻击周总理,批韩信搞复辟,影射攻击老一辈无产阶级革命家,这是比较明显的,但有些历史材料涉及到吕不韦、韩信的问题,有无政治背景不清楚,就感到不好处理。

湖南提出,1974年以"法家著作注释出版规划座谈会领导小组"名义下达的《法家注释出版规划》(草案)中指出"儒法斗争贯穿两千多年,所附《注释出版法家著作目录》中,除春秋战国时代的商鞅、荀况等人以外,还包括西汉以后至近代的严复、章炳麟等人。我省据此组织出版了《法家著作选读》(活页)二十多种。据最近检查,这些书的注释中曾受到"四人帮"的一定影响,但还没有发现政治性的攻击、影射,因此暂时不作处理,是否妥当?

湖北提出,《曹操、诸葛亮著作选注》、《王夫之著作选注》是全国统筹安排交给我省的三种注释任务中的两种。经检查,注释本身除个别地方外,一般未发现问题,但考虑到评法批儒是"四人帮"搞的,此书不宜发行。究竟如何处理,希望统一研究解决。

内蒙提出,过去召开的法家著作注释会议和少数民族图书翻译出版座谈会,都给各地分配了一些任务,其中有不少法家著作和现代文学作品,哪些应继续出版,哪些不出了,都未正式通知。

安徽提出,《历史研究》登载吴江的一文中说:"两汉中期以后,儒法合流已非常明显……",现在已出版的作为法家人物小传的《曹操小传》、《诸葛亮小传》两书,是否还可继续发行?

三、关于与"四人帮""关系密切、民愤极大者"和有的作者的文章、作品的处理问题。

内蒙提出,中央十八号文件规定"凡同'四人帮'关系密切民愤极大者所编导、创作和参加演出的影片、戏剧、音乐,由文化部逐个审查,上述这些人的文学艺术评论和创作,由国家出版局逐个审查,提出处理意见"。过去凡是中央文件和中央报刊已经点名批判的,都作了处理。但有的只是据说,没有确实根据,这给处理图书带来一定困难。

福建、天津提出,与"四人帮"关系密切的人和他们御用的写作班子用的笔名繁多,搞不清楚,各地掌握也不一致。

湖南反映,去年十二月曾就《龙江颂》、《奇袭白虎团》、《草原儿女》、《平原作战》等四种剧照年画、年历能否发行问题,请示文化部,据答复除《奇袭》剧照可继续发行外,其余三种尚待审定。我们先予封存,但至今未得到答复。

上海反映,《批判晋剧〈三上桃峰〉》一书,因有初澜黑文已作报废处理,但对《三上桃峰》的背景情况尚不了解。对《杜鹃山》中扮演柯湘的演员形象,有的出版社作了报废处理,我们听到反映,作了封存待处。我们刚印出《平原作战》连环画十八万册,该剧作者张永枚还写过《西沙之战》,我们参照张诗绘的连环画《西沙之战》已停售报废,但有张的名字的其他图书,如何处理,一时难以决定。建议国家出版局对这类图书的处理原则,及时通报。又,外地新华书店见到有"石一歌"署名的书就原封退回,我们对"石一歌"署名的图书,根据不同内容作不同处理,如《水浒》儿童版的序言,内容有错误,撕去后发行;《鲁迅的故事》停售封存,新出版的《鲁迅与青年》(连环画)的作者署名"石一歌",用墨涂去。

安徽提出,曾采用《智取威虎山》、《海港》等现代京剧的剧照出版过年画。最近以来,电台已很少广播这些戏,不知演员有无问题。原出版的年画能否发行?

广东提出,如柴春泽,在我社出版的《农村应用文》中收了他的一篇文章,还没有进行处理。湖南反映,已出版的书中,提到小靳庄,但没有吹捧江青的内容,应如何处理?唐晓文的文章是否需作处理?

人民出版社提出,有的作者据了解正在审查或有其他问题,如杨荣国,广东茂名书店两次来信反映杨有问题,问他的书能否继续发行。又如赵继彬,他写的《论语新探》等书应否继续发行。杨写的《简明中国哲学史》、赵写的《论语新探》都是毛主席肯定过的,即使他们有问题,对于这两书也应慎重处理。

四、涉及"批邓、反击右倾翻案风"内容的问题。

福建提出,已出版的图书中一些属于当时历史条件的提法,如"反击右倾翻案风"、目前已不再提了,该怎样处理?

湖北提出,《中共中央的两个决议》,北京市已作处理,但人民出版社出的书未作处理。还有《伟大的领袖和导师毛泽东主席永垂不朽》一书,已作过技术处理,但内容仍有问题,应如何解决?

山东反映,对有关反击右倾翻案风的图书,只将明显违背中央[1976]四、五号文件精神的作了处理,其余有关图书则未作处理,仍继续发行。

湖南提出,美术作品中,整个画面没有什么大问题,但引用的语录和标语中,有批评"三项指示为纲"、"翻案不得人心"、"回击右倾翻案风"等字句,是否应作处理?

浙江提出,书内仅有"反击右倾翻案风"字样,而没有其他问题的,如何处理?

上海提出,凡是华主席、党中央领导同志的报告、讲话和两报一刊的社论、重要文章中有"继续批邓、反击右倾翻案风"提法,以及书刊中叙述批邓这一历史过程而不属于另搞一套的,都不作处理,凡本社出版物中对批邓有错误和过时的提法的,一律作技术处理后发行,难以处理的即予报废。

此外,有的出版部门还反映,少数书店对已经接到处理通知的图书,没有及时抓紧处理。上海反映,技术处理的图书工作量大,涉及劳动力组织、重新印刷、改变定价等问题,因此往往已决定作技术处理的书,几个月后仍未处理完毕,各地书店对此时有批评。

(据国家出版局保存的原件刊印)

财政部、国家出版局关于核定涉及"四人帮"图书报废专项资金的通知

1977年9月7日
(77)财事133号·(77)出计字第296号

遵照中共中央(76)18号文件及其他有关文件规定的精神,清理涉及"四人帮"和有"批邓、反击右倾翻案风"等内容图书的工作,中央和地方各出版社、书店都正在积极进行。对这些图书的处理报废损失,国家出版局曾决定,由书店根据原文化部(64)文厅出字第50号《关于修改书籍停售通知和损失处理的通知》规定,陆续向有关出版社结算。由于这批报废图书涉及面较广,经济损失较大,经报请国务院批准,由国家财政拨给图书报废专项资金(以下简称"专项资金")解决。对"专项资金"的使用通知如下:

一、"专项资金"的使用,只限于处理涉及"四人帮"和有关"批邓、反击右倾翻案风"等内容图书的停售报废损失。凡因经营原因造成积压,失去时效和自然损耗等的损失,由书店按原有规定在"呆滞书损失准备金"中解决;由于其他原因经出版社通知停售报废图书的损失,仍按原有办法向出版社结算损失;这些报废图书的损失都不属这次"专项资金"的处理范围。报废图书一律按进货原价计算。

二、"专项资金"由、省、市、自治区出版(文化)局、财政(财金)局掌握,不得层层下拨。各地书店和出版社的报废损失,一律通过省、市、自治出版(文化)局统一向省、市、自治区财政(财金)局申请拨款。

三、各地书店接到发书店转发出版社的停售报废图书通知后,应即清点,逐本将版本记录页撕下,编造清册,注明报废根据,连同全部(不论哪里出版的)版本记录页报所在省、市,自治区新华书店审核汇总后报省、市、自治区出版(文化)局核批。

四、各地出版社所存报废图书,在制品以及书店已向出版社结算的报废书款,由出版社编造清册报省、市、自治区出版(文化)局审批。

五、国家出版事业管理局各直属出版社所存报废图书、在制品和新华书店北京发行所已向出版社结算的报废书款,以及新华书店北京发行所尚未向出版社(包括出版局系统外的中央各出版社)结算的报废书款,由各出版社和发行所分别编造清册报国家出版局审批,向财政部申请拨款。中央文教各部出版社的报废图书款,报各主管部审批,向财政部申请拨款。

六、所有一九七六年底以前已处理,并已列入年度决算的报废书款不再冲回,也不得再向财政申请拨款。

七、凡是经过技术处理后,可以公开或内部发行的图书。都应进行技术处理。需进行技术处理的图书,各单位应发扬自力更生精神,发动群众自己动手进行处理。必须的处理费用可列入本单位当年"营业外支出"。

八、凡经通知报废的图书,可酌留少量供内部批判之用。报废图书一般不得烧毁,应尽量交造纸厂化浆处理。变价收入,列入当年"营业外收入"。

九、对停售报废图书的审查清理工作,是一项严肃的政治任务,各出版社党委要认真对待。抓紧、抓落实,必须在一九七七年底全部结束;各地书店的清理、结算工作,各级负责人要亲自动手,如实核查清楚,必须在一九七八年六月底全部结束。

十、接此通知后,各省、市、自治区出版(文化)局、财政(财金)局,可根据上述规定地区情况,拟定具体清理结算办法通知各地书店、出版社。通知中必须注明在此以前发出的停售报废通知仍向原发书店结算。

十一、现核定你省、市、自治区图书报废"专项资金"××元,由财政部专项拨款,专户存储,专款专用,不列入今年预算指标。在办理一九七七年财政决算时,在收支合计线下列报。存款今年如有结余,可结转明年继续使用。清理报废工作结束后,应写出专题总结和专项决算报告,报国家出版局和财政部。

主送:各省、市、自治区出版(文化)局,财政(财金)局,中国人民银行分行

抄送:局直属各出版社,新华书店总店,新华书店北京、上海发行所,各省、市、自治区新华书店,中央文教各部

(据国家出版局保存的原件刊印)

国家出版局领导小组关于鲁迅著作
注释出版工作的请示报告

1977 年 9 月 11 日·(77)出领字第 325 号

此件已经党中央批准

一九七五年十月二十八日，周海婴同志给伟大领袖和导师毛主席写信，请求帮助解决关于鲁迅书信的处置和出版、鲁迅著作的注释、鲁迅研究工作的进行等方面的问题。仅隔三天，同年十一月一日，毛主席作了批示，赞成周海婴同志的意见，并要求"立即实行"。

但是，由于"四人帮"加以阻挠和破坏，这一重大任务一直未能顺利进行。一九七六年四月召开的鲁迅著作注释出版工作座谈会上，原国家出版局主要负责人按照"四人帮"的意图，强调要紧跟当时的政治运动，实际上是紧跟"四人帮"的另搞一套，把鲁迅著作的注释工作引入邪路。在错误思想指导之下，当时写出的一批注释稿，在思想性、科学性乃至文字上都有不少毛病，问题很多。

毛主席批准的周海婴同志的建议明确提出：争取在一九八一年将新注鲁迅全集出齐。毛主席的重要批示下达迄今已近两年了，新注鲁迅著作单行本二十六本中仅仅出了《呐喊》、《彷徨》两本，照这样的进度，十五卷全集出齐，真不知要拖到何年何月！这完全有背毛主席的遗愿。

遵照华主席抓纲治国的战略决策的精神，为了把被"四人帮"

耽误了的时间赶回来,我们决心从现在起,力争按期完成鲁迅全集的原定出版计划。有关注释工作的要求,在毛主席批准的周海婴同志的建议中以及后来毛主席批准的国家文物局、国家出版局一九七五年十二月五日的专题报告中,均有明确规定,即拟在一九五八年版《鲁迅全集》的基础上进行修订。当前的主要问题是无人定稿。负责鲁迅著作注释定稿工作的人民文学出版社鲁迅著作编辑室,力量十分薄弱,领导和骨干迄未解决;现有的编辑人员,对鲁迅当时的历史情况,特别是对当时我党领导的左翼文艺运动同国民党反动派的斗争以及当时党内两条路线斗争的历史情况,了解和研究很差,因此很不适应工作的需要。鲁迅著作注释的定稿工作,涉及面广,影响重大,须得具有相当政治水平和文艺理论水平的同志才能胜任。为此我们建议:

一、请中央批准胡乔木同志分出部分精力来过问一下这项工作,主要是掌握方针和对注释中的重大问题加以指导和审定。(此事已遵照吴德同志指示征求过胡乔木同志意见,他表示,如中央批准,他本人没有意见。)

二、约请郭沫若、周建人、沈雁冰、王冶秋、曹靖华、李何林、杨霁云、周海婴同志担任鲁迅著作注释工作的顾问。

三、请调林默涵同志(现在江西等候分配工作)来协助胡乔木同志主持具体工作,同时还需借调冯牧(现任文化部政策研究室副主任)、秦牧(现任广东文艺创作室副主任)两位同志来加强原来搞注释工作的班子。

当否,请批示。

主送:华主席、党中央

(据国家出版局保存的原件刊印)

出书跟着"四人帮"另搞一套转造成的严重后果

1977年9月15日

根据出版局版本图书馆收到的样书统计,丛一九七一年到一九七六年九月止,将近六年,全国共出版哲学社会科学类(包括文艺理论、文艺评论。下同)图书七千五百零六种。其中:一般图书(指报刊文章汇编本、单篇本,学习资料,活页文选以及基本上是根据报刊文章改编的书。下同)五千八百二十一种,约占百分之七十八;著作稿(指区别于上面报刊文章汇编之类的)五百二十二种,约占百分之七;经典著作辅导读物、参考资料一百四十四种,约占百分之二;古籍(校点重印本、选注、批注等)五百五十二种,约占百分之七点二;翻译图书四百六十七种,约占百分之五点八。

对这个统计资料,略作分析,可以从中看到,这些年来,"四人帮"对出版工作的干扰破坏,确实极为严重。

(一)出版了一大批反党反社会主义毒草

去年"四人帮"被粉碎以后,各出版社按照中央一九七六年十八号文件的规定对图书进行了清理。截至今年七月底止,国家出版局已经收到中央一级和二十六个省市自治区出版社报来清理图书的材料,作停售报废处理的图书共三千六百七十五种,其中三分之二是哲学社会科学类图书,约有二千四百多种,占近六年出版的七千五百多种哲学社会科学图书的百分之三十。一个时期内,这样集中地大量停售报废图书,在建国以来的出版史上可以说是空前的。

受"四人帮"控制得越厉害的出版社,停售报废的图书就越多,上海人民出版社有五百七十四种,辽宁人民出版社有三百五十种。在停售报废的图书中,有的是"四人帮"成员写的毒草,如张春桥的《论对资产阶级的全面专政》、姚文元的《论林彪反党集团的社会基础》;有的是在"四人帮"及其余党直接指使下炮制的毒草,如所谓批三株"大毒草"的三本小册子,《纳吉和匈牙利反革命叛乱》、《托季联盟街头闹事的前前后后》、《走出彼得堡》、《社会主义政治经济学》,用《学习与批判》丛书形式出版的《论儒法斗争》、《历史人物集》、《水浒评论集》等等。上海一家以风庆轮为题材影射攻击周总理的毒草就有四十多种。在停售图书中,还有一大批是大量收进"四人帮"喉舌梁效、罗思鼎、康立、唐晓文、初澜之类黑文的汇编书,仅人民出版社一家就有三十三种。一个时期中,集中地出版了这样一大批反党反社会主义的毒草,在建国以来也是空前的。在停售报废图书中,还有很多是受"四人帮"思想影响,宣扬了他们反动观点的书,如一些按照"四人帮"反动观点解释无产阶级专政理论、批判资产阶级法权、说什么共产党内有一个作为整体的资产阶级的书;如照"四人帮"及其喉舌的调子评论儒法斗争、评注法家著作以及评论《水浒》的书,等等。这些图书搞乱了人们的思想、理论和路线是非,其流毒实在不容低估。

(二) 出书"跟着运动转"的现象十分突出

"四人帮"打着出书要"紧密配合当前斗争"、"要为当前斗争服务"的旗号,蓄意歪曲出版工作为无产阶级政治服务、为工农兵服务的方向,以致这些年来,特别是一九七四年以来,出书"跟着运动转"的现象十分突出,实际上是跟着"四人帮"另搞一套转。上述统计资料中约占哲学社会科学图书总数百分之八十的一般读物,绝大部分是配合当前政治运动或时事学习的。在著作稿和古籍选注、批注本中,配合运动的也占很大比重。这些年来出版的配合运动的图书,有不少是必要的,如:配合宣传党的五十周年,宣传党的基本路线,宣传学习毛泽东思想,宣传认真看书学习、弄通马克思主义,批判林彪反革命修正主义路线,宣传工业学大庆、农业学大寨,宣传知识青年上山下乡以及工农兵学哲学,等等(尽管还存在着内容重复,大同小异,有些甚至宣传弄虚作假的"典型"等许多缺点和错误)。但是,党的"十大"以后,配合运动的图书,基本上是按照"四人帮"另搞一套的调子转。例如,按照"四人帮"不批林假批孔的调子出版的所谓批孔的图书(指内容主要是批孔、批儒家思想的;那些既有批林又有批孔内容的书,如《批林批孔文选》、《狠批"克己复礼"》等还不包括在内)就有四百九十六种,按照"四人帮"歪曲历史搞影射史学的调子出版的评法批儒、讲儒法斗争史的图书就有九百零七种,以上两项共计一千四百零三种之多。又如,按照张春桥、姚文元两篇文章的观点解释无产阶级专政理论问题、资产阶级法权问题、商品货币问题的书,就有一百多种(有些从书名上看不出来而内容有类似观点的书还不包括在内);在文艺评论图书中,从书名和篇名一望而知是汇编初澜、江天等的文章,或按照他们的调子鼓吹所谓"三突出"经验的书,有一百多种,评《水浒》的书八十多种,所谓反击右倾翻案风的书有三百五十多种(其中包括宣扬朝农,小靳庄,宣扬张铁生和那个小学生之类的二十多种)。仅举以上这些例子,就可以看出近年来出书跟着"四人帮"另搞一套转的现象是多么严重了。

由于强调出书要"跟着运动转",抢着配合,大家都争着在报刊上找同类内容的文章汇编成书,或按这类文章的观点赶编小册子。不仅各出版社之间有重复,一个出版社各编辑室也有重复。如:以《哲学与阶级斗争》为题而内容完全相同的书有十一种;以《批林批孔文选》为题的就有一百多种;以《历史上劳动人民反孔斗争》为题或类似题目的就有一百零三种(其中《柳下跖痛骂孔老二》、《柳下跖反孔斗争故事》二十二种,专写太平天国反孔斗争的十五种);以《秦始皇在历史上的进步作用》为题或类似题目的有三十七种;以

《狠批"克己复礼"》为题或类似题目的三十多种。其他如以《认真读书、深入批修》、《学习鲁迅、深入批修》、《批判中庸之道》、《批判唯生产力论》、《重视上层建筑领域的革命》等等为题或类似题目的，每题都有几十种之多。在二百多种国际问题的读物中，以《国际知识》为题汇编报刊资料分辑出版的就有一百多种。由于内容大同小异，种数虽多，仍然使读者感到无书可看。许多配合运动赶编的书，无人购买，大量积压，大量停售报废。

（三）"百花齐放，百家争鸣"的方针根本得不到贯彻，学术研究著作很少出版

在近六年出版的七千五百多种哲学社会科学图书中，著作稿（不是那些文章汇编的一般图书）只有五百二十二种，仅占百分之七，已经是非常之少了，而其中，知识性的通俗读物又占百分之八十以上。如《辩证唯物主义讲话》、《历史是奴隶们创造的》、《学点政治经济学》、《谈谈商品生产》，以及《学点历史》、《历史知识读物》、《地理知识读物》等几套知识性丛书。这些知识读物许多是必要的；但也有不少宣传了"四人帮"那一套，如十多种《儒法斗争史概况》、《儒法斗争史话》等专写所谓儒法斗争史的书；如《列宁对折中主义的批判》、《列宁为巩固无产阶级专政而斗争》、《坚持对资产阶级实行专政》、《码头上的政治经济学》、《社会主义政治经济学》（青年自学丛书）等；还有如《纳吉与匈牙利反革命叛乱》、《托季联盟街头闹事的前前后后》这些大毒草。在五百二十二种著作稿中，真正算得上研究性的学术著作，公开发行的不过五十种左右，只占著作稿的百分之十，只占整个哲学社会科学图书的百分之零点六七！在五十种左右公开发行的学术著作中，又有十六种是重印或修订重印的，如郭沫若的《奴隶制时代》、任继愈的《汉唐佛教思想论集》、李希凡、蓝翎的《红楼梦评论集》等。真正新出版的学术著作不过三十多种，其中包括任继愈主编的《中国哲学史简编》、安徽劳动大学编的《西欧近代哲学史》这样一些基本上仍然是介绍基础知识性质的书;还包括在原有著作基础上重新改写的书,如:郭沫若主编的《中国史稿》(第一册)、刘大杰的《中国文学发展史》(第一、二册)等;学术著作这样寥若晨星,可以看出提高的需要、研究工作者的需要完全被忽视,不同学术见解的争鸣几乎没有。

(四)"古为今用,洋为中用"的方针遭到严重干扰、破坏

这些年来,在已出版的我国古籍校点重印本、选注批注本中,除二十四史、清史稿等少数史料书外,被认为是法家的著作而重印、校点、选注的就有二百五十八种,这些书的序言、提要、评语、注释绝大部分宣扬了"四人帮"所谓"儒法斗争贯串几千年一直继续到现在"的谬论。此外,批注《论语》的就有二十三种,批注《三字经》的就有四十一种,批注《女儿经》的就有十五种。"古为今用"的确变成了"古为帮用"。而且这些书,绝大多数是用工农兵理论队伍的名义搞的。把大批工农兵理论骨干引导到钻古书,是个方向性的错误。近六年来翻译出版的外国哲学社会科学图书共四百六十七种,其中百分之九十五以上是内部发行的(主要是各国政治人物的回忆录、传记,国际关系的一些文件,国别史、国别地理等)。公开发行的只有二十一种,其中重印的十二种,如梅林的《马克思传》、普列汉诺夫的《没有地址的信》、海克尔的《宇宙之谜》、坂田昌一的《基本粒子观对话》等;新出版的只有九种,如哥白尼的《天体运行论》(序言和第一卷)、海涅的《论德国宗教和哲学的历史》、霍尔巴赫的《袖珍神学》等。由于"四人帮"反动思想的影响,对《袖珍神学》这本著名的宣传无神论的书,出版单位有的领导干部竟指责说宣扬了有神论,不该出版。在内部发行的翻译书里面,其实有些是可以考虑公开发行的,如赫胥黎的《天演论》、丹皮尔的《科学史》、塔尔列的《拿破仑传》、《奥本海国际法》等等。为什么可以公开发行而不敢发行?原因之一恐怕也是要避免"四人帮"打棍子。

由于收到的样本不完全,这个资料的统计数字不很精确;分类也不一定确切。但是,大的比例不会有多少出入,从总的倾向上还是可以看出"四人帮"干扰破坏的严重性的,因此整理出来供批判"四人帮"参考。

(全国出版工作座谈会参考材料之一,原载国家出版局编《出版工作情况反映》第25期,1977年9月15日)

(据国家出版局保存的原件刊印)

国家出版局关于同意荣宝斋恢复收售现代绘画原作等传统业务的批复

1977年9月27日·(77)出版字第344号

同意你们八月八日的"请求撤销《关于荣宝斋停止收售代售现代绘画原作的决定》的报告"。所提《收售现代书画作品试行办法》,可暂试行。

主送:荣宝斋

附:

荣宝斋请求撤销《关于荣宝斋停止收售代售现代绘画原作的决定》的报告

1977年8月8日

现代书画原作,是荣宝斋经营的传统业务项目之一,在国际上有很高的声誉。因此,敬爱的周总理生前一再关怀支持荣宝斋,要求一定将它经营好,为毛主席的革命外交路线服务,赚取外汇支援社会主义建设和世界革命。

近几年来,"四人帮"为了达到他们篡夺党和国家最高领导权的罪恶目的,在各条战线不择手段地反对我们敬爱的周总理,即便是一个小小的荣宝斋,他们也不轻易放过。他们说"艺术品不能作为商品",出售现代书画原作是"出卖社会主义,要钱不要线";为社会主义积累资金,争取多上缴利润,他们说是"利润挂帅","外汇挂帅";生产一些符合党的文艺政策而又为外宾所欢迎的书画,他们说是"给外国人牵着鼻子走,投外国人之所好",是"崇洋媚外";付给书画家一些合理的必要的报酬,他们说是"腐蚀干部",罪名之多,不胜枚举。一九七六年一月十四日,人民美术出版社临时党委在出版局领导小组的有关同志支持下,更作出《关于荣宝斋停止收售代售现代绘画原作的决定》,并要我们"作为端正路线,坚定方向的措施加以贯彻"。荣宝斋终于被迫取消此项传统业务,使国家在经济上造成损失,在政治上造成不良影响。

现在"四人帮"已被打倒,我们决定在以英明领袖华主席为首的党中央领导下,为社会主义革命和建设,为毛主席制定的革命外交路线和世界革命作出积极的贡献。为此,我们请求立即撤消一九七六年一月十四日的《关于荣宝斋停止收售代售现代绘画原作的决定》,恢复现代书画原作业务。

我斋一九七三年六月制定的《收售现代书画作品试行办法》,现在我们作了些调整和修改,一并附上。如恢复此项业务,在国务院尚未颁发统一的收购付酬办法之前,可暂执行此办法。

当否?请批示。

附:
收售现代书画作品试行办法

收售现代书画作品,是繁荣发展社会主义书画创作,有效地配合国内国际革命斗争需要的宣传工作。要坚决贯彻毛主席教导的"三服务"政治方向,"百花齐放","推陈出新"文艺方针等无产阶级的革命路线、方针和政策,在党的领导下密切和有关单位协作,团结革命的书画创作人员,认真做好此项工作。

一、收售现代书画家的作品,要以社会主义的政治内容和有相当的艺术水平相结合为基本标准,以达到一定的革命宣传目的。同时,要注意对工农兵青年作者和有创新的作者的支持和鼓舞。

二、收购现代书画作品,应根据社会主义再生产、按劳付酬的原则,贯彻兼顾国家、组织和个人的精神,确定收购价格。以组织创作管理费和工料费两个部分将收购价款分别付给有关组织和个人。其中,有组织的作者,应通过组织收购;非作者本人出售作品,应有一定证件,方可办理收购。

三、根据当前国内市场物价水平及作品的政治、艺术质量,暂定每一平方市尺的收购价格和偿付办法如下:

甲、绘画按三元至十五元计算;

乙、书法以一元至五元计算:

丙、在政治上和艺术上均优秀的作品,被选作木版水印稿件的,可参照前项计算酌予增加或另议,并馈赠样张若干,以资鼓励。

丁、上述收购价款(三分之一作为创作管理费,付给有关组织;三分之二作为工料费,付给作者本人),统一付给有关组织处理,非作者本人出售现代书画作品,只付工料费,不付管理费。

四、在销售书画作品时,须经过审查鉴别,首先要服从国家收藏的需要。其次,选择一部分质量较高有一定代表性的作为单位资料收存参考,或通过内部展览销售,以达到宣传和相互观摩,促进繁荣创作,保护文物之目的,然后再有计划地供应外宾的需要。

五、要根据党和国家的价格政策。合理的确定供应外宾或发往国外的上述商品,要执行外贸方面的价格政策确定售价;供应国内顾客需要的,要执行国内市场的价格政策确定售价。坚持内外有别的原则。

以上系暂行办法,一俟国务院有统一的办法后,即行作废。

(据国家出版局保存的原件刊印)

科技图书出版急待加强

1977 年 10 月 4 日

建国以来，在毛主席革命路线指引下，科技图书的出版工作，为促进我国科学技术的发展和加速社会主义经济建设起了积极作用。

根据不完全统计，从一九五〇至一九六五年，全国共出版各类科技图书资料九万八千多种，印行十一亿多册。一九六六至一九七〇年，各科技图书专业出版社基本上没有开展业务工作。从一九七一年至一九七六年，出版各类科技图书资料一万多种，印行五亿八千多万册。

但是，由于刘少奇、林彪、特别是"四人帮"反革命修正主义路线的严重干扰破坏，科技图书的出版工作，同加速实现四个现代化，赶超世界先进水平的需要，同科技战线正在出现的蓬勃发展的跃进局面，很不适应。科技图书供不应求的矛盾越来越突出。如不及时解决，势必拖向科技现代化进军的后腿。

一、近几年来，科技图书的种数大大低于历史的最高水平。文化大革命以前科技图书出得最多的一九五九年曾达一万六千多种。而近几年来出书最多的一九七五年，仅二千二百多种。六十年代初，冶金工业战线职工一百二十万人，平均每年出版有关科技书三百多种。近年来，职工人数已增至三百六十万人，每年出版的有关科技书却下降到不到七十种。机械工业出版社，文化大革命前，平均每年出书二百五十多种，这几年每年只有四、五十种。上海新华书店河南中路门市部反映，文化大革命前陈列的科技书一般在一千二百种左右，现在只有三百八十多种左右。另一方面，"内部发行"的科技书的比重不断增加，有一家出版社出版的"内部发行"图书，占该社全年出书种数的百分之四十七，使很多书籍不能到更多的读者手中。而一些主要的资本主义国家，据有关资料反映，近年来科技图书的出版发展很快，如美国，一九六九年出版的科技书四千五百多种，一九七六年就将近八千种；日本，一九六九年出版的科技书五千三百多种，一九七六年就达八千八百多种。

二、各个学科图书品种残缺不全。不仅国外的很多方面的新理论、新技术的书籍未能引进出版（文化大革命前最多一年曾翻译八百多种，近几年一年只有几十种、近百种），而且国内的一些新的科研项目、科研成果的有关图书资料，也没有及时出版，就连一般的工具书、科学史、学术论文、基础理论、参考资料等出得也很少。科学出版社负担五百多个小学科图书的出版任务，由于现在每年只能出一百多种书，而且学科分布不均衡，很多学科几年出不了一种新书，致使科研人员耳目闭塞，对国内外的一些新技术、新成果了解甚少。青少年的科学技术读物也寥寥无几，远远不能满足广大青少年的求知欲望。至于翻译成少数民族文字的科技书，几乎没有。有的读者反映，现在科技书的出版，跟文化大革命前农村缺医少药的状况一样。

三、印刷技术落后，出书时间过长。二十二家中央级科技书出版社，有印刷厂的十三家。一九七六年，这十三家出版社书刊排字计划三亿四千万字，而这十三个印刷厂的实际排字能力为三亿三千万字，扣除非出版物（部、局文件、资料、表报及情报资料等）占用30%，实际可用能力是二亿三千万字，只能完成书刊排字计划任务的49%；铅印计划六十一万令，只能完成三十二万令，占计划的52%。至于没有印刷厂的其他九家出版社，大都要自找门路，任务更难完成。由于科技书刊的公式、符号、图表、外文较多，一般印刷厂难于承担,出一本书要跑很多个印刷厂"乞求",一本书往往要分若干个印刷厂排印装订,因此科技书刊的出书周期比其他图书更长。有的书发稿二、三年,书还出不来。一九七六年新华书店北京发行所收到的科技书,准期出版的只占24%。如《植物遗传育种学》,一九七五年预告,至今仍未出书。据科学出版社反映,一九七五年他们手边就有一亿三千多万字的现成稿件,如果按目前每年出三千万字的速度,不再组织新的稿件,光发稿就可以发到一九八〇年。有个出版社出版的《东风型内燃机车图册》,等书出来,这种类型的机车已经停止生产,为新的型号所代替。有的科研成果,如古生物化石的新种,由于不能及时出版,让外国抢了先,结果我国自己早经研究出的东西,只能跟着外国人去命名。现在有的老专家、老作者,都在忧虑在有生之年看不到自己写的书。

四、纸张严重不足。文化大革命以来,各类图书的发行量都大幅度增加。如一九六四年全国共出版科技书近四千五百种,印数七千万册,而一九七六年只有二千二百多种,印数却达一亿零八百万册,出版用纸远远跟不上需要。如再增加品种,更无纸可印。一九七七年全国申请书刊用纸四十三万吨(包括中小学课本用纸),轻工业部门只能安排二十八万三千吨。又由于书刊用纸生产没有完成计划,出版用纸严重不足。

五、机构不健全,体制不统一,是科技图书出版工作中亟待解决的一个重要问题。目前二十二家中央级科技出版社的体制大体有三类情况:一是直属部、委,属司局级建制,一般是由一名部领导兼管,分别归口在科技局(委)、办公厅、政治部等;二是隶属部、委情报所,一般是由一名所领导主管;三是由一个部代管,担负几个部的出书任务。此外有的出版社的机构体制还没有定下来。上述几类情况,以第二、三类出版社的问题较多,据有的出版社反映,出版社在情报所里,从业务领导到印刷安排都是排在最后一位,致使出书选题无处审查,请示问题无从找主,碰到困难无人过问,严重地影响了出版工作，有的出版社这几年平均每年出书只有文化大革命前平均每年出书的五分之一。

六、各科技专业出版社编辑力量普遍比较薄弱。建工出版社反映，他们的突出问题是老、缺、少。该社编辑队伍中，超过退休年龄的占 28%，四十岁以下的占 10%，如不再配备一批年青同志，有后继无人之忧。缺，主要是指编辑队伍中，很多学科、专业没有人懂，如采暖通风、空气调节、环境保护等几个主要专业，都没有懂行的人专门负责组织编辑这方面的稿件。编辑翻译书的人员中，也没有懂德、法文的，致使一九六五年就已编写好的德汉专业词典，一直放到现在无法发稿。编辑人员少，很不适应所担负的任务，该社一百零五人中，真正搞编辑工作的只有三十三人（另有十二人搞编审），每年只能发稿一千五百万字左右。有的出版社比建工出版社的问题更突出，如国防工业出版社，担负着六个有关部、局的科技图书资料、教材、期刊等出版任务，现有编辑人员四十三人，每年发稿二千二百万字，出书一百种左右，平均每个部门不到二十种。测绘出版社的同志说："我们现在是二十个人扛着测绘出版社的牌子"。意思是说，目前测绘出版社总共只有二十人，做编辑工作的才十二人，这十二个编辑中，过去做过编辑工作的只有四人，这怎么能适应我国测绘事业的发展呢？

目前全国各个地方出版社的科技图书编辑力量也都比较薄弱，有的只有三、四个人做这项工作，出书很少。

（全国出版工作座谈会参考材料之四，原载国家出版局编《出版工作情况反映》第 27 期，1977 年 10 月 4 日。）

（据国家出版局保存的原件刊印）

国家出版局关于
试行新闻出版稿酬
及补贴办法的通知

1977 年 10 月 12 日·(77)出版字第 361 号

我局一九七七年九月二日上报国务院的《关于新闻出版稿酬及补贴试行办法的请示报告》及所附《新闻出版稿酬及补贴试行办法》，已经国务院批准，原则同意。现发给你们，请参照试行。经过试行一段时间，总结经验，吸取各方面的意见，再作修订。

试行办法从一九七七年十月一日起实行。

主送：各省、市、自治区出版局(文化局)，中央新闻出版单位

抄送：各省、市、自治区党委宣传部，中央及国务院各部委，总政宣传部、文化部

附：
国家出版局关于新闻出版稿酬
及补贴试行办法的请示报告

1977 年 9 月 2 日

早在一九七一年,在伟大领袖和导师毛主席的关怀下,国务院指示我们,对稿酬问题,要会同报刊新闻部门研究提出一个恰当的办法。可是,由于王张江姚"四人帮"推行反革命的修正主义路线的干扰和破坏,这个关系到加速我国科学技术发展、促进科学理论研究、繁荣文学艺术创作的问题,一直未能得到解决。

无产阶级文化大革命以前,长期抄袭苏联和资本主义社会版税制度,稿费过高,为害甚大。无产阶级文化大革命后,旧的稿酬制度已停止执行。但完全不给稿费,对作者也造成了许多困难,这种情况不宜继续下去。各方面都要求制定一个新的较合理的稿酬办法。

伟大领袖和导师毛主席教导我们,对于劳动者,"我们需要大力发扬他们这种艰苦奋斗的精神,也需要更多地注意解决他们在劳动和生活中的迫切问题。"英明领袖华主席也指示我们,要坚持"开展共产主义的思想教育同执行社会主义阶段的经济政策相结合"。遵照上述原则,我们研究了正反两方面的经验,为了巩固和发展无产阶级文化大革命的胜利成果,促进更多好作品出世,拟出了《新闻出版稿酬及补贴试行办法》。

这个试行办法的特点是,实行低稿酬制度;根据作品的质量和字数,一次付给稿酬;对因抽调脱产写稿而减少收入的工农作者,除稿酬外还给以适当的补贴;专业作者和业余作者按照同样标准付酬。

这个试行办法,已经同有关部门进行过初步磋商,讨论,现随文报上,请予审查。如认为可行,拟即发给各地,并请各地将试行中遇到的问题和意见及时告诉我们,以便作出进一步的修改。

主送:国务院

附:

新闻出版稿酬及补贴试行办法

1977年9月

第一条,为了加速科学技术发展,促进科学理论研究,繁荣文学艺术创作,根据为无产阶级政治服务,为工农兵服务的方向,在无产阶级政治挂帅的前提下,对图书和报刊刊载的稿件给作者、译者以适当的稿酬。对因脱产写稿而减少收入的工农作者,除稿酬外,还给以适当的补贴。

第二条,稿酬。

1.作品一经发表,根据作品质量的高低,写(译)作的难易,一次付给稿酬。重版、转载不付稿酬。修订重版按修订的程度酌情付给稿酬。

2.著作稿每千字二元至七元。翻译稿每千字一元至五元。中文译为外文,按著作稿付酬。

3.报刊登载的稿件,按篇计酬的,每篇二元至十五元;按字计酬的,著作稿每千字二元至七元,翻译稿每千字一元至五元。

4.文集、资料的编辑费,每万字二元至八元。

5.根据他人著作改编或缩写的书稿,按著作稿的稿酬标准减少百分之二十至百分之五十付酬。

6.个别情况特殊的著译稿,可超过上述标准付给较高的稿酬,但最多不超过每千字十元。

第三条，补贴。

对工农作者，除按规定付给稿酬以外，还根据情况给予适当的补贴。

1.对特殊工种（如水上、井下、高温、高空、矽尘、放射等）的工人（包括技术人员）作者，因抽调脱产写稿而减少收入的，由抽调单位给以补贴。

2.对抽调脱产写稿的农民作者，抽调单位应按照作者所在生产队的误工补贴标准，将补贴付给生产队，由生产队给作者记工分；此外并由抽调单位酌给伙食补贴。

第四条，凡新书出版和修订再版，均赠送作者、译者样书十本至三十本。

第五条，出版社约请社外人员担任索引和中外文对照文稿的编纂，古籍的注释、标点、校勘，译稿的校订，书稿的审阅，封面和图表的设计、插图，以及稿件的抄写、校对，等等，均应按工作量的大小，繁简难易程度，给以适当报酬。具体办法可由有关单位参照本办法自行拟定。

第六条，稿酬以千字为计算单位，不足千字的作千字算。诗歌每二十行作千字计算。歌曲、剧本、图片、画稿和古体诗词等稿件的付酬办法，可由有关单位参照稿酬标准自行拟定。

第七条，约稿一般不预支稿酬。

第八条，集体著译稿的稿酬付给所属单位，如何分配和使用由所属单位自定。

第九条，机关团体组织写作，编写工作中需要开支的旅差费、资料费等，由编写单位报销，或事先同出版单位协商解决。

第十条，各新闻出版单位可根据本办法的规定和本单位的具体情况，制定适用于本单位的稿酬及补贴的详细办法，报主管领导部门批准实行。

第十一条，本办法自公布之日起实行。文化大革命以来出版未付稿酬的,原则上不补付稿酬;有特殊情况者,可酌情处理;重印时可付给稿酬。

(据国家出版局保存的原件刊印)

国家出版局关于
新闻出版用纸紧张情况的报告

1977 年 10 月 18 日·(77)出计字第 370 号

吴德 1977 年 10 月 28 日批:"请先念副主席批示。"
李先念副主席 10 月 31 日批:"送秋里、谷牧同志。请谷牧、宝华同志研究分配方案并能否增加生产或进口解决。"
余秋里 11 月 1 日批:"遵办。建议请秀莲同志参加。"
谷牧批:"我这两天忙于别事,请宝华同志先抓一下。"
袁宝华 11 月 4 日批:"请秀莲、彦宁同志阅。先告轻工部准备意见,开会研究,参加人由顾、张定。"
顾秀莲先后于 11 月 1 日、4 日在余秋里、袁宝华的批语上圈阅。

邓副主席在科教工作座谈会上指示:"纸张很紧张。要把解决纸张问题、出版印刷问题列入国家计划。"我们完全拥护。现将新闻出版用纸紧张情况和解决问题的建议报告如下。

近几年来,新闻出版用纸每年分配的数量低于需要,而实际供货又低于分配计划,造成供需矛盾十分尖锐。一九七三年至一九七六年共欠交新闻纸二万一千吨、凸版纸十九万吨,今年上半年又分别欠交一万二千吨和二万六千吨。国家、省(区)和使用单位的库存已经基本吃空。今年印制《毛泽东选集》第五卷用纸八万二千吨,除使用专项储备四万七千吨以外,还从一般图书用纸中安排了三万五千吨,使得一般图书的计划用纸量比去年减少了百分之二十六,加上今年又有欠产,原已相当紧张的图书供应因而更加紧张。由于纸张严重不足,目前除人民日报以外,其他报纸都控制或压缩发行份数;二十多个省、区的中、小学课本没有印足;大部分一般图书只能满足需要量的百分之二十左右。各方面对此反映非常强烈。

一九七八年,轻工部表示只能提供新闻纸二十八万吨,凸版纸二十八万五千吨。全国各新闻、出版部门共申请新闻纸三十五万二千吨,凸版纸五十万吨。缺口很大。我们根据统筹安排、节约使用的原则,考虑到需要和可能两个方面,经过反复研究,将全国用纸数量核定为新闻纸三十万吨,凸版纸四十二万七千吨。具体安排是:新闻纸,保证人民日报、红旗杂志的实际需要,少量增加中央其他报纸和省报的用纸量,适当保留机动数以备中国青年报、中国少年报、工人日报复刊;凸版纸,《毛泽东选集》第六卷(假定明年出版)八万二千吨(比照五卷用纸量),马列著作和毛主席著作、哲学社会科学、文学艺术、科学技术等图书十五万吨(一九七六年十三万八千吨、一九七七年拨出毛选用纸后降为十万吨),中、小学课本十三万吨(比一九七七年增加二万二千吨,达到基本满足需要),大专教材二万吨(按基本需要估算,一九七七年没有这项安排),杂志四万五千吨(比一九七七年增加五千吨,重点解决新出杂志用纸,适当增加主要科技杂志用纸)。我们认为,经过核定的申请数量是最低限度的需要,应当予以保证。

为了落实一九七八年的新闻出版用纸,并逐步缓和纸张紧张情况,我们提出以下建议:

一、调整供纸计划,缩短供需差距。

请国家计委安排一九七八年新闻出版用纸:新闻纸三十万吨,

凸版纸四十二万七千吨(其中中央出版单位十二万吨),以及相应的配套用纸。首先安排国内积极增加生产,不足部分安排进口,以应急需。

二、安排落实造纸的动力和原材料。

请国家计委和有关的省、市计委对生产新闻纸、凸版纸所需的煤、电、碱等动力和原材料以及木材、铁丝等包装材料,逐项安排落实,以保证完成生产计划。要努力改变近几年来因为动力和原材料不足不能经常开工的状况。今年欠交的新闻纸、凸版纸,请轻工部门采取措施补足。

三、积极着手改变纸厂的管理体制。

新闻纸、凸版纸、双面胶版纸、单面胶版纸、铜版纸、书皮纸、画报纸、字典纸等新闻出版用纸均应作为部管产品,其产品的分配由轻工部按照全国新闻、出版用纸计划统一平衡调度。凡承担向全国新闻、出版单位供应新闻纸、凸版纸任务的纸厂,收为轻工部直属厂或改为轻工部直接管理计划、分配;凡承担向省(区)出版单位供应凸版纸任务的纸厂,收为省(区)轻工局直属厂或改为省(区)轻工局直接管理计划、分配。在体制改变后,还要根据需要逐步建立专业凸版纸厂,以切实保证凸版纸的生产供货。近几年来,纸厂下放专、市。由于凸版纸的产值低,利润小,质量要求高,原材料消耗多,地方常常不愿承担或不愿多承担凸版纸的生产任务,在原材料和动力不足或产值计划不能完成时,又常常把凸版纸的生产任务挤掉。凸版纸不属于专、市的需要,又不能为专、市积累资金,因而专、市对于投资扩大凸版纸的生产没有积极性。中央有关部门因厂已下放,也没有投资的积极性。这是近几年来凸版纸的生产计划不能完成、生产能力没有增长的重要原因。这种状况急需改变。

四、安排新建项目,增加纸张生产能力。

我们初步规划:一九八〇年全国安排新闻纸四十七万吨,凸版纸五十二万吨;一九八五年全国安排新闻纸七十六万吨,凸版纸九十二万吨。请国家计委列入国家计划,安排建设项目,相应增加新闻纸、凸版纸及配套用纸的生产能力。

以上报告,当否,请批示。

主送:吴德同志并报邓、李副主席

(据国家出版局保存的原件刊印)

中共上海人民出版社委员会
关于《辞海》修订工作的请示汇报

1977 年 10 月 20 日

修订《辞海》,是伟大的领袖和导师毛泽东主席交给上海的一项光荣任务。一九五七年九月十七日,毛主席来上海视察工作时,接见了舒新城(解放前任中华书局编辑所所长,旧《辞海》的主编)等人,柯庆施同志亦在座。毛主席对柯庆施同志等说:"解放这么些年了,还查老《辞海》?"指示对解放前出版的《辞海》进行修订。毛主席还指示,可以吸收各方面的老年知识分子参加工作,包括犯了严重错误的人,以发挥他们的一技之长。

一九六五年四月,《辞海》(未定稿)出版。同年六月二十日,毛主席在上海接见刘大杰(原《辞海》编辑委员会副主任委员)等人时说:他已把《辞海》(未定稿)看了一百多面,并鼓励说:"你们做了不少工作。"毛主席还指示,现代词目有些写得简单了一些,如〔中国共产党〕这一条就写得太简单了。老年人看了还可以,青年人看了是不会满足的。中国共产党的斗争是很复杂的,现在写的就没有完全反映出来。毛主席并提出了要考虑将来《辞海》的出口问题。

敬爱的周恩来总理,对《辞海》修订工作也一直非常关怀。一九七一年,在周总理亲自主持下召开的全国出版工作座谈会上,讨论了《辞海》(未定稿)的修订问题,并将修订工作列入了全国重点书的出版规划。一九七五年五月,在广州召开中外语文词典编写出版规划座谈会后,国家出版局向国务院写了报告,提出了十年编写出版一百六十部中外语文词典的规划。在规划中,《辞海》又列为重点辞书,明确规定应于一九七五年开始出版分册,一九七八年出版合订本。当时主持中央工作的邓副主席对这项工作很重视,他知道周总理非常关心词书编写出版工作,将报告和规划请几位副总理传阅以后,即送总理审阅。周总理在住院治疗、病情严重期间,抱病审阅并批准了报告和规划。一九七五年底,周总理在病情十分危急的情况下,还要人转告《辞海》,对杨度的评价,作了具体指示。

缅怀毛主席、周总理对《辞海》修订工作的关怀,更反映出刘少奇、"四人帮"对《辞海》修订工作破坏的严重。毛主席交下《辞海》修订任务已经二十年了,但这一工作仍没有完成,就是一个重要的例证。英明领袖华主席为首的党中央一举粉碎"四人帮"以后,《辞海》修订工作得以在毛主席革命路线指引下顺利进行。现将《辞海》过去和现在的修订情况,以及当前存在的主要问题和建议作一简要汇报,请审阅并指示。

文化大革命前的修订情况

旧版《辞海》是中华书局在1936年出版的一部兼收单字、普通语汇和专科名词术语的综合性词典。一九五七年九月,毛主席鉴于广大工农兵对工具书的迫切需要,将修订《辞海》的任务交给了上海。当时主持上海工作的柯庆施同志责成中共上海市委宣传部具体领导这一工作。一九五八年成立中华书局辞海编辑所,作为编辑出版《辞海》的专职机构。一九五九年成立《辞海》编辑委员会,负责《辞海》的编写、审稿、定稿等任务。同时,辞海编辑所开始向外组稿。由上海各高等院校、研究机构和有关业务部门等分工编写稿件。上海没有力量或力量不足的,得到了北京、南京、杭州等地的大力帮助。

一九六一年底出版了《辞海》(试行本),共分十六个分册,按学科分类编排,一九六三年起对试行本进行改进,于一九六五年出版

《辞海》(未定稿),分上下两册,共收词目近十万条,篇幅约一千一百余万字,共印一万六千五百套,内部发行。由于刘少奇修正主义路线的干扰和破坏,《辞海》(未定稿)中没有收录毛主席传略、毛泽东思想、毛主席著作介绍、社会主义建设总路线、人民公社、大跃进等宣传毛泽东思想的重要政治性条目;有些条目没有突出甚至贬低毛主席的作用(如"百花齐放,百家争鸣"、"百花齐放,推陈出新"、"革命现实主义和革命浪漫主义相结合"等条都未指出它们是毛主席提出的,"延安文艺座谈会"条把这次会议说成是延安文艺界召开的,毛主席不过是到会作了重要的讲话等);少数条目美化反面人物和宣扬错误路线(如"安源路矿工人大罢工"条的释文,只字不提毛主席,反而极力吹捧刘少奇;只收"国防文学"条而不收"民族革命战争的大众文学"条,在三十年代两个口号的论争中站在王明右倾机会主义路线的立场上);有些条目照抄刘少奇的文章(如"阶级性"条抄自《人的阶级性》,"群众观点"条抄自《论党》等);有些条目深受当时流行的修正主义观点的影响(如"海瑞罢官"等条受到"清官论"的影响,"文景之治"、"贞观之治"等受到"让步政策"论的影响等);有许多条目缺乏必要的分析批判,等等。所有这些严重错误,在无产阶级文化大革命中理所当然地受到了广大群众的揭发和批判。

一九七二年以来的修订情况

在周总理的亲自主持下,国务院于一九七一年召开了全国出版工作座谈会。会议将出版工具书作为出版工作的重要任务之一,并将修订《辞海》列为第四个五年计划期间全国重点书出版规划。一九七二年七月,辞海编辑室正式成立,着手组织力量,开展修订工作。

《辞海》(未定稿)的修订任务,主要仍由上海各原编写单位承担,同时还得到了北京(中央编译局、中国人民解放军军事科学院、中央民族学院、中国社会科学院民族研究所等），南京（南京大学、南京师范学院、江苏农学院等），杭州（杭州大学、浙江农业大学等），以及厦门、合肥等地单位的大力协助。不少学科，组织专业工作者和工农兵参加编写、修改和定稿工作。

在审稿方面，中央和国务院有关部委都大力支持、热情帮助。如军事分册，在市革委会于一九七四年八月九日上报中央军委以后，叶剑英同志和邓小平同志很快就作了批示，交由军事科学院审查。中联部、中央统战部、外交部、公安部等，都认真审查了有关条目，甚至帮助作了具体修改。

这次《辞海》（修订稿）的出版，分作两步。第一步，先出版按学科分类编排的分册。计划出二十个分册，装订成二十七本，内部发行，一九七四年三月起开始发稿，到一九七七年九月底止，已发了十九本，其中生物、中国古代史两本，分别于一九七五年和一九七六年出版。在一九七七年底以前，计划出九本（中国地理、外国地理、理科〔上〕、工科〔下〕、语词〔上、下〕、语言文字、文化体育、宗教，其中中国地理和理科〔上〕已于十月出版），并争取将八本（经济、民族、外国历史、中国历史地理、理科〔下〕、工科〔上〕、医卫、农业）校毕付型。尚未发稿的八本（哲学、政法、国际、教育心理、军事、文学、艺术、中国近现代史），则力争在一九七七年底以前或一九七八年第一季度内发稿，一九七八年内将分册全部出齐。然后再作修改，汇总编排，在一九八〇年出版《辞海》（修订稿）合订本。为了读者使用、购买方便，分册仍继续出版发行。

"四人帮"的干扰和破坏

一九七二年着手对《辞海》（未定稿）修订以来，由于"四人帮"及其在上海的余党徐景贤、朱永嘉、王知常等的干扰破坏，工作反复很大，进度十分缓慢。在五年之内（从正式开展修订工作的一九七二年九月起，到一九七七年九月止），《辞海》（修订稿）只出了二本，

远远落后于形势和计划。他们对《辞海》修订工作的干扰和破坏,主要表现为:

一、在组织上要砸烂修订出版《辞海》的编辑班子,在政治上加以打击、诬蔑和压制。一九六七年十二月九日,张春桥和徐景贤在一次座谈会上公然提出:"辞海那里好人怕是不多"。他们把原辞海编辑所诬蔑成是"庙小妖风大,池浅王八多"。把原辞海编辑委员会的成员诬蔑成百分之九十六以上都是牛鬼蛇神。一九七一年全国出版工作座谈会决定对《辞海》(未定稿)进行修订以后,徐景贤、朱永嘉等迫于形势,不得不迟迟于一九七二年七月搭起辞海编辑室这个班子,但他们派在出版社的一些黑干将,继续宣扬"辞海敌情严重",存在"三多"(即有问题的多,老家伙多,旧思想多)。在修订工作中,经常打棍子、扣帽子,动不动就是"复辟回潮",弄得知识分子惶惶不可终日,社会主义积极性受到严重挫伤。

二、在修订方针上制造混乱。他们既提出对《辞海》(未定稿)进行"小修小改",又鼓吹《辞海》(未定稿)"不是大毒草,难道是大香花吗?"使人晕头转向,无所适从。而且实际上强调的是后者,以致造成不少学科修改幅度偏大。

三、在组稿方面严加控制。他们明知《辞海》是综合性大型词书,涉及古今中外,内容包罗万象,有些学科(如军事、民族、宗教、地质、采矿等),由于上海力量薄弱,过去都是北京等地有关单位负责编写的,这次修订,理应仍请原单位修改,但他们就是强行规定《辞海》修订工作只能"立足上海",还胡说什么"外地情况复杂,碰到反动路线怎么办?""军委的路线也靠不住。"虽然后来由于有些学科不向外地组稿就无法修订,他们被迫放宽了限制,但已影响到了工作进度。

四、在审稿问题上故意刁难。《辞海》中有些政治性很强的条目,如党史、政治、法律等方面的一些重要条目,按照出版规定,地方无权定稿,应送中央有关领导部门审定。一九七三年初,我们给当时的上海市委打了一个报告,提出了毛泽东思想、毛主席革命路线、毛主席著作介绍等重要条目的编写和审查问题,徐景贤、朱永嘉却说:"不要把矛盾上交,不要给领导出难题。"更为恶劣的是,徐景贤还提出一个"我们不搞审批权,保留批评权"的强盗逻辑。你向他请示吧,他给你戴上"给领导出难题"的帽子;你不请示吧,他又随时掌握打棍子、扣帽子的权利,使人左也不是,右也不是,不知如何才好。

五、在修订内容上玩弄阴谋。"四人帮"及其在上海的余党、亲信、爪牙,对《辞海》稿件内容,尽管直接插手不多,但仅就下列数件来看,已可表明他们是多么阴险毒辣:

1.不准《辞海》引用无产阶级革命导师的语录。一九七四年,沈鸿寿曾到辞海编辑室传达朱永嘉的黑指示说:"《辞海》语词条目中一律不引用马恩列斯毛主席语录。这个原则也适用于百科条目。"妄图把《辞海》中引用的革命导师语录一刀砍光。在群众的强烈抵制下,他不得不在两天后重来辞海表示收回这个意见,但在背后仍对工宣队员说:"这个意见是不错的。"

2.不准《辞海》收录〔毛泽东思想〕等条。一九七四年,贺汝仪曾说:"〔毛泽东思想〕等条目,只收词目,写上'释文待补'就行了。"

3.歪曲和篡改党的历史。如《辞海》对党史人物的收录介绍问题,贺汝仪竟公然鼓吹:党史人物条目,只选收一九六五年以前逝世的,六五年以后逝世的党和国家领导人一概不收。还说:"即使是六五年以前逝世的,也要考虑,盖棺尚不能论定。"妄图把陈毅、贺龙同志等老一辈无产阶级革命家排斥在《辞海》之外。

4.强行塞进他们炮制的黑货。一九七四年三月,江青给某单位写信说:"我只有一点小小的建议。即:学柳下跖的办法,回敬你院的孔老二的徒子徒孙们。"江青主观武断地把《庄子》里的一则寓言当作历史事实,又随心所欲地把"跖"改称为"柳下跖",目的在于影射攻击周总理。《辞海》(修订稿)[柳下跖] 条起先没有采纳这种谬论,但是稿子送到原市委写作组,他们却硬要《辞海》照江青讲的来改,说是:"江青讲的,一定要照办。"

5.竭力吹捧"四人帮"。如〔京剧革命〕等条目,一九七五年送文化部审查,文化部大量塞进"中央负责同志率领广大文艺战士,披荆斩棘,与刘少奇一伙所推行的反革命修正主义路线进行了英勇的搏斗"、"为无产阶级在文艺领域里对资产阶级专政做出了榜样"等词句,大肆美化叛徒江青。

六、在思想上理论上进行毒化。"四人帮"把自己打扮成理论权威,接过革命口号另搞一套,对马克思主义路线的三个组成部分进行全面篡改,极尽颠倒是非、混淆黑白之能事,搞乱人们的思想,使《辞海》有关学科、有关条目也深受其害,造成已经修改好的稿件,还须大量返工,肃清流毒。据各学科初步揭批,《辞海》受到"四人帮"毒害的主要情况有:

1.在"四人帮"背着毛主席另搞一套的所谓"反击右倾翻案风"的影响下,《辞海》中国古代史分册(一九七六年五月出版)出版说明中写入了"反击右倾翻案风"字样,哲学、政法、政治经济学、教育学等学科在一九七六年十月前改出来的稿件中,许多重要条目也都存在流毒。

2.在"四人帮"伪造党史的罪恶活动的影响下,《辞海》党史条目也深受毒害,特别是当时原市委写作组炮制"党史"的流毒以及他们所传播的观点、"材料",影响不小,必须认真检查和重新修改。

3.在张春桥、姚文元的两本小册子的影响下,《辞海》哲学社会科学各学科在一九七六年十月前改出来的稿件中,普遍存在着"四人帮"炮制的反革命政治纲领,"全面专政"、"党内资产阶级"等谬论,以及他们在限制"资产阶级法权"、"反对唯生产力论"等幌子下所鼓吹的一整套反动思想体系的流毒。例如,张春桥的"在一切领域、在革命发展的一切阶段始终坚持对资产阶级的全面专政","资产阶级法权在所有制方面还没有完全取消,在人们的互相关系方面还严重存在,在分配方面还占统治地位",姚文元的"资产阶级法权的存在,则是产生新的资产阶级分子的重要的经济基础"等别有用心的反动言论,在〔无产阶级专政〕、〔无产阶级专政下的继续革命〕、〔无产阶级文化大革命〕、〔社会主义革命〕、〔阶级斗争〕、〔资产阶级法权〕、〔资产阶级〕等条目中几乎都照抄不误,并且还增收了〔党内资产阶级〕、〔资产阶级民主派〕等条目。在谈到无产阶级专政的基本任务,建设社会主义,消灭一切阶级和阶级差别,限制资产阶级法权等问题时,只强调革命,很少甚至只字不提生产。例如,在〔抓革命、促生产〕条中,几乎通篇只谈上层建筑领域的革命,不谈生产关系领域的革命,更不谈生产技术的革命,不谈迅速发展生产力才能使社会主义制度获得日益增强的物质基础。

4.在"四人帮"古为帮用的影射史学的影响下,《辞海》中国哲学史、中国古典文学、中国古代史、中国经济史和经济思想史、中国法制史、中国教育史、中国科学史以及语词等学科,在一九七六年十月前改出来的稿件中,普遍存在着"四人帮"鼓吹的所谓"儒法斗争史"的流毒。例如,〔儒法斗争〕条,就照抄"四人帮"的谬论说:"儒法斗争贯穿在我国两千多年历史之中,并一直影响到现在。"对于吕后、武则天,都给她们戴上了"法家代表人物"的帽子,胡乱吹捧。又如"人彘"一词,在《辞海》(未定稿)中是收入的,但由于它记载了吕后残杀戚夫人的历史事实,修订时被说成"有损法家人物的形象",几乎被删去。对于成语典故,即使沿用已久,已为大家所熟知;对于历史人物,即使他在学术上或艺术上有所成就,但只要被戴上"儒家"、"复辟"等帽子,也一概删去或骂倒。例如〔拔山〕条,《辞海》(未定稿)引有《史记·项羽本纪》"力拔山兮气盖世"作为出处,但因"四人帮"硬说项羽是"奴隶主复辟势力的代表",就将这一例句删去。又如对苏轼,由于他是儒家,并由于听说江青说过不喜欢这个人,不仅在介绍他本人时不敢对他在文学上的成就加以肯定,而且连语词条目中引用他的诗词作为例句,也要删光。

5.在"四人帮"鼓吹历史虚无主义和民族虚无主义的"空白论"、"彻底否定论"等谬论的影响下,《辞海》外国文学史、外国艺术史、外国哲学史、外国教育史、外国科技史等学科,对一些外国文学家、艺术家、思想家、科学家的评价都不敢正确评价,普遍予以降低。如高尔基,列宁对他评价很高,"四人帮"却说"高尔基的作品要倒过来看"、"高尔基是大右派",因此,在《辞海》〔高尔基〕条的一次修订稿里,也跟着"四人帮"的调子大讲高尔基的错误缺点,一连列举了三条之多。

6.《辞海》科学技术方面的许多学科,反映的都还只是二十世纪五十年代的水平。这次修订,由于"四人帮"对科学研究工作的破坏,编写人员为一无接触、二无资料的客观条件所限制,没有力量反映七十年代得到新成就,造成科技各分册"内容陈旧"的感觉。

七、在印刷和出版任务的安排上,根本不重视《辞海》的印行工作,总是要《辞海》"让路",以赶印"四人帮"篡党夺权所急需的宣传书刊。

当前存在的主要问题

加快《辞海》修订出版的步伐,在一九七八年内力争把《辞海》(修订稿)二十个分册(二十七本)出齐,在一九八○年内力争把《辞海》(修订稿)合订本付印出版,这是早日实现毛主席、周总理的遗愿的义不容辞的责任,是党和国家的需要,也是广大工农兵、革命干部和革命知识分子共同的迫切愿望。当前,在华主席为首的党中央的英明领导下,在党的十一大路线的指引下,"四人帮"对《辞海》修订出版所设置的障碍已被扫除,《辞海》大治快上的客观条件已经具备。我们这个负责编辑出版《辞海》的专职机构,应该发扬革命加拼命的精神,调动各方面的积极性,采取切实有效的措施,保证计划的如期完成。但除了我们自己努力把《辞海》搞上去以外,也确实存在着一些问题,需要请市委指示并帮助解决。这些问题主要有:

一、关于加强领导的问题。《辞海》是一部大型的综合性工具书,涉及面广,需要调动和依靠各方面的力量,而在修订过程中,遇到的政治性问题、疑难问题等亦多,所有这些,都不是出版社单独能解决的。编辑出版《辞海》(未定稿)时,在市委文教书记和市委宣传部的直接领导下,从一九五九年六月举行《辞海》编辑委员会第一次会议起,到一九六一年十二月出齐《辞海》(试行本)十六分册止,费时二年半;到一九六五年四月出版《辞海》(未定稿)止,费时六年。而《辞海》(修订稿)分册的出版,五年内只出了二本,六年内才能把分册出齐,八年内才能把合订本搞出来,还要经过一番努力,才能争取实现。两相对照,除了主要原因在于"四人帮"破坏以外,这次对《辞海》(未定稿)的修订,没有置于市委、市革委会的直接领导之下,出版社尤其是辞海编辑室无力单独挑起重担,也未始不是一个重要的原因。鉴于修订《辞海》是毛主席生前直接交下的任务,不同于一般出版物,可否请市委研究加强对《辞海》修订工作的领导?

二、关于《辞海》各分册的出版问题,目前虽已发排和印出几个分册,但尚有五个重要问题,需要研究解决:

1. 重要政治性条目的送审问题。这次修订,已增写了毛主席传略、毛主席思想、毛主席的无产阶级革命路线、毛主席著作介绍条目,印成大字送审本,前已专门报请市委审查后转报中央或中央有关领导部门(如毛泽东主席著作编辑出版委员会)审定,希望早日转报,早日得到中央或中央有关领导部门指示。

2. 党史条目,因深受"四人帮"流毒和影响,尚须组织力量重新修改。我们打算责成辞海编辑室及早采取措施,在今年年底左右(最迟不超过明年第一季度)修改完毕,印出大字送审本,也要报请市委审查后转报中央审定。在修改期间,拟与中央党校取得紧密联系,以便及时得到他们的帮助,可否请市委帮助"挂钩"?

3. 军事分册全部条目(约1200条),曾于一九七四年八月由市革委会报请中央军委批交军事科学院审查修改。一九七六年六月，中央军委对军事科学院报送审定的稿子作了批复，要军事科学院请上海市委定稿。徐景贤则要辞海编辑室定稿。由于这一部分稿件事关党史、军史，不是编辑室所能定得了的，我们打算将军事科学院寄来的修改稿发厂排出校样后，送市委审阅。如市委认为其中极少数条目必须报请中央军委审定，拟请市委予以转报。

4.中国哲学史条目，因深受"四人帮"流毒和影响，亦须重新修改。辞海编辑室已与修订单位复旦大学哲学系联系，请他们现在就着手工作，争取在今年年底左右（最迟不超过明年第一季度）修改完毕，但他们表示因有编写中国哲学史教材任务，暂时还难插入。辞海编辑室正与他们协商，希望两项任务结合进行。我们拟力争自行协商解决。

5.《辞海》要在明年出齐分册，除已经安排在今年内印出的以外，尚有十六本要集中在明年年底以前付印出版，印刷时间紧而任务重，纸张、材料等亦须充分准备，辞海编辑室一再建议成立一个《辞海》印刷小组，由出版社党委，出版社业务组，印刷公司党委，以及承印《辞海》的中华、新华、商务三印刷厂党委和辞海编辑室负责同志组成，在社党委集中领导下专门研究印刷中存在的问题，协调各方面的力量，以便加快印刷步伐，我们拟予同意。

三、下列分册，除前面所述哲学、近现代史（党史）、军事三个分册问题外，政治性问题或疑难问题也较多，我们正在采取措施尽力解决：

1.经济分册（已经发稿），主要是一些重要理论性条目（如无产阶级专政、无产阶级专政下的继续革命、社会主义、社会主义革命、社会主义建设、按劳分配、资产阶级法权等）和方针政策条目（如四个现代化，抓革命、促生产，八级工资制等）的处理问题，已派人去北京征求意见，并派人去泰安参加中国社会科学院经济研究所主持召开的《政治经济学简明词典》会议。这些理论性条目大部分在哲学分册、政治分册中亦将刊用,经济分册解决以后,其他二分册亦可同时解决。

2.政治分册(尚未发稿),主要是一些重要理论性条目(大部分同经济分册交叉),以及有关我国宪法、国家制度、法令、法规等条目的处理问题,已派人去北京向人大常委会和最高人民法院请示,并向政法界、学术界征求意见。有些问题,可能要等五届人大开过后才能解决。

3.国际分册(尚未发稿),包括国际共产主义运动,国际法、国际关系、华侨四个部分。其中国际共产主义运动、国际法、华侨三部分,已送中联部、外交部审定。国际关系部分,已于一九七六年七月送外交部审查,最近已派人去北京催询。该分册是否能按计划在今年年内发稿,关键在于外交部是否能即审定退回。国际共产主义运动方面,新产生关于南斯拉夫的问题(如〔九评〕、〔一九六〇年声明〕、〔共产党和工人党情报局〕等条目是否提南斯拉夫),已派人去北京向中联部请示。

4.教育分册(尚未发稿),主要是教育学和我国现代大学条目的审定稿问题,一九七六年九月已报送教育部审定,教育部表示同意接受。由于原来稿件中"四人帮"流毒较多,最近已由原修订组根据十一大文件和邓副主席在科教大会上的讲话等作了初步修改,于今年十月重新上报。该分册是否能按计划在今年年内发稿,关键在于教育部是否能即审定退回。

5.文学、艺术两本分册(都尚未发稿),主要问题有:文艺理论、三十年代、十七年、样板戏、古今中外著名作家、艺术家和作品如何介绍和评价等。美术方面,除上述情况外,还有修订人正集中力量从事创作,存在力量如何组织的问题。拟在最近即将问题整理出来,并提出初步处理设想后,即派人去北京向有关方面(如文化部和文学艺术界)征求意见,然后由辞海编辑室同修订单位商量定稿。

四、关于《辞海》(合订本)的汇编和出版问题,目前已提到议事日程上来。为了确保合订本能在一九八〇年内如期出版,我们打算采取下列措施:

1.在一九七八年底或一九七九年初左右,邀请《辞海》各学科主要修订人集中一段时间(估计约二、三个月)将分册再做重点修改,并以主要力量放在协商解决交叉条目的统一上面(目前各分册对交叉条目大都各写各的,我们虽要求做到大同小异,但具体差异也不小,将来汇编成合订本时,必须要统一成一稿)。根据过去经验,主要修订人短期集中,通力合作,确是多快好省地完成任务的一个较好的办法。否则如仍分散进行,各搞各的,势必旷日持久而且也难于求同存异。为了加强对集中修订的领导,便于调动和组织各方面的力量,便于研究决定一些重大问题,希望成立一个领导小组,由市委书记、市革委会文教组领导同志"挂帅",出版社党委及复旦、师大、交大三大学分管教学、科研工作的领导同志等参加(三校承担《辞海》修订任务学科多,条数多,任务重)。为了便于各学科研究和解决问题,集中前拟同有关单位商量后,按各学科指定一至三位召集人。

2.印制《辞海》(合订本)所需要的纸张(字典纸)及封面等材料,拟早日编制计划,报请市委审批后转报中央批准,列入一九七九年国民经济计划,指定有关工厂负责生产。

3.《辞海》(合订本)的印刷问题,恐须指定一家工厂专门负责,才能统一规格、字体,保质保量,按时完成。出版《辞海》(未定稿)时,是指定中华印制厂全力承担的,从开始排印到正式出版,费时一年。今后拟同样办理,具体方案,届时再报。

以上请示汇报,是否有当和可行,请指示。

主送:中共上海市委

(据国家出版局保存的抄件刊印)

"评法批儒"图书泛滥成灾

1977 年 10 月 21 日

据出版局版本图书馆收到样本的不完全统计,从一九七三年下半年起到一九七六年底止,共出版评法批儒图书一千四百零三种(不包括批林批孔图书),约占同期出版的哲学社会科学类图书的四分之一。在这一千四百零三种图书中,批儒的有四百九十六种(包括儒家著作批注,如《论语批注》、《三字经批注》之类);评法的有九百零七种(包括:报刊文章汇编二百一十七种,活页文选二百九十四种,法家著作注释本二百二十四种,法家著作校点或重印本三十四种,编写的儒法斗争史、法家人物评介和资料一百三十八种)。

对这些书略加分析,大体上可以看出下列情况。

(一)乱封"法家"

"四人帮"为了宣扬其"儒法斗争贯串二千多年,一直影响到现在"的反动谬论,乱封"法家"称号,扩大"法家"队伍。在这种反动谬论的影响下,这些图书中专书、专文介绍的以及在文章中提到的"法家"就有:史墨、管仲、邓析、少正卯、孙武、李悝、慎到、吴起,西门豹、公孙龙子、商鞅、孙膑、屈原、范雎、荀况、韩非、秦始皇、李斯、刘邦、吕后、萧何、张良、曹参、周勃、陈平、王陵、汉文帝、汉景帝、贾谊、晁错、汉武帝、桑弘羊、汲黯、张汤、汉昭帝、汉宣帝、张衡、王充、曹操、刘备、诸葛亮、孙权、郭嘉、吕蒙、嵇康、贾思勰、范缜、祖冲之、李世民、武则天、魏征、李百药、刘知几、张柬之、姚崇、宋璟、狄仁杰、武元衡、裴度、李愬、李光颜、李白、李贺、王伾、王叔文、刘禹锡、柳宗元、李德裕、李商隐、赵匡胤、王安石、沈括、陈亮、辛弃疾、忽必烈、张居正、宋应星、李贽、王夫之、康熙、戴震、曹雪芹、龚自珍、魏源、严复、章太炎等八十六人。

在上述人物中，对几个人物的评介以及著作的注释特别集中重复。关于商鞅的有六十九种(其中仅注释《更法》的单篇就有十一种)；荀况的四十种(其中注释《天论》的单篇就有十种)；韩非的六十九种(其中注释《五蠹》的单篇就有十三种)；秦始皇的六十三种(其中《论秦始皇在历史上的进步作用》以及类似题目的就有三十七种)；桑弘羊和《盐铁论》的三十六种；曹操的二十九种；柳宗元的四十八种(其中注释《封建论》的单篇文章就有三十种，中华书局的《读〈封建论〉》有十二个地方出版社重印，并译成五种民族文字版和盲文版)；王安石的三十一种；李贽的二十九种。

(二)"影射史学"泛滥

其中有一批是"四人帮"及其余党直接炮制的"影射史学"的大毒草。如"学习与批判"丛刊《论儒法斗争》、《历史人物集》、《秦汉之际的儒法斗争》、《评淮西之捷——读〈旧唐书·李愬传〉》、《儒法斗争史文集》以及梁效定稿的《儒法斗争史概况》，上海的《儒法斗争史话》等。而收集"四人帮"喉舌梁效、罗思鼎、唐晓文等反革命黑文的文章汇编本，就更多了。像《孔丘其人》、《再论孔丘其人》、《论尊儒反法》、《论西汉初期的政治与黄老之学》、《评〈吕氏春秋〉》、《孔丘和林彪都是政治骗子》、《论张良政治立场的转变》、《读〈盐铁论〉》、《有作为的女政治家武则天》、《论北宋时期爱国主义和卖国主义的斗争》、《汪精卫卖国记》、《拉萨尔传》这样一大批十分恶毒地影射攻击敬爱的周总理、英明领袖华主席以及诬蔑邓小平同志的大毒草，借吹吕后、武则天、张良和所谓法家领导集团，美化江青、张春桥的大毒草，都收进了许多文章汇编里，大量发行。

为了给"四人帮"篡党夺权制造舆论，有些书恣意歪曲历史，把所谓"法家"捧上了天。例如上海的《儒法斗争史话》，说什么武则天在激烈的儒法斗争中"大步登上了政治舞台","获得了'圣后'的称誉"。"武则天面对朝廷内外反动势力的夹攻,昂然挺立,镇定自若。"她当皇帝"有着广泛的社会基础","一个妇女敢于坐上皇帝的宝座,本身就是对孔孟之道的有力批判。"武则天"大胆地从社会下层提拔大批庶族地主出身的官员担任要职","很快聚集了一批像狄仁杰、张柬之、姚崇、宋璟等有法家倾向的杰出人物,为巩固封建中央集权和保证国家的统一,作出了重要贡献","不愧为我国历史上一位杰出的女政治家。"在这类书里,吹捧帝王将相的地方,也是比比皆是。

"四人帮"为了利用出版法家著作搞影射史学,手段十分恶劣。一九七四年在福建发现了一本明刊本《史纲评要》,刊印者说是李贽的著作。经有关部门研究认为是伪托,不宜当作李贽的著作出版。但是"四人帮"对这部书里的某些话,如"始皇出世,李斯相之,天崩地坼,掀翻一个旧世界"等,大加赞赏。于是江青在天津对这本书吹捧了一通,迟群就秉承江青的旨意,压制不同意见,说什么"首长指示,法家著作不能轻易否定。"又派人到出版单位,诡称出版这部书是"中央决定",强令在十天到半月内就要出书。

(三)大肆宣扬历史唯心主义

"四人帮"的反动历史观在这些"评法批儒"的图书中,在注释法家著作的前言、按语、后记中,都有大量反映。在以梁效炮制的《儒法斗争史概况》和上海的《儒法斗争史话》为代表的十多种讲儒法斗争史的著作中,更加系统地反映了"四人帮"的反动历史观。

第一,鼓吹"儒法斗争贯串二千多年,一直影响到现在"。这些书认为"作为政治、思想领域里两条路线斗争的儒法斗争,在秦以后两千年的封建社会里一直延续着。"甚至也支配着中国近代史。梁效的《儒法斗争史概况》就把近代史按儒法斗争划分为"鸦片战争时期"、"戊戌变法时期"、"辛亥革命时期"、"辛亥革命后到五四运动以前"所谓"四个阶段"。把孙中山领导的资产阶级民主革命说成是"近代儒法斗争出现了又一次高潮"。有的书把伟大的共产主义战士鲁迅也描绘成似乎是现代法家人物,竟然胡说"鲁迅认为,只要抓住了儒法斗争的内部规律,我们看历史,就能够据过去以推知将来。""'发思古之幽情,往往为了现在。'这是鲁迅所总结的阶级斗争和儒法斗争的一条重要的历史经验。"在这些图书里,儒法斗争不但贯串古今,而且涉及政治、军事、经济、教育、科技各个领域。如说什么:二千多年来的儒法斗争"既反映在政治上,也反映在军事上";"历史上的儒法两家,在上层建筑各个领域都进行了尖锐的斗争";"一部中国文艺发展史,是一部充满儒法斗争的历史";"两千多年来,儒法两条路线的斗争深刻地影响着我国社会生活的各个方面,也影响着科学技术的发展";"包括石油和天然气事业的发展",等等。儒法斗争,简直是无时不在,无处不在。

第二,以"儒法斗争"代替"阶级斗争",否认封建社会的主要矛盾是农民阶级和封建地主阶级的矛盾。这些书认为,社会的进步和倒退,国家的兴盛和衰微,都是由封建统治阶级上层人物执行"法家路线"还是执行"儒家路线"来决定的。梁效的《儒法斗争史概况》说:"法家路线对国家的统一和富强,经济、文化、科学技术的发展,起着一定的积极作用。相反,实行儒家路线,国家会走向分裂和衰退,经济、文化、科学技术的发展会受到阻碍和破坏,人民就会遭受更大的灾难。"有的书甚至说:"从历史上看,凡是法家路线占统治地位的时候,社会就得到不同程度的繁荣,国家便会得到这样那样的前进发展;相反,一旦儒家路线占据了支配地位,社会就一定会停滞、倒退、甚而至于国家也灭亡。"还有什么"唐代的由盛转衰,是以唐玄宗尊孔崇儒为标志的"。"北宋灭亡的祸根是以司马光为首的顽固派推行儒家路线的结果。"而农民起义,它的作用不过是为法家"开辟道路"。梁效的《概况》说:劳动人民的革命斗争,"为法家起来推行变革路线,跟儒家进行斗争创造了条件,开辟了道路。"上海的《史话》说:"汉末农民阶级的英勇斗争,创造了历史条件,为地主阶级革新派开辟了道路,准备了前提和提供了舞台。"另一本书说,秦末农民大起义,"为法家刘邦及西汉中期以前执行法家路线的政治家吕后……桑弘羊等重新建立统一中央集权的封建国家,扫清了道路。"有的书认为秦末农民起义,主要不是反对封建阶级而是反对奴隶主复辟,说陈胜、吴广农民起义,"斗争锋芒直指赵高、胡亥为代表的奴隶主复辟势力。"有的书认为农民起义不是反对整个封建地主阶级而只是反对地主阶级中的执行儒家路线的一派。如上海的《史话》认为唐代藩镇割据是唐玄宗"崇儒反法路线的产物","而这些阻碍社会进步的反动势力,成了唐末农民起义的主要目标。"

第三,把国内民族之间的战争,说成敌国之间的战争。不少书都把明代以前我国境内少数民族建立的地方政权对汉族地区的侵扰(或者是反抗汉族中央政权)描绘成两国之间的战争,随意使用"侵略"、"反侵略"、"爱国"、"卖国"等字样。如说:"西汉对匈奴的战争完全是反侵略的正义战争";"汉武帝坚持了爱国抗战的正义立场";"王安石也是一位爱国主义者,他坚决主张抵抗辽、西夏;而顽固派们则宣传战争兴难论,这完全是投降有理的卖国主义哲学";"陈亮是一个爱国主义者";"朱熹是投降.卖国"等等。这样就变成以民族划分国界,把匈奴、契丹、女贞、党项等少数民族地区变成外国领土,这种观点是极其荒谬的,不但不利于民族团结,而且容易被苏修钻空子。

第四,乱定儒、法"标准",形而上学猖獗。在这些书里面,法家都是"革新"的,儒家都是"守旧"的;法家都是"爱国"的,儒家都是"卖国"的;法家都是"维护统一"的,儒家都是"搞分裂"的;法家是"唯物主义"的,儒家是"唯心主义的"的。说什么"两千多年的儒法斗争始终伴随着唯物主义与唯心主义、无神论与有神论的斗争";"在历史上,法家总是主张革新、维护统一的,儒家的路线则是一条倒退、分裂的路线";"儒家对外是卖国投降,法家对外是爱国,主张抵抗";"凡是主张变革和前进的人总是肯定法家","凡是主张守旧复古的保守派,总是攻击法家";"尊儒者定反法,尊法者定反儒";"要复辟、要卖国必然尊儒反法,要反复辟、要爱国必然尊法反儒,这是一条规律"。

第五,吹捧"法家",宣扬英雄史观,认为历史的发展是帝王将相决定的。梁效的《概况》说,吕后在"执政期间,巩固了中央政权,维护了国家的统一,'黎民得离战国之苦',社会生产也有所发展"。"武则天在维护国家的统一,坚持抗战,促进社会政治、经济、文化的发展等方面,都作出了重大贡献"。有的书甚至借用毛主席的话来美化"法家",如说刘邦的组织路线是"能够搞'五湖四海'",所以在他的周围"形成了一个法家领导集团"。说"毛主席的诗句"(指"天若有情天亦老,人间正道是沧桑"),是"对青年法家诗人李贺尊法反儒的思想和破除迷信的风格的热情肯定"。有一本《法家诗词三百首》,说法家诗词的创作方法"表现了现实主义和积极浪漫主义的精神"。说曹操的《却东西门行》一诗,"表现了他为祖国的统一,为了人民的安居乐业,宁可战斗一生,不惜马革裹尸而还的可歌可泣的精神"。说李白的《宿五松山下荀媪家》一诗,"对劳动人民所受的压迫和剥削深表同情","作者亲自和渔夫一起'撑折万张篙',共同的劳动、生活,凝成战斗的友谊"。说柳宗元的《诏追赴都回寄零陵亲友》一诗"坚信'鸡毛'可以'飞上天'的,新生事物……必然会在斗争中逐渐壮大成长"。说刘禹锡"是古乐府运动的英勇旗手"。李贺的《感讽》表现他"独立傲然天地间的反潮流精神",他的《雁门太守行》的爱国主义精神"是耸入云霄的灯塔"。李商隐竟然被说成是农民起义的颂扬者,他的《隋宫》一诗,"高度评价隋末的农民起义,把它誉为能使国家欣欣向荣,使人们得到温暖的'春风'。"

(全国出版工作座谈会参考材料之二,原载国家出版局编《出版工作情况反映》第28期,1977年10月21日)

(据国家出版局保存的原件刊印)

许力以在修订《辞源》第四次协作会议上的讲话

1977 年 10 月 31 日

我代表国家出版局热烈祝贺修订《辞源》第四次协作会议开幕。这次会议在长沙召开,湖南省委给我们大力支持和帮助,提供了很好的开会条件,对我们热情接待,我们表示衷心的感谢!

我们来到了伟大领袖和导师毛主席的故乡,这里又是英明领袖华主席长期工作过的地方,我们感到十分幸福。这次会议在这里开,正是我们学习的好机会。通过瞻仰、参观和学习,将鼓舞我们的革命斗志,使我们工作做得更好。

根据国务院 (1975)137 号文件批准的中外语文词典编写出版规划,《辞源》的修订工作从去年一月在广州开了四省(区)第一次协作会议后,正式开始进行。在四省(区)党委的领导下,同志们做了大量的工作,修订工作取得了较大的进展。今年五月,在北京开始进行《辞源》新修订稿第一分册的定稿工作。广东、广西、河南、湖南的六位同志和商务印书馆的九位同志一起,团结协作,共同战斗,只用了五个多月的时间,就完成了任务。决审定稿以后,今年底或明年初就可分批发稿。整个工作的进度较快,这是和同志们的努力分不开的。参加定稿的同志中有些年老有病,但大家干劲很大,克服困难;年青的同志也积极工作,这种精神很值得我们学习。希望这次会议,很好地总结一下第一分册修订工作的经验,继续发扬成绩,克服缺点,使今后修订第二、三、四分册的工作做得更快更好一些。

这次会议邀请了北京、上海、辽宁、湖北、四川五省、市有关词典编写出版工作的同志参加,其中有《辞海》、《汉语大字典》、《汉语大词典》的同志,有北京、上海和辽宁词典编辑部门的同志,对他们的到来,我们表示热烈欢迎。这次会议除讨论《辞源》修订的有关问题外,还要交流一下几部大型词典编写工作情况,研究如何加强中外语文词典编写出版工作的意见。

(一)

今天我想趁这个会议召开的机会,说一说伟大领袖和导师毛主席以及敬爱的周总理对词典出版工作的关怀。

毛主席和周总理,对词书工作曾经作过许多重要的指示。

毛主席一向对词书很重视。大家记得,去年十二月二十六日,《人民日报》刊登过一篇毛主席过去的警卫员李银桥写的文章,里面说到一九四七年,国民党反动派进攻陕甘宁边区,党中央撤出延安。那时驻地经常转移,条件十分艰苦。李银桥跟随毛主席在行军时,背着两个黄帆布挎包,一个挎包里装着办公用具,铜墨盒、砚台、墨、纸张等等,另一个挎包里装着《辞源》和《辞海》两部工具书。每到一个新宿营地,他就把这些办公用具和两部词典摆上。毛主席就不时翻阅词典。大家想一想,毛主席是多么重视词典。

全国解放后,我国大型词书的编写出版工作,由于历史原因,处于严重落后状态,可以说是一片空白。为了迅速改变这种局面,毛主席早在一九五七年就发出了修订《辞海》的指示。这一年的九月十七日,毛主席在上海视察工作时,对柯庆施同志说:解放这么些年了,还查老《辞海》?毛主席当时就指示对解放前出版的《辞海》进行修订。还指示可以吸收各方面的老年知识分子,包括犯过严重错误的人参加这项工作,以发挥他们的一技之长。

遵照毛主席的指示,上海于一九五八年正式成立中华书局辞海编辑所。一九五九年开始组稿,一九六一年底出版了按学科分类编排的《辞海》(试行本),一九六五年四月就出版了《辞海》(未定稿)合订本。同年六月二十日,毛主席在上海接见《辞海》编委会一位负责人时说:"《辞海》(未定稿)我看了一百多面。"还鼓励说:"你们做了不少工作。"毛主席还指示,现代词目有些写得简单了一些。如"中国共产党"这一条就写得太简单了。老年人看了还可以,青年人看了是不会满足的。中国共产党的斗争是很复杂的,现在写的就没有完全反映出来。毛主席并提出了要考虑将来《辞海》的出口问题。

建国后我们未出过汉英词典,一般还使用几十年前外国传教士或旧文人编的旧书。一九六四年,毛主席指示北京外国语学院编写一部质量好的《汉英词典》,把所有的政治词汇都收进去,最好能说明每个字的用法。周总理对编写这部词典也十分关怀,一九七一年亲自指示开始词典编纂工作,并要外交部大力支援编辑力量。经过几年的努力,已经在今年九月九日毛主席逝世一周年的时候,完成了《汉英词典》第三稿的全部工作,并将第一批一百万字的定稿,发到商务印书馆,其余部分(约300万字),将于一九七八年三月份发齐,争取当年出版,实现毛主席的遗愿。

敬爱的周总理非常关心中外语文词典的出版工作。一九七〇年下半年,周总理亲自抓《新华字典》修订工作。当时,由于林彪和"四人帮"鼓吹的"怀疑一切,打倒一切"反动思潮的干扰、破坏,文化大革命前出版的大批图书停售封存,新书出版的很少,字典工具书更是奇缺。广大工农兵群众给中央有关领导部门和报社、出版社写信,反映他们为了掌握文化,学习马列著作和毛主席著作,要求尽快出版字典。但是林彪一伙和当时把持着宣传大权的张春桥、姚文元,对工农兵的呼声,毫不理睬。而我们敬爱的周总理,了解这一情况后,就十分重视,立即指示有关部门要尽快组织力量,解决这一问题。

一九七〇年九月十七日夜晚,周总理接见出版部门负责人,他根据毛主席的一贯思想，运用马克思主义的辩证唯物论和历史唯物论的观点，针对出版工作中存在的问题，作了重要指示。在谈到字典出版问题时，周总理语重心长地说：对旧字典要辩证地历史地看，有问题可以改一改么！不能因《四角号码字典》是王云五编的就不能用，不能因人废文，因为一个人有问题，书也不能用了？他总有可取之处吧！马克思主义是怎么来的，主席讲了好多次，叫我们好好读几本书，不能割断历史，马克思主义三个来源还不是吸收了资产阶级学者的正确部分，发展成马克思主义吗？任何东西都是有根的，新社会是从旧社会脱胎出来的。不能形而上学，一听是封建的、资产阶级的就气炸了。总理还指示：二中全会主席提出要学哲学，好好读几本书，读点马恩列斯的书，反对唯心主义。当然我们学哲学要同毛主席哲学著作一齐学。水有源，树有根，毛泽东思想是继承了马克思主义，又发展了马克思主义，马克思主义是根，不能割断根！《新华字典》也是从《康熙字典》来的么！可以有创造，但创造也要有基础。要"古为今用"，"推陈出新"。新的出不来，旧的又不能用，怎么办？芭蕾舞是洋的吧，能说是我们创造的吗？基础是原来的，内容是新的，形式又有改造，变成了"洋为中用"。还要发展，那是以后的事。

根据周总理的指示，有关领导部门于一九七〇年九月十八日立即组织班子，开始进行《新华字典》的修订工作。从北京大学、北京市中小学、商务印书馆、中国科学院等十几个单位调人组成了修订小组，在有关单位的大力支持和帮助下，于十一月底完成了第二稿，报送中央领导同志审阅。敬爱的周总理还亲自审阅了稿子，在字典的出版《说明》上用铅笔逐句作了圈点。字典《附录》中的《节气表》，原来未标明月日是公历还是农历，不便于工农兵查阅，周总理发现后特地在《节气表》三字下面，加了一个括号，写明"按公元月日计算"。总理还在"役"字的注释最后，加上一条"(3)服兵役"，使义项更加完备。看到敬爱的周总理这样认真细致的批示时，修订组的同志无不深受感动,受到极大的鼓舞。

周总理对《新华字典》的修订工作十分关心。一九七一年二月十一日晚,他在接见出版部门负责人时,又问:"字典这么长时间了,还没有出来?"四月十二日和六月二十四日,周总理两次接见全国出版工作会议代表时,都通知《新华字典》修订小组派代表参加。在这两次接见中,周总理听了字典修订情况的汇报,并作了重要指示。

《新华字典》开始修订时,由于受到林彪和"四人帮"反革命路线的干扰,曾删掉了"陛下"、"太监"、"僧侣"等许多词和字,认为这些旧词,经过无产阶级文化大革命,没有必要在字典中保留了,应该一律砍掉才算革命。这种思想当时在其他一些外语词典的编写工作中也同样存在。有的词典编写组把"先生"、"小姐"等一些词统统删掉,认为都是封、资、修的东西,觉得这些"旧词"多了,会影响词典的"革命性"。周总理听了汇报后,对这种唯心论和形而上学的思想提出了严肃的批评。总理说,这些词你不用怎么行?像陛下、殿下,怎么能不用?西哈努克还好说,我们叫亲王就行了。来个国王,你还能不承认陛下?Sir,(先生)你用不用?现在还存在资本主义社会嘛!就是在社会主义社会,资产阶级法权也不能很快取消。这都是极左思潮,要么就闭关自守。有的人,他不是同志,怎么叫?如果"先生"也不能叫了,怎么办?

周总理还针对当时一些图书中不适当地大量引用毛主席语录的做法提出批评,总理说:光用大量的毛主席语录,这就叫毛主席思想?这是形式主义!毛主席语录应针对性用,不能乱抄。

周总理看到送审的《新华字典》封面设计,书名是拼集鲁迅的字,就说:"我就不赞成这样拼凑字作书名,拼字不是艺术。"这时总理指着会议厅挂的毛主席题词手稿"为人民服务"、"艰苦朴素"说:主席题字都是完整的构思,不能随意拆开。主席题的字都有完整的布局。总理接着说,鲁迅没有给这本字典题过字,鲁迅在世时还没有简化字,这个"华"字还不是凑成的吗?这样做是不尊重鲁迅,将来一考证,说你们尽造假。还是老老实实的好,封面不要用鲁迅的集字,不要弄虚作假。你们这样搞,我就不批准。

周总理这些严肃的批评,亲切的教诲,使同志们受到了极大的教育。

在六月二十四日那次接见时,周总理还亲切地问《新华字典》修订小组的代表:"你们在群众中征求过意见吗?"并且说:"群众反映没有字典用啊!"接着总理指示:为了尽快满足工农兵的需要,要各地印,也可以由大城市集中印,这样成本可以低一些,也要算经济账。

敬爱的周总理时时刻刻想着人民群众的需要,为了广大工农兵和中小学生能够尽快得到字典,对一本小小的《新华字典》的修订工作是这样的关心,抓的这样具体、认真,甚至连怎样印刷降低成本;使工农兵和中小学生能够买得起,都想到了。可是,当时把持宣传大权的张春桥、姚文元对这件事又是什么样的态度呢?在一九七〇年十一月三十日那次送审稿上,周总理批示要张春桥进行"校正,"但"四人帮"的这个狗头军师竟写道:"来不及,也不可能仔细审查修改稿"。阶级异己分子、政治文痞姚文元也在另一个文件上写道:"字典内容修改情况不看了"。他们一个是"来不及也不可能",一个是"不看了",和周总理全心全意为人民服务的崇高精神一对比,不是十分鲜明地看出了谁和工农关心连心,谁与工农兵为敌吗?

在周总理的亲切关怀下,《新华字典》修订工作只用了半年多的时间就完成了。一九七一年六月,由商务印书馆出版。不到五年时间,在全国印了四千万册。

《新华字典》修订工作结束后,用总理又指示,光有《新华字典》不够,还要编一本《新华词典》。遵照总理的指示,有关领导部门迅速组织了编写班子,于一九七一年十月开始工作。经过几年努力,

《新华词典》目前已进入定稿阶段,争取明年能够发排出版。

一九七五年五月,国家出版局在广州召开中外语文词典编写出版规划座谈会后,向国务院写了报告,提出了十年编写出版一百六十部中外语文词典的规划。当时主持中央工作的邓副主席对这项工作很重视,他知道周总理非常关心词书编写出版工作,请几位副总理传阅以后,便将报告送总理审阅。当时总理已重病在身,就在医院里审批了这个报告。总理是八月二十一日圈阅的,在批件上还写了:"因病在我处压了一下",表示歉意。这是敬爱的周总理对我们出版工作的最后一次亲笔批示。

周总理还对外事部门负责同志讲过,你们要看一看法国的《拉罗斯百科词典》,里面画幅很多。要我们研究和参考外国出版的词典。

一九七五年底,周总理在病情十分严重的情况下,还要人转告《辞海》编辑部门,对历史人物杨度的评价,作了具体指示。万万没有想到,敬爱的周总理在作了这个指示后一个月,就与我们永别了!

今天.回顾这些难忘的情景,使我们更加深切地怀念伟大领袖毛主席,更加深切地怀念毛主席的亲密战友,敬爱的周总理。我们一定要高举毛主席的伟大旗帜,紧跟英明领袖华主席为首的党中央,在党的十一大路线指引下,大干快上,努力编好词书,为早日实现伟大领袖毛主席和敬爱的周总理的遗愿,为促进我国科学文化事业的发展,为在本世纪内实现四个现代化,作出我们应有的贡献!

(二)

谈一谈近一二年来词典编写出版工作的状况和问题。

国务院一九七五年批准的词典编写出版规划下达后,全国已有十八个省、市、自治区承担了词典编写出版任务。两年多来,各地教育、出版部门和中央有关单位,在当地党委的领导下,积极组织编写队伍,加强相互协作,取得了很大的成绩。目前正在编写或修订的中外语文词典有一百余部。除了列入规划的词典之外,还有一些少数民族语文词典也陆续开始编写.各地在工作中都注意贯彻群众路线精神,使词典编写队伍有了很大的发展。

词典编写工作成绩是很大的,但也存在一些问题,概括起来,主要有两个方面:

一、"四人帮"的干扰和破坏,其流毒和影响是很深的。长期以来,"四人帮"霸占宣传阵地,散布了大量的反马克思主义的观点,把人们的思想搞乱了,他们对词书编写工作造成的危害不可低估。国民党特务分子张春桥将"大干快上"四字从国务院(1975)1 3 7 号文件中砍掉。阶级异己分子姚文元对《现代汉语词典》加以扼杀。他们拿着大棒,动不动就大加鞭挞。他们在思想领域里,有意制造种种混乱。我们必须以马列主义、毛泽东思想为武器,密切联系词书编写工作的实际,把被"四人帮"颠倒了的理论是非,揭发和纠正过来。彻底揭发批判"四人帮",这是加快词书编写出版步伐的纲,既是当前迫切的战斗任务,也是长期艰巨的斗争任务。

揭批"四人帮",在我们出版工作中,任务是很繁重的。"四人帮"为了篡党夺权,篡改和歪曲马恩列斯著作和毛主席著作,他们搞阴谋文学,搞影射史学,矛头对着毛主席,对着周总理,对着华主席和邓小平同志。他们的写作班子,梁效.罗思鼎、唐晓文、初澜等,放了大量的毒,肃清他们的流毒,工作是十分艰巨的。光从经济上来说,损失也是很大的,粉碎"四人帮"之后,全国新华书店停售的书达四千一百余种,报废达八千万元以上。所谓评"三株大毒草"的三本小册子,迟群向国家出版局直接布置印制发行任务,共印了九千一百万册。迟群还过问各省的印数和发行情况,并借此"摸"各地党委的态度,以便整人。因此,必须通过揭批"四人帮",很好地总结经验教训。

二、两年来的工作实践使我们认识到,有了规划,如果没有切实有效的措施来保证，规划就会变成一纸空文。由于我们缺乏经验，对于各地存在的一些问题，了解不够，例如词典工作的长期性和借调人员的临时性的矛盾，差不多各个词典编写组都存在，在几部大词典中表现更为突出。此外，在经费、资料、组织领导等方面，也存在一些问题，急待解决。

由于"四人帮"的干扰破坏及其流毒的影响，再加上我们工作上的缺点，致使词典规划的实现，进展迟缓。词典严重缺乏的情况，各方面的反映很强烈，特别是教育部门。现在不少中、小学，仅有几本《新华字典》，教师备课，学生学习，找不到一本适用的词典，直接影响了教育质量的提高。教学、科研、外事等方面需要的外语词典，也极为缺乏，许多语种的词典还是空白。同国外的大型工具书出版情况相此，距离更大了。以百科全书为例，在最近这段时期，世界上许多国家都陆续出版了百科全书或百科辞典。罗马尼亚和朝鲜，分别在一九七二年和一九七四年出版了百科辞典。《英国百科全书》在一九七四年至一九七六年间出版了第十五版（共三十卷），在内容和编排上都比第十四版有较大改变。美国的《合众国百科全书》（共五十五卷），已在一九七五年出版。法国的《拉罗斯大百科全书》在一九七一年至一九七六年间修订出版了新版（共二十卷）。《苏联大百科全书》近年来修订出版第三版，已经出了十几卷。以大型语文词典为例，《牛津大词典》、《韦氏大词典》近年来都发行了修订版。日本出版了《大汉和辞典》（共十三卷）。苏联自一九五〇年起，已编写出版了两部大型俄语词典（《现代俄罗斯标准语词典》和《俄语词典》）。相形之下，我国工具书编写出版工作落后状况更为突出。

尤其使人不能容忍的，台湾蒋帮还专门出版了《中文大辞典》（列为《中华民国百科全书》第一种，共四十卷），以"大型权威汉语词典"的名义在国际范围内招摇撞骗。台湾最近又出版了《辞海》增订本第十四版，在报上大登广告，还对我们没有出版《辞海》进行污蔑和攻击,吹嘘他们出版的《辞海》"价廉物美";同时还将旧版《辞源》一再重版,特价推销。由于我们没有新出版的大型汉语词典,联合国翻译中文文件,至今还在使用日本的《大汉和辞典》和台湾出版的《中文大辞典》。国际友人来华访问,把他们新出版的大部头工具书送给我们,我们只好以《新华字典》回赠。这种状况,与我国崇高的国际威望实在太不相称了。

就国内情况来说,在党的十一大路线的指引下,各条战线都在大干快上。广大工农兵、革命干部和革命知识分子,迫切需要工具书,帮助他们学理论、学文化、搞科研。特别希望大型词书能早日出版。听说有的大学由于大型词书太少,有的学生不得不耗费大量精力,将旧版《辞海》的有关条目尽行抄录。大型词书的编写出版,反映一个国家的科学研究水平,是科学研究的一项重要的基本建设。因此,从党和国家的需要,从全国人民的愿望来看,大干快上,加速词书特别是大型词书编写出版工作的步伐,已经不是一个单纯的业务问题,而是一个政治问题。国际国内的形势发展,都迫切要求我们改变词书长期严重落后的局面,尽快把词书工作搞上去。

(三)

为了促进词典编写出版工作大干快上,改变目前状况,我们正在研究,准备采取一些措施:

首先,要加快步伐,集中力量,把词书的出版工作当作文化建设的一项重要任务来抓。为了在较短时间内,迅速见成效,对于计划在明年内出版的各类词典,要从人力、物力上加以切实保证,限期出版。预计今年年底及明年发排和出版的词典,汉语有《辞海》(修订本二十分册力争明年出齐)、《辞源》(修订本第一分册)、《四角号码新词典》(修订本)、《现代汉语词典》(修订本)、《新华词典》等;外语有《新英汉词典》(缩印本)、《汉英词典》、《英语新词词典》、《日汉词典》(修订本)、《俄汉新词词典》、《汉俄词典》、《法汉词典》、

《简明德汉词典》(修订本)等,共二十余部。对于这批词典,正在排印的,要督促印刷部门,加快印装进度,早日出版;正在定稿的,要抓紧做好审订工作,争取提前发排。

为了尽快解决目前的急需,拟从文化大革命前出版的词典中,选择一批基础较好的,或者虽然有一些问题,但还可以用的词典,立即重版。现在北京已安排重版的词典有《现代汉语词典》、《汉语成语小词典》以及《英华大词典》、《简明英汉词典》、《袖珍英汉词典》、《日汉词典》、《简明法汉词典》、《阿拉伯语汉语词典》等。同时,根据实际需要,适当引进和影印一些国外出版的外语词典。以上这些词典,可分别情况,采取公开发行和内部发行的办法。

其次,要大力抓好大型词典的建设工作。在词典规划中有几部大型词典,包括《辞海》、《辞源》、《汉语大字典》、《汉语大词典》等四种汉语词典和《英汉大词典》、《日汉大词典》、《俄汉大词典》等几部外语词典。这些大型词典收词大都在十万条以上,编写的规模较大,涉及的方面很广,完成的时间较长,需要依靠各方面的力量,大力协作,才能完成。为此我们拟上报中央,建议将这几部体现我国科研成果的大型词典,列为国家文化建设中一项重点科研项目,加强领导,动员各方面力量,力争早出成果。要求承担任务的省、市、自治区将词典编写任务列为正式的科研项目,纳入规划。同时,根据实际需要,给予必要的临时编制,并由中央和地方专门拨付一些经费,以便使工作的进行和任务的完成,得到可靠的保证。

第三,要抓紧小型外语词典的编写出版工作。规划中有四十余种小语种外语词典,工作进度较慢,至今有些尚未落实编写单位。已建立编写组的,大多人员很少,工作中困难较多。随着国际交往和外事工作的开展,对于第三世界各国语言词典的需要日益迫切。因此,要采取必要的措施,推动承担任务的有关单位加强对词典编写工作的领导,及时解决工作中的困难和问题。同时,要争取外事部门给予大力支持和帮助。对一些尚未出版过词典的小语种,可以先出小型的,收词少一些,争取尽快出版。

第四,扩充中外语文词典印刷生产能力,是加快词书出版速度的一个重要关键。在充分发挥现有人力设备潜力的同时,要加速北京、上海、辽宁、广东、陕西、四川六省(市)词典印刷厂(车间)建设的速度,争取早日投产,尽快形成与规划(草案)要求相适应的印刷生产能力。目前基建投资全部由省、市解决尚有困难,要求国家补助投资,最近国家出版局已召集六省(市)出版、印刷部门开会,并已向国家计委申报。

同志们,当前国内外的形势大好。英明领袖华主席提出"抓纲治国"的战略决策,提出了大力发展社会主义文化教育事业,要在本世纪内实现四个现代化的宏伟目标。党的十一大制定的我们党在社会主义革命和社会主义建设新的发展时期的马列主义路线,为我们指明了前进的方向,我们一是要响应党中央的号召,大干快上。我们修订《辞源》的工作,能不能加快步伐,三年完成行不行?将原计划到一九八四年完成的任务,提前到一九八〇年完稿,一九八一年四个分册全部出齐行不行?这是广大群众的要求,请同志们研究一下。要有一个雄心壮志。当然要有一些条件,包括印刷条件。我们要努一把力,把工作促上去,做到又快又好。我们不要浮夸,要切切实实的工作。其他词书,凡有条件的,都要加快步伐。据了解,全世界有几十个国家出版百科全书,连一些小的国家,都出版了百科全书,我们九亿人口的中国,又有悠久的文化历史,我们的人民是聪明能干的,难道我们不能编写出版百科全书吗?我们也要考虑这个问题。我想只要有坚强的领导,分工协作,动员各行各业的专家、科学家,大家动手编写条目,加强组织和领导工作,经过若干年的努力,是完全可以搞起来的。

英明领袖华主席最近在人大常委会会议上讲话,号召全国人民迎接社会主义经济建设高潮。为此,就要加快国民经济发展速度,文化工作也要跟上步伐,我们必须把词书工作尽快搞上去,为早日实现四个现代化贡献出我们最大的力量!

同志们,让我们高举毛主席的伟大旗帜,沿着华主席"抓纲治国"、十一大的革命路线,努力工作吧!

(据国家出版局保存的原件刊印)

国家出版局 1978 年出版事业计划要点(草案)

1977 年 11 月 30 日

一九七七年,是抓纲治国初见成效的伟大胜利的一年。出版战线在英明领袖华主席为首的党中央、国务院的关怀和领导下,高举毛主席的伟大旗帜,坚决贯彻执行党的十一大路线,放手发动群众,大打揭批"四人帮"的人民战争,清查了与"四人帮"阴谋活动有牵连的人和事,清除了"四人帮"为篡党夺权炮制的毒草和宣扬"四人帮"反动观点的图书四千多种,被"四人帮"搞乱了的路线、方针、政策,正在逐步得到纠正。全党动手,胜利地完成了《毛泽东选集》第五卷二亿册的印制任务,出版了一批适应三大革命运动需要的图书,重印了一批长期被"四人帮"扼杀的优秀的文艺作品。整个出版工作的面貌初步改观。

但是,这些年来,由于"四人帮"控制舆论工具,出版工作受到严重的干扰和破坏。特别是"四人帮"在思想、理论、路线上所造成的混乱,危害极大,恶果严重。加之目前出版用纸短缺,印刷设备和技术十分落后,出版事业缺乏统一规划和有效的管理,因而,一方面广大读者迫切需要的课本教材、基础理论和学术研究著作、文学艺术作品、科学文化知识读物和各种工具书严重缺乏;另一方面,出版物中大量转抄剪贴、内容重复、乱编乱印、浪费纸张的现象十分严重。这种状况同社会主义事业蓬勃发展的形势很不适应,必须奋起直追,迅速改变。

(一)

一九七八年,是抓纲治国、三年大见成效的关键的一年。我们一定要高举毛主席的伟大旗帜,紧跟华主席为首的党中央的战略部署,在党的十一大路线指引下,继续深入揭批"四人帮"反革命修正主义路线极右实质及其在出版方面的表现,把被"四人帮"搞颠倒了的路线、思想、理论是非,认真地纠正过来,彻底肃清其流毒和影响,使毛主席的无产阶级革命路线在出版工作中得到全面地正确地贯彻执行。

遵照毛主席关于"认真作好出版工作"的教导,必须完整地、准确地宣传马克思列宁主义、毛泽东思想的体系,宣传英明领袖华主席,宣传党中央的方针政策;坚持为无产阶级政治服务,为工农兵服务的方向;认真贯彻执行"百花齐放,百家争鸣","古为今用,洋为中用"和"推陈出新"的方针;认真落实党的知识分子政策,调动一切积极因素,多出书,出好书,为发展我国科学、教育,繁荣社会主义文化,加快国民经济发展的速度,做出积极的贡献。

一九七八年出书重点抓以下几个方面:

(1)认真出好马列原著,重印《马克思恩格斯选集》、《列宁选集》和《毛泽东选集》,做到经常有书供应。同时要出好华主席著作,党和国家的重要文件。还要组织出版一批理论联系实际阐述马列主义、毛泽东思想的哲学、社会科学方面的研究著作和普及读物,并从建国以来的旧著译中选择一批较好的重印出版。

(2)切实做好教材的出版。中小学课本和大专院校教材,既要保证品种和数量,又要努力做到课前送到师生手里。尽可能多出一些课外阅读的各种青少年读物。

(3)加强科技图书的出版。要出一批反映国内外先进水平的科学基础理论和应用技术的专著和译作,还要组织出版一批普及科学知识的通俗读物。

(4)抓紧出版有注释的鲁迅著作单行本,做好《鲁迅全集》新版本的编辑工作。文学艺术方面,除了出好当代作家的新作品之外,还要选择出版一批长期横遭"四人帮"禁锢的"五四"以来的优秀文学作品和中外古典文学名著。

(5)加强工具书的出版。各种语文工具书目前都很缺乏,新编的要加速出版,一时出不来的,可以从旧编的词书中选择较好的若干种,立即重印,以应急需。同时还要努力编纂出版一批各个学科的专业词典。

一九七八年计划出版各类图书一万五千种,比一九七七年增长百分之十五。图书总印张一百三十四亿五千万印张,比一九七七年预计完成的一百一十三亿九千万印张 (不包括印制毛选五卷的三十五亿印张),增长百分之十八。计划安排新闻用纸二十八万五千吨,比一九七七年二十七万四千吨,增长百分之四;图书用纸二十九万五千吨,比一九七七年二十八万三千吨(不包括动用毛选专项储备纸四万七千吨),增长百分之四点二。图书用纸中,安排马列著作和毛主席著作、华主席著作、党和国家政策文件二万五千吨(毛选六卷用纸,另有专项安排);中小学课本十二万吨;大专、中专教材一万五千吨;一般图书九万吨;期刊四万五千吨。

(二)

为了保证完成一九七八年的出版任务,必须采取有效的措施,主要是:

(1)以揭批"四人帮"为纲,抓紧搞好出版事业的整顿。要切实加强党对出版工作集中统一的领导,建立和健全各级出版行政领导机构,对出版、印刷、发行工作实行统一管理,全面安排。出版社机构和专业人员不适应的要逐步充实加强。要深入开展学大庆、学大寨的群众运动,结合整党整风,把各级领导班子配备好,整顿好。进一步落实知识分子政策,加强出版队伍的革命化建设。出版社、印刷厂要实行党委领导下的社长、厂长分工负责制。出版、印刷、发行部门都要建立考核制度和岗位责任制，制订业务工作条例，改进和加强企业经营管理。

(2)加强出版工作的计划管理。出版单位要有计划地出书，要坚持群众路线，加强调查研究，搞好年度的选题出书计划和三年、八年的出书规划。重要门类的图书，要在统筹规划下，分工协作去做。出版社之间要互通情报，交换选题，尽量避免不必要的重复。马列著作、毛主席著作、华主席著作、党和国家重要文件，由中央有关出版社统一供型，分省印制。所有正式出版物都应由中央和地方出版社出版，非出版单位一律不得印制和出售各类图书。对于投机倒把的非法行为，各地出版行政机关要严加查禁处理。发行工作要加强计划性，克服盲目性，做好图书的合理分配，改进供应方法，提高服务质量。对于科技图书以及少数民族边远地区的发行工作要予以加强。

(3)大力开展计划用纸、节约用纸的工作。解决纸张供需矛盾，既要开源，又要节流。当前，除生产部门要全面完成纸张年度生产计划，并切实保证质量和规格，减少残次损耗，提高纸张合格率外，使用单位要千方百计地从计划用纸、节约用纸上狠下功夫。现在一方面纸张紧张，另一方面在装卸运输、裁切加工以及图书编排设计和印刷等环节上，损耗浪费纸张的现象十分严重。这方面大有潜力可挖。各地都要切切实实地把计划用纸、合理用纸、节约用纸的工作抓起来，从各个方面、各个环节上努力改进工作，订出切实可行的节约指标和消耗定额。出版方面要尽量压缩和控制一些转抄剪贴、内容重复的图书，制止计划外滥编滥印图书的混乱现象，把有限的纸张资源用在最迫切需要的图书上。

(4)加强印刷科研工作，努力把印刷生产促上去。为了改变印刷设备和技术落后的状况，必须把加强印刷科研工作，培养技术力量和采用先进技术的问题提到重要的位置上，切实抓出成效来。重要的印刷科研项目应纳入国家、地方科研规划。要充分发挥印刷科研机构专业人员的骨干作用，并与群众性的技术革新和科学实验活动相结合。要充实北京和上海印刷技术研究所。其他省、市、自治区和较大的印刷厂也应视情况设立科研组织，逐步形成科研网。为了加快科研进度，要适当引进国外新技术。要加强印刷技术力量的培养，国家出版局会同上海市出版局尽快恢复上海印刷技术学校，有条件的省、市、自治区也要筹办中等印刷技校或七·二一大学。对现有印刷厂的设备和生产能力，要充分挖掘潜力，并加强组织和管理，加速技术改造，克服薄弱环节，填平补齐，成龙配套，不断提高生产效率，缩短出书周期，提高印刷质量。筹建中的北京、上海、辽宁、广东、四川、陕西六省(市)的词典印刷车间要尽快投入生产。国务院各部委所属出版社印刷厂生产能力要尽快与出书任务相适应。发展印刷生产所需的印刷机械和印刷器材等物资，希望有关部门予以大力支持。

一九七八年的出版工作任务是繁重的。我们一定要在中央和各地党委领导下，在有关方面的大力配合下，充分发挥中央和地方两个积极性，尽快把出版工作促上去，为贯彻执行党的十一大路线，实现抓纲治国的各项战斗任务而努力奋斗。

附表：

一、一九七八年新闻出版印张计划(总表)(略)

二、一九七八年新闻出版印张计划(分省)(略)

三、一九七八年新闻出版用纸计划(略)

（据国家出版局保存的原件刊印）

贯彻执行党的十一大路线
尽快地把出版工作搞上去
——王匡在全国出版工作座谈会上的发言

(1977年12月3日)

在英明领袖华主席为首的党中央领导下,一举粉碎了"四人帮",胜利地召开了党的十一大,制定了我们党在社会主义革命和建设新的发展时期的马克思主义路线。这就是:高举毛主席的伟大旗帜,坚持党在社会主义历史阶段的基本路线,抓纲治国,继续革命,为建设社会主义的现代化强国而奋斗。贯彻执行党的十一大路线,完成十一大所提出的各项战斗任务,是我们全党全军和全国各族人民的神圣职责。我们出版部门如何响应党的伟大号召,执行党和国家交给我们的神圣职责呢?为了迅速有效地实现四个现代化,各行各业的革命职工,成千成万的工农兵读者和在校的青少年学生都伸出手向我们要书。我们怎么办?形势逼人,我们出版战线如何以揭批"四人帮"为纲,尽快地扭转目前的"书荒"现象,把出版工作搞上去,逐步满足广大读者如饥似渴的要求呢?这是我们这次座谈会要着重研究的问题。

现在,我代表国家出版局党组,讲几点意见。

第一,关于出版战线揭批"四人帮"的斗争

众所周知,祸国殃民的"四人帮",给我们的出版工作造成了骇人听闻的空前浩劫。当我们谈到出版战线的形势和任务的时候,首先就得从揭批"四人帮"的问题开始。

"四人帮"在教育战线上抛出了反革命的"两个估计"。其实在此之前,他们在出版战线上也抛出过同样货色。所以颠倒历史、颠倒敌我、颠倒是非黑白的严重情况,这些年来在出版战线的表现也极为突出,为害极大。我们知道,建国二十八年来,尽管有刘少奇、林彪、"四人帮"的干扰和破坏,毛主席的革命路线在各条战线始终占主导地位,出版战线也不例外。可是,"四人帮"出于篡党夺权的反革命政治需要,全盘否定文化大革命以前的十七年的一切成果。早在文化大革命初期,"四人帮"就伙同林彪反党集团,抛出"黑线专政"论,疯狂鼓吹打倒一切。在出版战线,他们全盘否定十七年来出版工作的成就,全盘否定十七年来出版队伍的成长。不仅如此,他还全盘否定解放区出版工作的革命传统,全盘否定白区的进步出版工作。他们叫嚷,在出版界,从三十年代到建国以来的十七年,"贯穿着一条黑线"。他们肆意污蔑:老解放区来的是"走资派",白区来的是"敌特叛",工作骨干不是"黑线人物"就是"修正主义苗子"。他们借口"重建队伍",大搞打倒一切。"四人帮"这伙由新老反革命分子组成的反革命黑帮,利用他们窃取的权力,在出版战线进行反攻倒算,从"批十七年黑线"到"查三十年代黑店",重演着国民党反动派围剿革命文化的反革命勾当。这还不算完。到了一九七一年,他们进一步宣扬他们这一套反革命货色,妄图披上合法的外衣,强加于全党。一九七一年的全国出版工作座谈会上,张春桥、姚文元直接插手,封锁毛主席的指示,疯狂对抗周总理,把他们炮制的关于出版战线的反革命的"两个估计"塞进了会议的报告。他们胡说,十七年来出版战线是"反革命专政",是"资产阶级及其代理人""篡夺了""出版界的领导权";出版队伍中的"大多数",世界观"基本上还是资产阶级的",也就是说,都是"资产阶级知识分子"、"臭老九"。这"两个估计"从此成了"四人帮"在出版战线推行反革命修正主义路线的两根大棒,打击革命干部,打击知识分子,颠倒敌我,颠倒是非,随心所欲,胡作非为。谁要稍微表示不同意见,马上就给你扣上"回潮"、"复辟"、"否定文化大革命"等等大帽子。这个反革命的"两个估计",是地地道道镇压广大出版工作者的紧箍咒,一直影响到现在。

十七年来的出版工作,到底是红线主导,还是"反革命专政"?出版战线的广大知识分子到底是革命力量,还是革命对象?这个大是大非问题,不可以不辩论清楚。建国十七年来,在伟大领袖毛主席、敬爱的周总理和党中央的英明领导和亲切关怀下,出版战线的广大知识分子,广大出版、印刷、发行工作者,辛勤劳动,为人民出了力,为社会主义事业作出了贡献。例如,全国大量出版了马恩列斯著作和毛主席著作,为马克思主义、列宁主义、毛泽东思想的大普及作出了贡献。全国还出版了大中小学的各种教科书,满足了提高教学质量,培养建设人才的需要。出版了大批科技图书,适应了科学技术发展的需要。出版了一大批哲学社会科学、文学艺术图书,包括一批中国古代作品和外国作品,推动了社会主义文化建设的发展。所有这些图书,大部分是好的、比较好的和有参考价值的,配合了建国以来的阶级斗争、生产斗争、科学实验三大革命运动,对我国的社会主义革命和建设起了促进作用。这些都是毛主席革命路线的胜利。可是,"四人帮"闭着眼睛不看事实,别有用心地把十七年来的出版战线说成一团漆黑。"四人帮"抹煞十七年来毛主席、党中央领导的各条战线的巨大成绩,抹煞十七年来出版工作的巨大成绩,就是为了全面否定毛主席的革命路线,推行他们的反革命政治纲领,为他们实现"改朝换代"的反革命野心铺平道路。

"四人帮"疯狂破坏毛主席、党中央对出版工作的领导。在组织上,他们处心积虑地插手出版部门,甚至对个别地方出版部门实行了严密的控制,篡夺了领导权。在他们的反革命的修正主义路线影响下,不少地方出版部门陷于混乱状态,有的濒于解体。在国家出版领导机关,他们用尽阴谋诡计,又打又拉,要夺取国家出版局的领导权。国家出版局的领导核心中,有的人积极投靠了"四人帮",

有的人写了诬告信,还有的人秉承"四人帮"及其爪牙的旨意,为他们效劳。如果不是党中央和国务院的坚强领导和出版战线的广大干部和群众对"四人帮"进行了抵制,国家出版局就会完全沦为"四人帮"制造反革命舆论的工具。应当指出,国家出版局在布置印制三本反革命小册子、大批注释出版所谓法家著作、三结合编书弄虚作假等问题上,干扰了各地出版工作。这些问题的根子在"四人帮",但工作上的责任在国家出版局,不在各地出版部门。

"四人帮"利用出版部门,大造反革命舆论。近几年来,出版物充斥着"四人帮"的反动谬论,其中一部分是大毒草。臭名昭著的有张春桥、姚文元的两篇黑文章、梁效炮制的三本反革命小册子,此外还有《坚持对资产阶级专政》这样的小册子,鼓吹要"识破那些戴着红领章,要抓枪杆子的阴谋家",煽动"揪军内走资派";还有什么《纳吉与匈牙利反革命叛乱》的小册子,叫嚣要抓"纳吉式的人物",不仅打击、陷害邓小平同志,而且公然把矛头指向毛主席、党中央。"四人帮"的喉舌梁效、罗思鼎炮制的《孔丘其人》《再论孔丘其人》《评〈吕氏春秋〉》等等反革命黑文,恶毒影射攻击周总理、华主席,诬蔑邓小平同志,同时狂热吹捧所谓"法家领导集团",极力美化"四人帮"。这类影射史学的汇编本,一出再出,泛滥成灾。"四人帮"的帮刊《朝霞》,连篇累牍地发表为"四人帮"树碑立传,影射攻击中央同志的阴谋文艺。《朝霞》丛刊出了十三本,现在全部报废。有一个出版社,单是以风庆轮为题材影射攻击周总理的书和画,就有四十多种。据不完全统计,全国因"四人帮"放毒而必须停售、报废的图书(不包括教科书)达五千多种,浪费纸张四万吨以上。如果拿这些纸来印《毛泽东选集》第五卷可以印一亿册。如果用来印五十万字的长篇创作,每种印一百万册,可以印一百多种。

"四人帮"利用"评法批儒"大造反革命舆论,迫使出版工作跟着他们的指挥棒转,出书不顾质量,粗制滥造,靠剪刀浆糊编书,造成大量重复浪费。近几年来,以《历史上劳动人民反孔斗争》为题的书全国出了一百零三种；以《秦始皇》为题的出了三十七种；《论语》批注出了二十三种；《三字经》批注出了四十一种。所谓批判"唯生产力论"的书也出了几十种之多。类似这样的书积压在书店库房里不知有多少。

"四人帮"破坏出版工作，一方面是造成严重的重复浪费，另一方面又造成了严重的"书荒"。这些年走进书店门市部一看，除了那些谁也不要的法家著作之外，什么也没有，连教科书也没有。有的地方群众反映："我们没有想到解放二十多年了的社会主义国家，孩子上学连课本都没有。"科技图书奇缺，拖了四个现代化的后腿。建国以来科技图书总数最多的一年达到一万六千多种；近几年来最多的是一九七五年，也不过二千二百多种，很多学科几年出不来一种新书。引进外国的新理论、新技术的图书，建国以来，最多的一年达到八百多种；近几年来，一年只有几十种，不到一百种。在哲学社会科学图书方面，真正称得上研究性的学术著作，近六年来公开发行的不过五十种左右，不到这类图书总数的百分之零点七，真是少得可怜。而这当中新出版的不过三十多种，其中还有些是原有著作修改的，有些是属于介绍基础知识的。在文学艺术方面，"五四"以来的、延安文艺座谈会以来的作品统统不许出版，中外古典文学是禁区。工具书就有一本《新华字典》，教师备课、学生学习，找不到适用的词典。一部《现代汉语词典》，硬让姚文元一棍子打死了。外语词典也极为缺乏。许多语种的词典还是空白。国际友人来访，把他们所出版的大部头工具书送给我们，我们只好以一本小小的《新华字典》回赠。

"四人帮"把出版工作的规章制度也搞乱了。他们胡说三审制是修正主义制度，以至审稿、定稿没有责任制。书籍档案的制度也搞乱了，有事要查无从查起。三联书店的珍贵历史资料，被人当作无用之物，送到纸厂销毁了！校对制度搞乱了，差错、事故经常发生。经营管理搞乱了，企业亏损增加。尤其严重的是出版管理搞乱了,无政府主义严重,非正式出版物、非法出版物到处都是,内容无奇不有,大量占用了纸张和印刷能力,经济上给贪污盗窃、投机倒把分子大开方便之门,政治上也造成许多严重问题。有的所谓合作书店竟然暗中印行黄色歌曲、黄色照片,牟取暴利。

"四人帮"搞乱了印刷和发行。印刷技术严重落后,劳动生产率降低,印刷周期过长。印一本书,一般都要半年,长的要一年、两年。特别是装订,大量的书印了装不出来。中文、外文工具书长期没有地方排印。图书发行工作管理混乱,亏损店大大增加。发行渠道搞乱了,该通的不通;同时,出现了图书的"自由市场",严重破坏图书发行计划,助长资本主义倾向。由于"四人帮"的破坏,近几年纸张计划年年不能完成,国家、地方和单位的库存已经吃光,油墨等重要物资也是经常告急。

"四人帮"严重破坏了作者队伍和编辑队伍。出版社不敢去找老作者、专门家,他们也不敢给出版社写稿。出版社的编辑队伍被打乱了。熟识业务的编辑人员被看成"臭老九","黑线人物",大部分都不用,来了个大换班。勉强留下的也不受重用,受到排斥打击,动辄得咎。新来的同志不懂业务,想学习,想钻研业务,得不到支持。青黄不接,有的专业编辑后继无人。"四人帮"纵容那些"闹而优则仕"的人分裂出版队伍,搞得同志之间长期不团结。

"四人帮"对出版工作的破坏,危害最大的,是篡改了毛泽东思想,搞乱了出版工作的路线、方针、政策的是非。这是造成出版工作空前灾难的根本原因。特别是一九七四年和一九七六年,两次另搞一套,挥舞"两个估计"的大棒整人,最为突出。一九七四年,他们叫嚷"反回潮",把原来的人员、出版工作的好传统,一概否定。你要落实毛主席的无产阶级政策,他们就污蔑你"复旧"。一九七六年,他们叫嚷"反右倾",鼓吹越乱越好。你要按照毛主席的革命路线整顿出版事业,他们就污蔑你"复辟"。他们总是摆出一副"最最革命"的面孔,乱打棍子,乱扣帽子,除非跟着他们走,否则叫你什么也干不成,造成的后果极为严重。

英明领袖华主席率领我们党一举粉碎了万恶的"四人帮",挽救了革命,挽救了党,也挽救了我们的出版工作。一年多来,华主席、党中央和各地党委加强了对出版工作的领导。出版战线揭批"四人帮"的运动步步深入。出版工作出现了新的面貌。我们胜利完成了《毛泽东选集》第五卷两亿册的的印制发行任务,陆续出版了一些新书和重印书,受到了广大工农兵、干部和知识分子的欢迎。但是,由于出版战线长期遭到"四人帮"的严重破坏,积重难返,使出版工作的现状同社会主义事业的蓬勃发展还极不相称。现有图书的品种、质量和数量,远远不能满足各方面的需要。出版工作如果上不去,势必影响意识形态领域无产阶级对资产阶级的斗争,影响千百万又红又专的人材的培养,影响社会主义文化的繁荣,影响科学技术的发展,影响学校教育和一切教育事业的发展,影响实现四个现代化的速度。这是关系巩固无产阶级专政、防止资本主义复辟、建设社会主义的大问题,必须引起我们的高度重视。

"四人帮"本来是一伙新老反革命分子结成的反革命黑帮,是反党反社会主义的极右派。可是,他们披上了假左派的伪装,用假马克思主义的词句推销修正主义的黑货,用假革命的口号掩盖反革命的罪行,以假乱真,鱼目混珠。他们颠倒了路线是非,破坏了出版队伍,搞乱了规章制度,败坏了革命出版工作的优良传统和作风。"四人帮"的流毒和影响之深,形成一种精神枷锁,帮风、帮气扩散极广,对这个问题决不能低估。我们一定要照华主席指示的那样,"在深入揭批'四人帮'的斗争中,用毛泽东思想来彻底地剥掉他们'左派'的伪装,还他们极右派的本来面目。"要充分发动群众,深入揭批"四人帮"反革命修正主义路线的极右实质及其在出版战线的表现,彻底批判他们的反革命的"两个估计",肃清他们的流毒和影响,把被"四人帮"颠倒了的路线、方针、政策的是非纠正过来,把被他们的"两个估计"长期压得抬不起头来的广大出版工作者解放出来，使毛主席的革命路线在出版战线得到全面地正确地贯彻执行。

第二，关于出版工作的方针和任务

一年多来揭批"四人帮"的斗争使我们深刻地认识到，为了拨乱反正，尽快地把出版工作搞上去，必须全面地正确地贯彻执行毛主席关于文化出版工作的路线、方针、政策。但是，怎样才能做到这一点呢？根据毛主席长期以来对出版工作的亲切教导，根据二十八年来出版工作正反两个方面的经验，根据这一年多来的揭批"四人帮"运动的经验和体会，我们提出下面几点：

一、要完整地准确地宣传马列主义、毛泽东思想的体系

"四人帮"全面地歪曲和篡改马克思主义。他们声称编写和出版马列主义理论著作，要服从"当前的政治需要"。但是谁都知道，他们的所谓"政治需要"完全是一个骗局。无产阶级的政治需要同马克思主义的科学体系、无产阶级的党性和科学性是一致的。我们坚持无产阶级的政治需要，就要坚持马克思主义的科学体系。"四人帮"借口所谓"政治需要"，割裂马克思主义的完整体系，明目张胆地打着马克思主义的旗号反对马克思主义。这些年来，"四人帮"利用"政治需要"这个口号进行欺骗。在"四人帮"的反动宣传的影响下，我们许多出版物成了"四人帮"歪曲、篡改马列主义、毛泽东思想的工具和传声筒。一些名为解释马克思主义的书籍，却大肆宣扬"四人帮"歪曲、篡改马克思主义的谬论。一些专题语录，离开原著特定的历史条件，掐头去尾，断章取义，歪曲了马列和毛主席著作的原意。一些学习无产阶级专政理论的辅导读物，不是帮助读者正确理解基本原理，而是按照"四人帮"的观点，歪曲无产阶级专政理论。

最近，华主席针对"四人帮"歪曲、篡改马列主义、毛泽东思想所造成的恶果，明确指出："马克思列宁主义、毛泽东思想是一个极其丰富的理论宝库，是一个完整的科学体系。在学习中，我们应当

力求完整地而不是零碎地、准确地而不是随意地、实际地而不是空洞地把马克思列宁主义、毛泽东思想各方面的基本原理掌握起来。"这是学习马列主义、毛泽东思想的指导方针,也是我们出版部门宣传马列主义、毛泽东思想的指导方针。

要特别重视马列著作和毛主席著作的出版。要出版系统阐述马克思主义基本原理的著作;并且从哲学、政治经济学和科学社会主义理论上,对"四人帮"反革命的修正主义路线进行深入的批判。出版专题语录,要注意科学性,帮助读者完整地准确地理解马克思主义关于一个领域的基本原理。出版学习辅导读物,要力求用通俗的语言,对原著提出的基本理论、重要名词、基本历史事实作出准确的解释,不要搞烦琐的考证,不要凭主观臆测乱加发挥。要正确理解在出版物中坚持以马克思主义为指导的原则。这几年,不管什么书都要在前言、后记中"穿靴戴帽",乱贴标签,滥引语录,以为这就是以马克思主义为指导了。不,倒不如说这是一种"四人帮"帮八股。

二、要坚持为无产阶级政治服务、为工农兵服务的方向

我们出版工作坚持为无产阶级政治服务、为工农兵服务的方向,就要在党的十一大路线指引下,坚定不移地为抓纲治国的战略决策服务,为在本世纪末实现四个现代化的宏伟目标服务,为无产阶级专政下的继续革命服务。

"四人帮"篡改为无产阶级政治服务、为工农兵服务的方向。他们别有用心地提出:"出版部门要按照党的政治任务的需要来安排工作","要紧密配合当前斗争","为当前斗争服务"。什么是他们的"当前斗争"?十分明白,这就是在历次政治运动中另搞一套,就是搞他们的影射史学、阴谋文艺,就是要在出版门部按照他们帮派体系的需要来安排工作。一句话,就是要把出版工作纳入他们篡党夺权的轨道。近几年来,"四人帮"就是利用这些骗人口号妄图改变出版工作的方向。在"四人帮"反动宣传的影响下,出书跟着"四人帮"

另搞一套转,所谓"小报抄大报,大报抄两校,出书靠剪报"。你要出一点基础理论、学术著作和研究资料,就要被指责为"脱离当前斗争"、"不为工农兵服务"。这样一来,就把出版工作中的当前需要与长远需要、政治宣传与传播科学文化知识、专业人员需要与工农兵读者需要这些关系统统给你搞乱了,使出书的路子越走越窄,陷入了"四人帮"另搞一套的死胡同。

为无产阶级政治服务、为工农兵服务,对出版工作的要求是多方面的,不是单一的、狭窄的。

出书要兼顾当前的需要和长远的需要。书不像报纸的时间性那样强,不能每篇文章都要配合。出版马恩全集、列宁全集那样几十卷的巨著就不仅仅是从当前需要着眼的,但是它就是非出不可。还有许多科学、学术理论著作也存在这个道理。出版社不下功夫组织出版一些基本理论和基础知识的著作而只靠剪剪贴贴搞些临时配合当前需要的小册子,以为只有那样做才不"脱离政治"、"脱离实际",实际上还是由于"四人帮"的流毒没有肃清,思想没有解放。带着"四人帮"留下来的精神枷锁是不能办好出版社的。

要兼顾阶级斗争、生产斗争和科学实验三大革命运动的需要。华主席号召三大革命运动一起抓,我们要紧跟。要出好政治读物;同时也要积极出好一切有利于促进社会主义生产、提高科学技术水平的读物。后两项是当前更严重的缺门,非下功夫补缺不可。

要兼顾工农兵群众的需要和干部、知识分子、专业人员的需要。毛主席说过,为干部,也是为群众。"四人帮"把干部的需要,同工农兵的需要对立起来,借口为工农兵,抹杀干部的需要,又打着为工农兵的旗号,毒害工农兵。我们要出好普及的读物,在内容和形式两个方面都要精益求精,不要粗制滥造。同时,还要出好各种专业人员包括专门家所需要的高级的读物。这样,才有利于向科学技术现代化进军,攻克科学堡垒,攀登世界高峰。

三、要坚持百花齐放、百家争鸣的方针

毛主席制定的百花齐放、百家争鸣的方针,是我国促进艺术发展和科学进步的唯一正确的方针,是促进社会主义文化繁荣的正确方针,也是作好出版工作的正确方针。

"四人帮"和这个方针是对着干的。他们直言不讳地反对二百方针。大家都记得张春桥公然叫嚣说:大家争鸣,最后江青说了算。报刊文章上出现百花齐放几个字,经姚文元审稿都被砍掉。他们大搞资产阶级文化专制主义,帽子满天飞,棍子遍地打,顺我者昌,逆我者亡,因而堵塞文路,败坏学风,扼杀文艺创作,窒息学术思想。

正是由于"四人帮"破坏二百方针,给我们的出版工作带上了枷锁,这也不能出,那也不许出,一出就犯忌讳,以致出现目前这样的"书荒"现象。伟大领袖和导师毛主席还在一九七五年就批评他们破坏二百方针的胡作非为,指出:"百花齐放都没有了"。这伙死不改悔的反革命,对毛主席的批评当然是不予理采的,他们顽固反抗,直到最后被揪出来才罢休。

从"四人帮"被粉碎以后不久,华主席就宣布要坚决贯彻执行百花齐放、百家争鸣的方针。什么江青一人说了算,什么报刊文章上不许讲百花齐放,见它鬼去!我们欢呼二百方针好得很!现在是放得不够,不要还没有开步就说走过头了。应当充分估计,"四人帮"造成的精神枷锁还禁锢着人们的头脑,真正放开,并不是很容易的。所以我们要做工作,要把"四人帮"那一套,不论是有形的还是无形的,统统去掉。凡是"四人帮"立下的禁令一律要废除。什么科学不许讲基础理论,什么文艺不许写真人真事,还有什么老作家不能写稿,让他们写稿就是"专家路线";文化大革命以前的作品不能重印,重印了就是"复旧回潮",等等,禁令多得很,统统要去掉。我们要坚持用毛主席规定的六条政治标准来区分香花和毒草,并且照毛主席教导的那样,和群众一起来鉴别。要严格区别作品中的政治问题和思想问题、学术问题。不要随意把思想问题、学术问题

搞成政治问题。"四人帮"公然污蔑毛主席的六条标准是"最低标准",抬出"三突出"作为"最高标准",实际上是另立反革命标准。我们要捍卫毛主席规定的六条政治标准,对"四人帮"另立的一切反动标准、反动禁令,都要彻底加以扫荡。

我们出版部门要自觉地促进艺术上不同的形式和风格的自由发展,促进科学上不同的学派的自由争论,既允许批评的自由,也允许批评批评者的自由。对于科学上、艺术上的是非,我们应当保持慎重的态度,不要轻率地作结论,更不允许利用出版部门的权力,强行推行一种风格,一种学派,禁止另一种风格,另一种学派。在我们无产阶级专政的国家里,主要的和占统治地位的,必须力争是香花,是马克思主义。要达到这个目的靠什么呢?就是靠充分的自由讨论。我们相信马克思主义的真理的力量。在人民内部,压制对于科学上、艺术上的是非的自由讨论,是不容许的。

要丢掉"怕"字。这个怕字,作者、编者都有。为什么怕?根子还在万恶的"四人帮"。"四人帮"整起人来可是厉害得很,你说了不合他们心意的话,他们就给你上纲,你说错了话更不得了。在这种情况下能不怕吗?他们开帽子工厂、钢铁工厂,我就开保险公司,不说不写,就是这样子,也还是时时刻刻提心吊胆。过去的经历记忆犹新,说起来心有余悸,这也难免。但是也应当看到,今天的情况变了,"四人帮"那种气焰压人的局面已经一去不复返了。毛主席的方针政策又重见光辉。为什么还要怕呢?应当丢掉"怕"字,换上"敢"字。凡是符合六条政治标准的话就敢说,文章就敢写,书就敢出,否则就不说、不写、不出。当然也会犯错误,犯了错误允许改正。现在还怕就没有什么理由了。老是怕下去,工作就会受影响。

不要求全责备。人要完人,金要足赤,实际上是不可能的。"四人帮"的故意求全责备,貌似革命,其实最荒谬,最反动。我们要坚决反掉"四人帮"的这一套。不要求全责备和努力提高质量,这两者之间有着对立统一的关系。我们对作品当然要讲究质量。但是,事实上,不可能有十全十美的作品。一部作品,只要主流是好的,就应当支持。作品出版的多了,就会有比较,鉴别,有取长补短,互相启发。这就使得后来的作品可以更上一层楼。这特别要相信读者,相信广大群众的判断能力和欣赏水平。如果求全责备,这也不行,那也不行,结果就不会有发展和提高,也就不会有好的作品出世了。搞好图书评论,是坚持百花齐放、百家争鸣方针,作好出版工作的重要环节。目前图书评论太少,读者很不满意,作者也得不到鼓励、帮助和提高。出版部门有责任协助报刊组织图书评论,鼓励编辑人员写评论文章。

四、要坚持古为今用、洋为中用和推陈出新的方针

坚持古为今用、洋为中用和推陈出新的方针,批判地继承民族文化遗产和吸收外国文化,是繁荣和发展社会主义文化的必要条件。

"四人帮"疯狂对抗毛主席关于批判地继承和吸收中外文化遗产的指示。他们一方面大肆宣扬文化虚无主义,要对中外文化遗产"进行彻底扫荡";另一方面,又大搞资产阶级实用主义,大搞影射史学。"四人帮"既搞虚无主义,又搞实用主义,这是他们的反革命两手。这两手都是为了推行他们的极右路线,反对无产阶级专政。

苏联早期有个拉普派(文学艺术中的一个假革命派),空喊无产阶级文化万岁,一概否定资产阶级文化遗产,大搞文化虚无主义,曾经遭到列宁斯大林的严厉批判。"四人帮"拣起他们的破烂,又来一次丑恶的表演。他们装作一副"最最革命"的面孔,要对中外文化遗产进行一次"彻底扫荡"。其实,他们并非不爱"洋",不爱"古",他们搞古为帮用,洋为帮用,干得很出色。可见文化遗产的继承是否定不了的,资产阶级也是要搞继承的,不过他们对文化遗产中的精华与糟粕、香花与毒草的看法和我们不同,这才是我们和他们的分歧所在。

这些年来,"四人帮"破坏出版工作有一根很厉害的大棍子,就

是动不动就说你"大放封资修毒草",真是"封资修毒草"当然不应当放,放了就要反对。可是"四人帮"不加区别地滥用"封资修毒草"这顶帽子,把它扣到一切中外文化遗产上去,从中国古代的《诗经》、《楚辞》、唐诗、宋词、元曲,直到外国的莎士比亚、巴尔扎克、托尔斯泰,都被说成是"封资修毒草",这就未免荒唐可笑。对文化遗产的这种绝对否定的态度是完全反马克思主义的。无产阶级的文化并不是从空中掉下来的。列宁说:"只有确切地了解人类全部发展过程所创造的文化,只有对这种文化加以改造,才能建设无产阶级的文化"。现代的新文化是从古代的旧文化发展而来的,这是历史的辩证法。马克思主义的形成发展过程很能说明问题。马克思和恩格斯如果不去批判地继承德国的古典哲学、英国的政治经济学、法国的空想社会主义,如何形成马克思主义?如果因为文化遗产不是社会主义的就一律斥之为毒草,不准出版,那就只能是数典忘祖、闭关自守,那还有什么批判继承可言?这就从根本上取消了繁荣和发展社会主义文化的必要条件。

既然要批判地继承,是不是只有批判好了才能出版呢?不能这样说。批判地继承中外文化遗产,剔除糟粕,吸收精华,要靠出版部门、研究部门和广大读者一起来完成。它要经过一个学习的过程,研究的过程,批判的过程。而且要有书才能进行批判。什么都不出,就无从批判,也无从继承。因此,不能要求出版部门完成了全部批判任务以后才能出书。出版古代和外国的作品,评注、前言、后记都是进行批判,但这不是也不可能是批判的终结。人类的历史没有终结,对于历史文化的研究没有止境。没有完成批判任务就不能出版,要出版就只能出精华,不许有糟粕,这是一种严重脱离实际的形而上学的观点,实际上是取消对中外文化遗产的批判地吸收和继承。

出版部门在批判地继承文化遗产方面,担负着重要的责任。主要是:

经过认真地整理和注释,有计划有选择地出版中国古代和外国的优秀作品,包括中外古典文学名著,努力写好出版前言,加强对作品的分析,指导读者阅读。

出版当代作家研究民族文化遗产和外国文化的成果,特别要鼓励和支持以马克思主义为指导的创造性的研究著作。

出版研究工作所需要的各种资料。资料整理出版的范围应当放宽,要根据研究工作的实际需要和参考价值的大小,分别轻重缓急,采取多种方式进行编选。发行什么范围,印多少,应当根据内容区别对待。

五、要坚持党的群众路线

群众路线是我们做好一切工作的根本路线,出版工作也不例外。编书写书也要走群众路线,依靠工农兵,依靠革命干部和革命知识分子,依靠知识分子同工农群众相结合,充分发挥专业作者队伍与业余作者队伍这两个积极性,才能更快更好地发展出版事业。

"四人帮"严重地破坏了出版工作中的群众路线,他们打击知识分子,排斥专门家,毒害工农兵。"四人帮"颠倒敌我关系,诬蔑知识分子是"臭老九",把知识分子和"资产阶级"划等号,统统列为"全面专政"的对象。对一些老专家、老作家扣上"反动文人"、"反动权威"的帽子,请某些老作家、老专家写稿看稿,就被诬称为"黑线回潮","走资产阶级专家路线"。把解放后培养起来的中、青年知识分子污蔑为"复辟的基础"、"修正主义的肥沃土壤",写了书也以种种借口不许出版。所有这些都来源于他们对知识分子的颠倒敌我的反革命"估计"。对这个"估计"必须彻底批判。

团结和依靠广大知识分子,包括愿意为社会主义服务的一切专门家,是在出版工作中贯彻群众路线的重要内容。我们要充分调动广大知识分子为社会主义编写书稿的积极性,尊重他们的劳动。对于世界观已经固定的老专家,只要他们的著作确实在学术上有独到见解和参考价值,也要给以鼓励。毛主席亲自过问《柳文指要》

的出版,给我们作了典范。现在出版社的书稿大部分来自专业作者。要把专业作者中努力学习马列主义、毛泽东思想,同工农兵结合得好,改造世界观有成效,并且有较高业务水平的,组成为出版部门的基本作者队伍,依靠他们来团结更广大的作者。要正确区分两类不同性质的矛盾,调动一切积极因素,为社会主义服务。要爱惜人材,广开文路。在人民内部,凡够出版条件的作品,不能以种种"莫须有"的理由,任意拒绝出版他们的书稿。作者署名是对书稿负责,要尊重作者的意愿,不要横加干涉。

"四人帮"歪曲"三结合",是对出版工作中群众路线的一大破坏。他们把"三结合"搞成一个形式主义的口号,严重地弄虚作假,假借工农兵的名义,贩卖他们的反革命修正主义黑货,造成了极大的混乱。现在有不少黑书都是打着"三结合"的名义搞出来的。难道他们那些黑得不能再黑的黑货,能让工农兵负责吗?一点也不能。这完全是"四人帮"捣的鬼,要和"四人帮"算帐。他们在这样做的时候,打着一个幌子,叫做:"支持社会主义新生事物"。话说得多漂亮呀,事情果真是这样吗?完全不是。他们眼睛里从来就没有工农兵。他们真正感兴趣的是网罗一批追随他们的黑秀才组成御用写作班子,化名什么梁效、罗思鼎、初澜之流,通过这些反动喉舌,炮制出大批反动文章。有时为了盗名欺世搞一点伪装,他们就借用工农兵的名字,推销他们的黑货。例如《中国农民反孔斗争史话》,就是江青指使梁效一手炮制,以"小靳庄大队理论组"名义抛出的。"四人帮"正是在"支持社会主义新生事物"的幌子下,干着破坏、腐蚀工农兵写作队伍的罪恶勾当。

工农兵从事业余编书写书,的确是社会主义社会的新生事物,我们要满腔热情地加以支持,切实地加以帮助。但是对"四人帮"的干扰破坏必须坚决指出和抵制。

个人写作和集体写作应当两条腿走路,决不能偏废。个人写作不一定写不出好作品,历来不少优秀作品大都是个人写作的,今后也会是如此。事实证明,搞形式主义的"三结合"肯定写不出好作品。我们要批判"四人帮"对"三结合"的歪曲,但不否定集体写作的方法。有的书组织集体力量编写比个人编写效果好,例如教科书、字典、百科全书之类。有理论知识的作者结合有实践经验的工农兵写书是一种好方法,但也只不过是一种好方法而已,更不是唯一的方法。个人写书只要不是闭门造车,能够做到理论联系实际,也能写成好作品。要求一切作品都搞"三结合",这样的要求是不合理的。

六、要建设一支又红又专的出版队伍

"四人帮"的"两个估计",其中一个就是把出版队伍说成漆黑一团。让我们看看事实吧。建国以来的出版队伍,大体上包括几部分人:一部分是从老解放区来的,一部分是过去在白区从事进步出版工作的,都不同程度地经历过长期革命斗争的锻炼。一部分是新社会培养的,占出版队伍的大多数,其中大多数又是工农家庭出身的。还有一部分是从旧社会来的知识分子,人数不多。在整个出版队伍中,比较熟悉马克思主义,并且站稳了脚跟、站稳了无产阶级立场的,还是少数。反对社会主义的,只是极少数。绝大多数人,经过多次政治运动特别是无产阶级文化大革命的锻炼,是愿意和努力为社会主义事业服务的,是愿意并且实行同工农结合的,在由资产阶级世界观向无产阶级世界观转变的过程中,在逐步形成和确立无产阶级世界观的过程中,已经有了不同程度的进步。应当肯定,这支出版队伍基本上是革命的。

但是这些年来由于"四人帮"的捣乱,大搞什么"重建队伍",乱扣"白专道路"、"知识私有"的大帽子,破坏了出版队伍的建设。现有出版队伍骨干力量人数不够,一般的政治水平和业务水平都不高。狠抓出版队伍的整顿和建设,已经刻不容缓。

要坚持走毛主席指引的又红又专的道路。要刻苦学习马列主义、毛泽东思想,坚持同工农相结合,努力改造世界观。同时,要大力提倡刻苦地钻研业务,在工作上精益求精。编辑人员应当努力使自己在文化知识、文字修养、编辑技术、组织能力等方面不断提高。要树立典型,表扬先进,提倡在无产阶级政治挂帅的前提下,学知识光荣,钻业务有理,搞好工作有功的风气。

要抓紧在出版队伍中落实党的知识分子政策。对在无产阶级文化大革命当中受审查尚未作结论的,要抓紧核实情况,严格按照党的政策作出恰当的结论。过去由于"四人帮"的干扰而强加的一切不实之词,都应推倒。影响到家属、子女的,要妥善地加以处理。已作结论尚未安排工作的专业人员,要根据实际情况,适当安排工作。出版部门目前学非所用或安排不当的人员,要逐步地加以调整。已调离出版部门而确有真才实学的专业人员,应设法使他们归队。要创造条件使专业人员专心致志地钻研业务,做好工作。要保证专业人员每周至少有六分之五的业务工作时间。总之,应当对知识分子充分信任,大胆使用,严格要求,热情帮助。

要加强出版队伍的团结。要充分发挥老编辑在业务上的骨干作用,坚持出版工作中的好经验、好作风、好传统,搞好对青年同志的传帮带。要认真培养青年编辑,采取措施,例如业余学习、离职进修、工作中以老带新等多种方式,满腔热情地帮助他们提高。

要恢复总编辑、主任编辑、责任编辑的三级审稿制,这是岗位责任制在编辑工作中的体现。要恢复编辑工作的职称,并且建立考核制度。这有利于加强和改进编辑工作,也有利于出版队伍的建设。

校对、设计、出版、后勤等工作,都是作好出版工作不可缺少的重要组成部分。这些方面的工作人员,也要坚持走又红又专的道路,精通业务,勤勤恳恳,主动负责,共同把出版工作作好。

以上是我们要着重弄清路线是非的问题。

弄清路线是非,是为了尽快地把出版工作搞上去。我们出版战线的广大革命同志,要共同下一个决心,把"四人帮"造成的出版工作的落后状况改变过来。如果不是这样,作为共产党员就是党性不强,作为出版工作者就是失职。毛主席曾经教导我们:"认真作好出版工作"。周总理曾经指示我们:要为革命多出书、出好书。"四人帮"丧心病狂,反对毛主席、周总理,公然对为革命多出书、出好书的口号横加指责。粉碎了"四人帮",我们就可以放手大干了,我们就是要在英明领袖华主席、党中央和国务院的正确领导下,千方百计地为革命多出书、出好书。

关于一九七八年至一九八五年的出书规划,我们有个初步设想,当然也仅仅是个初步设想罢了。但是,能有一个这样的设想也很不容易,这也是一个胜利。准备发给到会同志,请大家讨论,提出意见。

一九七八年也有一个出书计划。这个问题,还要专门讲一次。我们建议,制订明年的出书计划要从恢复、调整、提高三个方面来考虑。

一是恢复。就是着重抓一下重印书。建国以来出版的图书好的、比较好的为数很不少。"四人帮"横行的时候,许多好书被打入冷宫,现在可以重见天日了。明年的重印书在各类图书中都要多搞一些。

二是调整。主要是解决避免重复浪费,加强分工协作的问题。政治文件的出版,在中央和地方之间,要有所分工。国家出版局直属出版社和上海的出版社都是面向全国,制订选题要加强联系和协商,避免重复。为了更好地解决这个问题,可以考虑每年开一次协商选题的会议。要在全国组织好重大出版任务的协作,充分发挥中央和地方两个积极性,集中优势兵力打歼灭战。已经安排的分工协作任务,包括工具书和几套丛书,要抓紧。要加强管理,明年基本上克服当前出书工作中的混乱状况。

三是提高。一定要注意提高图书的质量,坚决反对追求数量,粗制滥造。提高质量,是对党、对人民负责。首先是政治质量要提高,同时要提高科学质量和艺术质量,要改进文风;还要提高印刷质量。在科学和文艺图书的出版上,要努力组织新作品。

我们希望,经过明年的积极努力,使图书供应情况有个显著的好转。马列著作、毛主席著作和华主席的著作要保证经常有书供应。政治文件的出版要加强计划性。出好宣传十一大路线和深入揭批"四人帮"的图书。作好各类教科书的印制发行工作,保证及时足量供给学校。切实加强科技图书的出版,迅速改变落后状况。突出抓好工具书,新编、修订和重印,统筹安排,齐头并进,力争早见成果,以应急需。哲学社会科学和文学艺术书籍在纸张印刷条件可能的情况下尽量多出一些。

要尽快地把出版工作搞上去,需要有一定的条件。

我们有没有这样的条件呢?我们说,有。

我们应当看到"四人帮"的严重破坏造成的困难,更应当看到粉碎"四人帮"以后越来越好的大好形势,看到争取明年图书供应情况显著好转的有利条件。

首先,我们有英明领袖华主席和以华主席为首的党中央的正确领导,有党的十一大路线的光辉照耀。这是最根本的有利条件。

我们出版战线的广大革命同志,经过深入揭批"四人帮"的斗争,总结了极为丰富的正反两个方面的经验,对于出版工作的路线、方针、政策比过去理解得更明确、更深刻了,可以放心干了,过去被"四人帮"压抑的革命创造性和革命积极性,正在一天比一天高涨。我们付出了代价,耗费了时间,但我们有信心和决心把它拿回来。

我们已经有了明年的出版事业发展规划,有了明年和八年的出书规划设想。这为我们树立了具体的奋斗目标。有了明确的目标,大家有了奔头,也就更加有了劲头。人力、物力、财力可以统筹安排,发挥最大的作用。

我们明确了明年出书的重点,马列著作、毛主席著作之外,就是教科书、科技书、工具书。下决心突出重点,集中力量,就可以抓出成果来。

我们的出版用纸,已有初步安排,除毛选用纸另行专项安排以外,明年安排出版用纸二十九万五千吨。这是计划数。当然还是很紧张的。但是比今年预计的实际供应数二十三万吨左右,已经有了较大增长。这为我们提供了有利的物质基础。我们一定要抓紧,要把纸拿到手才能算数。希望省、市、自治区的出版局关心一下当地纸厂的生产。一面抓生产,一面还要抓节约。纸张的储运,书籍的设计,安排选题,确定印数,都要注意纸张的节约,最大限度地合理使用纸张。纸张节约,大有潜力可挖。红旗杂志带了一个头,他们省去了每期四页语录,全年可以节约纸张四万令。图书内容重复,大量浪费纸张,这个问题要狠抓一下。抓好了,情况大有可观。

我们的书刊印刷,也是有潜力的。只要加强经营管理,合理调度任务,挖掘生产潜力,明年的图书印制任务是可以安排下来的。明年还要继续抓一下装订这个薄弱环节,改变印装不平衡的严重状况。北京、上海的印刷技术改造,明年要加快步伐,完成原定计划。六个大区的工具书排印车间,正在进行,建成之后,可以解决工具书排印的问题。为了缓和北京印刷紧张的状况,我们建议中国科学院、教育部等部门,设法增加印刷能力,做到满足所属专业出版社的需要。是否将地方的书刊印刷厂都改为各地出版行政部门管理,大家可以对这个问题交换一下意见。

图书发行工作最近开了会,对整顿和加强图书发行工作作了布置。

我们各个企业、事业单位的管理正在逐步加强,各项规章制度正在得到恢复和健全。

我们的各级领导干部正在焕发革命精神,努力工作,加强领导,言传身教,一定能把群众带起来。

经过深入揭批"四人帮",粉碎了精神枷锁,打破了反动禁令,新作品、新作者将会源源而来,不断涌现。

各条战线,包括机械、轻工、化工等等,都在跃进,必定会从各个方面向我们提供日益增多的物资支援。

总而言之,从精神和物质两方面看,我们的有利条件都是很多的。我们应当有决心,有信心。只要我们团结一致,努力工作,在出版战线打好这一场翻身仗,以求得精神粮食的大增产,是大有希望的!

第三,加强党对出版工作的领导

"四人帮"结帮篡党,以帮代党,鼓吹"踢开党委闹革命",严重地破坏了党对出版工作的领导。要尽快地把出版工作搞上去,关键是加强党的领导。出版工作必须置于党的绝对领导之下,自觉地听从华主席为首的党中央的指挥,坚决贯彻执行党的十一大路线和抓纲治国的战略决策。出版工作中的重大问题,要及时向党中央、国务院请示报告。地方出版工作,要及时向省、市、自治区党委请示报告。建议省、市、自治区党委和国务院有关部门的党组,把出版工作列入议事日程,一年抓它几次,进一步加强对地方出版工作和所属专业出版社的领导。

出版社实行党委领导下的社长、总编辑分工负责制,不设革命委员会。要按照毛主席提出的接班人的五项条件和老中青三结合的原则,整顿和建设出版部门的各级领导班子。建议各省、市、自治区党委,为出版社配备懂得党的政策、热心出版工作的干部当党委书记,选择内行或接近内行的干部担任业务领导,物色勤勤恳恳、埋头苦干的干部负责后勤工作。

出版社党委对出版工作的领导,主要是政治领导,是党的路线、方针、政策的领导。党委要议政,也要议书,要理直气壮地抓出书,认真讨论出书计划,研究出书当中的路线、方针、政策问题,抓好保证出书的关键性措施。要肃清"四人帮"把党委抓出书诬蔑为"唯生产力论"的流毒和影响。党委的同志也要朝着又红又专的方向努力，不能长期甘居外行。要力求对自己管的业务工作逐渐有较多的了解。对所管的业务长期一无所知，讲党的领导、政治挂帅，只能是一句空话。

建议各省、市、自治区恢复或建立出版事业管理局，作为出版部门的行政领导机构。国家出版局直属出版社和上海人民出版社的出书面向全国。其他地方出版社出书以适应当地三大革命运动的需要为主，兼顾全国，积极完成全国分工协作的出书任务。

要加强基层建设。一定要切实地把编辑室建设好。编辑室的党支部要发挥战斗堡垒的作用，在出版社党委的领导下，保证党的路线、方针、政策的贯彻执行和编辑室各项任务的完成。编辑室主任应当选择政治上好、在业务方面有较高水平、有一定组织工作能力的编辑人员担任。

同志们！

以上是我们针对当前情况提出的一些意见，请同志们讨论。我们的国家正处在承先启后、继往开来的重要历史时期。出版战线肩负着光荣而又艰巨的任务。让我们高举毛主席的伟大旗帜，紧跟英明领袖华主席，在党的十一大路线指引下，动员起来，鼓足干劲，认真学习大庆、大寨的革命精神，抓革命，促生产，促工作，促战备，尽快地把出版工作搞上去，迎接社会主义经济建设高潮和文化建设高潮的到来！

（据国家出版局保存的原件刊印）

"四人帮"炮制出版战线两个反革命"估计"的一些情况

1977 年 12 月 3 日

在十二月三日下午小组会上,人民出版社张惠卿同志对"四人帮"炮制出版战线的两个反革命"估计"的罪恶活动,进行了揭发批判。张惠卿同志曾参加一九七一年全国出版工作座谈会文件的起草工作。他揭发批判的主要内容如下:

"四人帮"一九七一年炮制的两个反革命"估计",是在教育战线和在出版战线同时抛出来的。一九七一年全国出版工作座谈会期间,张春桥、姚文元直接插手了会议文件的修改和定稿。他们对抗毛主席和周总理的指示,把"两个估计"塞进了文件,成为他们在全教会上炮制的"两个估计"的姊妹篇。

从一九六六年江青伙同林彪炮制"文艺黑线专政论"时起,在出版界就掀起了一股否定一切、打倒一切的黑风恶浪。他们全盘否定建国以来的出版工作,全盘否定这支革命的出版队伍,乃至全盘否定解放区出版工作的革命传统和国统区的进步出版事业,胡说什么从三十年代到十七年,"贯穿着一条黑线"。大批十七年"黑线",又查三十年代"黑店",对出版部门大举挞伐。一九七一年张春桥、姚文元炮制这"两个估计",并通过文件加以"合法化",就是林彪、江青炮制"文艺黑线专政论"这个反革命阴谋的继续。

一九七一年的出版工作座谈会初期,周总理对当时出版工作中存在的问题作过一系列重要指示,并着重批判了否定一切的反动思潮。一些同志在讨论中表示不同意出版界是"黑线专政"这个提法,认为出版界虽然受到了刘少奇反革命修正主义路线的干扰破坏,但基本上还是执行了毛主席的革命路线。关于编辑出版队伍,也有不少同志认为,从清理阶级队伍的情况和结果看,应该肯定多数是好的和比较好的,坏人只是一小撮。后来,据传达,在讨论会议文件稿时,我们敬爱的周总理又首先提出:文件中要"讲红线的作用"。还说,对出版队伍"要作分析,不作分析不行"。但张春桥却立即恶狠狠地说:"先肯定专政,然后再分析",明目张胆地反对周总理的正确指示。姚文元与张春桥一唱一和,马上接着说:"知识分子还是按照毛主席在宣传工作会议上的分析为好",他们"大多数还是资产阶级世界观。编辑队伍也应这样分析"。现在我们知道,毛主席在一九七一年夏天针对林彪和"四人帮"一伙否定十七年的谬论,一方面指示对十七年的估计不要讲得过分,同时对知识分子状况作了新的估计。姚文元硬把毛主席十四年前的估计扣到七十年代两千多万新老知识分子的头上,完全是别有用心的。紧接着张春桥又说什么:"从领导权来说,是专了我们的政";从队伍来说,由于这些人的世界观多数还是资产阶级的,因此,"在这个意义上讲,也是资产阶级专了我们的政"。在这里,他们竟把思想范畴的世界观问题硬扯到专政的范围,来为他们反动的"黑线专政论"作注脚,只能说明他们对马列主义原理、对无产阶级专政理论的蓄意歪曲和篡改。在第二次讨论这个文件的会议上,姚文元还说什么:"刘少奇、陆定一这一伙十七年为什么能够统治文教界?其中一个重要原因就是文教界知识分子的世界观问题没有解决。"并强调"统治和专政是一个概念"。又一次把世界观问题作为"黑线专政论"的"根据"提出来。由于张、姚强制推销这种谬论,文件中出现了十七年出版界是"反革命专政",是被"刘少奇资产阶级司令部篡夺了领导权"的提法。后来姚文元还嫌这种提法不够,竟改为"被资产阶级及其代理人篡夺了出版界的领导权",任意扩大打击面,把在出版界担任领导工作的一批革命干部打成资产阶级的代理人。

姚文元一再对抗周总理的指示。周总理几次指示中都提到我们这几年对出版工作抓得较少,致使各类图书、读物普遍短缺,并对把文化大革命前出版的图书几乎全都封存起来的错误做法提出了批评。文件稿中曾反映了这个重要意见。姚文元却针对总理的指示,叫嚣说:"不要这样提!文化大革命的前几年,当然不能抓出书工作,书的清理工作也不可能抓,当时主要是'破'";"夺权,搞斗批改都是抓,是抓了根本,不应该说没有抓"。强令作了修改,并不准再提"封存"两字,真是猖狂到了极点!

"四人帮"全盘否定出版队伍,搞"大换班",要"重新组织"出版队伍。文件起草小组根据周总理的指示精神并接受部分会议代表的意见,把文件草稿中提到的"重新组织"删去了。但张、姚在讨论文件的会议以后又特别强调"过去出版队伍不纯的现象是比较严重的",要起草小组加上"清理了少数坏人,开展了革命大批判",还加上了"要狠批刘少奇一类政治骗子所推行的为其反革命修正主义政治路线服务的组织路线,狠批他们招降纳叛,重用坏人,篡夺出版工作的领导权,并用资产阶级名利思想腐蚀出版队伍的罪行"这样的话,这实际上是"重建队伍"谬论的改头换面。张春桥在定稿时又特意在提到"编辑队伍要'掺沙子'"的前面,加了"要继续做好清理阶级队伍的工作",借以说明出版队伍问题的严重性。他还将文件中提到出版部门的知识分子经过文化大革命的锻炼,"政治上有了很大进步",改为"政治上有了很大的不同程度的进步"。紧接着的一句就是"但是,就世界观来说,他们的大多数基本上还是资产阶级的","容易接受修正主义的影响,一遇风浪就会左右摇摆"。和对十七年的估计一样,把出版队伍描绘得一团漆黑!就是在这种"估计"的影响下,出版界出现了"大换班",宣布和留在五七干校待分配的干部一刀两断、毫无关系的怪事,把一大批长期从事编辑出版工作的同志排斥在外。当时出版口有人叫嚷:"干校的人嘛,下放给湖北了,我们可以不管了,我们可以不管了。"有人说:"不能再从干校调人回来了,再调就会犯错误"。有人干脆宣称:"从干校调人回来,就是复辟回潮"。

这"两个估计"颠倒了敌我,混淆了是非,给出版工作带来了极大的灾难,搞乱了整个出版战线。现在是到了彻底清算的时候了。我们要把加在广大出版工作者身上的这个精神枷锁砸个粉碎!

(《全国出版工作座谈会简报》第3期,1977年12月4日)

(据国家出版局保存的原件刊印)

1971年出版工作座谈会前夕
张春桥关于"两个估计"的黑指示

1977年12月3日

十二月三日下午的小组会上,上海出版局宋原放同志发言,揭发批判"四人帮"炮制反革命的"两个估计",严重坏出版工作的罪行。

宋原放同志说,绳树珊最近揭发交代,一九七一年全国出版工作座谈会前几天,张春桥曾经通过徐海涛向他传达张春桥有关"两个估计"的黑指示,要绳树珊在会上一定坚持。现在把绳树珊的揭发交代摘要介绍如下:

关于第一个估计,张春桥说:文化大革命前十七年,出版阵地被刘少奇、"四条汉子"严密控制着,执行的是与毛主席革命路线相对立的反革命修正主义路线,叛徒、特务、走资派和反革命修正主义分子把持着各级领导大权。出版这个阵地,文化大革命前无产阶级没有占领过,路线、领导权没有解决过。把持着各级领导权的那些人,反对宣传马列主义、毛泽东思想,严格限制出版毛主席著作,而对封、资、修、名、洋、古各种图书大量出版,毒害工、农、兵和干部、知识分子,破坏社会主义的经济基础和上层建筑,危害极大,流毒很深很广。这一点必须肯定,必须坚持。对刘少奇推行的那条反革命修正主义出版路线必须彻底批判。出版战线,只是经过了文化大革命,我们派进了工、军宣队,无产阶级才开始夺回了被资产阶级和反革命修正主义分子篡夺的领导权,才开始批判修正主义的出版路线，我们才刚刚占领这个阵地。但这条战线斗批改的任务还很艰巨，我们还要努力作战。

关于第二个估计，张春桥说，出版战线也是知识分子成堆的部门之一，也是资产阶级知识分子独占的一统天下。还说上海出版社的人员都是留用的，十七年也没有很好地进行社会主义改造，队伍复杂，问题很多。这次要很好地清理一下，重新组织队伍。解放以来，这条战线党也派进了大批干部，但是多数都变了，有的被腐蚀，有的被资产阶级拉过去，有的被排挤了。在这条战线上工作的干部，真正执行毛主席革命路线的很少。解放以后，经过我们自己办的各级学校培养的知识分子，也是受的封、资、修教育，也是具有资产阶级世界观的知识分子，靠这些人占领这个阵地也不行。因此，要重新组织队伍，要掺沙子，原来的要逐步放到工农兵中去改造，今后要我们自己来培养作家、编辑。这个问题不解决，这个阵地就占领不下来，也改造不过来，也不能为无产阶级制造舆论。张春桥还毫不掩饰地把重新回到出版社工作的干部叫留用人员，要控制使用，准备几年把"旧人员"换光。

宋原放同志还揭发，徐景贤在解释黑线专政时讲，黑线专政就是彻头彻尾，自始至终，十七年都是这样。一切要从零开始。张春桥也说过，不讲彻头彻尾，讲百分之九十九好不好？"四人帮"还散布，上海出版界的走资派，不但和其他走资派一样"吸血"，还有其他走资派没有的特点："放毒"，因此起个名字叫"毒蚊子"。出版界走资派和知识分子的关系，是毒蚊子和污水的关系，污水滋生毒蚊子，毒蚊子在污水里生育。

宋原放同志表示，对"四人帮""两个估计"的反动谬论，必须彻底批判。

（《全国出版工作座谈会简报》第4期，1977年12月4日）

（据国家出版局保存的原件刊印）

国家出版局关于发去1977年 《全国图书发行工作座谈会纪要》的通知

1977年12月5日·(77)出发字第443号

经国务院批准,我局于今年十月五日至十五日在武汉召开了全国图书发行工作座谈会。会议认真贯彻了党的十一大路线,揭发批判了"四人帮",总结交流了《毛泽东选集》第五卷发行工作经验,研究讨论了整顿和加强图书发行工作的问题。

现将《全国图书发行工作座谈会纪要》发给你们,请参照执行。

主送:各省、市、自治区出版(文化)局
抄报:国务院,中共中央宣传部
抄送:各省、市、自治区党委宣传部,各省、市、自治区革委会文教办公室

附:

全国图书发行工作座谈会纪要

1977年10月月15日

经国务院批准,国家出版局于一九七七年十月五日至十五日在武汉召开了全国图书发行工作座谈会。参加座谈会的有各省、市、自治区出版(文化)局和新华书店的负责同志共七十人。

与会代表认真学习了伟大领袖和导师毛主席的有关教导。学习了党的十一大文件,揭发批判了"四人帮",总结交流了《毛泽东

选集》第五卷发行工作经验,研究讨论了学大庆,学大寨,整顿和加强图书发行工作的问题。在党的十一大路线光辉照耀下,会议开得生动活泼,达到了预期目的。

英明领袖华主席领导全党粉碎"四人帮"的伟大斗争,使我国的政治形势发生了巨大和深刻的变化。出版战线同全国其他战线一样,也出现了大好形势。《毛泽东选集》第五卷的印制任务已经胜利完成。一些长期受"四人帮"压制的图书已陆续出版或重印。各个出版社正在制定新的出版规划,千方百计为革命多出书、出好书。今年一至九月的全国图书发行数量,超过了历史同期的最高水平。为了适应形势发展的需要,图书发行部门当前要抓好三件事:一是抓纲,深入揭批"四人帮";二是抓整顿,切实把新华书店整顿好;三是抓服务,使发行工作更好地为三大革命运动服务。

(一)

与会代表指出,建国二十八年来,毛主席的革命路线在图书发行工作中始终占主导地位。广大发行工作人员辛勤劳动,发行了几十亿册马列著作和毛主席著作,还发行了大量的适合三大革命运动需要的图书,为党和人民做出了很大贡献。由于刘少奇、林彪,特别是"四人帮"推行反革命修正主义路线,图书发行工作受到严重干扰破坏。

"四人帮"利用出版阵地制造反革命舆论,罪行累累。几年来,全国共计出版发行了有"四人帮"流毒的图书达五千多种,仅"四人帮"炮制的批所谓"三株大毒草"的小册子就发行了八千多万册,流毒全国,为害不浅。大量的纸张、印刷生产力和发行力量被这些毒草小册子占用了,而真正为广大人民群众迫切需要的书,在"四人帮"压制破坏下,出得少,印得更少,造成了前所未有的"书荒"。"四人帮"破坏了党对图书发行工作的领导。有相当一部分书店的领导班子、发行队伍、业务秩序和规章制度被搞乱了,发行工作中有些地方的盲目性很大,服务态度生硬,劳动生产率下降,经营性的亏损严重。一些被"四人帮"破坏严重的地区,图书发行事业受到的摧残更是骇人听闻。广大发行工作人员对"四人帮"的倒行逆施,看在眼里,恨在心头,以各种形式进行了抵制和斗争。

座谈会认为,"四人帮"对图书发行事业的干扰破坏及其流毒影响,决不能低估,一定要以十一大文件为指导,抓住"四人帮"炮制的反革命政治纲领和两个反革命"估计",深揭狠批他们反革命的修正主义路线的极右实质及其在图书发行方面的表现。

要彻底清算"四人帮"破坏毛主席著作出版发行的罪行,大赞大颂华主席亲自主持编辑出版毛主席著作的伟大功绩,明确认识高举和捍卫毛主席的伟大旗帜,紧跟华主席,坚持无产阶级专政下继续革命,是做好图书发行工作的根本指导思想。

要彻底清算"四人帮"破坏图书发行工作路线、方针和政策的罪行,全面地正确地贯彻为无产阶级政治服务、为工农兵服务的方向,贯彻"百花齐放,百家争鸣"、"古为今用,洋为中用"和"推陈出新"的方针,贯彻华主席的指示,"坚持党的调查研究,实事求是,群众路线的传统作风,把革命热情和求实精神结合起来",加强发行工作计划性,克服盲目性,注意图书发行的实际效果。

要彻底清算"四人帮"挥舞"唯生产力论"和"管、卡、压"的大棒,破坏抓革命、促生产的罪行,坚持用无产阶级政治统帅业务,理直气壮地抓好图书的进销调存和企业管理。

要彻底清算"四人帮"散布"服务得好会出修正主义"的谬论,破坏发行工作的罪行,恢复和发扬新华书店在革命战争时期就培养起来的自力更生,艰苦奋斗,勤俭节约,主动热情为工农兵服务的优良传统,大力改善服务态度,提高服务质量,把党的温暖、华主席的关怀送到人民群众心坎上。

要彻底清算"四人帮""踢开党委闹革命"以帮代党的罪行,增强党的观念,坚决把发行工作置于党的绝对领导之下。

(二)

一定要抓住揭批"四人帮"这个纲,按照全国工业学大庆会议提出的整顿企业的各项要求,把各地新华书店进行一番整顿。要加强领导,全面规划,分期分批,争取在明年内搞完。

整顿好领导班子。要根据十一大关于整顿领导班子的精神,对书店的领导班子状况进行一次认真分析,从组织上、思想上切实整顿好。要实行党委领导下的经理分工负责制。他们不但要懂政治,而且要懂业务。对于熟悉业务的领导骨干要做到相对稳定,不要频繁调动,需要调动时,应事先与上一级出版行政部门协商。

整顿图书发行队伍。要彻底摧毁"四人帮'及其余党的帮派势力,打击贪污盗窃、投机倒把等资本主义活动,刹住资产阶级歪风。对广大发行人员,主要搞好思想教育和业务培训,帮助他们走又红又专的道路。

基层书店单位小,发行任务重,人员配备要考虑政治条件和身体条件,要适合上山下乡、下厂矿、下连队宣传发行图书的要求。有的地方把其他单位的老弱病残人员不适当地安置到书店,使那里的发行工作很难开展。对于这种状况,建议有关领导部门给予适当调整。

整顿业务秩序和发行网点。新华书店北京、上海发行所供应的图书,应该有计划按比例地向全国书店分配或征订。其他各省、市、自治区出版的图书,凡适合向全国发行的,也要参照上述原则,合理照顾全国需要。省级书店要加强订书审核和存书调剂,坚决制止"自由交易"和以书换书,坚决制止基层书店随便派人周游全国滥添滥订图书的无政府状态。在明年上半年,所有的书店都要通过存书分析,解决库存书不合理增长的问题。城市发行网点应该合理布局,争取纳入城市建设规划。农村发行网点,要着重把公社所在地的供销社售书点搞好。

整顿服务工作。要发动群众采取有效措施，切实改善服务态度，提高服务质量，自觉接受工农兵监督。对图书的供应严禁搭配。在正常的营业时间绝不允许关门。一些深受群众欢迎的服务项目应该尽快恢复和加强。

整顿企业管理。所有的书店都要发动群众，揭矛盾，查浪费，堵漏洞，落实扭亏增盈措施，建立和健全以岗位责任制为中心的各项制度。在明年内要基本消灭经营性的亏损店，各项经营管理指标力争达到或超过历史上的最好水平。

多年来的实践证明，图书发行系统的财务管理集中到省级书店，有利于统一规划，加强管理，促进事业发展；有利于以盈补亏，加强边境、山区和经济条件比较差的地区的发行工作。文化大革命初期，不少省级书店把财权下放了，造成了一些混乱，要创造条件尽快收上来。与此相适应，省级书店要健全业务、财务管理机构，充实人力，已经合并到其他部门的要恢复建制。各市县书店应以当地党委领导为主，同时接受省、地书店的业务领导。

（三）

图书发行工作一定要贯彻十一大路线，更好地为三大革命运动服务。首先要把发行马列著作、毛主席著作摆在头等重要地位。华主席是高举毛主席伟大旗帜的典范，一定要突出宣传华主席，认真发行好华主席著作。在发行工作中要正确处理当前与长远、普及与提高的关系，积极发行好适合三大革命运动需要的各类图书。

要紧急行动起来，认真贯彻落实华主席关于科学技术工作的重要指示精神，尽快改变科技书发行的落后面貌。大中城市书店应建立和加强科技书专业门市部。

贯彻党的民族政策，做好少数民族文字图书的发行工作，促进少数民族地区经济文化的繁荣，许多少数民族聚居于边境地区，处于反修防修前哨，在事业建设和运输工具等方面要给以特殊照顾。

为了使图书发行工作更好地为三大革命运动服务，所有的书店都要提出建成大庆式企业的具体时间和措施。在各个书店之间，要开展社会主义劳动竞赛，并由各级出版行政部门主持，评选书店系统的学大庆、学大寨先进单位。先进单位标准定为：一、认真学习马列主义、毛泽东思想，坚持党的基本路线，坚持社会主义方向；二、有一个坚决执行党的路线、方针和政策，密切联系群众，团结战斗的领导班子；三、有一支又红又专的发行队伍；四、开展主动供应，为普及大寨县、普及大庆式企业服务做出显著成绩；五、不断改善服务态度，熟悉业务，提高服务质量；六、艰苦奋斗，勤俭办店，各项经营管理指标达到本省书店系统的先进水平。实现这六条标准，首先要搞好各基层书店的内部竞赛，定期检查评比。

　　要善于抓先进典型，大张旗鼓地评思想，比贡献，选模范，树标兵。每个省、市、自治区都要树立若干个市、县书店先进标兵以及某项业务搞得突出的单项标兵。在条件成熟的适当时候，将召开全国图书发行部门学大庆、学大寨先进经验交流大会。为了迎接大会的召开，在书店系统要大造舆论，大鼓干劲，尽快掀起一个"先进更先进，后进赶先进，革命加拚命，无往而不胜"的竞赛热潮，为把我国建成一个社会主义的现代化强国作出应有的贡献。

（据国家出版局保存的原件刊印）

揭露"四人帮"对上海出版工作者的迫害
—— 王维在全国出版工作座谈会上的发言

1977年12月6日

在党的十一大胜利闭幕不久,揭批"四人帮"的第三战役到处打响的时候,国家出版局召开全国出版工作座谈会,非常及时,非常必要,我们上海广大出版工作者听到召开这次会议都非常高兴。我们完全同意王匡同志在会议上的讲话。

这次会议,是在华主席为首的党中央向全党和全国人民郑重公布了毛主席一九七一年夏季的重要指示,彻底粉碎了"四人帮"炮制的"两个估计"之后召开的。反革命的"两个估计",是"四人帮"在上海炮制的。上海人民出版社的干部和编创人员身受其害,必须彻底加以揭发批判。

一九六六年二月,江青勾结林彪,伙同张春桥、陈伯达,炮制"文艺黑线专政论"。后来扩展到教育、新闻、出版等领域,成为上层建筑各条战线都是"黑线专政"的根据。

"两个估计"是张春桥、姚文元公然对抗毛主席和周总理的指示,把它塞进一九七一年的出版工作座谈会报告的。这只是他们利用窃取的职权,以文件的形式加以肯定而已。

早在文化大革命初期,张春桥就大造否定一切的舆论,刮起打倒一切的妖风。他说:出版界的领导权"被资产阶级及其代理人所篡夺","猖狂地反对毛主席革命路线,执行反革命修正主义路线,大放封资修毒草","招降纳叛,重用坏人"。

一九六七年十二月,张春桥又说:"出版界牛鬼多,不亚于电影界。中华书局是封,新文艺(出版社)是修",辞海编辑所和出版文献资料编辑所"好人不多","那里要办(国民党的)将级训练班"。

在张春桥一伙的煽动下,是非完全颠倒了,毛主席革命路线指引下所取得的成就被一笔勾销了:书,都成了封资修毒草!人,都成了牛鬼蛇神!

在这个反革命的"两个估计"的大棒下,造成了极其严重的后果:解放以来上海国营出版社所出的近九千种图书,统统被封存了,弄得书店除了供应马列著作和毛主席著作以外,一般图书长期没有供应,弄得图书馆长期停止出借图书。张春桥胡说"有的阵地十七年内一天也没有占领过","真正的社会主义革命,还是这次",公然否定毛主席革命路线占统治地位这个千真万确的事实。

文化大革命前的十七年,出版战线虽然受了刘少奇修正主义路线的干扰和破坏,我们上海是出了一些坏书,但多数的书是好的和比较好的。

这里有个统计数字。

文化大革命中,我们专门组织班子对十七年所出的图书进行清理,截至一九七三年五月,近九千种图书中已清理了6859种,清理结果,可以继续公开发行的3005种;改为国内发行的189种;改为内部发行的1197种;作为自然淘汰的193种;作报废处理的2275种。以上第一至第四种共为4584种,占6859种的三分之二以上。

应该说明,当时有些书是不应该报废的,如很受青年工人欢迎、现在正在重新排印的"数理化自学丛书",当时不但书被报废了,连纸型后来也被销毁了!还有些书内容没有什么问题,只是因为作者当时还被戴上这样那样的帽子,影响到他写的书也不能卖了,只好报废了。如果除去这些部分,真正要报废的就没有二千多种了。

所以我们可以说，十七年上海所出的图书，大多数是好的和比较好的，坏书是少数，毒草是极少数。

书被封存、报废，人受到残酷的迫害。

"四人帮"及其余党利用清队、清查"五·一六"等运动另搞一套，迫害、打击了大批革命干部和编创人员。

据粗略估计，在上海出版系统一千六百多人中，有四百多人被当作敌我问题进行审查。许多人被戴上"死不改悔的走资派"、"三反分子"、"反动权威"、"黑线干将"、"反革命小爬虫"等帽子进行批斗、抄家和肉刑逼供。

另外，在清查"共向东"(文化大革命初期，上海宣传系统一些共产党员不满张春桥、姚文元等一伙而建立的组织，张春桥诬称他们是"共向西")的时候，还有几百人受到冲击，不少共产党员被打，有的还被拖去假枪毙……

在"四人帮"及其余党的残酷迫害下，单我们出版系统，非正常死亡的就有三十多人，有的人被逼致死，有的人被逼致残，有的人被逼致疯！"四人帮"的罪行真是罄竹难书。

许多干部被长期批斗以后还被作了很重的结论，单局、处两级干部中，就有三十多人被作了"犯走资派错误"的结论！

这里举几个例子：

1.李俊民，原中华书局上海编辑所的主要负责人，是一个二十年代就参加过革命活动的老同志。因为他知道三十年代张春桥在济南的丑史，被张春桥最先在报上公开点名。群众同意"解放"了，张春桥不批准，又再靠边，后来不得不"解放"了，就叫他做连环画脚本的编辑。后来算是落实政策，被派到古籍编辑室做顾问，连个坐的地方也没有！"四人帮"打倒后，李俊民同志焕发青春，现是古籍编辑室的负责人。

2.巴金，被诬为"黑老K"，长期批斗。张春桥说，对巴金，不杀他就是落实政策。"四人帮"及其余党把巴金定为敌性内处，放在我社编译室,叫他译无政府主义著作做反面教材。"四人帮"打倒后,他得到解放,现在创作热情十分高涨,是新创刊的《上海文艺》的负责人。

3.刘金,原是人民文学出版社上海分社创作编辑室的负责人,他在处理姚文元书稿时删去姚的几篇杂文,还写文章和姚辩论,批评姚的一些文艺观点。文化大革命中被姚文元戴上"反革命小爬虫"的帽子。《文汇报》接着点名批判。他们还策动上海戏剧学院的"狂妄大队"来冲击,把刘金同志拉到许多单位去游斗。一直被折磨到一九七四年。实在查不出什么问题,姚文元赖账,说他没说过刘金是小爬虫,只好"解放",但因被他们搞臭了,到处没人敢要,也没有工作证,只好放在二十四史校对组作校对,直到"四人帮"被打倒,才真正解放,现在是本社批判组的成员,由他执笔写揭批姚文元的文章,很有说服力,很有激情。

4.罗元芬,上海新华书店的一个普通营业员,他只因说了句"对陈丕显也要一分为二,陈丕显不一定打得倒",就被"四人帮"的余党徐景贤批为"难得的反面教员",反复批斗。罗不屈服,作为现行反革命判刑。到了劳改农场,还叫别的劳改犯打他。罗元芬同志被打伤了,被逼疯了!我们在落实二十三号文件中已宣布彻底平反。

5.江鸶,女,抗日战争时期参加革命的共产党员,人民文学出版社上海分社的编辑,她被诬为国民党特务,还说她藏有手枪。江不承认,被活活打死。临死前,江鸶叫:毛主席快来救救我啊!凶手说,我们打你就是救你!直打到断气。江被打死后,还连累她弟弟,结果也被逼死!"四人帮"包庇凶手,只对其中一人判二年徒刑,缓期执行,群众很有意见。最近我们在清查打砸抢中已成立专案组进行审查。

这样的例子几天几夜也讲不完。

"四人帮"迫害干部和知识分子,激起了广大干部和群众的不满,进行抵制,提出质问。"四人帮"及其余党又迫害这些同志。这样受打击的人越来越多。我们在落实中央二十三号文件的时候,对于纯属和主要属于反对"四人帮"而受到迫害的同志宣布撤消处分和恢复名誉的就有三百四十多人。

"四人帮"为了迫害知识分子,还"创造"了一个"化瘤"政策。张春桥说:"现在的一批知识分子,工人阶级怎么把它化掉?这个瘤是很强的。"他们要把革命知识分子作为毒瘤来化掉!

在"四人帮"的"化瘤"政策下,数以百计的出版干部和编创人员被赶出了出版社。有的叫"四个面向",有的叫"战高温",这些都是上海的土特产。结果上海出版系统的干部和编创人员被送到黑龙江等省和上海的工厂的共有四百多人。

"四个面向"到边远地区的,长期不准回来。后来实在拖不下去了(外地对上海这样对待干部也不满意),还是不准回市区,只好到上海办在山东、江苏等地的原料基地去工作。

到市区工厂"战高温",原来讲明是三个月,结果一战五、六年。有个女编辑,复旦大学的研究生,学的是音韵学,刚工作了二年,就去"战高温"。她是高度近视眼,还派她做精细活,结果一只眼睛失明,一只眼睛近于失明! "四人帮"就是这样摧残人材!

"四人帮"被粉碎以后,在上海新市委领导下,这许多被强迫去"战高温"的同志已经回到出版社。

"四人帮"疯狂迫害出版战线的干部和知识分子是别有用心的。

我们上海出版队伍是好的。它的领导骨干大部分是从革命老根据地随军南下的,少部分是在国统区从事进步出版工作的地下党员,中层干部和大多数编创人员是解放以后从我们自己的学校中培养出来的,或者是从部队、工厂调来和从工人业余作者中培养起来的。他们在从事党的出版事业中.为人民辛勤工作,作出贡献,在历次政治运动中得到锻炼,不断进步。在我们队伍中,也确有坏人,但那是极少数。文化大革命中经过审查,证明我们干部和知识分子的绝大多数是好的和比较好的。"四人帮"的胡说八道,是毫无根据的,"四人帮"加在我们头上的一切诬陷不实之词,应该统统推倒。

"四人帮"及其余党,从文化大革命一开始,就残酷迫害出版干部和知识分子。一九七一年,"四人帮"把"两个估计"塞进文件以后,继续迫害出版干部和知识分子。他们对出版社的干部,能打倒的打倒,能赶跑的赶跑,打不倒、未赶跑的,作为"留用人员"来监督使用。

"四人帮"为了巩固他们的统治,除了把"黑线专政论"强加给出版战线以外,"四人帮"的余党徐景贤还抛出了一个"彻头彻尾论"。他诬蔑出版战线十七年是"彻头彻尾地贯彻执行了反革命修正主义路线"。他说:"彻头彻尾,就是自始至终,从头到尾。"

对于他们的反革命"估计",出版社的许多干部不服。

张春桥恶狠狠地说:"不算'彻头彻尾',算百分之九十九好不好?"真是蛮横到了极点!

"四人帮"及其余党差不多每年都要整不服他们的老干部。

一九七四年批林批孔,另搞一套,大搞反"复辟",整了老干部。一九七五年借口学理论,一九七六年另搞一套,都趁机整了老干部。总之,他们要利用各种机会整那些不听他们话、不顺他们手的干部,老的要整,新的也要整。总要整得你抬不起头来。

"四人帮"把革命老干部当作"留用人员",实行着这样的反革命策略:大权我独揽,工作你去干,错误由你犯,最后你完蛋!

"四人帮"把编创人员也当作"留用人员",或叫"旧人员",加以监督使用。市内组稿,外地出差,都需派人"陪着"。我们编译室的党员负责人带了业务骨干到北京来借看外文图书,征求有关领导部门意见,以便制订选题,也要派一个不懂外文的工宣队员"陪着"。

"四人帮"在工宣队问题上也另搞一套。一九八六年由新生资产阶级分子王洪文控制的上海工总司派了几百人的工宣队进驻新闻出版系统,在斗批改告一段落以后,单在出版系统就留下一百几十人,结合进社、室、组三级担任领导职务。他们以帮代党,自成系统,成为"四人帮"及其余党控制上海出版系统的工具。当然多数的工宣队员是受蒙蔽的,是好的。

"四人帮"及其余党为了控制上海出版系统,还挑拨青年和中老年的关系,破坏知识分子的团结。青年同志一进出版社,就由"四人帮"的亲信、工宣队的头头、原社党委副书记○○○给他们上所谓"路线教育"课,讲出版社"敌情严重",要他们提高警惕,防止被知识分子"腐蚀",防止被老人员"潜移默化"等等,同时封青年人为"沙子",给予"工宣队待遇",非党员可以参加党的会议,可以参加编辑组长级参加的干部会议等等,引诱青年人充当他们的耳目和打手。有些受他们毒害的青年,不仅不向中老年同志学习,反以"改造者"、"占领者"自居。有些中老年同志也抱有戒心,不敢多和这些青年人接近。彼此关系被搞得很不正常。辞海编辑室有个党员老编辑,为了帮助一个新从农村调来的青年学习哲学史,介绍他看德国古典哲学著作,后来又在这个青年结婚的时候送给他一对枕头毛巾,结果被作为典型进行批判,说这位老编辑对那位青年是先从思想上腐蚀,后从物质上拉拢,强令他在党的小组会上作了多次检查。

"四人帮"不仅破坏出版社内青年和中老年知识分子的团结,他们还破坏业余作者和专业作者的关系。用"三结合"的形式编创图书,是大跃进年代开门办社的产物,"四人帮"窃取群众的创造,以"三结合"发明者自居。他们形而上学猖獗,乱批什么"特殊论"和破什么"禁区",在各类图书的编创中都强令推行"三结合"的组织形式。他们大搞形式主义,弄虚作假。他们假借工农兵业余作者和基层组织名义,贩卖"四人帮"的黑货。他们利用"三结合"来限制许多专业作者的创作,不许作家去写自己熟悉的题材,而硬要作家按照他们的意图去写"与走资派作斗争"的阴谋文艺。他们这样做,也是对作家的一种监督使用,严重地挫伤了专业作者的创作积极性,破坏了业余作者和专业作者的团结。

"四人帮"及其余党手拿"两个估计"的大棒,不断打击、迫害出版系统的干部和知识分子,目的是"改朝换代"。直到"四人帮"被粉碎前夕,他们还在大整特整,准备大换班。

去年七、八月,"四人帮"的亲信在出版社召开所谓理论讨论会,排各个出版社的"走资派"名单,说某个出版社先后三任社长是"三代走资派",诬蔑一些生活艰苦朴素的领导干部是什么"赤脚走资派"。他们还搞什么研究出版社"走资派"的"特点",说出版社"走资派"的"特点"是"既吸血又放毒"的"疟蚊"。

他们还胡说知识分子是"走资派"的社会基础,说出版社的知识分子和"走资派"的关系是污水与疟蚊的关系。

"四人帮"竟然要把出版系统的革命老干部当作"四害"来除掉,把知识分子当作污水潭来填没。

所以他们一再要搞大换班。原来被他们排挤出出版社的干部和编创人员,不许回原岗位,对于那些还在出版社工作的人员,就是他们常说的"老人马",也做了计划,准备三年内换掉百分之六十,十年内全部换光。

他们对上海人民出版社的领导班子也一再搞大换班。去年九月份,他们上报了一个增补社领导班子的名单,增加两个社党委常委和一个社革委会副主任,一个是工宣队员,两个是青年,其中一个准备担任社革委会副主任的女青年,就是张春桥亲自授意她炮制毒草小说《历史的审判》的人。他们的这个计划,因为"四人帮"被粉碎而未能实现。

从以上大量事实中可以看得很清楚,"四人帮"炮制的反革命的"两个估计",的确是压在广大出版工作者头上的两座大山,是捆绑了我们十多年的精神枷锁!它压得你直不起身,抬不起头;它使人丧失革命的荣誉感,强加屈辱感!"四人帮"妄图磨灭掉你的革命责任感,使你成为他们的雇佣劳动者。真是恶毒之极!

华主席为首的党中央和我们心连心,为我们打碎了这个精神枷锁。真是大快人心,大得人心。我们一定要团结在以华主席为首的党中央周围,高举毛主席的伟大旗帜,把揭批"四人帮"的伟大斗争进行到底!

我们上海人民出版社,原来是被"四人帮"控制的单位。"四人帮"及其余党,通过原市委写作组以及他们委派的几个亲信,控制了我们出版社。他们肆意篡改党的出版方向,鼓吹"出版部门要根据党的政治任务来安排工作",强令各种出版物都要"触及时事",为他们推行反革命的政治纲领服务,为他们大搞阴谋文艺和影射史学,出版了大量毒草和有政治错误的图书。截至十月底止,报废和作技术处理的图书,已达1467种,占一九七四至一九七六年三年出书总数的40%左右,经济损失800万元左右,超过九、十次路线斗争中损失的总和,至于政治思想上的危害,难以统计,真是流毒很广,影响很深。此外他们炮制和传播的一些错误的经验,也使得一些兄弟出版社受到毒害。不仅如此,"四人帮"及其余党,还指使我们出版社的个别人为他们摸外省的动态,为他们搞情报活动。更有甚者,"四人帮"派在我们出版社的亲信,竟以"四人帮"和在上海的代理人的身份,为国家出版局的原领导人出谋划策,妄图把领导全国出版工作的重要部门,弄到"四人帮"手里,真是罪大恶极!

近一年来,我社广大革命同志,在上海新市委领导下,积极投入揭批"四人帮"及其余党的斗争,现在情况已经有了很大的改变。

政治上,深揭狠批了"四人帮"及其余党在我们出版社犯下的累累罪行,清查了与"四人帮"阴谋活动有牵连的人和事,摧垮了"四人帮"在上海出版系统的资产阶级帮派体系。市委于今年一月间调整了社一级领导班子,我们自己也调整、充实了印刷公司、新华书店上海市店和一部分编辑室的领导班子,加强了党对出版工作的领导。

思想上，深入开展革命大批判，剥掉"四人帮"的画皮，分清路线是非，逐步肃清他们的流毒和影响。我们结合出版社的实际，把张春桥、姚文元在上海出版的书，逐一进行审查，整理成专门材料，供进一步批判用。我们在清理图书的基础上，准备举办展览，进一步使大家看清"四人帮"利用我们出版物为他们篡党夺权服务的罪行，激起大家更大的革命义愤，同时吸取教训，提高路线斗争觉悟。

工作上，在提前完成《毛泽东选集》第五卷一千三百五十万册的排印、发行任务的前提下，尽量多出一些书供应读者。到十月底止，已出初版图书717种，年底前可出800多种，超过原定计划的25%。重版图书已出234种，年底前可出到300种左右。今年秋季的中小学教科书按计划在开学前发到师生手里。工具书的印制进度已在加快。过去被"四人帮"扼杀的一些图书，也正在陆续出版。我们做得还很不够，还远远不能满足广大读者的需要。

我们是受害很深的单位，对"四人帮"的流毒和影响决不能低估，一定要把揭批"四人帮"的斗争进行到底。目前正按照市委的部署，集中力量搞好社机关的运动，把清查工作搞彻底。面上正在发动群众清查打砸抢事件，把那些搞阶级报复的坏人揭发出来，把那些"闹而优则仕"的人从领导岗位撤下去。下一步还要列出专题，进行讨论和揭批，把被"四人帮"弄颠倒了的路线是非、理论是非、思想是非都重新颠倒过来，彻底肃清他们的流毒和影响。

我们决心贯彻这次会议的精神，在国家出版局和上海市委的领导下，认真作好出版工作，为适应实现四个现代化的需要，多出书，出好书，和全国各兄弟出版社一起共同为繁荣我国的出版事业作出贡献！

（据国家出版局保存的原件刊印）

粉碎"四人帮"炮制的两个反革命"估计"
——陈原在全国出版工作座谈会上的发言

1977年12月7日

"四人帮"出于篡党夺权的反革命需要，在出版方面也炮制了反革命的"两个估计"，疯狂叫嚣开国以来出版界是"反革命专政"，胡说什么"从三十年代到建国以来贯穿着一条黑线"，"这条黑线专了我们的政"；叫嚷这条战线的干部都"烂掉了"，应当"重建队伍"，他们不但要全盘否定十七年出版工作的成就，而且要追查"三十年代黑店"，妄图全盘否定解放区出版工作和白区进步出版事业的革命传统。"四人帮"在出版方面炮制反革命的"两个估计"，其目的就是要实现他们的反革命政治纲领，矛头直指毛主席、周总理和党中央。

一、驳所谓"三十年代黑店"论

三十年代在国民党统治区(白区)的出版界，有没有黑店？有的。那就是正中书局、拔提书店、青年书店以及中国文化服务社等等。这些反动机关是国民党中统、军统、叛徒、反动分子开的。它们是不折不扣的反革命黑店。这些反动组织在全国解放时已被人民清算，财产已被没收，人员已按照党的政策分别处理和留用。应当指出：这些书店的出版物，即使在三十年代当时，也是不得人心的。它们占领不了旧中国的市场。用邹韬奋同志(生活书店创办人)的话，这些反革命黑店搞的是"杀千刀"文化，是"骂街"文化，骂民主，骂进步,骂共产党,除了"骂街"以外什么也没有。他们干的两件"大事",一是破坏团结,一是反对民主,人民是不听他们那一套的。难道"四人帮"追查的所谓"三十年代黑店",是这些反动组织么?不是的,绝对不是的。

三十年代出版界有一批"旧"出版业,还有一些"新"出版业。"旧"出版业是指民族资本家经营的出版社,如中华书局、商务印书馆和开明书店。"新"出版业是指在中国共产党影响下或领导下,以生活书店、新知书店、读书生活出版社(后来合并成为三联书店)为代表的出版社。关于这"新""旧"两类出版机构的性质,邹韬奋同志当年也作过一些分析。他说:"旧的向来偏重于教科书的出版,在基本知识上虽也占相当重要的地位,但与当前进步时代的实际运动之接触较少,就这一点说,所含的时代的进步性比较地有限。新的偏重于课余读物及一般读物的出版,与当前进步时代的实际运动较有密切的接触,因此所含的时代的进步性也比较地浓厚。"

能不能把三十年代这部分"旧"的书业,即"与当前进步时代的实际运动之接触较少","所含的时代的进步性比较地有限"的出版机构,也就是说同当时白区的进步、抗日、救亡、民主运动联系不那么密切的出版机构,都说成是"黑店"呢?显然不能够。因为这样说不符合历史主义。就拿商务印书馆来作例子吧。商务印书馆创立于一八九七年,八十年了,是中国近代史上第一家稍具规模的出版社。有一个时期甚至还掺进了官僚资本(解放后这部分已没收),大部分却还是民族资本。它出过少数坏书,但主要还是做了大量的启蒙工作和文化积累工作,同那些宣传帝国主义法西斯主义"杀千刀"文化的正中书局之类是有本质区别的。商务印书馆存在的八十年间,经历了旧民主主义、新民主主义和社会主义三个革命时期,它本身经历了由资本家经营到公私合营到现在国营三个阶段,它所出的书刊,在一定意义上说,是中国人民从失败挫折走向伟大胜利的历史见证。这样的"旧"书业,尽管它有一千条错误一万条不对,它不是人民的敌人,不能把它称为"黑店"。

"四人帮"爪牙追查"三十年代黑店",确实也不是追查像商务印书馆那样的"旧"书业。"四人帮"所谓从三十年代到十七年"黑线专政",它所指的是三联书店,即中国共产党影响下或领导下的生活书店、新知书店和读书生活出版社;他们用捏造的谎言来欺骗不明真相的革命群众,矛头指向毛主席、周总理,指向我们党所领导的革命运动,以便达到他们"改朝换代"的反革命目的。

三十年代白区的出版工作,是三十年代白区文化运动的一个组成部分。关于"五四"以后到抗日战争时期,或一般称之为"三十年代"这个时期的白区(国民党统治区)进步文化运动,毛主席早在一九四〇年就做了科学的总结。毛主席说:"二十年来,这个文化新军的锋芒所向,从思想到形式(文字等),无不起了极大的革命。其声势之浩大,威力之猛烈,简直是所向无敌的。其动员之广大,超过中国任何历史时代。而鲁迅,就是这个文化新军的最伟大和最英勇的旗手。"

毛主席十分关心根据地和白区的出版工作。读书生活出版社创办人之一李公朴先生,就是后来被国民党特务暗杀了的李公朴先生,一九三八年十二月访问延安,毛主席曾亲自到招待所去看他,并且同他谈到形势和书店工作问题。现在我们找不到全文记录了,据当时由延安送回白区来的摘要看,毛主席曾经具体地指示了书店工作的路线。我们最近查出一九三九年三月十八日重庆生活书店出版的内部油印刊物《店务通讯》第四十期,有下面的一条消息,标题是《毛泽东先生在去年十二月答复杜绝先生的问话》(杜绝即李公朴的化名)。这条消息传达了毛主席对形势的分析和对出版路线的指示,其中说:

"敌人在攻陷粤汉之后,还要继续进攻西安、宜昌、衡阳、南昌、韶关以及粤闽的几个重要城市的。这些地方,在目前虽然不会立刻失掉,但迟早终不免要失掉的。这样,将来我们的后方更要缩小,可以利用的后方更小,因此,书业界的工作,便不得不向游击区去谋发展,同时,也是适应那边的需要,工作的地域大概可以分为华北、华中与华南三区,每区的游击根据地可以作为经营的中心地点。工作必须与当地军队取得联络,与自己在后方的店取得经常联系是不可能的了,因为交通太困难。所以各战区的工作又必须是独立的,自印自卖。印出的书本,应该也只能是薄薄的了。"

毛主席的科学预见,后来完全为历史的发展所证实。毛主席的战略部署,即于一九三九年由周总理亲自贯彻执行。周总理安排了三联书店一部分工作人员带了一部分纸型,转移到敌后根据地,同八路军、新四军等抗日队伍取得联系,开展工作(后来陆续办华北书店、大众书店,后改为韬奋书店,稍后有光华书店等等)。周总理还亲自指示在白区坚持工作的出版人员,执行毛主席党中央规定的白区工作"隐蔽精干、长期埋伏、积蓄力量、以待时机"的总方针,具体部署了第一线出版机构(态度比较鲜明)和第二线出版机构(保护色比较多),以适应新的斗争环境的需要。就在一九三九年这一年,毛主席还亲自规定了"每个根据地都要建立印刷厂,出版书报,组织发行和输送的机关"。这样我们党就有了根据地和白区两支革命的出版队伍,在不同的战场上,互相呼应,互相支持,为着共同的革命目标,进行了艰苦卓绝的斗争。能够把坚持在白区工作的出版机构诬陷为"黑店"么?完全不能。

坚持在白区工作的这支出版队伍,在同敌人即国民党反动派的黑店斗争中,取得了压倒优势的胜利,这是历史的真实;但是国民党反动派利用它的统治地位,对白区进步出版事业实行法西斯镇压,妄图摧毁白区进步出版事业,斗争是很残酷的,但敌人的妄想从未实现。韬奋同志病重时曾回忆过这样的斗争场面,他说:

"一九三九年四月,(国民党反动派)先从西安生活书店分店'开刀',不但将店封闭,经理及职员逮捕,而且将所有生财用具搬移一空,形同劫掠。……自一九三九年四月起至年底,不到几个月,由西安而天水,而南郑,而宜昌,而万县,而沅陵,而吉安,而临川,而南城,而赣州,而金华,而丽水,而立煌,而福州,而南平,而曲江,而梅县,而兰州,而衡阳,而贵阳,而桂林,而成都,而昆明等等五十余处的生活书店分店负责人遭受同样的苦难。负经理责任的高级干部被无辜逮捕的达四十余人之多。"(见《韬奋文集》)

这只是白色恐怖的一个小小的侧面。坚持在白区斗争的进步出版队伍,在白色恐怖面前吓倒了么?没有!投降了么?没有。一个被捕了,另一个冲上去;一个店被"查封"了,改了一个新招牌挂出来。真所谓前仆后继。这支小小的队伍,出版了一本又一本宣传马列的书,如《资本论》(读书出版社),如《反杜林论》(生活),如《帝国主义论》(新知),记得老一辈革命家常说,三十年代出版的《资本论》,教育了我们在战火中成长的一代人;记得毛主席说过,《反杜林论》的翻译,"功不在禹下"!这是对我们这支小小的革命队伍的微薄工作最高的评价!为什么这支队伍不被敌人所压垮?因为他们心中有个红太阳,他们向往着延安,向往着在孕育中的新中国;因为毛泽东思想的阳光永远照耀着他们的阵地,永远激励着他们前进。能够把这样的革命机构诬陷为"黑店"吗?能够把这样的一支革命队伍诬陷为"黑线人物"吗?不能!永远不能!

毛主席、党中央同革命人民心连心。毛主席、党中央知道、了解并且赞许了这支(那怕是很小)的革命队伍。一九四九年七月中共中央作出了关于三联书店今后工作方针的指示,中共中央指示的第(一)条明确指出:

"三联书店(生活、新知、读书出版社),过去在国民党统治区及香港起过巨大的革命出版事业主要负责者的作用,在党的领导之下,该书店向国民党统治区域及香港的读者,宣传了马列主义、毛泽东思想和党在各个时期的主张,这个书店的工作人员,如邹韬奋同志(已故)等,作了很宝贵的工作。"

中共中央指示第(二)条(甲)项还明确指出:"三联书店与新华书店一样是党的领导之下的书店。"

当时曾经在白区坚持革命出版工作的同志们,听到中共中央、听到毛主席的声音,真是感动到落泪。他们缅怀与敌人顽强斗争甚至贡献出自己最后一滴血的战友,他们揩干了自己身上的血迹,踏入新中国,迎接新的革命任务。毫无疑问,"四人帮"把这些革命出版机构诬蔑为"黑店",矛头只能是指向我们的党,指向伟大的领袖和导师毛主席,指向敬爱的周总理的。

在这里有必要讲一下邹韬奋同志。邹韬奋同志生于一八九五年,如果活到现在,八十多岁了。他是个知识分子。他是白区坚持进步和革命出版事业的一面旗帜。他被国民党反动派迫害,坚持不屈,颠沛流离,转到解放区后,又被重病(癌)折磨,于一九四四年逝世。他在一九四四年六月二日病危时口述遗嘱中说:

"我自愧能力薄弱,贡献微小,二十余年来追随诸先进,努力于民族解放、民主政治和进步文化事业,竭尽愚钝,全力以赴,虽颠沛流离,艰苦危难,甘之如饴。此次在敌后根据地视察研究,目击人民的伟大斗争,使我更看到新中国光明的未来。我正增加百倍的勇气和信心,奋勉自励,为我伟大祖国与伟大人民继续奋斗。但四五年来。由于环境的压迫,我的行动不能自由,最近更不幸卧病经年,呻吟床褥,竟至不起。但我心怀祖国,惓念同胞,愿以最沉痛迫切的心情,最后一次呼吁全国坚持团结抗战,早日实行真正的民主政治,建设独立自由幸福的新中国。"

在遗嘱的后段,韬奋同志严肃地向党提出了自己的愿望。他说:"我死后,希望能将遗体先行解剖,或可对医学上有所贡献,然后举行火葬,骨灰尽可能带往延安。请中国共产党中央严格审查我一生奋斗历史,如其合格,请追认入党,遗嘱亦望能妥送延安。"

韬奋同志的遗嘱秘密带到延安。毛主席、党中央很快就作出了相应的决定。中共中央一九四四年九月二十八日发出唁电,其中说:"韬奋先生二十余年为救国运动,为民主政治,为文化事业,奋斗不息,虽坐监流亡,决不屈于强暴,决不改变主张,直至最后一息,犹殷殷以祖国人民为念,其精神将长在人间,其著作将永垂不朽。先生遗嘱,要求追认入党,骨灰移葬延安,我们谨以严肃而沉痛的心情,接受先生临终的请求,并引此为吾党的光荣!"

同年十一月十五日,毛主席题词,又一次对这位坚持白区革命出版事业的战士作了崇高的评价。毛主席题词说:热爱人民,真诚地为人民服务,鞠躬尽瘁,死而后已,这就是邹韬奋先生的精神,这就是他之所以感动人的地方。五年之后,祖国大地解放了。一九四九年七月,我们能在北京举行韬奋同志逝世五周年纪念会,周总理为纪念会题词说:"邹韬奋同志经历的道路是中国知识分子走向进步走向革命的道路。"

这就是"四人帮"诬陷的所谓"三十年代黑线"的"代表",这就是"四人帮"追查的所谓"三十年代黑店"的创办人之一。关于这段历史,解放后很少讲到;亲身经历过白区斗争的这一个小小的出版队伍,认为自己的微薄工作只不过是每一个革命者所应当做的,每一个爱国者所应当做的,同整个革命事业比起来,不过是沧海之一粟,本来不值得提及,因此大家都不怎样说。但是"四人帮"指鹿为马,指红为黑,竟然诬陷革命组织为"黑店",竟然把那些与敌人英勇斗争的队伍说成是叛徒特务,使我们不能不恢复这页历史的本来面目,戳穿"四人帮"的造谣诬蔑,揭露他们利用有些同志不明真相,大肆打击干部,给党抹黑的阴谋。

以三联书店为代表的三十年代革命出版事业,不是什么"黑店",而是在党领导下、影响下,在白区传播革命思想的文化机关,不管它有过多少错误,走过多少弯路,它仍旧是波澜壮阔的白区革命文化新军的一个支队。野心家阴谋家想把它打成"黑店",想不分青红皂白把三十年代出版全盘否定,是决计办不到的。

二、驳所谓十七年"反革命专政"论

一九四九年从根据地和白区来的两支革命出版队伍，在北京胜利会师了。毛主席为这次会师题了词："认真作好出版工作"。从此革命出版工作就开始了新的一页。"四人帮"抛出"两个估计"，大肆宣扬从三十年代到十七年都贯穿一条黑线，叫嚷这十七年是"反革命专政"，一笔抹煞毛主席革命路线的主导地位，一笔抹煞广大出版工作者为社会主义事业付出的辛勤劳动，完全否定党领导下建国以来出版事业的巨大成就。其反革命目的是昭然若揭的。

十七年出版界果真是"反革命专政"吗？不。出版工作是上层建筑，它为上层建筑服务，同时也为经济基础服务。各条战线的斗争，包括上层建筑各个领域的斗争，都毫无例外地反映到出版物中。如果说我们的教育工作、科技工作、文艺工作、卫生工作、体育工作以及工农业生产等方面的工作，都是毛主席革命路线为主导，那么，反映各条战线斗争具体成果的出版物，怎么能够说是"反革命专政"的产物呢？

出版工作是文化事业的一个部分。毛主席从来没有否定过整个文化工作。毛主席从来认为我们党在意识形态领域的斗争，在团结、教育、改造知识分子方面的斗争，是卓有成效的。即使在发现刘少奇反革命修正主义路线严重干扰的时候，毛主席还提醒我们"不能低估电影、新诗、民歌、美术、小说的成绩"。毛主席从来就教导我们要学会辩证法，一分为二。毛主席教导我们要分清主流还是支流，分清全局还是局部，分清是多数人还是少数人的问题，分清是一贯如此还是一定时期的问题，总之，要分清是本质还是现象，要分清是延安还是西安。十七年出版工作是有错误的，甚至还有过严重错误，在某些问题上教训是很大的。刘少奇反革命修正主义路线有过干扰和破坏。特别像我这样觉悟不高的人，过去十七年做过一定的负责工作，造成的错误是不少的。这当然是事实。谁也不会否认这些事实。但同时也决不能不看到另一个事实：十七年毛主席、周总理以及老一辈革命家，历来就十分关怀我们的文化领域的工作，其中包括出版工作。毛主席、周总理、党中央，这些年来总是坚持真理，坚持斗争，排除干扰，拨正航向，把出版工作引导到为整个无产阶级革命事业服务、为工农兵服务的轨道上来。这个斗争是很激烈的，而每一次斗争总是以无产阶级获得胜利而告结束。这就是毛主席革命路线占主导地位的具体含义。这也是整个过渡时期阶级斗争、路线斗争的规律在出版工作方面的具体表现。红线同黑线斗，红线胜利了，黑线干扰被排除了，这就是十七年的出版史。这样的现实怎么能诬陷为"一条反党反社会主义的黑线专了我们的政"呢？怎么能诬陷为"资产阶级及其代理人"篡夺了出版领导权呢？

"四人帮"从出版方面反革命的"两个估计"出发，进一步给人们捏造了一幅与历史真实完全不符的图画。他们胡说什么十七年出版工作的具体路线完全错了，领导权落在叛徒、特务、走资派以及反革命分子手中了，整个出版队伍都烂掉了，是个"黑班子"，十七年出版的几十万种图书都是"封、资、修大毒草"。

先说出版工作的具体路线。全国一解放，我们两支队伍会师，就建立了无产阶级专政的领导出版工作的国家机关，使我们的工作能顺利地沿着毛主席革命路线前进。我们建立了国家出版社，最初是人民出版社，人民教育出版社，然后是几十个专业出版社。建立了国家发行机构和印刷厂。每个单位都由党派去了热爱社会主义出版事业的、坚决执行毛主席革命路线的、懂行的或接近于懂行的领导班子。这样的一部出版"机器"，是社会主义的机器，决不允许"四人帮"诬陷它是叛徒特务把持下的"黑店"。

在建立无产阶级出版机构的同时，我们对资产阶级的私营出版社进行了社会主义改造，合并调整了机构，安排了人员，明确了任务。全行业公私合营于一九五五年完成，比其他行业提早了一年。这完全符合毛主席革命路线。这难道能称为"黑线"专政吗？

从第一次全国出版行政会议起,就提出了出版工作第一项任务就是宣传马列主义,因为一定要宣传马列,我们的工作才能有基础。我们把出版工作当作阶级斗争和思想斗争的武器,当然也是生产斗争的工具。我们从那时起就提倡首先要用马克思主义来教育人民,才能巩固无产阶级领导权。我们从那时起坚持认为,出版工作是宣传马克思主义最集中、最有效、影响最广泛的武器。这难道不符合毛主席无产阶级革命路线吗?我们不只这样提出课题,而且认真的这样做了。自然有黑线的干扰,也有斗争,但不管怎么样,方向总是沿着毛泽东思想的大道走的。

"四人帮"疯狂地诬陷我们的出版队伍是"黑线人物"、"黑苗子"、"黑尖子"、"黑干将"。事实表明,我们的队伍是由四部分人组成的:少数从根据地和白区来的出版队伍,他们有的当领导,有的是骨干,他们曾出生入死跟着毛主席,跟着党闹革命,他们是忠诚于革命事业的战士;一大批是解放前后毕业的大学生、中专学生,他们在旧社会中出生,在新社会中成长,他们经历过政治风浪,他们掌握了熟练技能,他们是我们事业的中坚,他们绝大多数没有任何理由不热爱我们的社会主义事业;还有一大批是每年补充进来的青年,大学毕业生或者其他知识分子,他们是在甜水中长大的,他们绝大多数是我们要培养的接班人;当然还有少数从旧社会来的老知识分子,他们的政治情况弄清楚了,他们是爱国的,是爱社会主义祖国的,多少年来的实践证明,他们中绝大部分是热心把自己的才能知识贡献给祖国的壮丽事业的。这就是我们十七年出版队伍的粗略蓝图。有坏的么?有,只是极少数。能够把这样一支队伍诬蔑为"黑班子"么?能够把这叫做"招降纳叛"么?

"四人帮"诬陷十七年出版部门"大放封资修毒草",完全与事实不符。把我们要批判地继承的著名的、中国和外国的、古典的作品("名洋古")与"封资修毒草"等同起来,都斥之为"黑书",这是对革命事业的破坏。毛主席教导说,"康德和黑格尔的书,孔子和蒋介石的书,这些反面的东西,需要读一读"。我们出版部门在大力宣传马克思主义的同时,有一个任务,就是要提供这样的一些代表作品,这决不能叫做"大放毒草",否则便是违反马克思主义,违反毛泽东思想。这个道理是谁都明白的,我不想多讲了。十七年出了一些坏书,但这不过是少数,恐怕连百分之一都不到。这是黑线干扰造成的。不能以小小的局部代替全局。

总的说来,不论从出版工作的具体路线,从领导权到队伍,从出书的规模、内容和质量来看,十七年来尽管有刘少奇修正主义的干扰破坏,归根到底还是毛主席的革命路线占主导地位,而不是"四人帮"诬陷的那样,决不是什么"反革命专政"。

三、斥所谓"反黑线回潮"

"四人帮"在出版方面炮制两个反动"估计",其后果是严重的。到了一九七三至一九七四年,"四人帮"急于进一步篡党夺权,打击和陷害一大批刚刚恢复工作的老同志,在很多地方掀起了所谓"反黑线回潮"的罪恶活动。我们出版口——国家出版局某些领导人是在这样的背景下,也拼命搞"反黑线回潮"。前出版口主要负责人于一九七四年三月二十三日给各单位负责人的一封信中,系统地提出了这个口号:"批判修正主义路线回潮,批判资产阶级复辟的反动思想"。先有"黑线专政"论,然后有"反黑线回潮"的活动。清华反"复旧",我们还嫌不够,提出反"复辟"。复旧还可以解释为思想方面的问题,复辟则完全是政权方面的意义。是政治,而不是别的什么。

所谓"反黑线回潮",在我们出版系统是一场惨痛的斗争。究竟反什么东西,究竟哪些所谓"黑线专政"的东西回了潮,当时就没搞清楚。有一点是很清楚的:整了人。在出版局,在中华商务,在人民出版社,在文学出版社,也许还有别的单位,都整了人。我这里有一份当时出版局整理"发给各单位参考"的文件稿,叫做《黑

线回潮的几种表现》.洋洋八页纸,试从这里摘出几点,看看究竟要反什么东西:

有人认为出版战线"不仅不是空前繁荣,一般繁荣,连初步繁荣都没有",这是一种"黑线回潮"。事实难道不是这样么?那时书店里除了样板戏之外,几乎什么书也没有,这是"四人帮"推行资产阶级文化专制主义的严重后果。说没有初步繁荣,怎么能叫"回潮"?毛主席一九七五年尖锐地指出,"百花齐放都没有了。""怕写文章,怕写戏。没有小说,没有诗歌。"试问出版繁荣可能么?

有人"攻击组建出版队伍是'破坏了一支队伍'",这又是一种"回潮"。难道不是这样么?一九七二年说这话的时候,直属出版系统大批同志还在湖北,"你们归你们,我们归我们",乱点鸳鸯谱,能做的不让做,让做的不会做,难道这不是破坏队伍?制造新老同志之间的矛盾,制造军民之间的矛盾,难道这不是破坏一支队伍?这是把说真话叫做"回潮"。还有一件"回潮":"'大放封资修毒草',有人竟提出'大放'两字是否过重了"。这位"有人"其实还不敢反对这个紧箍咒,"仅仅说了'大放'两字是否过重了"就被打成"回潮",天下间还有这样不讲道理的事么?

有人说,"有些文章挂的是工农兵的名,实际上是别人写的。"这也叫做"回潮"。问题是这是不是事实。每一个同志都可以回答,有这样的事实。难道指出这种弄虚作假叫做"看不起工农兵"么?难道这种不正之风不该反对么?

有人"竟支持要请谢冰心写邢燕子"。这又是"回潮"。谢冰心不是反革命,是个作家。人老了,这是事实。党纪国法哪一条规定不许一个年老的作家去写一个年青的模范人物?"回"哪一家的"潮"?何况事实并不是"请"她写,只不过谢冰心征求这位同志的意见,问她写邢燕子好呢还是写别的题材好?"有人"不过说,还是写邢燕子罢。难道要不表态,或反对写,才叫做不"回潮"?

有人说,中华商务"方针任务不变".这是大大的"回潮",整了半年,一年,最后把这个"有人"赶走,而最后还没有查到这位同志在什么地方什么时候什么大会或小会上讲过这句话。即使讲了,有什么错?"方针",古为今用、洋为中用的方针,变了么?但当时叫做维护"黑线专政",真可怕呀。

有人"规定"外国史只搞到'三个来源'"。这个"回潮"真是荒唐到了可笑的程度。这个"有人",就是我自己。外国史并没有"三个来源",我当然不可能规定过"外国史只搞到'三个来源'"。三个来源是列宁说的,马克思主义的三个来源,一九七三年初我奉命制订编译出版马克思主义三个来源的代表作规划,这就叫做"回潮"。这岂不是反到马克思主义头上了?

如此等等,我不想再引用这个文件了。可见,当时所谓"反黑线回潮",其实并没有能够提出反对什么东西。真是"醉翁之意不在酒"。正如《红旗》今年第六期所明白指出的,"反回潮"的真正背景,是周总理根据毛主席指示,从一九七二年起陆续解放和任用了一批老同志,落实党的干部政策,这在"四人帮"看来就是他们篡党夺权的阻力。所谓"反黑线回潮",就是整人,整坚持毛主席革命路线的老中青干部,打垮这些人。从炮制"两个估计"到"反黑线回潮",这是"四人帮"反革命政治纲领逐步加紧进行的历史见证。不推倒反革命"两个估计",不砸烂"四人帮"强加在我们头上的精神枷锁,不搞清楚所谓"反黑线回潮"的勾当,不把诬陷不实之词一一推倒,不能平民愤,不能调动积极性,不能使出版工作大干快上,完成党交给我们的重大任务。在揭批"四人帮"的第三个战役中,我们一定要打好这一关键性的仗。

(据国家出版局保存的原件刊印)

外贸部关于组织中国画出口问题的报告

1977年12月13日·(77)贸出四字第227号

此件已经国务院批准

接到邓副主席、李副主席对《建议成立中国出口书画社》的人民来信的批示后,我部当即召集有关公司和北京市外贸局的同志,以及写信的徐铭同志,传达了中央领导同志的批示,通过学习批示,大家表示,要更好地做好国画出口工作,同时进行了研究布置,并和文化部等单位有关负责同志分别交换了意见。现将我部关于组织中国画出口问题的意见,报告如下:

(一)国画应当积极组织出口

国画出口工作,过去横遭"四人帮"一伙的阻挠、破坏。当前,在深入揭批"四人帮",繁荣美术创作的基础上,积极组织国画出口,有利于对外文化交流和扩大我国际影响,也有利于支援国家社会主义建设,应当尽可能多组织一些出口。

国画出口额,文化大革命前,一年约十多万美元,一九七二年有所增加,七三年曾达到一百五十八万美元,以后由于"四人帮"的破坏,出口额下降,七六年只出口九十四万美元。以上出口国画中,经文物管理部门鉴定可以出口的古旧画约占一半,另一半是工艺美术部门生产的仿古画,木版水印画和现代国画家的创作,其中属于新、老国画家创作的国画,大约占整个国画出口额的百分之十,即每年出口约十万美元左右。

从当前国画家的情况看,现存知名国画家,据文化部估计,全国不过百余人,而且多半年事已高,青年画家的培养,有个过程。从外销情况看,国画作品,主要销港澳、东南亚地区,供收藏家、鉴赏家收藏或作为礼品馈赠,着重于画家名望和艺术水平,日本、欧、美也可销一些。随着我国文化、美术事业的发展,国画的创作和出口会有所发展,我们要抓紧时机,努力将出口国画工作做好。

(二)出口国画的组织创作,建议由文化主管部门统一安排,调拨给外贸部门出口

当前,出口国画的组织创作,国内各个单位的做法不一致,问题也多。我们建议,出口国画,除了仿古画、木版水印画仍按现行办法,由工艺美术部门生产后,由外贸部门收购出口外,对于当代画家新创作的国画,由文化主管部门统一组织,调拨给外贸部门出口。文化部艺术局直接领导的"中国画创作组"即将成立,该局负责同志意见,这个创作组提供出口国画的任务,由文化部委托北京荣宝斋和外贸部所属中国工艺美术品进出口总公司对口。我们赞成这个意见。其他地方,外贸出口国画的组织供应,也拟按此精神办理。请哪些画家作画,双方可以协商,主要由文化部门选择。国画作品的题材、内容,以及付酬办法,按文化主管部门的规定办理。外销情况和国外的要求、反映,外贸要经常向文化部门反映。文化部门组织画家创作需要的部分绘画用具、材料、物料等,外贸也在可能条件下积极予以支持。

(三)出口国画的对外展卖、销售,建议都经由外贸途径统一进行

目前,出口国画多头经营,除外贸部门出口国画外,文物商店、友谊商店、外轮供应公司、国际书店、荣宝斋等都经营销售,为了统一对外,加强管理,建议都统一归口经营或统一管理。

以上意见已征得文化部、国家文物局、国家出版局同意。妥否,请批示。

主送:国务院

抄送:文化部,国家文物局,国家出版局

(据国家出版局保存的原件刊印)

中共中央宣传部张平化部长在全国出版工作座谈会上的讲话

1977 年 12 月 16 日

这次出版工作座谈会开得很及时,开得很好。我们听了汇报,看了你们讨论过的文件,今天我和朱穆之同志代表中央宣传部来看望同志们,向同志们表示祝贺。

这次会议揭批了"四人帮",特别是愤怒地声讨了"四人帮"制造所谓"两个估计"的罪行,把颠倒的历史重新颠倒过来了。这两个"估计"是"四人帮"为了篡夺党和国家最高的领导权所玩弄的阴谋。对教育界的"两个估计"和对出版界的"两个估计"是同一个时期出笼的。把教育界十七年说成是黑的,把出版界也说成是黑的,这是完全不符合事实的,这是和毛主席相对抗的。"四人帮"是一伙反革命组成的反革命集团,为了实现他们的反革命目的,他们就要打着马克思主义的旗号,特别是要打着毛主席的旗号,反对毛主席,反对马克思主义,篡改、歪曲、伪造,所有这些卑鄙的手法,都是为了达到他们篡夺党和国家最高领导权的目的。

我们知道,我们的党从建党以来,一直就存在着两条路线的斗争。在我们党的历史上,重大的路线斗争已经经历了十一次。但是,从遵义会议之后,我们的党一直是在毛主席为首的党中央领导下,毛主席的革命路线始终是在我们党里面起主导作用,占统治地位的。这个历史是我们全党都知道的,历史的事实充分证明了的,四十多年来大量的历史事实证明了的。尽管路线斗争始终存在,而且经过了十一次大的路线斗争,错误路线占统治地位的,只有一次右倾机会主义,三次"左"倾机会主义。陈独秀右倾机会主义在我们党占统治地位,断送了第一次大革命,使革命受到了很大的损失。我们批判了陈独秀右倾机会主义之后,又出来了三次"左"倾机会主义。一次叫瞿秋白的盲动主义,在一个短暂时期占了统治地位。再一次李立三的"左"倾机会主义,也曾短暂地占了统治地位。第三次"左"倾机会主义,这是王明的教条宗派,统治了我们的党,实行了比前两次更加严重的"左"倾机会主义,叫王明路线。这次统治了我们党四年之久,从一九三一年一月到一九三五年一月。遵义会议扭转了局面,结束了王明"左"倾机会主义路线的统治,确立了伟大领袖毛主席在我们党中央,在我们全党的领导地位,使中国革命转败为胜,转危为安。遵义会议挽救了我们红军,挽救了党,挽救了中国革命,这是一个历史上的转折点。从这次以后,也还发生过多次的重大路线斗争,但是所有那些机会主义,不管以什么面貌出现的,通通没有在我们党占到统治地位,对我们的干扰破坏那是有的,甚至有的是严重的干扰破坏,但都没有占统治地位。新民主主义革命时期,大家知道了,是怎样。社会主义时期也有几次重大的路线斗争,但是机会主义都没有占统治地位,毛主席革命路线一直是起主导作用的。这个历史同志们都清楚。

为什么"四人帮"偏偏要制造所谓十七年是右倾机会主义占了统治地位呢?无非是要把毛主席的正确路线说成错误路线,要把所有的一大批的中央和地方坚持毛主席革命路线的这些干部说成是"坏人"、"修正主义分子"、"走资派"、"死不悔改"的,还对有一些人加以"叛徒"、"特务"这样的罪名。有了这些罪名,才好把这些人打倒;把这些人打倒了,"四人帮"才能够把我们党和国家的最高领导权掌握在自己手里。这个十七年有没有机会主义路线干扰破坏呢?有的。刘少奇的这个右倾机会主义对我们党的事业、革命事业的干扰破坏是严重的。毛主席率领我们党和刘少奇的右倾机会主义作斗争,一次又一次的斗争,一直到发动史无前例的无产阶级文化大革命。(略)但是,正像毛主席反复讲过的,我们党的干部绝大多数是好的,比较好的,也正好说明毛主席的革命路线始终占主导地位,起主导作用。如果说有红线、有黑线,红线是主要的,是主流,如果没有这一条红线作为主流,就不可能想象我们能够取得这样伟大的胜利:在取得了新民主主义革命胜利之后那么顺利地转变到社会主义革命;在社会主义革命时期那么迅速地恢复经济,完成新民主主义革命时期没有完成的那些东西;接着就进入到社会主义革命和社会主义建设;在社会主义革命和建设中又取得了伟大胜利。(略)

我们揭发批判"四人帮"的罪行,揭批他们的反革命修正主义路线,会不会影响毛主席的威信?我看丝毫不影响。会不会影响对文化大革命的正确对待?我看丝毫不影响。恰好相反,只有彻底揭发批判"四人帮",揭发批判"四人帮"的反革命罪行,揭批"四人帮"的谬论,才能够使毛主席的思想,毛主席的路线,毛主席制定的方针政策更加深入人心,更加贯彻到各方面,更加发挥它的威力。我们要高举毛主席的伟大旗帜,就必须深入地、彻底地揭批"四人帮";只有彻底地揭批"四人帮",才能巩固发展文化大革命的胜利成果。正是为了巩固和发展无产阶级文化大革命的胜利成果,我们更要深入地彻底地揭批"四人帮"。因为"四人帮"对无产阶级文化大革命的干扰破坏最严重。(略)

"四人帮"确实是非常阴险的,隐蔽的,伪装是很多的,画皮是很多的。为什么能够这样顺利地把他们粉碎了?同志们,不知你们事先想到过没有,是那么顺利地把"四人帮"粉碎了,粉碎之后那么顺利地开展了这场政治大革命,揭批"四人帮"的这场政治大革命又开始使我们全国的各项事业发展得那么迅速,那么好。同志们,事先你们预料到了没有?也可能有预料到的,我是没有预料到。在"四人帮"掌权,闹得不亦乐乎的时候,忧心忡忡啊!那时讲也不好讲,没法讲,这样下去怎么得了啊!我们的党是什么样子,我们的国家前途将是什么样子,为前途担忧。那个时候,很多同志身体都不好,和精神上有很大关系,担忧啊!心情不舒畅啊!听到粉碎了"四人帮"的消息,大家出乎预料,真是好得很。哎呀,还有今天啊!我看同志们,这个心情都差不多吧?为什么那时北京的酒都脱销了,为什么一串四个螃蟹到处卖?全党、全军、全国各族人民的高兴是难以用语言形容的,这又是一次转折,是历史的转折点。要光明的中国还是要黑暗的中国?那时不光我们担忧,世界的朋友也在担忧。现在一年多了,看得更清楚了,信心更高了,我们对英明领袖华主席的认识也更加深刻。当时听了这个消息,大家就欢呼英明领袖华主席,华主席确实是毛主席亲自选定的好接班人,好领袖,好统帅,大家实在从内心里感到高兴。又经过一年多的斗争,进一步加深了对英明领袖华主席的认识。以华主席为首的党中央领导的那么好,使这场揭批"四人帮"的斗争发展得那么迅猛,又那么稳定,全国的形势确实好得很。

　　最近华主席在全国计划会议上作了一次极其重要的讲话,分析了这个形势,同志们都学习了,还要继续学习,要好好学习。华主席分析了今年以来,粉碎"四人帮"以来的这个形势,分析了今年初见成效的八个表现,对今后的任务也说得很清楚,对揭批"四人帮"的运动作了全面的估计,反复强调,我们既要立场坚定,旗帜鲜明,把这场运动搞到底,绝不能手软,又要充分注意政策。一定要坚决执行党的第十一次代表大会所规定的政策界限。根据全国的情况来看,全国大多数地区和多数部门的情况来看,是完全可以实现的。在今年或稍长一点的时间内,把和"四人帮"的篡党阴谋活动有牵连的人和事基本查清是完全可能的。一定要抓紧实现这个要求。当然,运动发展不平衡,有少数地区、少数单位,可能在这段时间内还不能基本查清,也还要比较长一点时间,继续查清。就是说,有那么少数地区和单位动手迟了,运动搞得不好,甚至有的单位现在还在那里捂盖子，这是讲少数地区少数部门，这种情况应该迅速改变。

华主席讲了我们的奋斗目标，这次计划会议，是鼓舞人心的，订出了很好的计划。今年已经初见成效，三年大见成效是完全可能实现的。而明年一九七八年就是三年大见成效的一年。三年大见成效按照原来的意见讲，是讲七八、七九、八〇三年。华主席讲，现在看来，可以不到八〇年，可能提到七九年，就这三年。连这个初见成效一年加到一块，三年，也就是说三年内。在中央工作会议上华主席讲话里面有一个"内"，三年内。但是，检查工作还是按八〇年。八〇年是五五计划最后一年，跟五五计划统一起来了。这次计划会议不但是搞了近两年的计划，还做出了到八〇年的计划，进一步落实计划。还做了八五年的规划，还有二十三年的规划。毛主席提出的、周总理在人大庄严宣布的，要在本世纪末实现四个现代化，建立一个现代化的社会主义的强国。根据计划来看，这远景来看，奋斗目标越来越具体，有充分的条件，只要我们搞得好是可以实现的。华主席有一个讲话稿。中央同志要求我们好好学习华主席的讲话。

这次会议不但是在出版方面能够取得好的效果。对会议的报告，给国务院写的报告，我看写得好，里面的观点、提出的原则，有些打算还是好的，这是这次会议的总的报告。还有一个是克服混乱的报告，那个七条，我看也是好的。如果说这次会议开得有收获，这两个文件就表现了这次出版工作会议的收获。还有两个文件也是好的。关于出版科技图书的报告，还有工具书的报告，都很重要。问题是会议讨论的东西怎么贯彻执行，一方面报告国务院，国务院还可能报告党中央。如果能够国务院批转一下，或者党中央批转一下，那就更好一些。但是，关键还是靠我们去干，靠人嘛。有了好的文件，还要我们去付诸实施。精神变成物质，物质变精神。因为这个精神从物质来的，从你们实践中来，总结正反两个方面的经验得出的结果，才能写出这个文件来。有了这个精神产物，还要到群众里面去,变成物质。我想这次会议是能够起到这样的作用的。加上我们要好好学习华主席的讲话,不但是对出版工作起作用,对各方面工作都会起积极作用,都会取得更大胜利。

我就讲这么一点。讲得不对的地方请大家批评。另外,我还希望穆之同志再讲一讲。

请同志们捎个口信,希望各省、市、自治区党委的宣传部要管出版工作。

(几个同志根据记录整理,未经张平化同志审阅)

(据国家出版局保存的原件刊印)

中共中央宣传部朱穆之副部长
在全国出版工作座谈会上的讲话

1977 年 12 月 16 日

　　刚才平化同志代表中宣部作了很重要的讲话。听过了会议的汇报,觉得会议开得非常好。出版工作在粉碎"四人帮"后的确是有了很大的改变。刚才平化同志传达了华主席的指示,对当前的形势认为非常好,初见成效已经切切实实地实现了。我想,出版工作方面也表现了出来。我们大家都很高兴。祝贺会议成功。特别是从汇报里听到会议着重谈了路线、方针、政策这方面的问题,的确感到把主要路线是非澄清,就可以保证今后的出版工作有一个更新、更大的发展。也可以说出版工作一年初见成效已经实现了,三年大见成效肯定是能够实现的。

　　现在的问题,华主席在几次会议上提到,就是说不能满足我们现在的状况,要高速度。这是在国民经济发展方面提出的。我想高速度恐怕不只是经济方面,一切的工作恐怕都要高速度,这样才能三年大见成效,而且可以比我们设想的还要更好。从这次计划会议看到,有许多部门劲儿非常足,提出来的目标非常振奋人心。现在的工作做得好,而且奋斗目标振奋人心,许多目标不是空洞的指标,而是有措施,有计划,有具体安排,看来是完全可以实现的。

　　我觉得,出版受"四人帮"的破坏很严重。事实上没有东西可读。"四人帮"搞愚民政策,把一切的文化都给扼杀了。全国从小孩子到大人都没有东西可看。戏,人家说八亿人口,八个样板戏。书呢,恐怕也是八个样板戏。

粉碎"四人帮"以后,大家迫切希望有精神食粮。物质方面遭受了很大破坏,大家都吃了很大的苦头,迫切希望改变这种局面。另一方面,精神食粮大家也感觉到非常急迫。今年以来,由于在华主席领导下,大家努力,有很大改变,书店里各种书开始陆续出现。但是这种情况跟大家的要求相差还是很大。看来精神生产也要高速度,这样才能满足广大人民的要求,才能适应我们整个国家的发展。我们有了四个现代化的宏伟目标。我们的精神食粮要为四个现代化服务,为三年大见成效服务,为六五计划服务,要保证十一大的路线能够得到贯彻执行。这方面看来,出版工作非常重要。特别现在提出来科技教育要走在前面,文化要繁荣,这就有一个出版问题,要有书可看,有东西可学,所以也应当高速度。

现在形势很好。在华主席领导下,这一年多来,我们的路线、政策,实践证明完全正确。实践证明了华主席高举毛主席的旗帜,高举毛泽东思想旗帜,坚持毛主席革命路线。我们出版宣传的重要任务,就是要能够很好地宣传华主席,宣传华主席的确是毛主席的好学生,好接班人,我们的好领袖、好统帅。以华主席为首的党中央制定的路线,十一大的路线,就是毛主席的革命路线。宣传出版工作怎样很好地宣传当前的形势,通过形势的宣传,宣传华主席,宣传高举毛主席的旗帜,宣传坚持毛主席的革命路线,这是我们当前很重大的任务。这样,不但我们自己可以高速度,也能动员全国人民贯彻落实十一大路线,实现华主席、党中央向我们提出的各项战斗任务,使我们国家的各条战线、各个领域、各个方面都能高速度前进。

经过这次出版会议,我相信我们出版工作一定能够在这方面作出更大的成绩,像华主席提出的,团结战斗,夺取更大的胜利。我就说这么几句。

(几个同志根据记录整理,未经朱穆之同志审阅)
(据国家出版局保存的原件刊印)

王子野在全国出版工作座谈会上的总结发言

1977 年 12 月 17 日

为了贯彻执行党的十一大路线,尽快地把出版工作搞上去,经党中央和国务院批准,我们召开了这次全国出版工作座谈会。会议从十二月三日开始,一共进行了两个星期,到今天结束。在这里我代表国家出版局党组,向大会作一个小结。

这次会议在中央宣传部的亲切关怀与指导下,在与会同志的积极努力下,是开得成功的,达到了预期的目的,取得了积极的成果。在会议即将结束的时候,我们传达了华主席和李副主席在计划会议上的重要讲话。中央宣传部张平化部长和朱穆之副部长还亲临会场作了讲话,给会议增添了重要的内容,使大家受到极大的鼓舞。

会议的主要收获是:

第一,同志们在学习英明领袖华主席在党的十一大的政治报告的基础上,揭批了"四人帮"反革命的修正主义路线及其在出版界的表现,特别是揭开了"四人帮"在出版战线炮制的"两个估计"的盖子,基本上弄清了张春桥、姚文元插手一九七一年全国出版工作座谈会文件,封锁毛主席的指示,疯狂对抗周总理,炮制反革命的"两个估计"的阴谋。同志们还从各个方面揭露了"四人帮"挥舞两个反革命"估计"的大棒摧残出版事业,迫害出版干部的严重罪行;同时列举了大量的事实证明,文化大革命前十七年的出版工作,虽然有刘少奇修正主义路线的干扰,但是毛主席的革命路线始终是占主导地位,成绩是主要的。针对"四人帮"胡说什么从三十年代到十七年"贯穿着一条黑线",同志们还对三十年代的出版事业的情况作了具体分析,用事实来驳倒他们的谬论。我们这次会议,正是在华主席、党中央领导全党揭穿了教育战线"两个估计"的阴谋的大好形势下召开的。和教育战线一样,这两个反革命的"估计"对我们出版战线造成的危害是极其严重的,它的流毒很深很广,决不能低估。

同志们在会上讲,这两个反革命的"估计",就像两座大山,压在我们头上,使我们透不过气来。"两个估计"所造成的后果,概括讲就是:一是造成严重"书荒",一是把我们的队伍破坏了。在"两个估计"的破坏下,否定了百花齐放,百家争鸣,古为今用,洋为中用,推陈出新等一系列方针,使我们许多应该出的书不能出版。同志们说得对,"两个估计"的批判,是一次思想解放。大家感到:加深了认识,提高了阶级斗争和路线斗争觉悟。这是我们大会的第一个重要的收获。特别还要提的,昨天张平化部长对我们批"两个估计"加以支持鼓励,并且,从党史上说明毛主席思想是从遵义会议以来一贯占主导地位,说明"四人帮"的"两个估计",它的锋芒是针对毛主席的。听了张部长的讲话,使我们对批"两个估计"的重要性的认识加深了。

第二,在揭批"四人帮",分清路线是非的基础上,明确了出版工作的具体路线、方针和政策。这方面同志们着重讨论了王匡同志在会议开始的发言中讲的各项方针任务,这就是要完整地准确地宣传马列主义、毛泽东思想的科学体系;要坚持为无产阶级政治服务、为工农兵服务的方向(会上有的同志提到这个问题,过去是讲"三服务",现在讲"两服务"。不是说过去提"为社会主义服务"错了,而是根据华主席报告,统一用"两服务"的提法,坚持"两服务"当然包括为社会主义服务);要坚持"百花齐放,百家争鸣"的方针;要坚持"古为今用,洋为中用"和"推陈出新"的方针;要坚持党的群众路线；要落实党的知识分子政策，建设一支又红又专的出版队伍。大家认为，这几个方面确实是概括了二十八年来出版工作正反两方面的基本经验。华主席在全国计划会议上号召全党全国在揭批"四人帮"，肃清其流毒和影响的同时，"要认真地、实事求是地总结二十八年来正反两方面的经验，搞清楚各条战线的具体路线、方针、政策，制定出各方面的条例、制度和办法，加快前进的步伐，把国民经济搞上去。"我们这次会议是符合这个指示精神的。这些方针能否得到贯彻落实，是关系到出版工作能不能大治快上、迅速改变落后面貌的大问题。同志们分析了当前的困难情况和有利条件，深感粉碎"四人帮"以来出现的越来越好的革命形势，已不容我们再有任何犹豫。目前的困难是暂时的，是"四人帮"破坏造成的。我们要看到粉碎"四人帮"以后的大好形势。华主席的报告给了我们很大鼓舞。一年初见成效嘛，形势大好。现在全国各条战线都在大干快上，特别是科技战线和教育战线，热火朝天，突飞猛进，出版工作如不尽快上去，势必要影响各方面的更快发展，乃至拖四个现代化的后腿。真是形势喜人，形势逼人！同志们一方面为形势大好感到高兴，同时也感到责任重大，要急起直追，迎头赶上去！

第三，与会同志讨论了一九七八年的出书计划和一九七八年至一九八五年的出书规划初步设想，明确了制订规划的指导思想，为修改规划草案和今后进一步制订规划提供了有益的意见。在"四人帮"横行时期，我们是无法制订真正的规划的。这些年来，"四人帮"的"两个估计"极大地挫伤了出版战线广大干部和群众的积极性，搞乱了人们的思想、路线、方针、政策的是非，使得出书根本无法按计划进行。"四人帮"要的计划就是他们另搞一套的计划，那是抓得很紧的。大家知道，"四人帮"炮制三本反动小册子抓得很紧，特别是法家著作，召开法家著作注释那个黑会，也是抓得很紧的。我们要为人民出书，他们是不准制订计划的。现在我们已经具备了制订规划和实现规划的充分的有利条件。出版计划不搞好，重复浪费现象就改变不了。一面缺书,一面重复浪费,这个现象不能再继续下去了,希望在这次会议以后,大家下决心克服。我们相信,有华主席为首的党中央的正确领导,有二十八年来出书的基础和积累的经验,有一支经过锻炼和考验的老中青作者队伍和出版队伍,只要我们发扬党的实事求是、群众路线的优良传统和怍风,既积极热情又扎扎实实地去进行工作,我们是完全可以制订好规划并完成规划要求的各项任务的,我国的社会主义出版事业也一定会较快地出现全面繁荣的局面。

第四,这次会议还搞出了四个文件,一个是关于我们这次座谈会的报告初稿。此外还有三个专题文件,即《关于大力加强科技图书出版工作的报告》、《关于加快和改进词典编写出版工作的请示报告》、《关于克服书刊重复浪费制止混乱现象的报告》。对这几个文件,昨天张部长都给予好评,是对我们的极大的支持和鼓励。会后,我们要尽快修改出来,报党中央和国务院审批。

我们这次会议是高举和紧跟的会议,开会时间不长,收获不少。会议开得生动活泼,充分发扬了民主,大家都能敞开思想,畅所欲言,有什么讲什么。经过会议,提高了认识,明确了方向,振奋了精神,增强了信心。大家表示,要坚决响应华主席在十一大发出的伟大号召,动员起来,立大志,鼓干劲,尽快地把出版工作搞上去,为完成党的十一大所提出的各项战斗任务作出我们应有的贡献。

同志们,一九七一年开过出版会议,到现在有六年多没有开过这样的会了,这次大家碰在一起,心情十分高兴。以前大家都希望开会,可是"四人帮"不倒台,要开也开不好,他们会来捣乱。七一年就是那样。今后应当比较经常召开这样的座谈会,方式可以多样,地点也可以选在外地。经常开这样的会很有好处,起码可以做到上、下、左、右都通通气,对工作大有好处。这次会上,我们就学到很多东西,知道很多东西,了解到很多情况。总的来说,会议是开得不错,但不是一切都好,也有缺点,会议的准备工作还是仓促一些,如果准备工作做得更充分一些,收获会更大。这个责任在局领导,请同志们批评。当然,有缺点也不要紧,可以作为经验教训,使我们今后的会议开得更好。

再讲一点,在我们揭批"四人帮"炮制的"两个估计"的时候,有的同志提到如何对待一九七一年出版工作座谈会文件的问题,我也想讲一点看法。

会议一开始,我们就明确地表示过,集中批"四人帮"塞进文件中的"两个估计",而不涉及整个文件。因为不批判那两个颠倒黑白的"估计",文件里的那些正确的东西也无法执行。这几年来,不正是这样吗?既然把十七年说成一团黑,把十七年中真正执行毛主席百花齐放、百家争鸣,古为今用、洋为中用方针出的一些书,都说成是大毒草,都否定了,后面那些正确的话又怎么实现?毛主席的指示又怎么实行?把知识分子都说成是"臭老九","专政对象",文件后面讲的话又怎么做?教育战线也是集中目标批"两个估计",并没有提全教会文件。要集中目标批"两个估计",这是最重要的问题。

华主席在谈到批判教育战线的"两个估计"时指出:"至于一九七一年全国教育工作会议《纪要》,我的意见可以不提,就是批'四人帮'的观点,狠批'两个估计',这样就把几百万教职员工都解脱了。""不提《纪要》,主要批驳'四人帮'的论点。"华主席讲的,我们要坚决照办。一个是教育的文件,一个是出版的文件,都是一个时期出来的。我们这么做,是妥当的。

批"四人帮"不能心慈手软,要下狠心。思想要是有顾虑,就不能理直气壮地去批。我们有些同志确实有顾虑,一批"两个估计",就担心批到一九七一年出版会议文件了。还有别的顾虑。昨天张部长给我们讲得很好.是不是批"四人帮"就对文化大革命否定了,就对毛主席伟大威望有影响,对巩固无产阶级专政会怎么样?张部长讲得很好。我们要巩固无产阶级文化大革命成果,要捍卫毛主席的革命路线,就必须狠批"四人帮",有什么好顾虑的呢?顾虑是完全不必要的。

批"四人帮"是相当长期的战斗任务,就是对"两个估计"的批判,一下也不能完全解决。危害已经六、七年了嘛,全国这么大的范围,"两个估计"我们会上仅仅批了那么几天,是远远不够的,何况批"四人帮"还有很多的内容,离开彻底肃清流毒还早得很。华主席在十一大政治报告中指示说:"在当前和今后一个时期内,揭批'四人帮'的斗争,仍然是两个阶级、两条道路斗争的中心。抓住这个斗争,就是抓住了纲。"抓纲治国是华主席、党中央的战略决策,要抓纲才能治国,纲非抓不可,不抓纲什么工作也搞不好,出版工作也一样。大家回去应当在这个问题上狠下功夫。在座谈会结束的时候,我把这个重要问题再讲一次。

关于传达。各地同志回去以后要向党委汇报。传达的内容:一个是张平化部长、朱穆之副部长的重要讲话,特别是张部长让带的口信(希望各省、市、自治区党委的宣传部要管出版工作),一定要带到。再一个是王匡同志开幕时的讲话。再一个是给国务院的报告,这是个未定稿,要说明一下。(陈翰伯同志插话:还有会议小结)传达以后,经党委同意,有些事不要等,能做的事不要等。有些正确的不必等。比如批"四人帮"还要等吗?做规划还要等吗?有些能做的,应该行动。有些没有把握,不要急急忙忙动手,特别是体制机构,一定要经过党委,自己不要随便动手。别的工作能做的还要做。这样我们会议开了以后,就会早见成效。

(据国家出版局保存的原件刊印)

坚决推倒"四人帮"横加给出版界的"两个估计"

1977年12月19日

国家出版局批判组

"四人帮"炮制的教育战线"两个估计"的阴谋被揭穿以后，一个革命大批判的群众运动，正在蓬勃兴起，成为揭批"四人帮"第三个战役的重要内容。在这样的大批判高潮中，战斗在出版战线的广大知识分子和革命干部群情激愤，强烈要求："四人帮"横加给出版界的"两个估计"必须推倒！他们炮制"两个估计"的反革命阴谋必须揭穿！"两个估计"给出版事业造成的严重恶果必须彻底清除！

"四人帮"横加给出版界的"两个估计"，是和教育战线的"两个估计"同时炮制出笼的。一九七一年，全国出版工作座谈会期间，"四人帮"公开对抗毛主席和周总理的指示，为炮制"两个估计"进行了一系列罪恶活动。还在会议开始之前，张春桥就通过他们的一个死党，向上海出席会议的领队传达他的黑指示，胡说什么：文化大革命前十七年"出版阵地被刘少奇等严密控制着，执行的是与毛主席革命路线相对立的反革命修正主义路线"。这个国民党老特务还把十七年出版战线的领导干部一棍子打死，恶毒地攻击说："叛徒、特务、走资派和反革命修正主义分子把持着各级领导大权。出版这个阵地，文化大革命前无产阶级还没有占领过，路线、领导权没有解决过。"他攻击出版战线各级领导干部"反对宣传马列主义、毛泽东思想，而对封、资、修、名、洋、古各种图书大量出版，破坏社会主义的经济基础和上层建筑。"张春桥特别叮嘱："这一点必须肯定,必须坚持。"他还诬蔑十七年的出版队伍"是资产阶级知识分子独占的一统天下";在这条战线上工作的干部,"真正执行毛主席革命路线的很少"。对解放后我们党培养的知识分子,张春桥也横加诬蔑,一棍子打死,说他们"也是受的封资修教育,也是具有资产阶级世界观的。"他凶狠地叫嚷:"靠这些人占领这个阵地不行。""要重新组织队伍。"

张春桥这一串黑话,对十七年的出版界,从书到人,从领导干部到一般干部,统统一概否定,一概打倒,为他们炮制反革命的"两个估计"定了调子。

出版会议开始以后,上海参加会议的那个领队,立即将张春桥这套黑话抛了出来。但它一出笼,就遭到许多代表的反对。围绕着"两个估计"问题,会上展开了激烈的斗争。当时,"四人帮"在上海的一个余党正在教育会议上兜售"两个估计",同时,他还经常召见上海参加出版会议的那个领队,面授机宜,此人也就更加胆壮,一而再、再而三地坚持贩卖"两个估计"的黑货。

会议期间,张春桥、姚文元为了把"两个估计"塞进文件,还公然对抗周总理的指示,向以毛主席为首的党中央发动了猖狂进攻。我们敬爱的周总理根据毛主席一贯的教导,先后几次作了极其重要的指示,严肃指出当时出版工作中存在的问题,批判了林彪、陈伯达、"四人帮"掀起的打倒一切、否定一切的反动思潮,揭露了他们破坏出版工作的罪行。当"四人帮"抛出"两个估计"时,周总理当即指出,对十七年的出版界不能光讲刘少奇修正主义路线干扰这一面,还得"讲红线的作用"。对出版队伍"要作分析,不作分析不行,他们大多数人是愿意为社会主义服务的"。周总理反复强调,不要割断历史,要用一分为二的观点来看待和分析事物。但是,周总理这一系列重要指示,却遭到了"四人帮"的疯狂反对。张春桥蛮横地一口咬定,对十七年来要"先肯定专政,然后再分析"。"从领导权来讲,是专了我们的政",还说十七年的出版队伍世界观多数还是资产阶级的,"在这种意义上讲,也是资产阶级专了我们的政"。起草小组根据周总理的指示,在文件稿中提到这几年出版工作抓的少,各类图书普遍短缺,要赶快抓出书。姚文元则大唱反调,说什么"文化大革命的前几年,当然不能抓出书","当时主要是'破'",还说什么当时"抓了夺权","是抓了根本,不应该说没有抓"。这就一语泄露了天机,原来他们梦寐以求的就是要从无产阶级手中夺权,还管什么多出书、出好书啊!张春桥、姚文元不仅指使他们的人在会上捣鬼,还利用窃取的职权,赤膊上阵,亲自动手,把"两个估计"硬塞进会议文件。姚文元嫌"刘少奇资产阶级司令部篡夺领导权"的提法还不够,竟秃笔一挥,改为"资产阶级及其代理人篡夺了出版界的领导权",任意扩大打击面,把出版部门的各级领导干部统统打成资产阶级代理人。他们密谋已久的"两个估计"就这样出笼,强加给了出版界。

出版战线"两个估计"出笼的经过说明,和教育战线"两个估计"一样,它是"四人帮"精心策划的反革命阴谋。他们妄图把所谓"文艺黑线专政"论扩大到出版、教育以至全国各条战线,作为他们继续林彪反党集团的未竟之志,实现其"改朝换代",颠覆无产阶级专政的罪恶目的。

反革命的"两个估计"理所当然地激起了出版战线广大同志的强烈不满,即使在"四人帮"控制相当严密的单位也不例外。这时,他们又跳了出来,进行镇压。"四人帮"在上海的一个余党就曾借解释什么叫"黑线专政",恐吓了一番:"黑线专政就是彻头彻尾,自始至终,十七年都是这样。"好家伙,又是"彻头彻尾",又是"自始至终",这岂不成了永世不能翻身的铁案!张春桥这个老狐狸则故作姿态,说:"不讲彻头彻尾,讲百分之九十九好不好?"张春桥少讲了百分之一,这种虚伪的"宽宏大量",实际上却暴露了主子比奴才更狡猾、更凶狠!

"四人帮"说,十七年的出版界,是"资产阶级及其代理人""篡夺了领导权"。这是他们炮制"两个估计"最重要的"根据"。他们有一丝一毫的事实根据吗？没有！

"四人帮"说，十七年的出版界，是"彻头彻尾的""黑线专政"，这倒是彻头彻尾的捏造。我们知道，伟大领袖和导师毛主席从来十分关怀社会主义出版事业的发展。一九四九年，新中国刚刚成立，毛主席就在百忙中亲切地接见了全国新华书店出版工作会议的代表，并写了"认真作好出版工作"的题词，号召我们为迎接文化建设的高潮而努力工作。毛主席为文化工作，包括出版工作，制定了完整的、正确的路线、方针、政策。这就是坚持为无产阶级政治服务、为工农兵服务的方向，坚持"百花齐放、百家争鸣"，"古为今用，洋为中用"和"推陈出新"的方针。十七年中，出版战线尽管受到刘少奇的修正主义路线的严重干扰和破坏，但是毛主席的正确路线始终占主导地位，一直指引着出版事业的发展壮大。毛主席对马列主义著作的出版、鲁迅著作的出版、其它重要书籍的出版都曾给予过极其重要的指示，并且还亲自编辑出版《关于胡风反革命集团的材料》、《中国农村的社会主义高潮》等书，亲自撰写具有重大指导意义的序言和按语。这一系列无可辩驳的重大史实，充分说明"四人帮"炮制的"两个估计"，纯属无耻谰言；所谓"彻头彻尾"，所谓"百分之九十九"，其矛头正是对着伟大领袖毛主席的。

文化大革命前出版界各级领导骨干，大多是来自解放区的老干部和在白区从事革命文化工作的同志。建国以后，正是这些同志按照毛主席、党中央的战略部署，团结出版战线的广大干部、共产党员和知识分子，参加了一次又一次的政治运动，在出版战线夺取了社会主义革命的一个又一个胜利。张春桥说，十七年的出版界，是"叛徒、特务"等"把持着领导大权"，这岂不是说，建国以来出版战线进行的这些斗争，取得的这些胜利，都是由"叛徒、特务"在领导着、指挥着的吗？

旧中国的出版业，多数是私营出版商，还有官僚资本。解放后，我们没收了官僚资本主义出版业。从一九五二年起,根据党中央关于改造私营工商业的指示,经过四年的艰苦工作,到一九五五年底就全部完成了对私营出版业的社会主义改造。与此同时,建立了从中央到地方,包括各种专业的出版机构,培养了大批干部,使出版成为党领导下的宣传马列主义、毛泽东思想,传播文化知识,促进科学发展,繁荣文艺创作的有力工具。张春桥抹煞建国以来社会主义出版事业的巨大发展,胡说"出版这个阵地,文化大革命前无产阶级没有占领过","领导权没有解决过",这岂不是说我们党领导下的社会主义出版事业跟旧中国的一模一样了吗?

事实证明,文化大革命前出版工作虽然受到了刘少奇反革命修正主义路线的严重干扰和破坏,但毛主席革命路线始终占主导地位,战斗在出版界各级领导岗位的干部绝大多数是好的和比较好的。"四人帮"颠倒敌我,把十七年出版界的领导骨干,一概称之为"叛徒、特务、走资派和反革命修正主义分子",在出版界大搞反攻倒算,对大批领导干部进行残酷斗争;有的同志没有什么问题却长期不让工作,不少同志则被一脚踢出了出版界。这种被"四人帮"称之为"改朝换代"的所谓"革命",实际是道道地地的反革命。

"四人帮"说文化大革命前十七年的出版界"大放封资修毒草"。这个被"四人帮"当作炮制"两个估计"的另一所谓"根据",完全是蛊惑人心的凭空捏造。

文化大革命前的十七年,我们大量出版了马、恩、列、斯著作和毛主席著作,为马克思主义、列宁主义、毛泽东思想的大普及作出了贡献,这能说是"大放封资修毒草"吗?我们出版了一大批哲学社会科学、文学艺术图书,推动了社会主义的文化建设;出版了大批科技图书,适应了科学技术发展的需要;全国还出版了大中小学多种教材,满足了教育事业的不断发展的需要。十七年中也曾出过少数毒草和坏书,但绝大部分是好的、比较好的和有参考价值的,配合了建国以来的阶级斗争、生产斗争和科学实验三大革命运动,对我国的社会主义革命和建设起了促进作用。说十七年出版物是"大放封资修毒草",这是对主流与支流根本颠倒的。

十七年我们也出版了一些内容属于封建主义或者资本主义文化的书籍,但也不能说这是"大放封资修毒草"。无产阶级文化不是从空中掉下来的。出版部门有一个为批判继承文化遗产提供各种资料的任务。如果什么都不出,你批判什么,继承什么!建国以来,我们根据"古为今用,洋为中用"的方针,有计划、有步骤地整理和翻译一部分中外文化遗产,这对发展社会主义的新文化,是完全必要的。从品种和印数来说,在全部出版物的总数中,它始终只占很小的比例。在我们建国的头十年,中国古籍和外国哲学社会科学(包括古典文学)的各类图书,总共也只出了二千七百种,与同一时期全国出书的总数相比,还不到百分之二。"四人帮"把出版一部分中外文化遗产说成是"大放封资修毒草",完全是别有用心的。

"四人帮"还说,十七年的出版队伍,不是没有经过社会主义改造的"旧人员"、就是"被腐蚀"、"被拉过去"的干部,解放后党培养的,也是"受的封资修教育"的资产阶级知识分子。总之,这个队伍是"一窝黑"。这是他们炮制"两个估计"的又一个"根据"。

这完全是对广大出版工作者的诬蔑!文化大革命前的出版队伍,主要是由三部分人组成的,一部分是民主革命时期参加革命的,包括解放区和过去在国统区从事革命工作的,他们经过长期革命斗争的锻炼,是出版队伍的骨干;大部分是在新社会我们党培养下成长起来的,其中很多又是工农家庭出身的;还有一部分是旧社会过来的知识分子,人数不多,他们大多数也是拥护中国共产党的,愿意为社会主义服务的。就世界观来说,这支队伍经过历次政治运动特别是文化大革命的锻炼,在由资产阶级世界观向无产阶级世界观转变的过程中,大多数都有了不同程度的进步。"四人帮"就是把这样一支革命的出版队伍说成"一团漆黑"。张春桥甚至用极其恶毒的语言,把出版界的知识分子比作一潭"污水",把出版部门的革命干部比作既"吸血"又"放毒"的"疟蚊",说什么"污水"滋生"疟蚊","疟蚊"在污水里生育。这些黑话如果作为他们的自画像倒非常贴切!也只有像"四人帮"这些从旧土壤中滋生出来的新老资产阶级的典型代表才会想得出、说得出这种恶毒而又凶残的语言!

"四人帮"为了把出版界广大知识分子打入十八层地狱,还胡说什么出版界知识分子的世界观是资产阶级的,所以说是"资产阶级专了政"。这就把属于思想范畴的世界观问题混同为政治上的专政问题,用世界观来区分是无产阶级专政还是资产阶级专政,不能不说这是"四人帮"的一大发明!"四人帮"制造的这个谬论,完全是赤裸裸的法西斯理论,就是说,只要我认为你的世界观是资产阶级的,我就可以对你实行"全面专政"。多少年来,他们也正是这么干的。他们把许多知识分子当作"敌我矛盾"进行迫害,当作"回潮"、"复旧"代表进行批判。他们还巧立名目,把原在出版部门工作的同志当作"老人马"、"黑线人物"、"毒瘤",被列入"另册",赶出出版部门,把一个出版队伍搞得七零八落。少数有幸留下的,则被当作"留用人员",给以监督使用。有的地方甚至对这些同志实行这样的反革命策略:"大权我独揽,工作你去干,错误由你犯,最后你完蛋"。

"四人帮"炮制的反革命的"两个估计",就是这样颠倒了历史,颠倒了敌我,颠倒了是非,成为出版界广大干部和知识分子头上的"紧箍咒",使这几年出版工作遭受空前严重的破坏!

建国十七年在毛主席、周总理和党中央英明领导和亲切关怀下,出版战线的同志辛勤劳动的成果被全盘否定了;毛主席为我们制定的出版路线、方针、政策的是非被搞乱了;我们党领导出版事业多年的优良传统被破坏了;一支革命的出版队伍被肢解了。伴随"两个估计"而来的,是"四人帮"反革命的文化专制主义。它曾经横行一时,人们躲还唯恐不及,焉敢动笔?又岂愿动笔?如果要写,"四人帮"就要你按照他们那一套,文艺必须"三突出",历史只能写儒法斗争。你要找一些老作家,那就是"专家路线";你要提一下培养新作者,那你就是"腐蚀新生力量",真是帽子满天飞,棍子遍地打。"两个估计"更是他们随意罗织"回潮"、"复辟"罪名,打击迫害广大革命同志的"法律"依据,它就像两座大山一样压在广大作者和出版工作者的头上。对于出版物,"两个估计"更是砍杀百花的两把刀子,十七年不能写,党成立以来的革命历史不能写,真正有用的马克思主义基础理论不能搞,各门学科的基本知识也不能写。在"两个估计"的砍杀下,这几年出现了严重的"书荒"。哲学社会科学方面,真正称得上是研究性的著作,寥寥无几。文学艺术方面,五四以来的作品没有,延安文艺座谈会以来的作品也没有,建国以来的许多作品同样没有,中外古典文学更是无人敢闯的"禁区"。科技图书奇缺,工具书少得可怜。还在一九七三年元旦,敬爱的周总理就曾当着"四人帮"的面,尖锐地指出:"群众提意见,说电影太少,这是对的,不仅电影,出版也是这样"。但是,万恶的"四人帮"猖狂反对周总理,根本不管人民死活,哪还管你有没有书读?

英明领袖华主席率领全党一举粉碎了"四人帮",全国形势一派大好,出版战线的形势同样也是一派大好。现在,华主席又领导我们高举毛主席的伟大旗帜,揭穿了"四人帮"炮制"两个估计"的反革命阴谋,把被颠倒了的历史颠倒了过来。我们相信,推倒了压在我们头上的两座大山,砸碎了套在广大知识分子脖子上的精神枷锁,过去被压抑了的热情将会迸发出来,成为为革命而写书,为革命而编书的巨大力量,出版事业空前繁荣的局面,不用很久的时间就一定会出现。

(原载 1977 年 12 月 19 日《光明日报》)

(据国家出版局保存的原件刊印)

国家出版局 1978 年—1985 年出书规划初步设想(草案)

1977 年 12 月

一

粉碎了"四人帮",第一次无产阶级文化大革命已经胜利结束,我国社会主义革命和社会主义建设进入了新的发展时期。党的十一大制定了我们党在这个新时期的马克思主义路线。在英明领袖华主席为首的党中央领导下,我国亿万人民高举毛主席的伟大旗帜,坚持党在社会主义历史阶段的基本路线,抓纲治国,继续革命,为建设社会主义的现代化强国而奋斗。一个气势磅礴的向农业、工业、国防和科学技术现代化宏伟目标进军的伟大群众运动正在迅猛兴起,国民经济新的跃进局面已经到来,上层建筑、生产关系和生产技术三个方面的革命斗争都取得了新的胜利。大好的形势为发展我国出版事业开辟了广阔前景,也提出了更高的要求。

出版工作在"四人帮"的严重干扰破坏下,搞乱了路线是非,无法真正按照客观实际情况有计划地出书,因而造成一方面长期书荒严重,一方面书库积压增加的极不正常的状况。为了适应形势发展的需要,我们必须旗帜鲜明,拨乱反正,振作精神,急起直追,在深入揭批"四人帮",辩明出版工作中的路线是非的同时,对出版工作进行全面规划,统筹安排,使出版工作能够迅速改变面貌,全面繁荣起来。有计划按比例地发展,是社会主义建设的重要客观规律之一。因此,制定一个既能反映客观实际又能对实际工作起促进作用的比较长远的出书规划,是摆在我们面前的刻不容缓的迫切任务。

要搞好出书规划,首先必须彻底批判"四人帮"炮制的反革命的"两个估计",砸烂他们强加在广大出版工作者头上的精神枷锁,大大解放思想。"四人帮"封锁毛主席关于十七年的估价不要讲的过分的指示,公然违抗周总理关于对十七年出版工作"还得讲红线的作用"、关于对出版队伍"要作分析"的指示,把他们炮制的反革命的"两个估计"强加给出版战线,成了广大出版工作者头上的"紧箍咒"。反革命的"黑线专政论"、"两个估计"极大地挫伤了出版战线广大干部和群众的积极性,搞乱了人们思想、路线、政策是非,使得出书无法按计划进行,把出版工作引向跟着"四人帮"另搞一套转的死胡同。一九五六年,在毛主席党中央提出向科学进军制订十二年科学规划的号召下,出版部门曾经制定过一些书籍的长远规划。可是这些规划后来在"黑线专政论"的叫嚣下,一律被当作所谓"封、资、修黑货",全盘加以否定。这些年来,谁要提出按照毛主席革命路线制订比较全面的出书规划,"四人帮"的大棒就要打下来,说你是"黑线回潮","否定无产阶级文化大革命"。"四人帮"是不是就不要出书规划呢?不是的。能够利用来为他们篡党夺权服务的规划,他们就抓得十分起劲。一九七四年搞法家著作出版规划,"四人帮"不就亲自上阵,大抓特抓吗?他们对所谓"写走资派"作品的规划,不也是抓得很紧吗?可见,在要不要出书规划以及如何制订出书规划上,我们同"四人帮"存在着尖锐的路线斗争。我们认为,必须有一个长远出书规划才能更好地体现党的路线、方针、政策,才能动员、鼓舞和组织广大著译力量为全面繁荣社会主义出版事业而努力奋斗,才能更好地在出版单位之间分工协作,避免不必要的重复浪费,利于发挥中央和地方两个积极性。

制订长远出书规划的过程,也是深入批判"四人帮"反革命修正主义极右路线的过程。因此,我们制定出书规划,必须针对"四人帮"对马列主义、毛泽东思想的歪曲和篡改,坚持以马克思列宁主义、毛泽东思想为指导,坚持为无产阶级政治服务、为工农兵服务的方向,认真贯彻执行"百花齐放、百家争鸣"的方针,"古为今用、洋为中用"、"推陈出新"的方针。要按照唯物辩证法办事,反对唯心主义和形而上学,根据社会主义革命和社会主义建设事业发展的需要,各类读者的不同需要,考虑物质资源的情况,区分轻重缓急,恰当地安排好各类图书的出版,既能突出重点,又能照顾一般。要坚持党的群众路线,充分调动有关部门、研究机关、学校、出版单位的广大专业人员、著译者和业余作者的积极性,参与出书规划的制定和执行。我们草拟的这个《1978年—1985年出书规划初步设想》,就是为进一步发动出版单位和有关部门讨论和制订正式的长远出书规划提供一个草案。

在1978—1985这八年中,要按照中央的部署,及时严肃认真地出版好马恩列斯著作、毛主席著作、华主席著作以及党和国家的重要文献。一定要尽快出版一批针对"四人帮"的歪曲和篡改,完整地、准确地阐述马克思主义基本原理、宣传毛泽东思想体系的著作。出版较多的宣传和总结我们党领导的革命斗争的历史和丰富经验(特别是建国以来社会主义革命和建设的成就和经验)、颂扬老一辈无产阶级革命家的功绩、反映我国人民近百年来英勇斗争历史的著作。出版较多的能反映丰富多彩的现实斗争和革命传统的文学艺术作品。为广大干部、青年所迫切需要的介绍社会科学和自然科学基本理论、基本知识的读物,要有系统地出版几套。为向四个现代化进军所迫切需要的国外尖端科学理论、先进技术要尽快翻译出版。某些最迫切需要的工具书、资料书,要争取在八年内陆续出齐。中外文化遗产的整理和翻译出版,都要进行得更加有计划。"四人帮"抛出反革命的"两个估计",把十七年出版的大量图书诬蔑为封、资、修的毒草,不准再版。我们认为二十八年来(包括十七年)出版的图书,大部分是好的和比较好的,是长期积累下来的精神财富,是我们完成长远出书规划的良好基础。在制订长远出书规划时,要把重版书部分包括进去,不是什么书都另起炉灶,从头搞起。特别是近二、三年,为了尽快扭转缺书的状况,在大力组织新著作,反映新成果的同时,要对被"四人帮"扼杀的、早已被群众肯定了的好的较好的和有参考价值的图书,认真组织重印和修订出版。在八年中,我们不仅要求书籍的政治思想内容、学术艺术质量有很大的提高,文风有很大改进,而且要求书籍的装帧设计质量、印刷质量都有显著的提高。

八年出书规划的任务是光荣的、艰巨的,但是实现规划的条件是具备的。我们有华主席为首的党中央的正确领导,有二十八年来出书的基础和积累的经验,有一支经过锻炼和考验的老中青作者队伍和出版队伍,只要我们发扬党的实事求是、群众路线的优良传统和作风,鼓实劲不鼓虚劲,既满腔热情又扎扎实实地去"认真作好出版工作",就一定能够多快好省地完成规划要求的各项任务,使我国社会主义出版事业较快出现全面繁荣的局面。

二

各类图书的出版规划和出版要求:

(一)马列著作和毛主席著作

出好马列著作和毛主席著作,是出版工作的首要任务。严格按照高标准、高质量要求,做好马列著作和毛主席著作的编辑、校对和印制工作,不出任何差错。

1.马恩列斯著作。出版中共中央马恩列斯著作编译局主持编辑的《马克思恩格斯全集》和《列宁全集》的新版本。两部全集各约五十卷,从一九八一年起开始出版,十五年内出齐。新版本未出齐以前,现有版本再重印一批供应需要。继续重印《马克思恩格斯选集》和《列宁选集》。《斯大林全集》(十三卷)和《斯大林文选》(两卷)

久已缺售,在一九八〇年以前重印一版。《马克思恩格斯全集》和《列宁全集》中的书信部分,分别编辑选集出版。编辑出版《斯大林选集》(两卷)。现版本《马克思恩格斯全集》和《列宁全集》以外的手稿、札记和信件,翻译编为《马克思恩格斯全集》补卷十一卷、《马克思恩格斯文稿》六卷、《列宁文稿》十七卷,分别在一九八五年和一九八〇年以前出齐。

编辑一套马恩列斯著作专题论述,如《论共产党》、《论社会主义和共产主义》、《论无产阶级革命和无产阶级专政》、《论文艺》、《论科学技术》、《论教育》和《哲学文选》、《政治经济学文选》、《科学社会主义文选》等,分别由人民出版社和有关出版社出版。这套书要从原著完整、准确地选编有关的论述,彻底清除"四人帮"任意割裂、篡改马列著作的恶劣影响。

2.毛主席著作全集、选集(初版和重版)和专题论述,做好出版发行准备工作,保证及时完成中共中央毛主席著作编辑出版委员会的出版任务。

(二)政治书籍

积极出好以下各类供广大群众、干部学习和阅读的政治书籍:

1.及时出版党和国家的文件、华主席和中央其他领导同志的言论著作。

2.编辑出版无产阶级革命导师马克思、恩格斯、列宁的传记和伟大的领袖和导师毛主席的传记,出版宣传英明领袖华主席的书籍,出版敬爱的周总理和朱德委员长的传记。

3. 出版党中央审定的中国共产党历史和中国人民解放军历史,以及学习和研究党史、军史的参考资料。

4.出版宣传毛泽东思想、宣传党的基本路线和党的十一大路线的专著和文集。

5.出版《中国现代革命史丛书》。出版《星火燎原》、《红旗飘飘》、《中国人民解放军英雄谱》等三套丛书,宣传中国人民革命斗争历史,宣传革命烈士、老一辈革命家、英雄人物的光辉事迹,宣传党的革命传统。三套丛书约计五十本。

6.出版《伟大的三十年丛书》、《工业学大庆丛书》和《农业学大寨丛书》等宣传我国社会主义革命和建设的成就和经验的读物。三套丛书约计五十种。

7.出版《党的基本知识丛书》和党员、团员、民兵读本。

8.编辑出版供研究历史和查考用的政治文献资料集《建国以来批判资产阶级反动思想的几次重大斗争》、《粉碎"四人帮"的伟大斗争》。

以上各类政治书籍,大部分在一九八〇年以前出版。

(三)鲁迅著作及有关研究著作和资料

遵照毛主席的指示,认真做好鲁迅著作的出版工作。在一九八〇年前出版《鲁迅全集》新版注释本、《鲁迅手稿全集》影印本。编辑出版《鲁迅选集》(两卷本)、《鲁迅译文集》和鲁迅辑校的古籍。

出版《鲁迅传》和研究鲁迅思想、作品的专著和文集。出版鲁迅回忆录(单行本或文集)、《鲁迅年谱》、《鲁迅研究资料》。

(四)哲学、社会科学著作及资料

华主席在十一大政治报告中提出"大力开展以马列主义、毛泽东思想为指导的创造性的学术研究"的号召,出版工作应当积极组织出版以马列主义、毛泽东思想为指导的批判资产阶级思想、修正主义思想,研究和总结我国革命和建设的各方面经验的理论著作。出版哲学和社会科学各个学科中经过认真研究、具有独到见解和翔实资料的研究著作。

1.针对"四人帮"对马克思主义哲学、政治经济学、科学社会主义理论的歪曲和篡改,出版一批完整地、准确地阐述马克思主义三个组成部分基本理论的专著。首先要大力组织出版《辩证唯物主义和历史唯物主义》、《马克思主义政治经济学》、《论无产阶级革命和无产阶级专政》这几种供广大干部学习,也适合作为学校教材的专著。积极出版研究马列主义、毛泽东思想和研究重要经典著作的专著。为了向一般干部和青年介绍哲学、社会科学基本理论和基础知识,出版一套《哲学社会科学基础读物》丛书。

2.出版一批总结我国社会主义革命和建设基本经验的理论著作,例如《我国的农业合作化运动》、《我国资本主义所有制的社会主义改造》、《中国社会主义经济问题》,以及《大庆政治经济学》、《大寨政治经济学》等。

3.积极完成毛主席三十多年前提出的聚集人材、分工合作地研究近百年中国史的任务,出版一批鸦片战争以来的中国政治史、经济史、军事史、文化史,出版《中国近代史》和《中国新民主主义革命史》,出版近代、现代国际关系史。中国近代、现代革命斗争的丰富经验,对第三世界国家有重要的借鉴作用,要把出版这方面的著作作为出版历史著作中的迫切任务。

4.力争在八年内在哲学、社会科学各学科都能有若干质量较高的研究著作问世。要尽快出版《马克思主义发展史》、《社会主义思想史》、《国际共产主义运动史》、《中国农民战争史》、《简明中国哲学史》、《简明欧洲哲学史》、《中国通史简编》、《简明世界史》以及《中国各民族史》等为广大读者普遍需要的读物。陆续出版从先秦到民国的断代史和一些主要国家的国别史。出版批判资产阶级、修正主义学术流派的著作和论文集。开始陆续出版几种能反映我国学术水平和研究成果的哲学史、历史的多卷集。出版一套《中国历史人物丛书》。

5.为了向广大青年普及历史、地理知识,出版《历史知识小丛书》、《地理知识小丛书》,除组织新稿外,已经出版的这类书中比较好的可以修订重印。这两套丛书合计出版三、四百种。

6.家史、村史、社史、厂史,是对广大青年进行阶级教育的好教材,有关出版社要积极组织出版。到一定时候,可以从中选编一套《四史丛书》。

7.编辑出版一套《中华人民共和国地方志》。省、市、自治区各修一部,每部若干卷,详记自然地理、经济地理、政区沿革、革命斗争、改造和建设、历史文物、历史人物以及近代大事记等。

8.解放前到建国以来,我国出版的一些比较好的理论和历史著作,可以陆续整理重印,有的可以丛刊的形式出版。

某些著名旧学者的类似《柳文指要》的学术研究存稿、遗稿,可由有关出版社征集选择出版。

(五)文学艺术书籍及参考资料

早在解放初期毛主席就殷切地向文艺工作者提出"希望有更多的好作品出世"。打倒了"四人帮",我们一定要尽最大努力,更多地出版具有革命内容和尽可能完美的艺术形式的、丰富多采的文学艺术作品。同时,以积极的态度整理出版中外文学艺术遗产和"五四"以来,特别是延安文艺座谈会以来优秀的文学艺术作品,把长期被"四人帮"禁止、压制的文艺作品解放出来。

1.小说、诗歌、散文、电影、戏剧、报告文学等各种形式的新创作,重点抓好反映毛主席领导我党、我军和我国各族人民进行伟大的革命战争、进行社会主义革命和社会主义建设伟大斗争的作品。八年内争取出版长篇小说二百至三百部。

大量印行毛主席诗词。其他老一辈革命家、革命烈士的诗词以及其他革命诗词作品,分别出版专集或合集。

2.出版马克思主义文艺理论。出版中外文学艺术作品和文学艺术史研究、文学评论和作家研究的专著。争取一九八〇年前出版中国文学史、小说史、美术史、音乐史、戏剧史、现代文学史和外国文学史、美术史、音乐史。为研究工作提供参考资料,出版《中国现代文学史资料丛刊》,翻译出版外国文学艺术资料。

3.有计划地整理出版"五四"以来的文学艺术作品。从"五四"到全国解放以前三十年和建国以来三十年的文学艺术成果,分别编辑 1919—1949 年和 1949—1979 年文学、美术、音乐作品的选集,在一九八〇年以前出版。我国新文学发展史上著名作家的代表作,在一九八五年以前陆续出版单行本或个人选集。延安文艺座谈会以来的优秀作品,在一九八〇年以前重印出版。

4.中国古典文学,区别不同对象,区别先后缓急,有计划地整理出版。首先出版供一般读者阅读的选本《古代文学作品选读》、《中国古代诗人丛书》。其次是出版专业人员所需要的经过校勘、标点、分段的重要的历史文学总集和别集,为一般研究工作者,教师提供一套比较系统的中国古典文学基本资料《中国古典文学丛书》。此外,还要出版一套帮助读者认识和鉴赏古典文学的读物《古典文学基本知识小丛书》。上述四套丛书约出版一百五十种。

5.外国文学作品,更需要有计划、有目的地出版。着重出版无产阶级革命文艺作品,同时有选择地出版外国文学名著和古典文艺理论。对当代进步文学作品也要注意出版,使我国读者了解各国人民的生活和斗争。适当翻译出版一些供专业人员批判、参考用的现代修正主义、资产阶级文艺理论和文学作品资料。

6.选拔古今中外好作品,以普及本形式出版《文学小丛书》。对已经出版的一百多种,挑选整理重印,同时续编补充新的品种,共约出版二百种。

7.美术作品。出版歌颂伟大领袖和导师毛主席在各个革命时期的光辉形象,歌颂华主席和老一辈无产阶级革命家的革命实践活动的美术作品和摄影作品。选编出版延安文艺座谈会以来的优秀作品和建国以来的新创作,突出反映在毛主席革命文艺路线指引下,各种美术门类和木版水印技艺蓬勃发展的新局面。

出版《中国美术全集》、《世界美术选集》。出版著名美术家作品选集和工农兵美术作品选集。出版长期被"四人帮"禁锢的山水花鸟画、漫画及工艺美术、民间艺术、金石、书法等艺术作品。注意题材、体裁、形式、风格多样多采,印制精美,适应广大读者的多种要求和国际文化交流的需要。

出版中外美术名作、论著、美术史、工具书及国际美术资料,供美术工作者研究借鉴和参考。为工农兵和学生编写出版一套《美术技法丛书》。

8.音乐作品。出版歌颂伟大领袖毛主席和毛主席革命路线、歌唱英明领袖华主席、歌唱社会主义革命、社会主义建设和人民革命战争的光辉业绩、支持世界各国人民革命斗争的各类声乐、器乐、舞蹈、歌剧和戏曲音乐作品,选编出版延安文艺座谈会以来和建国以来的优秀作品。

有计划地出版我国古代和民间的声乐和器乐作品,以及外国古典名作和现代各国革命的音乐创作,同时有重点地选择出版一些现代资产阶级主要流派、包括苏修的音乐作品,供专业音乐工作者批判、研究。

出版中外作者关于音乐艺术的现状、音乐史、音乐家、音乐作品、音乐美学、音乐教育以及关于音乐各门类的技巧、技法和乐器改革的评论和学术论著。

选编出版"五四"以来各个主要时期代表人物的音乐论文。有计划地出版中外音乐史的史料,以及音乐辞典、手册、图片等各种工具用书,音乐演唱和演奏各门类的训练用书和练习曲,同时出版一套供工农兵业余学习的音乐基础知识丛书。

(六)外国政治、学术书籍

重要的外国文化遗产,要有计划地陆续出版。现代的应有严格的选择,确有参考价值的才翻译出版,用处不大的不要翻译出版。

在思想史上起过重要作用的哲学、社会科学著作,有一些已有译本,还有一些没有译本,需要通盘考虑有计划地重印或翻译出版。与马克思主义的形成和发展直接有关的最重要的正反面思想资料,应在一九八五年以前陆续出版,其中包括资产阶级哲学、经济学、空想社会主义著作、历史著作,与马克思恩格斯同时代的马克思主义者的主要著作,机会主义和修正主义的代表作,以及马克思、恩格斯、列宁的传记资料和国际共产主义运动的历史资料。

对领导机关和研究人员有参考价值的国际政治、军事、世界经济的重要书籍,以及某些重要人物的回忆录,有选择地翻译出版。

现代资产阶级和现代修正主义的理论著作和材料,选择重要的出版,供研究批判之用。

世界史、各国历史和地理书籍,重要的和已列入国别史、国别地理书出版规划的,在一九八五年以前基本上出版齐全。

以上几类书籍,按不同性质,有的公开发行,有的内部发行。

外国进步作家、友好人士的作品,视需要出版译本,尽可能公开发行。

(七)古籍整理

有目的、有选择、有计划地整理和出版我国的古籍,是社会主义文化建设事业中一个必要的组成部分,是一项需要较长时间才能完成的任务,建国以来已经做了不少工作,有了不小的成绩。今后,仍然要贯彻执行毛主席对于整理古代文化遗产的指示,积极进行工作,把现有能够从事古籍整理的力量、特别是老专家们组织起来,像整理二十四史那样,把重要的古籍陆续整理出版,作为基本的学术资料,给科学研究和教学工作提供方便的条件。

古籍整理出版大致分为两大类。一类是以干部、学生和中学教员为对象的各种选本。一类是供研究者用的资料书。

前一类书,要精选那些在历史上曾经起过进步作用、对我国文化发展有贡献的、今天仍然有助于认识历史、丰富知识的著作,注释或今译出版。后一类书,是选择一批对科学研究工作和教学工作有参考价值的古籍,进行整理(断句、校点、注释或汇集旧注)、编纂,成为较有系统便于使用的资料,印数要适当控制,有些内容反动但确有参考价值的书,可以内部发行。

1.出版一套古籍读本,精选古代哲学、历史(文学部分见文学书籍类)中的优秀著作和某些虽不是进步的但具有代表性而为一般读者应该了解的著作,加上准确、简明通俗的注释以及批判性的序言。例如《墨子选注》、《荀子选注》、《史记选注》、《论衡选注》、《史通选注》等。这套书以高中以上文化水平的读者为对象,约出版一百种。

2.出版一套古籍普及读物,以初中文化水平的读者为对象,精选最有价值的作品,加上较上述读本更简明通俗的注释,并附今译。约出版五十种。

3.一些重要的古代典籍,已出版而仍有需要的可陆续重印(如二十四史、《资治通鉴》等)。正在进行整理的应抓紧进行(如《尚书》新注、集解,《春秋左传》新注、集解,《墨子》新注、集解,《荀子》新注、集解,《通典》校点,《文献通考》校点,《读史方舆纪要》校点等)。争取八年到十年内,九经、先秦汉魏诸子,以及历代哲学、史学名著都能有经过整理的新版本陆续出版。

4.有计划地出版一批专题资料汇编。根据研究工作和教学工作的需要,从古籍中分门别类地辑录各种资料,汇编分集出版,例如《中国哲学史资料选辑》、《中国思想史专题资料》、《中国佛教史料》、《中国经济思想资料》、《中国农民战争史料》。这些书除分段、标点和必要的校勘外,书后应附必要的索引。

5.有些参考价值较大的孤本、善本,可以有选择地影印。

(八)学校教材

在教育部统筹规划下,编写出版中小学通用教材,同时要出好中小学教师用的教学参考读物。高等院校文科和理工科教材,应当在有关部门的领导下,积极组织编写,或修改原有的教材,争取在两三年内基本出齐,以解决教学的迫切需要。根据需要,引进和翻译外国理工科教材,供科学工作者和教学人员参考。

(九)工具书

必须集中力量,尽快地编写出版广大群众、干部和专业人员所迫切需要的必备的工具书。

中外语文词典,按照 1975 年制订的《中外语文词典编写出版规划》,分工协作,继续努力完成。要求在一九八〇年前,出版汉语词典二十五种。其中为广大读者迫切需要的《辞海》、《辞源》、《现代汉语词典》、《四角号码新词典》、《新华词典》、《汉语大词典》,要抓紧编写,争取早日出版。外语方面,首先要抓紧编写英、日、俄、法、德、西班牙、阿拉伯等语种的词典。在一九八一年至一九八五年内,要继续出版汉语词典六种,外语词典五十一种。要在一九八五年前,逐步达到大中小型汉语词典和主要语种的外汉和汉外词典配套补齐。

此外,还要编写出版教学、科研、生产和外事活动所需要的各类专科词典。争取在三、五年内出版哲学、经济学、历史、文学、音乐和美术词典。其他工具书,如《中外历史年表》、《中国历史地图集》、《中外历史人名词典》、《世界知识辞典》,各种地图、索引,也都需要积极组织编写、编集、编绘出版。

文化大革命前出版的语文词典和专科词典、年表、索引等工具书,基础较好的可以修订再版。为了适应四个现代化的迫切需要,应适当引进影印一些具有参考价值的外国词典,供内部使用。

要及早着手筹备编纂出版以马列主义毛泽东思想为指导、能反映我国科学研究水平的、具有我国特色的《新中国百科全书》。

(十)科学技术书籍

为了加速把我国建设成为一个伟大的社会主义现代化强国,实现科学技术现代化,必须把出好科学技术书籍,作为出版工作的一件大事来抓。既要积极出版普及读物,也要重视出版高级研究著作。

1.组织科学工作者编写和编译两套供广大群众、干部阅读,特别是适合青年们阅读的《自然科学百科全书》、《科学普及小丛书》和《现代科学技术丛书》。这三套书约计出版一千种。

2.出版各种应用科学技术读物。重点出好我国工农业的各种工艺技术、基本知识、综合利用和技术革新方面的图书。出版一整套我国自己编写的实用技术手册和图册。

3.出版尖端科学技术和理论研究著作。出版总结我国技术成就的经验和科学研究成果的图书。

4.出版自然科学基础资料,包括综合的或各学科的调查、考察报告和各种图谱志。

5.大量翻译出版外国具备先进科学技术水平的名著和重要著作。编辑出版介绍国外有关新技术、新理论、新方法的情势、动态方面的书刊。

6.出版发展现代科学技术和进行科学实验迫切需要的各种基础科学著作。

7.出版学习和研究自然辩证法的著作。出版《天体史》、《地球史》、《生物史》、《科学技术发展史》。

8.出版科技名词、词典及各种专门手册。

9.恢复和大量出版各种科技杂志、学报、通报。

(十一)青少年读物

遵照毛主席关于培养我们的下一代成为有社会主义觉悟的有文化的劳动者的教导,落实教育要从中小学抓起的方针,针对青少年的特点,大量出版既有正确的思想内容,又生动活泼、引人入胜的各类青少年读物、学龄前幼儿读物和学生课外读物。出版工作一定要多为下一代着想,使他们有条件"好好学习,天天向上"。

1.重点出好对青少年进行马列主义基本原理教育、阶级斗争和路线斗争教育、革命理想和革命传统教育、共产主义道德品质教育、革命纪律教育和艰苦奋斗教育的政治读物。

2.大力出版帮助青少年掌握科学知识,树立爱科学,学科学,用科学的思想的普及读物。

3.出版共青团、红小兵基本知识读物。

4.出版一套介绍各种科学知识、通俗浅显、生动活泼的《少年百科丛书》,二百至三百种。

5.出版以青少年为对象的文学作品和历史知识读物。出版《红小兵故事丛刊》。

6.出版科学童话、科学幻想小说。外国出版的这方面著名的优秀作品,重印一批,新选译一批。

7.出版一套适合学龄前儿童和低年级学生阅读的《儿童图画丛书》,约三百种。

(十二)体育、卫生书籍

1、出版群众性体育运动技术、知识普及读物、图表。出版提高我国体育运动水平所需要的各种技术训练用书。

2、出版有关赤脚医生、合作医疗、中西医结合典型经验和反映我国医药卫生新水平、科研新成果的图书。出版各种医药卫生工具书、资料书。继续整理出版中医古籍。选择翻译出版介绍外国医药卫生科技成就和情况的资料。

(十三)少数民族文字读物

遵照华主席关于"做好少数民族的工作极为重要,应该把少数民族地区的各项工作都搞好"的重要指示,认真做好少数民族图书出版工作。有计划地将汉文版各类重要图书翻译成少数民族文字版。加强蒙、藏、维、哈、朝等少数民族文字图书的编著和创作,逐步扩大用本民族文字编创出版图书的比例。编写出版少数民族语文词典。

(十四)期刊

为了满足人民群众对于精神食粮的迫切需要,除了努力出版各种图书,还需要多出版一些期刊。文化大革命以来所中断出版的一些期刊,如《中国青年》、《中学生》、《科学大众》、《文艺报》、《萌芽》等,建议有关主管部门考虑早日恢复出版。建议增加出版综合性的文化杂志和书评、文摘、国外文化情报刊物。

以上各项只是一个纲要性的初步设想,还要进一步由有关出版单位、研究机关、学校共同协商，进行调查研究，召开有专家参加的各种专业性的规划会议，制订分门别类的比较详细的有选题、有承担单位的长远出书规划。要抓紧时间，争取在一九七八年上半年把一些重要门类的规划落实下来。

三

为完成1978年—1985年出书规划的各项任务，应采取切实有效的措施，认真改进工作作风，努力提高工作效率。

(1)加强领导，充实调整人员。各级领导班子都要进行整顿，实行在党委领导下社长、总编辑分工负责制。出版社的第一把手要抓出书工作。配备懂得业务的干部担任编辑室的领导。有计划地补充编辑人员、装帧设计人员、翻译人员和出版、资料工作人员。根据工作需要对人员进行必要的调整。

(2)培养建设又红又专的出版队伍。正确地执行党对知识分子团结、教育、改造的政策，热情地帮助他们改造世界观。组织广大职工结合斗争实践，刻苦学习马列和毛主席著作，不断提高阶级斗争和路线斗争觉悟，增强贯彻执行毛主席革命路线的自觉性，走与工农相结合的道路。要创造条件，使所有的工作人员都能专心致志地钻研业务，提高工作能力。

(3)广泛地团结作者译者，调动一切积极因素。对专业工作者、业余作者出版社都要密切联系，热忱相待。充分调动知识分子的积极性，组织他们编书、写书、译书，使他们有机会以自己的才能为社会主义事业服务，要按规定给以稿酬。要以认真负责的态度处理来稿、来访、来信。编辑人员要有谨慎谦虚、全心全意为人民服务的好思想、好作风。

(4)加强协作，加强调查研究。出书规划在执行过程中，要根据实际情况进行修改调整。出版社同研究单位、编译机构要密切配合。出版、印刷、发行工作要协调。出版社之间既要分工，更要协作，要互通情报。根据工作需要,组织专家参加各种编审小组、编审委员会或担任顾问。出版社要加强对科研、写作、编译情况的调查研究。出版社要经常向各有关方面介绍工作情况,编印各种图书目录,提供出版资料。

(5)认真做好书稿的编辑工作,提高出版物质量。严格实行三级编辑审稿制度,所有出版的稿件,都要经过认真的审查和编辑加工,防止政治性和技术性错误。质量差、水平低的书稿,一律不出版。坚决肃清"四人帮"的影响,克服粗制滥造。注意改进文风。

(6)加快出书速度,提高书籍设计印制水平。出书太慢,已经成为一个十分严重的问题,从编辑到印制,每一个环节都要为缩短出书时间作出努力。

提高书籍装帧、设计水平。组织更多的美术工作者参加书籍的装帧和插图工作,特别是文艺书籍和少年儿童读物,更需要重视插图。培养和鼓励具有独特风格的装帧设计专家。书籍的印制和用纸都要大大改进,学习外国先进的东西。要下功夫使我们的出版物不仅在内容上是高质量的,而且在形式上也是很精美的。

(7)开展书籍评论工作。争取在报刊上多发表一些书评文章,办一个书评刊物。组织群众性的评书活动。提倡不同意见的自由讨论。要把这项活动看作是繁荣出版、提高书籍质量不可缺少的条件之一。

(8)改进图书发行工作。出了书不仅要迅速发行,而且要善于区别不同的图书和不同的对象去做好发行工作。专业用书、多卷集的发行要有办法。书籍的印数要恰当,该多印的就多印,不该多印的一定要适当控制。要重视和加强出版报道,使各方面及时知道出书消息。

(9)厉行节约,减少重复浪费。编辑出版费用和行政开支都要大大减少,加强管理,防止事故,减少损失。要十分重视节约纸张,千方百计地节约纸张。出书重复造成积压报废的严重状况,必须迅速改变过来。

(10)做好后勤工作,改善工作条件,关心群众生活。调配政治上强、作风好、热心为群众服务的干部负责后勤工作。搞好集体福利事业,关心职工和家属的疾苦,帮助解决困难。加强编务工作和资料工作,减少编辑人员的杂务,使他们的主要精力用于编辑工作,保证每周至少有六分之五的时间做编辑工作,钻研业务。

(据国家出版局保存的原件刊印)

1978年

在十一大路线指引下多出书出好书
国家出版局在京召开全国出版工作座谈会

新华社1978年1月11日讯

为着更好地贯彻执行党的十一大路线,尽快地把出版工作搞上去,多出书,出好书,国家出版局最近在北京召开了全国出版工作座谈会。

出席这次会议的,有国家出版局直属的出版社、国务院各部委所属出版社以及各省、市、自治区出版局负责同志共一百人。中共中央宣传部部长张平化到会作了重要讲话。

会议以揭批"四人帮"的反革命修正主义路线为纲,集中批判了"四人帮"强加给出版战线的"两个估计",分析了出版战线的形势,讨论了出版工作如何全面地正确地贯彻执行毛主席的革命路线,研究了全国一九七八年的出书计划和一九七八年至一九八五年出版规划设想。

出席会议的代表们忿怒批判了"四人帮"在出版战线炮制的反革命的"两个估计":一个是所谓文化大革命前的十七年,出版战线是"反革命专政",出版界的领导权"被资产阶级及其代理人所篡夺了";一个是所谓出版队伍的"大多数",世界观"基本上还是资产阶级的",是"资产阶级知识分子"。会议代表列举大量的事实证明,出版战线虽然也受到刘少奇修正主义路线的干扰和破坏,但毛主席的革命路线始终是占主导地位的。出版队伍是一支革命的队伍。

会议指出,"四人帮"推行"两个估计"的根本目的,就是反对、篡改、歪曲毛主席的革命路线,打击出版战线的广大干部和知识分子,肆意篡改党的出版方针。一方面他们不准出版五四以来、延安文艺座谈会以来和建国以来的优秀文艺作品,对中外古典文艺作品更是禁止出版,这些年来,研究性的学术理论著作出版得极少,科技图书和工具书更是奇缺,造成了严重的"书荒";另一方面又大造反革命舆论,大量炮制"阴谋文艺"、"影射史学"等出版物。"四人帮"喉舌梁效、罗思鼎、初澜的黑文汇编本,泛滥成灾。有一个出版社,单是以风庆轮为题材影射攻击周总理的书画,就有四十多种。据不完全统计,批林批孔以来,不包括教科书在内,宣扬"四人帮"反动观点的图书就造成了四万吨纸的极大浪费。如果拿这些纸来印《毛泽东选集》第五卷,可以印一亿册;如果用来印每部四五十万字的长篇著作,可以印一百种,每种印一百万册。

会议认为,粉碎"四人帮"以来,英明领袖华主席提出的抓纲治国的战略决策在出版战线上也取得了重要成果。夺回了被"四人帮"篡夺的舆论阵地,迅速出版了《毛泽东选集》第五卷的汉文版,多种少数民族语文版和外文版;出版了党的十一大文献等政治读物以及五四以来、延安文艺座谈会以来以及建国以来的一批优秀文艺作品和学术研究著作;出版了一批科学技术书籍和青少年读物。出版战线的形势是好的。但是,应该看到,"四人帮"颠倒了路线是非,搞乱了人们思想,给出版战线造成了空前的灾难。要改变"四人帮"所造成的严重"书荒",多出书,出好书,快出书,还要作艰苦努力。首先必须彻底批判"四人帮"炮制的反革命的"两个估计",肃清"四人帮"反革命的修正主义路线在出版战线上的余毒和影响,全面地正确地贯彻执行毛主席的革命路线。

会议总结了二十八年来出版工作的正反两个方面的经验和一年来揭批"四人帮"斗争的体会,讨论了出版工作的方针和任务。

在讨论过程中,大家认为出版工作要为贯彻执行党的十一大路线服务,为抓纲治国,在本世纪末实现四个现代化的宏伟目标服务,为无产阶级专政下继续革命服务。一定要完整地准确地宣传马列主义、毛泽东思想体系,力求有助于全党和全国人民完整地而不是零碎地,准确地而不是随意地,实际地而不是空洞地掌握马列主义、毛泽东思想的基本原理,一定要坚持为无产阶级政治服务、为工农兵服务的方向;一定要坚持百花齐放、百家争鸣的方针,严格遵守毛主席规定的区分香花和毒草的六条政治标准,彻底铲除"四人帮"立下的一切反动禁令,促使社会主义的文艺创作和马克思主义的学术研究尽快地活跃起来;一定要坚持古为今用、洋为中用和推陈出新的方针,在马列主义、毛泽东思想指导下,积极整理和翻译出版中国古代和外国的作品和各种资料,为发展社会主义文化和科学技术服务;一定要坚持党的群众路线,充分调动广大专业工作者为社会主义编书写书的积极性,大力培养工农兵业余作者;一定要坚持党的干部政策和知识分子政策,努力造就一支又红又专的出版队伍。

会议初步讨论了一九七八年的出书计划和一九七八年至一九八五年的出书规划的设想,要求经过努力,争取各个领域,各门学科都要出版一批水平较高的著作,图书的品种和数量都要有大幅度的增长,部分图书的印制质量和速度赶上世界先进水平,在出版战线出现一个全面繁荣的新局面。会议号召全国出版战线的同志高举毛主席的伟大旗帜,紧跟英明领袖华主席,在党的十一大路线指引下,鼓足干劲,力争上游,高速度地把出版工作搞上去,迎接社会主义经济建设的高潮和文化建设的高潮。

(据 1978 年 1 月 12 日《人民日报》刊印)

胡愈之等批驳所谓"三十年代黑店"论的发言

1978 年 1 月 14 日

1967 年,在"四人帮"刮起的"批判三十年代文艺黑线"的同时,从上海首先掀起一股"追查三十年代黑店"的逆流,诬蔑三十年代生活书店、读书出版社、新知书店三家出版社是什么"黑线统治的黑店"。

1973 年 10 月"四人帮"覆灭后,出版系统的广大职工揭批了"四人帮"的罪行和在出版系统造成的严重危害,给所谓"三十年代黑店"恢复名誉的问题亦是其中之一。

1978 年 1 月 14 日,国家出版局在北京专门召开了一次座谈会,邀请一些熟悉生活、读书、新知三联书店历史和在三店工作过的老同志座谈。座谈会由国家出版局局长王匡和局领导小组成员陈翰伯共同主持。胡愈之、黄洛峰、华应申、许觉民等同志在发言中以大量事实批驳了所谓"三十年代黑店论"的谬论。

胡愈之的发言

我想讲的话很多,不知从何讲起。今天讲 30 年代。所谓"黑线"之长,就是长到 30 年代,由文艺界到出版界。文艺界从《早春二月》开始,出版方面周扬曾封我为 30 年代出版界的"佘太君"。30 年代都被说成是封资修。为《世界知识》我被斗了两次。30 年代如何估计,毛主席有很正确的估计,就是军事"围剿"和文化"围剿"那段话,这是估计30年代文化工作、出版工作的标准。在国民党统治区,我党在文化方面毫无力量,但文化方面反"围剿"还是胜利了,这应归功于鲁迅。鲁迅一生不光自己创作,在出版方面他也花了很大力量,包括印刷、校对和封面装帧。当然不是鲁迅一个人,鲁迅是个头。毛主席还讲到"五四"以后20年,到1939年,包含30年代,是文化革命取得伟大胜利的时代,估计很高,从思想到形式(文字等)都有很大变化,毛主席是充分肯定了的。"四人帮"要推翻,是讲不过去的。30年代革命的新的出版业战胜旧的出版业,应这样来肯定。

1927年大革命失败后,鲁迅到了上海,许多地方的青年也因革命失败而跑到上海住下来写书,当时出现了一些新的小书店,主要出书不是出刊物,如陈望道翻译的《共产党宣言》。那时虽也受到压迫,但不很厉害。各种流派都有,包括托派。1930年上半年成立"左联","反帝大同盟",是李立三冒险主义领导,自由大同盟被捕的人不少。"左联"是党的外围组织,鲁迅出面作头。鲁迅当时不赞成"左"倾盲动主义。1930年以前鲁迅同党没有直接关系,同个别党员关系是有的。北京有人经常同鲁迅通信,鲁迅要看马列主义作品。1928年党中央到莫斯科开六大,周总理提出党要同鲁迅取得联系。那以前鲁迅同个别党员关系不好,不满他们空谈。莫斯科会议后党争取鲁迅过来。1930年2月搞了"左联",在党的文委领导下,还有音联、剧联,以"左联"为主。要对付各方面的敌人,国民党、新月派等等。鲁迅对于敌、我、友是分得很清楚的,他对自己人是采取商量、批评教育态度的。"四人帮"对鲁迅的诬蔑、曲解很厉害。他们利用鲁迅为工具,我没有充分材料,但值得研究。上海写了《鲁迅传》,还有不少把鲁迅的话摘下来"反击右倾翻案风"、"批林批孔"的,把鲁迅弄成一个头上长角、身上长刺的反潮流的人。鲁迅是很讲斗争策略的,给徐懋庸的信是批评,希望他改过来,不是当敌人,对狄克(张春桥)一下就看出是特务,对张对徐两种态度。鲁迅伟大也就在这里,能识别各种人。毛主席说鲁迅文章短,但没有片面性。

30年代问题,我说一些情况,供大家参考。那时出了一些社会科学的书,1935年以后出杂志、党的刊物。出来就被封了,改出小报,又被查封。后来就改地址,刊物出来,知道了,已经搬了家,那都是打游击的方法,没有连续性,影响是有的。影响扩大是从生活书店开始,查封了我也出,没有停过。1925年10月,黄炎培中华职业教育社开始办《生活周刊》。"九·一八"以后中国阶级关系有很大变动,民族资产阶级变过来了,反对国民党的不抵抗主义。在上海被占领前,民族资产阶级的公开代表是黄炎培和《申报》馆的史量才。国民党"围剿"一、二、三、四次打了败仗。国民党要垮台,所以民族资产阶级转过来了。但是上海地下党在王明控制下,受到了大破坏。1933年福建人民政府提出抗日反蒋,谈判不成,蒋介石调军队去镇压。福建人民政府出面人是蔡廷锴。生活书店主持人是邹韬奋,那时《生活周刊》快被封了。他到国外去了两年。他是准备被查封的,临走时写了《闭刊词》,最后一篇文章就是支持福建人民政府的。《生活周刊》查封后由杜重远接编,改名《新生》。《生活周刊》是党领导的。毛主席到了延安,延安有人出来到了上海,已经同我们通气了。主席提出抗日民族统一战线,已经知道了。1936年初"两个口号"之争,鲁迅提的口号是毛主席、周总理同意的;另一口号是王明提出的。1935—1936年苏联大使同国民党谈判抗日,苏可以支援武器,条件是共产党要以合法党派参加政府,蒋介石同意,但要共产党把军队交出来。王明在莫斯科,斯大林是相信王明的,因中国的事情斯大林不大了解,所以就有毛主席的统一战线和王明的投降主义两条路线。1936年国民党突然抓七君子,接着是西安事变。蒋介石以为同苏联讲好,不怕了,所以下手。但我们国内党并不赞同,党同张学良讲好,即有西安事变。这些事都同上海30年代出版工作有关系。鲁迅有巨大作用,另外就是三联书店,从国内到国外,《大众生活》最多一期可发行30万份。发行的方法很多,邮局可以告诉你几点钟以后来寄,因为那时检察官回家吃饭去了。如广东卖皮鞋的小店,写个条子说《大众生活》已到,还有一个小箱子卖书,我问他这些书几天可卖完,他说两天就卖完了。这是群众想出的方法。南洋还拿"生活"两个字做牌子,如"生活肥皂",容易销。现在年轻人对这些弄不清。调查三联书店钱从哪儿来的人很多。他们不明白当时每人出十元钱也可出一期。三联的人被"四人帮"杀的、批斗的很不少,因为过去没有把三联的事公开谈一谈。

黄洛峰的发言

粉碎"四人帮"后,各条战线都在揭批运动中把被颠倒了的路线是非颠倒过来。出版方面的批判文章有一些,还大大不够。国民党特务张春桥不是要整这几个人,他是反对毛主席的革命路线,是要打倒周总理。1967年布置搞三联,不仅上海,北京也搞,我被提审了许多次。在文化部我被十多人提审,我闻出那个味道不在搞我们这些人,是要搞毛主席的革命路线和周总理。揭批"四人帮"第三战役中我认为要搞清这些问题。30年代问题首先要看当时的时代背景:军事"围剿"和文化"围剿",鲁迅也正是在这"围剿"中成了主将的。出版工作的主流是同国民党反动派作斗争的。解放后曾叫张静庐整理出版史料,其中包括说明哪些书刊曾被查禁。下一代人搞不清这些事。把路线是非颠倒过来要花些力气,要查资料,我年纪老了,寄希望于年轻同志。

从启蒙运动来看,商务、中华着重搞教科书,新的出版业则宣传共产主义、社会主义,"生活"出的书多,"读书"出了《资本论》。茫茫中国大地上,在党的领导下,举起了马列主义的火炬,虽然不大。那时出的马列主义的书,尽管翻译水平不够理想,但这工作是很有意义的。同时要看一看"四人帮"那些坏蛋那时候在干些什么,张春桥在攻击鲁迅,江青纸醉金迷,还不是变相妓女!《文艺纪要》一出来,什么都是黑的了,我们都是黑人了。要搞清当时的时代背景,国民党怎样进行文化"围剿"。邹韬奋做了许多工作,党中央、毛主席给予很高评价。

抗战以后,三个书店到了武汉,是在长江局的领导下,王明虽是书记,但周总理在那里。那时曾以"中国出版社"的名义出版党所交办的书。《群众》周刊是完全在党的领导下工作的。1939年到重庆以后,南方局不仅在政治上、思想上对三个书店加强领导,而且在经济上拿出了两万元钱,以沈老的名义,登记入册。解放后算资产时,百分之八十是公的,百分之二十是私的,这私的部分,也是大家为革命捐献的,以致到后来没法送股息,因为人家捐钱是为革命,不是为当资本家。送不出去的股息存入银行,成为"小金库",以便以后有股东提取,1951年并给人民出版社。

东北光华书店、新中国书局都完全是在党领导下工作的。1940年周总理在重庆找徐伯昕,指示要同解放区出版工作结合起来。那时李文、刘大明、王华等去太行山八路军总部所在地办华北书店,上海以王益为首到苏北办了大众书店。1940年是周总理出面做动员,做思想工作。那时延安也有些人分到晋东南。后来华北书店、韬奋书店改为新华书店。白区书店、解放区书店两支队伍早已会师,白区出版工作早就同解放区出版工作汇合起来了。

"17年"是在什么情况下开始的?在全国新华书店出版工作会议毛主席题词"认真作好出版工作"后开始。朱总司令还到会讲了话。1949年7月党中央关于三联工作方针的指示,肯定了三联、新华都是党领导的。毛主席1949年10月接见了第一次出版工作会议的全体人员,其中有个周永生,1932年曾到江西瑞金,是新华印刷厂的,毛主席同他握手,表示感谢。"17年"就是从毛主席接见开始,是红的还是黑的?新华书店的店名和人民出版社的社名也是毛主席题的,是很关心我们工作的。

华应申的发言

"新知"是1935年搞起来的。那时在党的领导下,围绕着"救国会"开展了活动。广大中国人民要抗战救亡,三个书店做了许多工作,尽管有缺点、幼稚之处。新知出版的《中国农村》在抗战救亡中是起了作用的。

生活、读书、新知三店的问题可以从几个方面去看:(1)同国民党的斗争。文化方面反"围剿",三店工作人员被捕、牺牲、甚至被活埋,如"新升隆"轮从武汉疏散到重庆去时,被日机轰炸沉没,新知的钱歧同志牺牲。(2)三店同党的关系。应该说三店是党领导下的出版机构。做具体工作的人不一定都清楚,领导是清楚的,胡愈老是清楚的。工作中有缺点错误是另一回事。成立三联后更清楚了,过去三家独立时是党的外围书店,三家合并是党指示这么办的。到重庆以后是中共南方局领导的,从武汉开始是长江局领导的,"中国出版社"社名字是毛主席写的。长江局陈楚天管中国出版社,具体工作是新知办的,出过《毛泽东救国言论集》。长江局凯丰领导我们。有一次我到八路军办事处,直接面授机宜,出一本吴玉章在法国讲话的小册子。办事处胡静如(女)把吴玉章讲话的两个不同传抄稿子当作两次讲话收在一个册子里,遭到王明痛骂。新知股东十元、二十元、三十元的都有,做进步文化工作的和读者都支持。叶帅和李克农都来书店作过报告。党的组织生活也是八路军办事处直接领导的,1940年前受地方领导。(3)从出版物方面来看。1939至1940年延安带来大批鲁艺书稿,出一本被查封一本,《资本论》读书出得最早最全,新知还出了列宁的《帝国主义论》。我们那时在桂林,生活书店被勒令三天内停业,大廉价半送半卖,人山人海,学校、团体都雇了人力车来拉书,交通都堵塞了。三店出版的书刊对青年学生影响很大.很多人回想起当时思想转变是因为看了这些书……(范用插话:那时因为身上有一本三联的书被抓起的不少,《联共党史》也出过)正确评价三联同正确评价邹韬奋、鲁迅有关,年轻人不大了解。韬奋主要在出版方面,在新闻工作方面,是光辉的榜样。我们那时都是小青年,许多人都同鲁迅通信。我们曾经想编一本苏联版画集,通过史沫特莱弄来些画,鲁迅不同意出,我们就没有出。《中国农村社会性质论战》这本书是有影响的,毛主席也知道这本书是跟托派论战的;孙冶方的文章很有影响。胡绳的《辩证唯物论入门》在《大众哲学》之后也有很大影响。此外还出过《论政党》、《共产国际政纲》、《斯大林传》,小说《钢铁是怎样炼成的》、《彼得大帝》、《对马》、《时间呀前进!》,陈原编的《二期抗战新歌初集》、编译的《苏联歌曲集》是在我国初次介绍,发行之多,简直救了新知的命。生活出的好书更多。全国分支店最多时有50多处,比中华、商务还多。新知襄阳、常德也去,广西宜山也去过.还有丽水这样小的地方都有分支机构,有三家书店的地方,当地进步青年就常去,除了地方党,这分支店往往成了战斗机构。

有一件事不少同志不知道。1940年周总理亲自向徐雪寒部署,要新知派出几个党员,分别到浙江、江西、福建去住下,带上几千元钱,开个小店,卖文具之类东西,作为一个秘密的点,必要时去用这些点,后来没有使用。这些同志很艰苦,有的人钱用完了,去卖花生米,因为他们是不能与当地组织取得联系的。

许党民的发言(摘录)

三联是不是黑的,让事实来说话。我被审的次数不少,叫我吃惊的是一次上海来人,要我讲三联的性质,我讲了如何历史地来看三联.有不少青年看了三联的书走上革命道路的。这时有一个人叫我住口,说:"我来告诉你三联的作用。它披着'左'的、革命的外衣,起了国民党所不能起的作用！"

　　三联在重庆印过蒋介石的《蒋委员长抗战言论集》，奇怪的是蒋介石的书也叫国民党给查禁了。因为该书附录中有国共合作的文件，文中还有抗战初期蒋介石说过"地无分南北、人无分老幼，皆有守土抗战之责任"。这件事冯雪峰对我说过，他听周总理说，毛主席要总理在国统区出蒋介石主张抗战言论的书，来打击蒋介石的投降阴谋，逼蒋继续抗日，因为蒋言而无信。1941年还出过蒋在黄埔的讲话。

　　在重庆，周总理指示书店工作要分一、二、三线，抗战结束后的上海也是这样。一线是民主周刊社、华夏书店，这个书店印解放区文件、小说；第二线是生活书店本身，出马列理论的书多，与现实生活直接有关的书少；第三线是骆驼书店、峨嵋出版社，等等。这都是总理考虑的很有艺术的斗争方法。总理是如何交代的，胡绳知道。

　　皖南事变以后三家书店的遭遇，在韬奋的文章里有，但不全。西安的周名寰在国民党狱中腿烂致死，安徽的方钧被活埋。

（据国家出版局保存的原件刊印）

教育部、国家出版局关于高等学校、中等专业学校教材供应工作的通知

1978年1月17日
(78)校社字054号 (78)出发字第17号

实现我国的四个现代化,迫切需要培养大批又红又专的建设人材。培养建设人材,基础在教育。因此,适应教育事业的发展,做好高等学校、中等专业学校教材(以下简称大学、中专教材)的出版发行工作,具有十分重要的意义。近年来,由于"四人帮"的干扰破坏,大学、中专教材的出版发行工作,基本上处于停顿状态。我们必须深入揭批"四人帮",迅速恢复和加强大学、中专教材的出版发行工作,"及时、足量"地供应学校的需要,做到"课前到书,人手一册"。

大学、中专教材,种数多,数量大,编写、出版单位分散,印制点比较集中,时间性强,而供应面很广,出版发行方面需要做大量细致的预订、预印和发行工作。根据多年来的经验,做好大学、中专教材供应工作,必须加强领导,统一安排,教学、编写、出版、发行等各项工作都要加强计划性和各环节之间的协作,抓好预订、预印工作和出书时间的安排。

为此,对有关事项通知如下:

一、全国通用的教材,对高等学校和中等专业学校,采取预订供应的办法,每学期预订一次。学校按照书店提供的预订目录和统一的预订日期,向当地书店预订学校师生使用的教材。书到后由书店供应学校发给师生。学校预订时间,秋季用书自三月十日起至三月二十五日截止,春季用书自上年九月十日起至九月二十五日截

止。教育行政机关和学校要尽早确定招生人数,安排好专业和课程的设置,落实教学计划,以便做好教材预订工作。预订的教材品种、数量应力求准确。学校要动员、组织学生备齐必需的各种教材。学校向书店预订教材采取信用预订办法,不预付书款。

二、各编写单位和有关出版社应及早落实出版计划,安排好出版工作。秋季用书于一月十五日前,春季用书于上年七月二十日前,出版社将教材的预订目录稿(在外地印制的品种和地点要相对固定,在目录稿中加以说明),统一提交新华书店北京发行所。凡列入预订目录的教材,除个别品种在目录中说明延期出版时间者外,秋季用书于七月底、春季用书于上年十二月底出书交齐(发书店要随收随发,不得耽搁积压)。如果出版情况变动(延期或停出等),出版社应及时通过书店通知学校;秋季用书应于七月十五日前、春季用书应于上年十二月十五日前通知到学校,以便学校安排好教学。

为了均衡安排印刷,提早教材的出版时间,在学校预订前,出版社和负责发行的新华书店发行所、省级新华书店对需要量大的教材要共同研究预先印制一部分,印数较少而暂不修订改版的教材也可以一次预印几个学期的用书。预印书的多余部分,其经济责任由出版社和发书店各半负担。教材的书款结算和贷款办法,仍按现行的一九六二年七月文化部、财政部、教育部、中国人民银行总行《关于办理高等学校及中等专业学校教材、中小学课本、年画的季节性贷款的联合通知》办理。

三、全国通用教材的预订工作,由新华书店北京发行所按本通知精神,统一布置各地有关书店办理,分别由印制地的发行所、省级书店(以下简称发书店)负责发行,供应各地。秋季用书于四月底、春季用书于上年十月底,发书店向出版社提出全国订数,并与出版社根据保证供应学校预订数和适当照顾其他方面需要的原则,协商确定印数。

四、各地书店要加强与学校的联系,认真做好教材的预订和发行工作,提高预订和发书工作的质量和效率。对学校预订的品种、数量,书店要认真复查核对,防止漏订、错订。要根据需要和可能适当储备,补预订之不足。省级书店要深入了解预订和发行情况,并加强订数的审核。

目前纸张供应还很紧张,大学、中专教材应首先保证满足高等学校和中等专业学校适用专业和适用班级的需要。各地书店要按此要求精神,分别上报订数,并逐级加以核实。

五、为了提高教材预订的准确性和做到及时足量供应,出版社、书店和学校应在分工协作的基础上,明确责任。出版社和发书店对有关的具体工作要充分协商,订立协议。同时都要从全局出发,发生问题互相帮助解决。对于预订、供应工作中发生的一些具体问题可按以下办法处理:(1)出版社在规定时间内通知延期出版的教材,学校可于收到通知后一星期内通过当地书店退订或减订。(2)学校预订的教材没有按预定日期出齐,或者发书工作迟误,发到学校过迟,学校可以少要或不要,如果因而发生经济损失,没有按预订日期出齐的由出版社负担,书店发书迟误的由有关书店负担。(3)学校预订的教材如因特殊情况必须变动时,可以请当地书店尽量设法调整。开学时教材如有多余或不足,应立即提请当地书店协助进行调剂。书店对学校提出来的调整订数、调剂和补购教材的要求,要尽量帮助解决。(4)学校由于本身原因,造成预订教材多余时,可以在开学后十天内向当地书店退回预订教材实际取书总金额的百分之五的教材。

六、各地教育、出版(文化)行政机关要加强教材供应工作的领导,各有关出版社、书店对教材出版、发行工作的情况和发生的问题,要及时向当地党委和教育、出版(文化)行政机关请示报告。

　　主送:各省、市、自治区教育、出版(文化)局,各中央一级出版社,新华书店总店,新华书店北京、上海发行所

　　抄送:各有关部委,财政郎,中国人民银行总行,各省、市、自治区出版社、新华书店

(据国家出版局保存的原件刊印)

国务院批转关于克服书刊内容重复和滥编滥印现象的报告

国发(1978)13 号
1978 年 1 月 30 日

各省、市、自治区革命委员会,国务院各部委,党中央各部门,中央军委办公厅、各总部、各军兵种,人大常委会办公厅,全国政协秘书处,高法院:

现将国家出版事业管理局《关于克服书刊内容重复和滥编滥印现象的报告》转发给你们,望参照执行。

当前书刊内容重复和滥编滥印的现象确实相当严重,这是一个很大的浪费。望各地在深入揭批"四人帮"的斗争中,结合对出版工作的整顿,认真抓一下这个问题,并督促有关部门进行一次检查,采取切实有效措施加以改变。

国务院

附:

国家出版局关于克服书刊内容重复和滥编滥印现象的报告

1978 年 1 月 12 日

这些年来,由于"四人帮"的干扰和破坏,加之图书出版缺乏统一规划和有效管理,因而,一方面为广大读者迫切需要的图书十分缺乏,另一方面,出版物中互相转抄剪贴、内容重复、滥编滥印、浪费纸张的现象相当严重。粉碎"四人帮"以后,这种现象虽有所改进,但仍未得到完全克服。为了切实有效地改变这种混乱状态,把有限的纸张用到最迫切需要的图书上,今后除认真抓好图书选题出版计划,明确分工,搞好协作,加强出书计划性外,拟作如下规定:

一、有关党和国家重要文件、中央领导同志公开发表的文章、讲话和两报一刊的重要文章,今后一律由人民出版社出版,并统一供给版型,分省适量印制。为了及时配合学习,各地可根据实际需要,加印报纸或出版活页文选。要区别图书和报刊的不同特点,报刊文章一般不要汇编成书。

二、各类刊物要有自己的鲜明特色。除《红旗》杂志、《新华月报》外,其他刊物如没有中央通知,不再转载报上已经登过的政治文件和社论等文章。

三、要把有限的胶版纸着重用在供悬挂张贴的领袖像上,不得随意挪用。

四、党政机关、群众团体、学校和企业、事业单位,不得编印图书出售。大专院校自印的讲义、教材和未经批准发行的学报,除在校内使用和与有关院校交换外,不得在社会上发售;如有需要,应纳入中央或地方出版社出版计划,由书店公开或内部发行。

五、各单位都不得翻印出版社出版的图书,自行定价公开或内部销售。对擅自印制出售非法出版物进行投机倒把的行为,各地出版行政机关要严加查禁处理。

六、各地印刷厂不得接受非出版单位交印的图书,如有必需,须经省、市、自治区党委宣传部门或出版行政部门批准。

以上报告如认为可行,请批转省、市、自治区参照执行。

主送:国务院

(据国家出版局保存的原件刊印)

国家出版局、教育部、铁道部、邮电部、交通部关于认真做好大、中、小学教材运输工作的联合通知

1978年2月1日
(78)出发字第18号 (78)教社字055号
(78)铁运字97号 (78)邮邮字90号
(78)交水运字106号

实现我国的四个现代化，迫切需要培养大批又红又专的建设人材。培养建设人材，基础在教育。做好运输工作，及时供应各地学校需要的教材，对培养建设人材，提高教育质量具有十分重要的意义。大、中、小学教材种类多、数量大，供应面很广，时间性很强，必须在学校开学前发到各地。近年来，由于"四人帮"的干扰破坏，教材的运输往往耽搁积压，边远地区和山区的运输问题更大。我们必须坚决贯彻英明领袖华主席为首的党中央提出的抓纲治国的战略决策，深入揭批"四人帮"，落实中央关于科技和教育工作的一系列重要指示，切实把大、中、小学教材的运输工作做好，确保学校每学期开学时每个师生都有教材使用。为此，特通知如下：

一、各地书店要与铁路、邮电、交通等部门加强联系，密切协作，安排好发运工作。书店的发运计划要及时送交运输部门。教材的包件，要包扎牢固，标明"教材"字样。担负中转工作的新华书店要及时办理转运，不得延误。教材运到后，书店要及时发给学校，防止在分发过程中发生耽误和积压。

二、铁路、邮电、交通部门对教材要加速发运。见到"教材"字样

的运件，要及时受理，及时发运，不得积压。要严防教材污损、受潮和遗失。在运输繁忙时，要采取有效措施，确保教材的及时运输。数量较少的教材，走客车(船)按包裹托运，数量较多的要及时安排整车转运，要缩短书等车(船)的时间。要特别注意做好边远地区和交通条件较差地区教材的运输工作。

三、各省、市、自治区出版(文化)局、教育局、邮电管理局、交通(航运)局，各铁路局，要加强教材出版、发行、运输工作的领导。相互之间，要密切配合，对教材运输工作中的问题要及时研究解决。

四、印制教材所需纸张等材料的运输，亦按上述要求的精神办理。

主送：各省、市、自治区出版(文化)局、教育局、邮电管理局、交通(航运)局、上海、广州海运局、上海港务局、长江航运局、各铁路局、东北铁路运输指挥部、新华书店总店、新华书店北京、上海发行所

抄送：中华人民共和国供销合作总社，各省、市、自治区新华书店

(据国家出版局保存的原件刊印)

国家出版局转发《关于根据十届三中全会决议精神处理有关图书的请示》请参照办理的通知

1978年2月14日·(78)出版字第59号

我局《关于根据十届三中全会决议精神处理有关图书的请示》,已经国务院批示"同意",现转发给你们,请参照办理。

主送:各省、市、自治区出版(文化)局,中央一级出版社,新华书店总店,北京发行所

附：

国家出版局领导小组关于根据十届三中全会决议精神处理有关图书的请示

1978年2月5日

根据党的十届三中全会决议的精神，我们对直属出版社出版的涉及"批邓、反击右倾翻案风"内容和去年因有邓小平同志的照片、讲话而停售的一些图书，进行了研究。鉴于目前不宜再在书店出售有"批邓"字句的图书，曾于去年七月二十四日报经吴德同志批示"同意"后电告各地出版部门，立即将有"批邓"字句的图书暂予封存，等待处理。现提出对这些图书的处理意见如下：

一、凡有打击和诬陷邓小平同志内容(包括有"党内最大的死不改悔的走资派"内容)的图书，一律停售销毁。

二、对涉及"批邓"的文告、决议、文件集，不再摆在门市部公开出售，但可应索供应。

三、凡有"批邓、反击右倾翻案风"字句而全书内容没有其他错误的图书，一般可作技术处理(涂掉或换页)后继续发行，难以处理的停售报废。

四、批判"四人帮"的文章、讲话中有"批邓另搞一套"、"借批邓搞阴谋"、"在批邓打招呼会议上的讲话"等类提法，可不作处理。

五、前年四月因有邓小平同志的照片、讲话而停售的图书，一律恢复发行。

以上意见当否，请批示。

主送：吴德同志

(据国家出版局保存的原件刊印)

国务院批转教育部关于高等学校教材编审出版工作的请示报告

国发(1978)23 号
1978 年 2 月 15 日

各省、市、自治区革命委员会,国务院各部委:

现将教育部《关于高等学校教材编审出版工作的请示报告》及《关于高等学校教材编审出版工作若干问题的暂行规定》发给你们,请参照试行。

高等学校教材,质量要求高,品种多,数量大,涉及面广,各地和有关部门要切实加强领导,协作配合,抓紧抓好教材编审出版队伍的建设和制定教材规划,为尽快建设一整套体现毛主席教育思想、符合四个现代化要求的新教材而努力。

国务院

附：

教育部关于高等学校教材
编审出版工作的请示报告

1978年1月20日

遵照华主席、邓副主席关于教育工作的指示精神,为了加速高等学校教材建设,我部自去年八月以来,即着手对高等学校教材的编审出版工作进行调查研究,首先在北京召开了高等学校教材编审出版工作座谈会,就我部起草的《关于高等学校教材编审出版工作若干问题的暂行规定》(草案)进行了讨论;之后,又在我部先后召开的高等学校理科教材座谈会和工科基础课教材座谈会上,广泛征求了意见;去年年底又将修改稿送请国务院有关部委研究并作了修改。

根据会议讨论和广泛征求的意见,并参照过去的办法,我部认为,高等学校理、工、农、医各科教材,种类繁多,专业性强,而且涉及各行各业的技术政策问题、保密问题和对外关系问题,分别由国务院各有关部委在地方协助下按照专业对口的原则,负责组织编审出版,是合适的,并建议在国务院领导下,由教育部和有关部委主管教育工作的部一级负责同志组成高等学校理、工、农、医教材工作领导小组,统一研究教材工作中的重大问题,并在教育部内设理、工、农、医教材办公室,处理日常工作;文科教材,政治思想性很强,其编审问题,将另行请示报告。

为了使各有关部委及地方迅速明确各自的分工和任务,加速工作的进程,特将暂行规定报请国务院审批,如无不当,请批转国务院各有关部委和各省、市、自治区参照执行。

主送:国务院

附：

关于高等学校教材编审出版工作若干问题的暂行规定

遵照英明领袖华主席为首的党中央提出的抓纲治国的战略决策,以及对教育和教材工作所作的部署和要求,为了适应科学、教育事业的大干快上,在本世纪内把我国建设成为伟大的社会主义现代化强国的需要,必须认真贯彻伟大领袖和导师毛主席关于"教育要革命"、"教材要彻底改革"等一系列指示,加强领导,有计划、有步骤地加速高等学校教材的建设工作,努力做到一九七八年秋季新生入学就有新教材使用,一九八〇年以前编审出版一套质量较高的通用教材,以及相当数量的教学参考书、工具书,一九八五年以前编审出版几套适应各种办学形式和要求,具有不同风格和特色,反映国内外先进科学技术水平的社会主义新教材。为了多快好省地完成这项任务,需要迅速确定高等学校教材编审出版的分工,充分发挥中央和地方两个积极性,调动一切积极因素。为此,特将有关编审出版工作的若干问题暂行规定如下：

一、国务院各有关部委必须加强对口专业的教材建设工作,其主要任务是：

1.根据有关教学计划的基本要求,制定本部委对口专业的全国通用教材的编审出版规划；

2.组织本部委所属院校及其他有关院校和出版社进行对口专业的全国通用教材的评选、编审和出版工作；

3.组织交流本部委对口专业的教材改革和教材建设经验；

4.指导和帮助各地搞好有关教材的编审工作。根据地方要求,帮助审查有关教材中地方难以审查的重大政治、政策性问题和保密问题。

二、国务院各部委的分工如下：

1.各类专业的公共课(包括基础外语和体育)教材,理科教材,以及工科各类专业中适应面较广的基础课教材,由教育部及所属出版社负责组织编审和出版;工科各类专业中全国通用的专业课教材和部分基础课教材,以及农科、医科及体育、艺术类的全部通用教材由有关对口部委及出版社负责组织编审和出版;文科及艺术类教材由国家出版事业管理局所属有关出版社出版(教育方面由教育部所属出版社出版)。各部委之间有交叉的教材以对口部委为主通过协商解决。

2. 七·二一工人大学所需教材,凡可选用普通高等学校教材的,可以选用。无适当教材选用的,可参照普通高等学校教材编审的分工办法进行编写。共产主义劳动大学和五七大学等教材问题,另行研究解决。

三、省、市、自治区要继续抓紧教材建设工作,其主要任务是:

1. 组织交流本地区学校进行教材改革和教材建设工作的经验,制定解决本地区所需教材的规划;

2. 组织有关院校力量和出版力量编审出版适应本地区需要的教材和学校需要另行编印交流的教材;

3. 组织本地区院校向国务院有关部委推荐供全国出版、选用的教材;

4. 根据国务院各有关部委的教材规划和委托,积极组织本地区的院校的力量,编审全国通用教材,并根据本地区的条件承担部分全国通用教材的出版、印制和发行任务;

5. 解决在本地区的所有高等学校(包括地方和国务院有关部委主管的学校)印制讲义的纸张等问题。

所有高等院校和教师,都要把从事教材工作与从事教学、科研工作放到同等的地位,受到同样的重视,并切实从人力、物力和时间上加以保证,努力完成好所承担的教材建设任务。

四、中央一级出版社和省、市、自治区一级出版社出版的高等学校教材所需纸张，单项列入各出版社出版用纸计划，由国家出版事业管理局协同国家计划委员会和轻工业部统筹保证，印刷力量由各部委和省、市、自治区统一安排，有困难时由国家出版事业管理局协调。要保证教材的印数达到普通高等学校和教学要求相近的七·二一工人大学有关师生人手一册，并适当照顾其他办学形式的高等学校及社会读者的需要。发行工作由新华书店负责，每年按春秋两季组织预订和供应。运输由铁道、交通部门负责，保证快速、及时。出版、运输、发行工作要密切配合，切实做到教材在上课前发到学生手中。

　　五、为了切实加强高等学校教材编审出版工作的领导，保证工作的顺利进行，理、工、农、医教材，在国务院领导下，建立由教育部和各有关部委主管教育工作的部一级负责同志参加的高等学校理、工、农、医教材工作领导小组，研究理、工、农、医教材工作中的重大问题，交流、协调各部委之间的工作，在教育部内设立理、工、农、医教材办公室，在领导小组领导下，处理日常工作。各承担高等学校教材任务的国务院有关部委和出版社，都应根据任务的大小，本着精简的原则，恢复、建立和健全必要的教材工作机构，配备和补充必要的人员，适当充实和加强印刷力量，并可以根据需要，组织某些专业或课程的教材编审委员会(或小组)，聘请若干水平较高的教师、专业人员，协助部门进行教材编审和评选工作。

　　六、高等学校教材的编审出版和发行工作，涉及的政治、政策性强，工作量大，任务紧迫，必须加强党的集中统一领导。承担有高等学校教材任务的教育部门和出版、发行部门对工作中的重大问题，必须及时向党委(党组)请示汇报。

　　七、中等专业学校的教材编审出版工作，原则上也应按照以上办法进行。

(据国家出版局保存的原件刊印)

国务院批转关于加快和改进词典
编写出版工作的请示报告

1978年2月17日·国发(1978)22号

各省、市、自治区革命委员会,国务院各部委,党中央各部门,中央军委办公厅、军委各总部,人大常委会办公厅,全国政协秘书处,高法院:

现将国家出版事业管理局、教育部《关于加快和改进词典编写出版工作的请示报告》转发给你们,请参照执行。

加快词书出版工作,改变当前词书严重缺乏的状况,是刻不容缓的一项任务。望各有关省、市、自治区和各有关部门采取有效措施,努力完成一九七五年制定的中外语文词典规划的各项任务。

国务院

附:

国家出版局、教育部关于加快
和改进词典编写出版工作的请示报告

1978年1月18日

一九七五年我们和部分省市开会协商、共同制定的一九七五年至一九八五年编写出版一百六十种中外语文词典规划(草案),经敬爱的周总理批示同意,由国务院以(1975)137号文件批转下达后,全国已有十八个省、市、自治区承担了这项任务。两年多来,在当地党委领导下,积极组织编写队伍,加强协作,取得了一定的成绩。目前正在编写或修订的汉语词典和外语词典有一百余部。但是,由于"四人帮"的干扰和破坏,特别是阶级异己分子姚文元直接插手扼杀《现代汉语词典》,给词典编写工作造成严重恶果,直接影响词典编写的进度和质量的提高;另外,由于我们缺乏经验,对于实现规划缺少强有力的措施,在编写出版词典的人力、经费、排印和组织领导等方面存在的一些问题,没有及时得到解决,致使工作进展迟缓。目前中外语文词典十分缺乏的状况,对教学、科研、生产、国防和外事活动都有严重影响。有的国际友人来我国访问,送给我们厚厚的多卷本词典,我们只能回送一本小小的《新华字典》。联合国驱逐蒋帮以后,由于我们拿不出一本像样的词典,至今还一直在使用台湾出版的词典。这种状况,不仅不利于我对外斗争的开展,而且有损于我国的国际威望。

为了促进词典编写出版工作大干快上,尽快改变落后面貌,必须切实加强领导,采取有力措施,把词书的出版工作当作文化建设的一项重要任务来抓。为此,特将加快和改进词典编写出版工作的意见报告如下:

一、加快步伐,集中力量,在较短时间内,新出和重印一批词典。预计一九七八年发排和出版的词典,汉语有《辞海》(修订本二十分册力争今年出齐)、《辞源》(修订本第一分册)、《现代汉语词典》(修订本)、《新华词典》等;外语有《日汉词典》、《法汉词典》、《简明德汉词典》、《汉英词典》等,共二十余部。对于这批词典,应从人力、物力上切实加以保证,限期完成。正在排印的,要督促印刷部门加快印装进度,早日出版;正在定稿的,要抓紧做好审订工作,争取提前发排。

为了尽快满足当前的急需,拟先重印一批文化大革命前出版、基础较好的,或者虽有一些问题,但还可以用的词典,如《现代汉语词典》、《英华大词典》、《简明法汉词典》、《阿拉伯语汉语词典》等。同时,根据实际需要,适当引进和影印一些国外出版的外语词典。

这些词典，可分别情况，采取公开发行或内部发行的办法。

二、抓紧编写出版中小型汉语和外语词典，这是当前词书工作的重点。词典规划中有一百余部中小型词典，大部分由高等院校承担编写任务。各有关部门应将词典任务列入本单位的科研项目，力争早日完成。目前，除英、日、德、法、俄、西班牙、阿拉伯语外，还有四十余种外语词典，工作进度较慢。随着国际交往和外事工作的开展，编写出版这类词典政治意义很大。因此，希望外事部门给予大力支持和帮助。此类词典当前是先解决从无到有，填补缺门的问题，规模不必求大求全，力求在二、三年内编写出版。

三、大力抓好大型词典的建设工作。在词典规划中有《辞海》、《辞源》、《汉语大字典》、《汉语大词典》、《英汉大词典》、《日汉大词典》、《俄汉大词典》等大型词典。这些词典具有编写规模大，涉及方面广，完成时间长，动员力量多等特点，需要依靠各方面的力量，大力协作，才能完成。为此，我们建议将规划中所列的体现我国科研成果和国家水平的大型词典，列为国家文化建设中一项重点科研项目，加强领导，动员各方面力量，力争早出成果。承担任务的省、市、自治区应将词典编写任务列为正式的科研项目，纳入规划。同时，根据实际需要，给予一定的编制，并从高等院校或文化教育部门抽调一批专业人员，充实词典编写骨干力量，稳定编写班子。词典出版后，仍应保留少数人员，继续收集资料，听取群众意见，使之逐步完善。词典中有关党史和涉外问题等重要条目的审查定稿，希望中央有关部门给予大力支持和帮助。编写词典所需经费，由各编写单位根据精打细算，力求节约的原则，按年编造预算，建议由中央和地方财政部门拨付专款，交省、市、自治区出版局(社)统一掌握，专项使用。

四、扩充词典印刷能力，保证纸张等物资供应。扩充中外语文词典印刷生产能力，是加快词书出版速度的一个关键。国务院(1975)137号文件批准以北京、上海、辽宁、广东、陕西、四川六省、市为重点，扩充词典排印设备，逐步形成与规划要求相适应的印刷生产能力。目前六省、市筹建词典印刷厂(车间)的基建投资和人员编制尚有困难,需要国家给以扶持。所需基建投资和引进我国缺门设备如外文铸排机等需要的外汇以及新增职工指标,请国家计委予以解决。有些词典要在六省、市以外的省、市、自治区印制,需要扩充印刷力量,所需投资和增加职工,请省、市、自治区安排解决。对于印制词典所需要的纸张和其它物资,请轻工业部、商业部等有关部,给予大力支持。

五、建立专门的词书出版机构。词书的编写、修订和出版,是一项长期的连续性的任务。为此,拟积极创造条件,在北京建立词书出版社,直属国家出版局领导。承担词典编写任务的省、市、自治区出版部门,除上海设立词书出版社外,也应设立词书编辑室。

六、努力培养词书编纂人材,积极开展词书编纂科学的研究。为了有计划地培养和扩大词书编写队伍,部分综合大学中文、外文系今后可以培养语言研究人材为主要目标,有计划地向词典编写单位输送;也可以培养一批这方面的研究生。同时,有关高等院校、出版部门要注意收集和研究国外有关采用先进技术和编纂方法的情报资料。目前,国外已采用电子计算机等先进技术编纂词典,为了学习国外编印词典的先进技术,我们拟在适当时候,组织有关出版社和高等院校出国考察。

七、为了进一步推动词书出版工作,国家出版局和教育部拟在今年适当时候召开一次词书编写出版工作座谈会,交流经验,肃清"四人帮"在词书出版工作中散布的流毒和影响,并对原定十年规划作些必要的调整和补充,同时就如何编纂出版各学科专业词典和《新中国大百科全书》交换意见,充分发挥中央和地方的两个积极性,共同把各类词书出版工作做好。

以上报告如认为可行,请批转各省、市、自治区参照执行。

主送:国务院

(据国家出版局保存的原件刊印)

国家出版局转发《关于涉及 批判南斯拉夫图书处理意见的请示》

1978年2月28日·(78)出版字第84号

我局《关于涉及批判南斯拉夫图书处理意见的请示》,已经中央宣传部批准,现转发给你们,请参照办理。

主送:各省、市、自治区出版(文化)局,中央一级出版社,新华书店总店,北京发行所

附:

国家出版局党组关于 涉及批判南斯拉夫图书处理意见的请示

1978年2月2日·(78)出版字第40号

遵照中央一九七七年八月二十九日《关于铁托访华的通知》的精神,我局对直属出版社出版的涉及批判南斯拉夫的图书进行了初步检查。根据检查,已出版的这类图书共有五十五种。其中公开发行的二十种,内部发行(包括原来公开发行后来改为内部发行)的三十五种。这些图书,除原已定为内部发行的拟仍按原规定办理外,对公开发行的二十种,提出如下的处理意见:

一、国际共产主义运动历史文件,如《共产党和工人党莫斯科

会议宣言》、《莫斯科宣言　莫斯科声明》,改为内部发行。

二、我党的历史文件以及部分内容指名批判南斯拉夫,但全书还有参考价值的,如《中国共产党第八届全国代表大会第二次会议关于在莫斯科举行的各国共产党和工人党代表会议的决议》、《陈毅副总理答记者问》、《政治经济学(资本主义部分)》等,改为内部发行。

三、主要内容是批判南斯拉夫,参考价值也不大的,如《赫鲁晓夫是怎样下台的》、《中阿战斗友谊万岁》、《中阿战斗友谊新高峰》、《列宁主义万岁》等,停止发行。

四、由我们翻译出版的阿尔巴尼亚党的文件、霍查的著作、讲话等,其中有批判、攻击南斯拉夫内容的,如《阿尔巴尼亚劳动党中央委员会向第四次代表大会的工作报告》(霍查)、《在阿尔巴尼亚劳动党第五次代表大会上关于中央委员会工作的报告》(霍查)、《对选民的讲话》(霍查)、《在佩尔梅特庆祝第一次反法西斯民族解放代表大会二十周年招待会上的讲话》(霍查)、《阿尔巴尼亚劳动党史》,暂不处理。

以上意见当否,请批示。

主送:中央宣传部

(据国家出版局保存的原件刊印)

国务院批转关于大力加强科技图书出版工作的报告

国发[1978]33 号
1978 年 3 月 7 日

各省、市、自治区革命委员会,国务院各部委,党中央各部门,中央军委办公厅、各总部、各军兵种,人大常委会办公厅,全国政协秘书处,高法院,高检院:

现将国家出版局、国家科委《关于大力加强科技图书出版工作的报告》转发给你们,请参照执行。

大力加强科技图书出版工作,对于提高我国整个民族科学文化水平,加速实现四个现代化,有着重要的意义。望各省、市、自治区和各有关部门抓紧整顿科技图书出版机构,充实和调整编辑出版人员,努力改善印刷条件和切实做好科技图书发行工作,迅速把科技图书搞上去,以适应社会主义建设事业发展的需要。

国务院

附：

国家出版局、国家科委关于
大力加强科技图书出版工作的报告

1978 年 2 月 22 日

科技图书是普及现代科学技术知识，推广科学技术成果和培养、提高科技队伍的有力工具。做好科技图书出版工作，对加速实现四个现代化，尤其是促进科学技术现代化，提高我国整个民族科学文化水平，有着重要的意义。

建国以来，在毛主席革命路线的指引下，我国科技图书出版工作有了很大的发展，出版了许多好的和比较好的科技图书，对发展我国科学技术事业，促进工农业生产和培养、提高科技队伍，起了积极作用。但是，由于刘少奇、林彪，特别是"四人帮"的干扰破坏，科技图书出版工作受到严重的损害。"四人帮"把科技出版工作的路线、方针、政策是非搞乱了，把机构搞垮了，把队伍搞散了。不少坚持为革命编写科技图书的著译者和编辑受到歧视和迫害。科技图书门类、品种越来越窄，许多基础理论、学术著作和科研资料被打入冷宫，国外的新理论、新技术的书籍不许引进出版(过去最多一年曾翻译八百多种，而近几年一年只有几十种)。全国科技图书一九六五年出版五千七百多种，而近年来出书最多的一九七五年仅有二千二百多种，还不到一九六五年的一半。这种状况，与我国工农业生产和科学技术事业发展的需要极不适应，如不迅速改变，必将严重地影响四个现代化的进程。

粉碎"四人帮"以后，我国社会主义革命和社会主义建设开始进入一个新的发展阶段。华主席号召我们："科学要兴旺发达起来，要捷报频传。"一个全党动员，大办科学，向科学技术现代化进军的伟大群众运动正在迅猛兴起。为了坚决贯彻执行党的十一大路线，紧密配合向科学技术现代化进军的步伐，努力把科技图书出版工作搞上去，现对加强科技图书出版工作，提出如下几点意见：

一、要大干快上，根据四个现代化发展的需要，有计划地出好各类科技图书。努力提高质量，增加品种。各个出版社出版科技图书的品种，一九八〇年要达到或超过一九六五年的水平，争取全国出书种数三年增加一倍半以上；一九八五年前要基本上满足各学科、各专业和各主要工种所需要的科技图书。

各科技出版单位要经过调查研究和充分讨论，制订出一个切实可行的三年、五年(一九七八年至一九八五年)出书规划，作为自己的奋斗目标，努力贯彻执行。

要出版为发展国民经济需要的应用科学、应用技术读物，也要出版基础科学、基础理论和技术理论书籍。当前，要着重抓好基础理论和我国的科技新成果、新技术读物的出版。

要重视科学普及读物，大力出版介绍现代科学技术知识的读物，特别是为青少年所需要的自然科学基础理论和基本知识读物。

要及时选择翻译出版外国科学技术名著，各学科有关新理论、新技术、新方法的图书，科学普及读物和教科书。

要逐步编写出版各种科技百科全书、科技名词、辞典、手册、图册等工具书，在一九八五年前做到基本上配套成龙。出版各种科技基本资料，包括综合的或各学科、各专业的调查、考察报告，各种论文集、译文集和图谱志等。

要出版学习和研究自然辩证法的著作和自然发展史、科学技术发展史(如天体史、地球史、各行业的科学技术史等)和科学家传记。

各科技出版单位和有关出版部门,要集中力量在二、三年内抓紧编写出版一批重点图书,尽快作出成绩。为了扭转科技图书严重"书荒"的状况,在大力组织编写出版新书的同时,要对过去出版的好的、较好的和有参考价值的科技图书,认真组织重印和修订出版。

二、整顿、健全科技出版机构,充实、加强编辑出版力量。全国现有二十几家科技出版社,除上海、广东科技出版社外,其他都分别归属国务院有关部委。这些专业出版社,大多体制、机构很不健全,任务、分工不够明确;业务骨干和编辑力量缺少,有不少学科和专业没有专职编辑;校对、绘图、装帧设计和资料人员也配备不齐,各省、市、自治区一般只在人民出版社内设有科技编辑室(组),有少数几个编辑搞科技出版工作。

国务院各有关部委所属的专业出版社,都面向全国,任务繁重。建议这些专业出版社应成为司局一级的独立单位,直属各部委领导。要尽快充实、加强编辑和出版人员,健全编辑出版机构,配备政治、业务骨干。对原来确有专长而被调离的编辑骨干,应考虑调回编辑工作岗位,并从科技人员和大学生中,选择一些适合做编辑工作的充实科技编辑队伍。同时,相应地配备一些翻译、校对、绘图、装帧设计等工作人员。

为了大力出好科学普及读物,建议全国科协迅速恢复科学普及出版社,使之逐步成为全国科学普及读物的出版中心。

要大力加强翻译出版国外科技书刊,除了现有出版单位积极开展这方面的业务外,还应建立全国性的专门从事科技书刊翻译出版的机构,以适应高速度发展我国科学技术的需要。

各省、市、自治区人民出版社要积极扩充科技编辑室(组),加强编辑力量,充实编辑人员,并努力创造条件,尽快建立科技出版社。

三,大力扩充科技图书印刷生产能力,做好科技图书发行工作。近几年来,科技图书出得很慢,一般从发稿到出书需要一年以上,有的甚至二、三年出不来。所以造成这种状况,主要是印刷生产能力薄弱,印刷技术落后,以及有关物资供应不足。现在国务院各有关部委所属科技出版社的印刷厂,大多设备简陋陈旧,排印装订能力很低。有些出版社,由于自己没有印刷厂,图书印制任务很难保证。目前理工科大专院校新的教材要求在两、三年内基本出齐,印制工作量相当于现有科技图书当年任务的一倍以上,印刷能力与任务不相适应的矛盾就更加突出了。

为了解决印刷能力严重不足的问题,除加强统筹安排,充分发挥现有生产潜力外,建议国务院各有关部委要积极扩充和尽快建立一些采用现代化设备的科技图书专业印刷厂。凡有印刷厂的出版社,要对印刷厂切实加以整顿,加强经营管理,充分挖掘生产潜力,进行技术改造;同时根据出版任务的需要,积极扩充必要的厂房、设备和人力,逐步建成与图书出版任务相适应的专业印刷厂。

各省、市、自治区有关印刷出版部门,要重视科技图书的印制工作,积极安排落实印制任务,努力加快出书速度。

必须认真做好科技图书发行工作。各级新华书店要加强调查研究,切实了解需要,做好预订、储备、宣传和供应工作,千方百计地把科技图书及时送到广大读者手里。各省会所在地和重要城市的新华书店,已设有科技图书门市部的,要积极把科技图书发行好,没有专业门市部的,要增设专柜,并创造条件,逐步建立科技门市部。要加强对工矿地区、边远偏僻地区和少数民族地区以及科研单位的科技图书发行工作,积极开展邮购工作和流动供应工作。

四、加强党对科技图书出版工作的领导。为了保证科技出版工作沿着毛主席的革命路线不断前进,建议国务院各有关部委党组加强对所属科技出版社的领导,通过深入揭批"四人帮",抓紧抓好出版社的整顿工作。要配备较强的领导班子,特别是要配好党委书记、社长、总编辑。要认真贯彻党的知识分子政策,调动一切积极因素,逐步建立一支又红又专的编辑出版队伍和著译者队伍。各主管部委要把科技图书出版工作列入党组议事日程,研究、确定具体的方针、政策和长远规划,并有一位副部长主管出版工作,一年抓几次,定期听取汇报和进行督促检查。要把出版任务纳入部委科技工作的年度计划和长远规划,其中重点图书的编写出版工作,要作为任务安排落实到所属单位。

各省、市、自治区党委要重视和加强对科技图书出版工作的领导,督促和检查当地人民出版社和科技出版社,切实做好科技图书出版工作。

国家出版局要协同国家科委等有关部门加强对科技图书出版工作的指导,搞好规划、组织、协调和经验交流等工作,并研究解决科技出版工作中存在的问题。

以上报告,如认为可行,请批转国务院各有关部委和各省、市、自治区参照执行。

主送:国务院

(据国家出版局保存的原件刊印)

国家出版局党组对《关于中华书局·商务印书馆方针任务的请示报告》的批复

1978年3月7日·(78)出党字第12号

同意你们关于方针任务的报告。中华书局·商务印书馆是以出版中国古籍、外国社会科学著作和语文工具书为主要任务的专业出版社。希望你们不断总结经验,切实把自己承担的出版工作做好,以满足研究、教学人员和广大读者的需要。当前,要继续深入揭批"四人帮",分清路线是非,认真落实党的知识分子政策,抓紧制订规划,大干快上,多出书,出好书,为迎接社会主义文化建设的新高潮作出更多的贡献。

主送:中华·商务临时党委会

抄报:中央宣传部

抄送:局所属各单位

附：

中共中华书局·商务印书馆临时委员会
关于中华书局·商务印书馆
方针任务的请示报告

1978 年 2 月 21 日

中华书局·商务印书馆一九七一年恢复业务后，由于"四人帮"反革命修正主义路线的干扰和破坏，方针任务问题一直没有解决。在华主席、党中央抓纲治国战略决策的指引下，在揭批"四人帮"的伟大斗争中，我们发动群众，批判了"四人帮"所推行的文化专制主义和文化虚无主义，对方针任务进行了反复讨论，基本上统一了认识。我们认为：中华·商务应当坚定的贯彻毛主席关于批判地继承文化遗产的教导，坚持为无产阶级政治服务，为工农兵服务的方向，认真贯彻"百花齐放，百家争鸣"、"古为今用，洋为中用"、"推陈出新"的方针。

从当前实际情况出发，我们暂时保持一个机构，用两块招牌出书。主要任务是：以马列主义、毛泽东思想为指导，整理出版中国古籍、翻译出版外国社会科学著作和编辑出版中外语文词典等工具书。具体方针任务拟定如下：

(一)关于整理出版中国古籍方面：

(1)整理、出版中国古代和近代文学、历史、哲学典籍(包括总集、合集、专集、别集)，各种资料汇编，以及各种方志、年表、历表、索引、大事记等。影印某些珍本或重要古籍。对整理出版的古籍，要努力写好序言和注释。

(2)组织出版批判地继承我国文化遗产方面的研究著作。对五四以来研究文化遗产的学术著作，也要有选择地出版。

(3)适当地出版一些选本、译注本以及知识性读物。恢复出版历史知识小丛书,中外兼顾,中国方面可以多出一些。

(二)关于翻译出版外国社会科学著作方面:

(1)有系统地翻译出版马克思主义三个来源的著作。有选择地翻译出版外国政治、经济、哲学(包括自然科学中的哲学问题)、历史、地理等方面古典的和当代的有代表性的学术著作。有计划地翻译出版一些有参考价值的资料和反面材料。

(2)组织出版中国学者有关外国社会科学专人或专题的研究著作,也要适当地有选择地出版一些外国人研究中国学术问题的某些有价值的著作。

(3)适当地出版一些普及读物,主要是介绍马克思主义三个来源,评价古典学术论著及代表人物,评介现代资产阶级各种思潮和学派,介绍外国历史、地理等通俗作品(地理包括中国部分)。

(4)有选择地翻译出版对了解当前国际形势有帮助的国际政治经济著作 (此项任务待筹建中的世界知识出版社成立之后逐渐移交)。

(三)关于编辑出版中外语文词典等工具书方面:

(1)组织、编辑出版各种类型和不同规模的中外语文词典。

(2)编辑出版其他中外语文工具书,特别是外文课外读物、自修读物和参考书;出版中国人学习外文的经验、方法和外国人学习汉语的经验、方法等通俗著作或专门著作。

(3)适当出版语言学方面的专门研究著作和译作。

(4)筹备新中国百科全书的编辑出版事项。

以上意见妥否,请批示。

主送:国家出版局党组

(据国家出版局保存的原件刊印)

国家出版局批转《新华书店总店关于统一年画进发工作的几项意见》

1973年3月23日·(78)出发字第131号

我局同意三月份在北京召开的部分省市年画出版发行工作座谈会上讨论修订的《新华书店总店关于统一年画进发工作的几项意见》。现发给你们,望参照执行。

主送:各省、市、自治区出版(文化)局

抄送:各省、市、自治区人民(人民美术)出版社,新华书店,人民美术出版社,新华书店北京、上海发行所

附:

新华书店总店关于统一年画进发工作的几项意见

一、年画发行工作必须高举毛主席的伟大旗帜,坚持为无产阶级政治服务,为工农兵服务的方向,要贯彻"百花齐放,百家争鸣"的方针,要以社会主义去占领思想文化阵地,丰富和活跃群众的文化生活。

凡是有利于工农兵,有利于社会主义革命和社会主义建设,有利于实现四个现代化题材的年画品种都应主动、积极地发行。特别对歌颂毛主席,歌颂华主席,歌颂老一辈无产阶级革命家,歌颂毛主席革命路线和反映我国人民抓纲治国,大干快上,欣欣向荣动人

景象的年画更须热情宣传,大力发行。各地书店要以发行现代革命题材的年画为主,也要重视历史题材和其他题材年画的发行,在发行的品种和数量上要安排适当。

二、年画发行工作的重点,要放在农村。在年画发行季节,要依靠农村中供销社的力量,广泛建立临时性的年画发行网点,努力满足广大贫下中农和其他革命群众的需要。对边境县和少数民族地区要注意民族和地区的特点,采取积极措施,充分供应,满足需要。京沪两地发行所和有关省店每年都要供应一些少数民族文字版的年画。

三、年画品种的选择和订进数量的确定,必须贯彻群众路线。县市书店要充分利用年画缩样,深入工农兵群众,进行调查研究,征求意见,了解需要,实事求是地确定订进数量。年画缩样由出版社彩色印制,并加内容介绍,在布置征订前交给发行所和负有年画供应任务的省级书店(以下简称省店)。

四、年画的征订和分配,要统筹兼顾,全面安排。为便于县市书店和供销社通盘安排年画发行计划,全国每年布置年画征订两次,第一次在四月下旬,第二次在六月下旬。自发行所(省店)发出年画征订目录、年画缩样之日算起,县市书店应于四十天内将年画订单报到省、市、自治区书店。省、市、自治区书店经过综合平衡、审核汇总后,在十天内分别报送发行所或供应年画的省店。

年画的分配方式统一规定为三种:(1)可以充分供应的品种,采取逐级征订的办法。(2)不能或者不宜充分供应的品种,采取控制分配的办法。(3)印制年画的总张数有一定限制,但在品种之间可以调整或能够供版的,采取逐级征订与计划分配相结合的办法。各省、市、自治区书店可以在总的年画计划分配张数内,选择部分品种组织县市书店征订;选择另一部分品种,由本地出版社租版印制供应。对于配合政治宣传任务,需要紧急出版的年画,可以不受统一征订时间的限制,由发行所(省店)主动分配。发行所(省店)对各省、市、自治区书店提出的年画订进计划,要尽可能按数供应,一般不要削减。

为了及时作好年画征订的准备,发行所(省店)应请出版社于每年二月上旬,告知下一年度的年画选题、内容介绍、计划印数和供版计划。在布置第一批征订的同时,最好附告第二批征订的年画选题和可供数量。

五、统一年画的预印、预发办法。发行所(省店)应与出版社共同商定年画的预印数量,提前印制。预印数量如果超过需要,因此造成的经济损失由出版社和发行所(省店)各半负担。为了实现均衡运输,预印的年画可提前发给县市书店。出版社印制的最后一批年画,原则上应于春节前一个半月向发行所(省店)交齐,发行所(省店)应于春节前一个月发到县市书店。为了有效地抵制自画自卖的坏画,发行单位要和出版社紧密协作,抢时间,争阵地,使革命的新年画提前上市。

预发部分的画款,发行所(省店)在春节前两个半月向当地书店结算。此后发运的年画,随时结算。预发年画占用的资金由发行所(省店)和出版社共同负担,办法自订,可以按一九六二年七月文化部、财政部、教育部、中国人民银行总行《关于办理高等学校及中等专业学校教材、中小学课本、年画的季节性贷款的联合通知》办理。

六、根据国家计委(1973)计计字234号文件的精神,统一年画的定价和折扣。

对开单胶年画定价一角一分,对开双胶年画定价一角四分,其他开张的年画定价,以此标准类推。发行所(省店)按年画定价的七折向出版社购进,以七·八折发给县市书店。

(据国家出版局保存的原件刊印)

缓解"书荒"的重要措施

1978年3月—8月

1978年,国家出版局采取措施,将"文革"中被打成"封资修毒草"的一大批图书解放出来,重新出版,在很大程度上缓解了当时的严重"书荒",当初满足了广大读者对文化生活如饥似渴的需求。

国家出版局以《出版工作情况反映》向中共中央、国务院、人大常委会反映了有关情况。

集中力量赶印一批中外文学名著

为了尽快扭转"四人帮"造成的"书荒"现象,近年来,北京、上海等出版部门陆续重印了一批被"四人帮"长期禁锢的中外优秀文艺作品,受到广大读者的热烈欢迎。但是,由于纸张短缺,重印书的品种和数量远远不能满足群众需要,每当书店卖书,广大读者闻讯聚集,倾刻卖光,买不到书的读者意见很大,强烈要求增加品种,扩大印数。为迅速改变这种图书供应紧张的状况,国家出版局在三月初,召集了部分省、市出版部门的协作会议,共同协商,集中人力物力,赶印一批中外文学作品。

参加这次会的有北京、上海、天津、山西、山东、江苏、辽宁、吉林、广东、湖北、陕西、甘肃、四川等十三省市出版局(社)和中国青年出版社、解放军文艺社以及出版局几家直属出版社的负责同志。会上安排落实了三十五种中外文学著作的重印计划。其中:

"五四"以来现代文学有:《郭沫若剧作选》、《子夜》、《家》、《曹禺选集》、《吕梁英雄转》、《新儿女英雄传》、《铁道游击队》、《红旗谱》、《苦菜花》、《战斗的青春》。

中国古典文学有:《东周列国志》、《儒林外史》、《唐诗选》、《宋词选》、《唐宋诗举要》、《李贺诗歌集注》、《稼轩词编年笺注》、《古文观止》、《官场现形记》。

外国古典文学有:《悲惨世界》(雨果)、《九三年》(雨果)、《高老头》(巴尔札克)、《欧也妮·葛朗台》(巴尔札克)、《安娜·卡列尼娜》(托尔斯太)、《汤姆·索亚历险记》(马克吐温)、《艰难时世》(狄更斯)、《威尼斯商人》(莎士比亚)、《斯巴达克思》(拉·乔万尼奥里)、《一千零一夜》、《希腊神话和传说》(斯威布)、《莫泊桑短篇小说选》、《契诃夫小说选》、《易卜生戏剧四种》、《牛虻》(伏尼契)、《鲁宾逊飘流记》(笛福)。

为印行这些书,共拨出纸张七千吨左右。计划每种印四、五十万册。经过协商落实,这批书由十三省、市分工印刷,按计划统一发行。争取五月一日在大中城市同时售书。重点保证北京、上海、广州三个城市的需要。拟适当压缩内部分配和团体预订的数量,增加公开发行的数量,集体分配供应和门市零售的比例,初步确定为三七开。

一年来已经出版或再版的《朱德诗选集》、《董必武诗选》、《陈毅诗词选集》、《红岩》、《青春之歌》、《林海雪原》、《暴风骤雨》、《野火春风斗古城》、《李自成》等文学作品,有关出版社已分别印行几十万至上百万册,许多省、市也都在租型印制,故未列入这批重印书计划。此外,在大力组织新书出版的同时,国家出版局各直属出版社,以及科学出版社、中国青年出版社,还对解放以来出版的图书重新进行了审读和研究,初步确定重印三百种较有份量的哲学社会科学、文学艺术、自然科学和各种工具书,争取在年内陆续同读者见面。

附：

读者纷纷抢购中外文学名著
强烈要求增加印数

　　据新华书店总店反映，二月二十三日，北京市新华书店在全市各主要门市部同时发行《家》、《一千零一夜》、《希腊神话和传说》、《哈姆雷特》四种书。这天一清早，就有许多读者到全市各书店门前排队。前门门市部的购书队伍一直排到廊房二条。读者听说到书太少，就蜂涌挤进书店，队伍大乱，只好临时请来警察和民兵协助维持秩序。在王府井门市部，更是人山人海。早九时开门营业时，购书队伍已经排了一千多人。闽江春饭馆的一个青年厨师，顾不得脱工作服，跑得满头大汗，抢在头里夹塞买书，说："我的炒菜勺还在火上哪！"许多青年读者也拼命往前头挤。王府井门市部不到一个小时就发行《一千零一夜》一千四百册。许多读者听说书店正在卖书，马上赶到书店，早已销售一空，只能"望洋兴叹"。北京朝阳区一位爱好文艺的工人，为了购买最近出版的一些文学名著，专程来王府井门市部多次，花掉的车费远远超过购书的书价，但每次都是失望而归。一位七十多岁的老人，从海淀区挤上挤下，多次转乘公共汽车来到王府井，要求购买当天报上刊登的各种文学名著，一种也没有买到，气得直哆索，拍打着书店柜台说："你们不是欺骗我这老头子吗？"

　　外地书店供不应求的情况比北京更为严重。上海风华中学一红卫兵来信说："当我走进书店，便像乞丐一样的，以期待的目光看着营业员，询问他是否有我所需要的书，而他却总是回答出我所担心的字眼——没有"。湖北江陵县沙岗中学一青年教师来信说："一些在报上登了出版广告的书，我们只能在报上看一下别人的评论、感想而已。"江西鹰潭一位部队读者来信说："为买《林海雪原》、《李自成》、《三国演义》等小说，到处奔波，跑遍几个县市仍未买到"。

在京的一些外国人对书店供不应求的现象反映也很强烈。许多来京的日本人和北京语言学院、北京大学的外国留学生，一看到报纸上的新书广告就纷纷赶来书店购买。他们买不到需要的中文书，总是要问："什么时候还能卖？"营业员无法确切答复，只好说："今后还要陆续出版，陆续供应！"外国留学生耸耸肩膀遗憾地说："陆续，陆续，一年两年也是陆续！"

为了解决当前的图书供应紧张状况，许多同志建议，最好能拨出一批纸张，突击印制一批影响较大、供应十分紧张的中外文学名著，集中投放。像广大读者期望的那样，力争"在图书供应方面出现崭新局面"。

有些读者还建议，书店要学习影剧院公开售票的办法，压缩内部分配和机关预订的数量，增加门市发售的数量。武汉大学中文系一教师则建议，对教师发卡，优先供应中外文学名著。

"五一"期间首都发行中外文学名著盛况空前

从五月一日开始，国家出版局最近安排重印的一批中外文学著作在本市相继发行。连日来，王府井、西单、前门以及全市城近郊区六十多个新华书店门市部，成为节日期间极吸引人、最繁忙的地方。工农兵群众手捧一本本新书，争相翻阅，喜气洋洋。五月一日至三日仅王府井门市部发行的这批文学著作就达十万多册(部)。据不完全统计，全市这三天零售发行近三十个品种三十多万册。在这样短的时间，发行的文艺书品种这样多，数量这样大，在图书发行史上是前所未有的。这与"四人帮"推行法西斯文化专制主义和禁锢政策，造成百花凋零，书荒严重，书店无书可卖，冷冷清清的局面，形成了鲜明对照。

重印一批中外文学名著的消息在广大工农兵群众中传播以后，"五一"节前一段时间，每天有很多读者到门市部询问，并要求登记，惟恐到时买不到书。"五一"节这天很多群众很早就到书店门前等候。王府井门市部门前四月三十日夜里就有一些人彻夜排队，"五一"早晨六点半，排队的就有近四百人，七点半左右猛增二、三千人，八点半开门营业时，云集门前的读者约有四、五千人。西单、前门等书店门市部情况也是如此。广大群众购书心情非常迫切，很多读者"五一"就是在书店度过的。一位在菜站工作的中年女同志说："我今天休息，什么也没干，专门买书了。"有的读者说，休息两天，净跑书店了。很多同志用"今天真幸运"、"收获真不小"、"满载而归"等词句，表达他们购到渴望已久的文艺书后的喜悦心情。不少外宾和外国留学生这两天也买了不少文艺书。有个外宾在宣武区永安路门市部一次就购去了《唐诗选》、《宋词选》、《古文观止》、《东周列国志》等中国古典文学作品。

市店及各区县店领导对做好重印的三十五种中外文学著作的发行工作十分重视。市店曾专门召开会议进行部署，有关领导还亲自深入基层发行部门检查落实情况。各区县店及时传达了总店和市店的有关要求，反复进行动员。全市重点门市部普遍布置了专门橱窗，设立专台陈列。很多门市部还贴出海报，介绍当天发行的品种和书籍内容，便于读者选购。

广大工农兵购到了心爱的文学著作，十分高兴，情不自禁地向书店同志讲述他们的感想。北京市城建局一位工人说："今天能买到这些书，都是打倒'四人帮'，华主席抓纲治国初见成效的成果。'四人帮'横行的那几年，文化生活枯燥得很。今天真如同久旱逢甘露。"合肥通用机械研究所的宗世英同志说："出版这些书确实体现了毛主席的'双百'方针。"北京航空学院一位专业人员说："我是搞航空专业的，也很想看点文学书，现在一下子出这么多，真叫人高兴。"不少同志说，过去"四人帮"搞的书千部一腔，无非是批所谓"走资派"，我们根本不爱。一位同志说："我过去书很多，林彪、'四人帮'搞得我过去排队把书当废纸卖，今天又排队重新买。'四人帮'真是太可恨了!"

广大工农兵还普遍要求再多出一些好书。有的提出要求重印《三国演义》、《红楼梦》、《烈火金钢》和左拉的《金钱》等书。不少同志还要求多出一些数理化的书和工具书。

对这批书中有的书的印制质量,不少读者提出了意见。如:《安娜·卡列尼娜》一书,上下册纸色不一,上册纸太黑,天头地脚留得太小等反映比较强烈。

重印一批工具书、科技书、少儿读物将在国庆节前后发行

为了增加图书品种,解决读者的急需,国家出版局继今年五月安排重印三十五种中外文学著作,在全国大中城市发行以后,最近又组织重印一批工具书、科技书和少儿读物,将在国庆节前后发行。

一、重印工具书二十一种,六百多万册。其中需要量较大的则适当增加印数,如《新华字典》印二百四十四万册,《汉语成语小词典》印一百万册,《辞海——语词分册》上半年已出十一万部,下半年再重印十万部。书店提出需要量大的《现代汉语词典》,原已安排印二十万册(七月底已出十六万册),下半年再安排印十万册,因这本词典的修订本即将排印,待修订本完成后再多印一些。又如外文词典中的《英汉小词典》印一百四十万册,《袖珍英汉词典》印五十万册,收词比较多的《新英汉词典》印五十万册(七月起每月出书十万册),《英华大辞典》印二十万册,《日汉词典》印十万册。中国图书进口公司影印香港出版的《现代高级英汉双解词典》,上半年已印出十四万五千册,最近又安排在上海、西安印十八万册。

二、重印科技书十六种,印数共六百九十余万册。广大工农兵和科技人员需要科技图书的门类和品种很多,这次重印的十六种,多数是一些常用的应用技术方面的基础书籍,如《应用数学基础》、

《数学手册》、《材料力学》、《农村有线广播技术手册》、《机械工人切削手册》、《实用内科学》等。以上书籍每种安排重印十几万册到一百五十万册。

三、增印少年儿童课外读物二十种，计一千九百余万册。这批少儿读物，多属知识性读物，如深受广大少年儿童读者欢迎的《中国古代科学家的故事》、《科学家谈数理化》、《今天的科学》、《算得快》、《数学游戏》、《作文知识讲话》、《生命进行曲》、《浮力的故事》、《石油的一家》、《海洋的秘密》、《爱迪生》以及《安徒生童话选》、《格林童话选》等。上述读物每种印七十万到一百五十万册。这些读物主要供应中小学校和其他少年儿童图书阅览部门。

四、上述图书的印制工作，国家出版局已在六月下旬邀请湖南、陕西、甘肃、辽宁、吉林、上海和北京等省市有关印刷部门的负责人开会协商，具体落实了承印任务。关于印制这批图书所需增拨的六千多吨纸张，也与有关省市商定，先借用中央出版单位和承担印制任务的省市的周转用纸或《毛泽东选集》第六卷储备纸，待今年下半年或明年年初纸张生产情况好转时再分别扣还。由于各地印刷厂目前正在赶印大、中、小学教材，这次安排的重印图书除有一部分在国庆节前出版以外，其余将在十一、十二月份陆续出版。

(原载国家出版局《出版工作情况反映》第8、11、17期，1978年3月20日、5月7日、8月7日。)

(据国家出版局保存的原件刊印)

国务院批转关于全国教材出版发行工作会议的报告

国发(1978)53号
1978年4月3日

各省、市、自治区革命委员会,国务院各部委:

现将教育部、国家出版事业管理局《关于全国教材出版发行工作会议报告》转发给你们,请参照执行。

教材是进行教学的基本工具。各省、市、自治区和各有关部门要组织力量,加强协作,尽快编出一整套质量较高的大、中、小学教材,有计划有领导地搞好教材的长远建设工作,大力加强和改进教材的出版发行工作,保证"按时、足量"供应学校。

各类教材的用纸要统筹安排,给予保证。

国务院

附:

教育部、国家出版局关于全国教材出版发行工作会议的报告

1978年3月15日

经国务院批准,我们于一九七七年十二月二十日至二十八日,在河北省涿县联合召开了全国教材出版发行工作会议。参加会议

的有个省、市、自治区教育局、出版局负责同志,国务院有关部委和出版发行部门的代表,共一百七十四人。

现将会议的主要情况报告如下:

(一)

会议认真学习了英明领袖华主席在全国计划会议上的重要讲话,学习了华主席和邓副主席关于教育工作和教材建设的一系列重要指示,使到会同志受到了极大的鼓舞和教育。

与会同志一致认为,建国二十八年来,教材建设工作,尽管有刘少奇、林彪、"四人帮"的干扰和破坏,毛主席的革命路线始终占主导地位,教育战线、出版战线广大革命同志辛勤劳动,为编写、出版、发行教材做了大量的工作。"四人帮"挥舞反革命"两个估计"的大棒,全盘否定建国以来教材建设的成果,教材的编审、出版机构和队伍也横遭摧残;加上这些年来"四人帮"对国民经济的破坏,也给教材出版发行工作带来很大的困难,以致很长一个时期来,高等学校、中等专业学校教材的出版、发行工作基本上处于停顿状态,大、中、小学课本供应严重不足,甚至整个班、整个学校没有教材,不少地方出现了建国以来罕见的学生上课没有课本的严重现象,给教育事业带来了极大的损失。

与会同志深切地认识到,搞好教材的建设工作,是提高教学质量,培养又红又专建设人材,实现四个现代化的迫切需要,是在教育战线上贯彻落实华主席、党中央提出的抓纲治国战略决策,三年大见成效的一个重要标志。大家表示,一定要在党的十一大路线指引下,继续深入揭批"四人帮",加快教材建设的步伐,迅速改变学生上课没有课本的严重现象，扎扎实实地把关系到二亿几千万青少年的成长壮大、与千家万户息息相关的这件大事抓紧抓好。

(二)

遵照英明领袖华主席在党的十一大政治报告中关于搞好无产阶级教育革命的指示和邓副主席关于一九七八年秋季开学时，大、中、小学新生入学都要使用新教材的指示精神，会议制定了《一九七八年度(供一九七八年秋季和一九七九年春季使用)高等学校、中等专业学校(理、工、农、医、体育)教材出版计划》和各省、市、自治区一九七八年度中小学教材出版计划。提出了今后一个时期教材建设的具体任务：一九八〇年以前编出一整套质量较高的高等学校、中等专业学校和中小学教材以及相应的教学参考书、工具书；一九八五年以前，编出几套适应各种办学形式和要求，具有不同风格和特色，反映国内外先进科学水平的新教材，力争提前完成。教材出版发行工作，要围绕上述任务，切实保证做到"按时、足量"供应学校，实现"课前到书，人手一册"的要求。

会议研究和讨论了做好教材出版发行工作的具体措施和要求：

(1)确定各类教材编写出版任务的分工，在统筹安排下，充分发挥中央和地方两个积极性。

中小学教材，今后由教育部负责统编。计划在三年内完成，其中一九七八年秋季中小学一年级和部分课程的统编教材共二十二种，由人民教育出版社出版并供应纸型，分省印制发行，在一九七八年秋季开学前完成。暂无统编教材的各课程，仍由地方组织力量，参照统编教材的编写大纲编写出版。乡土教材和补充教材，由各省自行编写出版。少数民族文字教材，参照原有的蒙、藏、维、哈、朝五种民族文字协作区，分别协商组织编写和翻译出版。

高等学校和中等专业学校的教材,按教育部已与各有关方面商定的办法,由教育部和国务院各有关部委及所属出版社,按专业对口的原则,在地方协助下,分工负责编写、出版工作。

一九七八年度高等学校和中等专业学校理、工、农、医、体育各科计划编写出版基础课程和部分专业课程通用教材共七百七十种,分别要求在一九七八年秋季和一九七九年春季开学前完成。

(2)紧密配合,大力协同,搞好各个环节的工作。

中央和地方各有关部门和单位,要把教材工作当作一件极其重要的任务,严肃对待,认真做好。教材的编写、出版、印刷、发行各个环节必须密切配合,大力协作,全力以赴。

教材的编写出版工作,应按规定时间完成定稿、发稿、付型和印制工作。有关部门和出版社,应本着精简的原则,根据实际需要,逐步充实加强教材编辑出版力量。在赶印教材期间,除紧迫的政治图书外,其它一般书籍都要为教材让路。各地和有关部委所属出版社印刷厂的生产能力要尽快与出版任务相适应,大力挖掘生产潜力,并充分利用社会印刷力量,确保教材印刷任务按计划完成。

要切实保证教材用纸的供应。普通高等学校、中等专业学校和中小学校(包括中师)印制教材需用的纸张,由国家出版局会同国家计委、轻工业部统一安排供应;高等学校,中等专业学校自编讲义用纸,分别由各地教育部门汇总会同轻工、商业部门在社会文化用纸中优先安排供应。

目前纸张短缺,是个亟待解决的问题。根据教育部一九七八年教育事业计划在校学生人数计算,实际需纸量同一九七八年国家下达的教材用纸指标,还有较大的缺口。就是已经分到各地的指标,是否能真正拿到手也还是一个问题。一九七七年也只拿到一半。尤其是"七·二一"大学、五·七大学、共产主义劳动大学、函授、广播、电视等各种形式的业余教育,由于学习人数多,教材需要量大,这部分的用纸还没有解决。因此,解决纸张问题,对搞好今年教材供应工作关系很大。除造纸工业部门要按计划保质保量及时完成教材用纸的供应,使用部门要大抓节约用纸外,还要千方百计挖掘潜力,积极增加生产,尽力做到保证供应。

发行部门要加强调查研究,每年按春秋两季采用信用预订的办法,切实做好教材供应工作。各类教材要保证满足大、中、小学的需要,并根据需要和可能,区别情况,适当解决其他方面的需要。

铁路、邮电、交通运输等部门,对各类教材要保证优先装运,不要积压。对交通运输条件困难的地区,特别是边疆地区,要为发行部门配备必要的机动车辆。

(三)

教材的编写、出版和发行工作,不仅任务重,时间紧,而且涉及许多方针政策问题。因此,必须加强党对这项工作的集中统一领导。

为了进一步加强对高等学校教材编写工作的领导,教育部建议恢复文化大革命前曾经建立过的高等学校理、工、农、医教材工作领导小组,业经国务院批准。各省、市、自治区亦应恢复教材工作领导小组,由主管文教工作的负责同志挂帅,吸收省(市、自治区)各有关部门负责同志参加,统抓本地区的教材工作。

承担教材编写任务的单位,要把这项工作纳入党委的议事日程,并列为一项重要科研规划和教学任务,切实加以保证。

以上报告,如无不当,请批转国务院有关部委和各省、市、自治区参照执行。

主送:国务院

(据国家出版局保存的原件刊印)

国务院批转国家计委等部门关于开展节约纸张工作的报告

国发(1978)69号
1978年4月12日

各省、市、自治区革命委员会,国务院各部委,军委总后勤部:

国务院同意国家计委、财政部、轻工业部、商业部、供销合作总社和国家出版事业管理局《关于开展节约纸张工作的报告》,现转发给你们,望贯彻执行。

在当前科学、教育、文化事业迅速发展的形势下,纸张不足,是一个很突出的问题,必须抓紧解决。目前特别要尽快解决好学生的课本、作业本和学习用纸的问题。各地区、各部门,都要尽最大可能,切实安排好造纸生产所需的煤、电、化工和造纸原材料的供应,努力把纸张的生产搞上去。同时,还要十分重视节约纸张的工作,真正做到计划用纸、合理用纸、节约用纸,杜绝一切浪费纸张的现象。各省、市、自治区革命委员会和国务院各有关部门,都要把增产纸张和节约用纸当作一项重要工作来抓。

现在有些机关和单位确实存在着文件、简报、资料过多的现象,耗费了大量本来可以节约的纸张,这不但浪费了人力、财力和物力,更重要的是助长了官僚主义、形式主义和文牍主义,必须坚决纠正。各地区、各部门的领导同志,要亲自动手,对本机关印发的公文、简报、报表、刊物、会议文件和内部学习材料,作一次全面的检查和整顿,提高质量,克服"五多",改进工作和作风。

国务院

附：

国家计委、财政部、轻工业部、商业部、供销合作总社、国家出版局关于开展节约纸张工作的报告

1978年4月3日

粉碎"四人帮"以来,我国生产建设和文化、教育、科学研究、新闻出版事业蓬勃发展,各方面对纸张的需要大大增加,纸张供不应求的矛盾进一步尖锐起来。初步计算,今年各种纸张的需要量在五百万吨以上,而纸张生产因受煤、电、原材料和生产能力的限制,计划只安排了三百七十五万吨,仅能满足四分之三。当前最突出的问题,是文化用纸严重不足。学生课本已连续几年没有印足,去年全国有半数以上的中小学生课本不全或者根本没有课本;科技图书、学术刊物、业余教材和群众喜爱的优秀文艺作品,也因纸张不足,远远不能满足需要;商业部门经营的文化用纸,如书写纸和有光纸,一九六五年以来十二年产量基本上没有增加,而学生人数已增长了百分之七十以上;现在,许多地区学生读书无书,写字无本,考试没纸印卷子,群众反映极为强烈。这种状况,严重地障碍着科学、教育事业的发展,对加速实现我国的四个现代化极为不利。

纸张紧张的发展,主要是受"四人帮"干扰破坏,一方面生产增长缓慢,不能适应需要;另一方面管理制度混乱,纸张使用不当,也造成严重的浪费。据调查,当前浪费纸张主要表现在以下五个方面:

一是纸张质量低,损耗大,利用率下降。

近几年来,造纸质量普遍下降,卷筒纸超过厚度,平板纸残页缺张,各种纸的副次品率都很高。同时,纸张出厂包装达不到规定

要求,铁路运输、装卸不按规程操作和印刷企业普遍超耗,也造成大量损失。由于上述原因损失浪费的纸张,仅出版用纸一项,一年即达五万吨,占出版用纸总量百分之八以上。

二是产销计划管理不严,纸张流失严重。

目前很多纸厂(特别是中小纸厂)不按计划品种生产,不按规定渠道供货。去年,应由商业部门收购的各种薄纸,计划产量为九十六万吨,实际收购量只有五十八万吨。按计划应由出版部门收购的新闻纸和凸版纸共为五十四万吨,实际交货量也只有四十八万吨。其余部分,有的已改产其他品种,有的由地方掌握起来,自行支配,大部分是纸厂自销,用来交换原材料、汽车、钢材,甚至生活用品。这样就使有限的纸张资源,不能集中起来,用在必需的方面。

三是图书出版缺乏统一规划和集中管理。

现在,谁都可以编书印书,占用了大量的出版用纸。许多单位经常汇编报刊文章,印发"学习材料";有些非出版单位,擅自编印图书,自行发售。地、市一级报纸刊物,种类也过多。出版部门出版书刊也缺乏统一规划,一些有时间性的重要文献往往出书过迟,印量过大。专业性刊物大量转载政治文件,还有不少出版物,或剪贴报刊文章拼凑成书,或互相转抄,内容重复,不受群众欢迎,造成大量积压浪费。

四是公费买书、订报数量过大。

一九七七年,全国新华书店销售的图书中,公费购买占了一半。北京邮局发行的报刊,公费订阅的占三分之二。这几年,用公款买书发给个人的现象很普遍,不适当地扩大了出版数量,多占用了纸张。公费订报份数过多,而自费订报却订不到。

五是机关用纸量大,出现新的"五多"。

现在,从国务院各部委到地方各级单位,普遍存在着公文多、简报多、内部刊物多、会议文件多、自印学习材料多的"五多"现象。有些简报、刊物内容重复,质量很低,起不到指导工作的作用;有些会议,会上发文件,会后印汇编,发向全国,印量有的多达几万份。

上述情况说明,节约纸张潜力很大。只要做好工作,在努力增产纸张的同时,实行计划用纸,合理用纸,节约用纸,当前纸张紧张的状况,可以逐步缓和下来。

关于增产纸张问题,我们正在落实措施,争取今年的产量搞到四百万吨,并提出长远的增产规划。在纸张使用方面,我们准备在全国范围内把计划用纸、合理用纸、节约用纸的工作开展起来。具体措施是:

一、尽快把学生课本和作业本解决好。要充分发挥现有造纸能力,优先安排"两本"用纸的生产,在纸张分配上把"两本"放在第一位。要加强调度、印刷、发行和供应的工作,先安排好当前急需,并保证在秋季开学前,把中小学课本印足、发齐,学生作业本满足供应。建议各省、市、自治区革命委员会,都把这项工作当成大事来抓,从各方面加以保证。

二、限期提高纸张质量,降低纸张损耗。要求各造纸厂加强技术管理,严格检验制度,努力提高纸张质量。重点企业的产品质量,都要在年底以前达到或超过本厂历史最好水平。卷筒纸超重(厚)问题,要力争在上半年内达到规定标准。纸张出厂包装要符合规定,所需的木材、铁丝等包装材料,有关部门要切实保证供应,并加强回收复用工作。

铁路、交通等承担纸张运输的部门,要教育职工爱护纸张,合理调配车辆,严格操作规程,努力降低运输、装卸损耗。

三、加强纸张管理,严禁自由销售。所有纸厂都要严格按国家计划规定的品种和数量组织生产。全部产品都要纳入国家分配计划,按轻工业部和商业部关于纸张品种经营分工的规定,分别由轻工业部门调拨(包括计划内的正常协作)和商业部门、外贸部门收购。其他任何部门和单位,无权在计划外任意动用纸张,更不准纸厂自销产品,乱搞"协作"。今后,凡违反这项规定的,都要追究责任。

在加强纸张管理的同时,各级物资部门和其他有关部门,要切实保证造纸所需的煤、电、原材料和维修材料的供应。纸张的价格和造纸所需三类物资收购价格也要加强管理,价格不合理的,请有关部门调查研究,提出意见,按物价管理权限报物价主管部门研究调整。

四、加强书刊出版的管理工作。今后,建立出版社要经国家出版局研究同意,报党中央宣传部批准。图书一律由出版社出版,非出版单位不得自行编印图书出售。出版全国性的社会科学、文艺、体育以及工、青、妇等群众教育期刊,要经党中央宣传部批准。出版全国性的自然科学和医药卫生期刊,要经国家科委批准。地方性期刊,要经省、市、自治区党委批准。经批准出版的刊物,都要报国家出版局和省、市、自治区出版行政机关备案,并分别纳入中央和地方的出版用纸计划。出版单位要认真加强出书规划,合理分配和利用纸张,努力提高出版物质量,保证重点书刊优先出版。

要坚决贯彻执行国务院今年一月三十日批转国家出版局《关于克服书刊内容重复和滥编滥印现象的报告》。今后,非出版部门违反规定,擅自编印和出售图书的,出版管理部门有权禁止,并区别情况予以处理;其剩余的纸张,不问来源如何,一律由出版管理部门作价收回。

在纸张严重不足的情况下,建议暂时停止或减缩地、市一级报刊的出版和发行。必需出的要经省(自治区)委批准。节约的纸张,用于补充出版用纸的不足。

五、坚决压缩公费买书、订报。除图书馆、阅览室、资料室正常需要的书刊,生产、业务上必需的工具书、科技图书资料(包括刊物)和职工集体阅读的报纸以外,其他书刊一律不准再用公款购买;更不准以公款买书订报发给个人。供集体阅读的报纸,从七月份起,按现在的集体阅报单位,一般不得超过两份(人民日报和省报),个别因工作需要,可以少量订阅其他报纸。已交足全年报费的,准许退订。结余下来的报纸,可以扩大自费订户。

出版部门免费赠阅的书刊,也要大大压缩。

六、精简文件和内部刊物,克服"五多"。要求国务院各部委和省级各部门,带头对自己印发的公文、简报、刊物、会议文件和内部学习材料,进行一次认真的检查和整顿。凡是质量低、作用不大、可出可不出的简报、刊物和与报刊重复的学习材料,要坚决停出,停办;内容类似可以合并的,要坚决合并;该出的要坚决办好。文件、刊物的印发份数,版式编排和用纸质量,都要力求节约。内部刊物和学习材料能够收费的,都应该收费。其他办公用纸,也要努力利旧利废,尽可能地多节省一些。

七、业务用纸也要节约使用。现在,各种账、册、票、证、卷、表,单据很多,用纸量很大。建议先从铁道、交通、邮电各部和人民银行等用纸多的部门做起,对全国统一使用的各种票证、单据进行研究和改进,在不影响业务的前提下,尽量缩小版幅,节省纸张。

八、整顿印刷行业,实行归口管理。现有的印刷厂,都要经过当地公安部门和工商行政管理部门审查、登记。除报社和出版社直属厂外,凡是以印制书刊为主的印刷厂(包括装订厂),都由出版部门归口管理。凡是以印制账、表、本、册、商标和各种"杂件"为主的印刷厂,统一由各省、市、自治区革委会指定一个部门,实行归口管理。凡由商业部门供应纸张或收购产品的印刷厂,不论隶属关系如何,在业务上都要接受各级商业部门监督。机关直属的印刷厂(室),不准自行采购纸张和对外营业。所有印刷厂,非经归口部门批准,不得直接从造纸厂购买纸张,也不得接受非出版单位交印的图书,如有必需,须经省、市、自治区党委宣传部门或出版行政部门批准。各印刷企业都要改善经营管理,降低纸张消耗,努力作到合理用纸、节约用纸。

九、大力开展废纸回收利用工作。所有印书印报剩下来的残损纸张,都要由出版部门组织挑选、整理并加以利用,出版用不上的应交商业部门供应市场,不要当做废纸和包装纸处理。板纸和纸袋回收复用工作要进一步加强。社会上废纸资源很多,是很好的造纸原料,要努力做好回收工作。各单位没有保存价值的文件、资料,要直接交送造纸厂销毁(机要文件要专门处理,防止失密)。一九六五年底以前的账薄、单据,除规定必须永久保存者外,经上级领导同意,也可以交废品回收部门或纸厂处理。今后废纸不要随便烧掉。各单位回交旧纸箱、纸盒、纸袋和出售废纸的收入,可以拿出百分之十、二十、三十,至多不超过百分之四十,用作职工集体福利。

十、加强宣传,调动广大职工节约纸张的积极性。要向职工群众说明当前纸张紧张状况,宣传节约用纸的重要意义,教育他们自觉地爱惜纸张,节约纸张,树立节约光荣、浪费可耻的好风尚。对节约纸张成绩显著的单位和个人,要及时予以表扬。过去行之有效的节约纸张奖励制度,要通过试点逐步恢复起来。

做好节约纸张工作,不仅有重大的经济意义,而且有重要的政治意义,必须抓得很紧很紧。我们相信,只要大家都重视起来,在党委统一领导下,有关部门紧密配合,认真抓,抓到底,就一定会取得预期的效果。

以上报告,如无不当,请批转各地区、各部门执行。

主送:国务院

(据国家出版局保存的原件刊印)

王匡同志和国家计委顾明同志对今年出版事业存在几个问题的谈话摘记

1978 年 4 月 15 日

一、纸张问题。王匡同志说：今年国家分配出版局凸版纸二十九万五千吨，又专项进口毛选六卷用纸五万吨。二十九万五千吨用纸中分配给课本用纸十二万吨，全国教材会议上经核算尚欠四万七千吨。这些纸张除进口纸以外，一季度国内生产欠产，教材会议上欠的四万七千吨没有落实，加上最近中央领导批示及各部门提出的新要求，在指标上尚缺约六万吨纸。

为国家四个现代化的需要，要出一些辞书，但纸张紧张，质量较差，而当前出版图书的装帧和国外有些国家相比差的很远，要求在纸张问题上国家计委给予支持。

顾明同志意见：今年安排的纸张，请计委生产组和出版局全面的算一算落实一下，还存在什么问题。每年出版的工具书所需字典纸国内不足可以进口一些，今年进口字典纸所需指标可在今年进口的六卷专用纸中解决，所欠指标明年补足，外汇差额及有关手续请计委财贸组和出版局研究解决。关于装帧封面纸可以指定一个厂生产。(此事，今年全国计划会议上我们亦向计委反映过，当时顾秀莲同志同意我们找两个厂生产这种纸，主要我们要主动进行工作，此事，请生产组和出版局研究决定。)

二、关于全国工具书车间的建设问题。王匡同志说：一九七五年经周总理批准在全国六个大区，由地方负责建设六个工具书车间,由于各地出版局每年所得投资有限,至现在没有建成一个,为此,今年计划由国家出版局会同地方安排。今年我们共需要投资三千五百万元,外汇二百万美元。国家计委给了基建投资七百万元,物资总局给了三十万美元外汇,这些投资今年安排六个工具书车间投资不到200万元,外汇更不足分配,希望增加基建投资,增加外汇分配,并能给一个外汇额度,便于我们分轻重缓急,进一些积蓄的设备。

顾明同志说:字典问题很突出,记得一九七〇年周总理对一封群众来信反映买不到字典问题时和我说过要解决这个问题。全国六个工具书车间今年全部上不去,可以调查一下,能不能保两三个,集中力量突上两个。关于外汇问题请财贸组研究一下。

三、关于收回北京、湖北的印刷厂和字模厂及六〇三厂需要增加三百五十人问题。王匡同志说:考虑出版事业的长远规划,准备收回北京新华印刷厂、新华二厂和字模厂及湖北的六〇三、六〇五厂。北京市同意上交,但希望党的领导关系和业务统一由出版局管,关于党的关系问题还要和北京市出版局商量。而湖北省的两个厂下放在襄阳和郧阳地区,这两个厂在省级机关都表示同意,在地区只是郧阳地区有些意见,开始他们认为六〇五厂在地区管理很好,而且是地区的全国工业学大庆的先进企业,每年上交利润350多万元,整个郧阳地区只有400多万元。以后在商谈中表示,只要中央决定了,他们服从。对这方面工作我们没有经验,请给些办法。同时谈到六〇三厂原来建厂设计能力为25万令,人员为1,100人。现在完成19万令,人员900人只能开一班,现在印刷力不足,今后老厂挖潜是方向,能补充350人,该厂可以达到25至30万令,这个厂是从上海内迁到湖北的,有些老工人已陆续退休近百人,补充一些青工,还涉及培养接班人问题,为此,能请计委一同考虑。

顾明同志表示:为了出版事业的发展,收回几个厂是必要的,六〇五厂主要是地区把它看成摇钱树,可以和管体制的同志商量一下,能否照顾他们一些经济收入,此事和地方商量后就向国务院打一个报告批一下就是了(当天下午计委管体制的罗经奋同志打电话给我说:对六〇五厂的财务处理,可以有两个办法:(1)按大庆的方式,企业属于中央主管部门领导,财政收入归地方。(2)以今年上交利润为准规定额度,企业每年交给地区规定利润。这两个方式可以供我们参考)。顾明同志表示:六〇三厂需要的200至300人,可以给国家计委写个报告,由计委批给劳动总局。

当天参加谈话的有国家计委计划组李德田同志、生产组姜俊同志、财贸组李德宽同志。

(这份记录系娄明追记而成)

(据国家出版局保存的原件刊印)

国务院批转国家文物事业管理局关于图书开放问题的请示报告

国发(1978)81号
1978年4月24日

各省、市、自治区革命委员会,国务院各部委:

　　国务院同意国家文物事业管理局《关于图书开放问题的请示报告》,现转发给你们,请参照执行。

　　各地文化部门要继续深入揭批"四人帮"的法西斯文化专制主义和禁锢政策,根据华主席、党中央的指示,认真解决好图书开放中存在的问题,并注意总结经验,不断改进工作,为提高整个中华民族的科学文化水平,建设社会主义的现代化强国作出自己应有的贡献。

国务院

附:

国家文物局关于图书开放问题的请示报告

1978年4月15日

　　林彪、"四人帮"疯狂推行法西斯文化专制主义和禁锢政策,任意封存图书,致使许多图书馆长期处于关闭状态,严重阻碍了图书为三大革命运动服务,引起广大群众的强烈不满。去年以来,随着揭批"四人帮"运动的不断深入,各地图书馆陆续开放了一部分图书。但是,由于对图书开放的界限意见还不统一,有些图书馆对文化大革命以前公开借阅的社会科学和文艺类图书,至今还不敢公开借阅。为了更好地发挥各种图书资料的作用,我们对图书开放问题提出以下意见:

一、凡公开出版的自然科学和应用技术类图书以及各种工具书,原则上均可公开借阅。

二、凡文化大革命以前公开借阅的社会科学和文艺类图书,除刘少奇、林彪、"四人帮"反党集团及其死党的著作和吹捧他们的著作以外,原则上均可公开借阅。

三、涉及我国边界问题和国家机密的图书,只能有控制地在小范围借阅。

四、图书馆对馆藏书刊应保持完整,不得做涂、改、贴、剪、撕等技术处理。善本书的借阅,各地另行规定具体办法。

五、图书馆要加强图书宣传,注意作好对读者特别是青少年读者的指导工作。对图书开放中出现的带倾向性的问题,要及时向有关领导部门反映。

以上意见如无不妥,请批转各省、市、自治区参照执行。

主送:国务院

(据国家出版局保存的原件刊印)

国家出版局关于转发《为出版〈中国美术全集〉等书的座谈会纪要》的通知

1978年5月16日·(78)出版字第204号

为商讨编辑出版《中国美术全集》等书的工作问题,我们邀集几个有关出版社在北京举行了座谈会。现将座谈会的纪要发给你们,请参阅办理。

主送:上海、天津、辽宁、广东、陕西省、市出版(文化)局,人民美术出版社

抄送:文化部,文物局,全国其他省、市、自治区出版(文化)局,人民出版社、文物出版社。

附:

为出版《中国美术全集》等书的座谈会纪要

1978年4月30日

为商讨编辑出版《中国美术全集》等书的协作问题,国家出版局委托人民美术出版社邀集上海人民美术出版社、天津人民美术出版社、辽宁美术出版社、广东人民出版社、陕西人民出版社等单位负责人和有关编辑,于一九七八年四月二十日至二十三日,在北京举行了座谈会。应邀出席座谈会的还有故宫博物院、中央美术学

院、文学艺术研究所、《美术》编辑部等单位的同志。

座谈会上,同志们揭批了"四人帮"炮制反革命的"两个估计",破坏百花齐放、百家争鸣、古为今用、洋为中用和推陈出新的方针,破坏党的美术出版事业的种种罪行。经过认真讨论,一致认为,以马列主义、毛泽东思想为指导编辑出版《中国美术全集》,是贯彻执行毛主席的文艺方针,批判地继承祖国美术遗产,发展社会主义美术事业亟需完成的一项重要工作。会议认为,必须调动、组织有关出版社和社会力量,通力协作,尽快完成这项繁重而光荣的任务。

会议还商谈了《外国美术选集》的编辑出版工作,并就出版中国现代美术家作品专集等问题交流了情况。同志们精神振奋,讨论热烈,提出了不少很好的意见和建议。

(一)

《中国美术全集》(暂定名)以编年为序,介绍我国古代和近代美术。内容要求系统、精炼,在编选、著述方面应能反映我们社会主义国家的文化学术水平;在装帧、设计、印制方面应达到国际先进水平并具有中国气派。《全集》定为六开本,卷帙不宜过多,力争在八年左右时间完成。要尽快建立领导此项工作的编辑委员会。会议委托人民美术出版社协同有关单位在调查研究的基础上尽快提出《全集》的初步规划草案,经有关出版社共同研究后,报出版局审定。

(二)

在积极进行《全集》工作的同时,为了解决当前的急需,并为出版《全集》创造条件,立即着手编辑出版《中国历代绘画》、《中国历代金石书法》以及其他分类多册专集。这套专集,分类汇编古代和近代的美术作品，年代以1919年"五四"运动为下限。

《中国历代绘画》要求如下：

1.从目前可能收集到的古代和近代优秀代表作品(卷轴册页部分)，选编15—20册，1978年内开始出书，力争于1981年前出齐。

2.其中博物馆藏画，按馆藏分册，在《中国历代绘画》总标题下，标分册名称"××博物馆藏画"。座谈会确定编辑出版一些主要博物馆藏画的分工如下：

 故宫博物院藏画——人民美术出版社出版
 上海博物馆藏画——上海人民美术出版社出版
 江苏、浙江、安徽博物馆藏画——上海人民美术出版社负责联系
 广东、广州博物馆藏画——广东人民出版社出版
 辽宁博物馆藏画——辽宁美术出版社出版
 天津艺术博物馆藏画——天津人民美术出版社出版
 四川博物馆藏画——人民美术出版社负责联系

以上，有的出版社出版本地区博物馆藏画条件有困难时，可与兄弟出版社合作出版。其他省(区)出版社编辑出版本地区博物馆等单位藏画时，如需同兄弟出版社合作，可自行联系。如与有关出版社出版的内容重复，亦可协商解决。

3.分册体例

每幅作品要注明作者、作品年代(按公历)、原画尺寸(按厘米)附作家简介、重要流传文献著录以及必要的年表、年谱等。文字要求简明、准确。作家生卒年代各地要一致。所选作品须经过科学鉴定。凡对作品、作者的考证尚无定论者，或系临、仿的作品，须加以说明。画中的题跋、观款、标签、印鉴等，有考证价值的可以编入，与原作无大关系的经研究后适当删削。

4.规格及装帧设计

规格:6开(37.5x 32厘米),中式翻身,原色图版,双面印,图版部分用150克铜版纸,文字部分用150克胶版纸。每册约120—200面,包括文字页在内。装帧设计:有包封,有书套,书脊字体、地位、尺寸要统一。封面、包封等要有民族风格。要求有关出版社都设计出个样子,五月底前汇集人民美术出版社报局研究决定。再由人民美术出版社做出样本发有关出版社,以便统一规格。

在出好6开本历代绘画专集的同时,出版16开(26×18·5厘米)普及本,也可以相应出一些画辑或单幅画。

《中国历代金石书法》暂定8开本(35.5x 26厘米)委托陕西人民出版社在5月底前负责提出初步规划,与各有关出版社协商,分工编辑出版。

(三)

会议商谈了出版外国美术作品问题。认为需要在广泛地调查研究的基础上,制定出规划。

当前,先出版《外国美术选集》。由人民美术出版社在原规划的基础上修订《外国美术选集》的选题计划。于1982年前出版25集左右,12开本(26×23厘米)。其中雕塑部分由上海人民美术出版社出版;素描部分由人民美术出版社出版;绘画部分由上海人民美术出版社承担一部分选题,负责编辑出版,各地出版社可酌情担负一部分绘画选题的编辑出版工作,绘画选题余下的部分由人民美术出版社承担。

(四)

会议还对出版我国现代美术作品专集、选集的设想和工作情况进行了交流。会议认为,要特别注意出好已有定评的、有突出成就的老美术家的作品，同时对有成绩的中、青年美术家的作品也要注意出版。出版的规格、形式，各出版社大体上互相求得一致，但并不强求一律。这项工作，各出版社目前可分头抓紧进行，待全国美协恢复工作后，再商请他们协助制定一个出版美术家专集的统一规划。

与会同志认为，这次座谈会对于密切兄弟出版社之间的联系，加强美术出版工作的协作，建立了良好开端。会上所讨论和落实的几项编辑出版工作，有利于迅速改变美术出版工作的面貌，大家表示将会上议定的任务纳入本单位的规划。会上还强调在大量出版毛主席《在延安文艺座谈会上的讲话》发表以来，特别是建国以来的优秀美术作品的同时，也要系统地编辑出版规模较大的《中国现代美术》，全面地正确地贯彻毛主席革命文艺路线，坚持为工农兵服务，为无产阶级政治服务的方向，使美术出版工作适应社会主义革命和建设的飞跃发展，为实现以华主席为首的党中央规定的总任务作出贡献。

（据国家出版局保存的原件刊印）

一机部、国家出版局关于调整原下放地方自行安排解决的部分印刷机械产品的通知

1978年5月16日
(78)一机石联字667号　(78)出印字第208号

一九七一年,原毛主席著作出版办公室和一机部曾联合发文,将三十种印刷机械下放地方自行安排解决。据一九七七年统计,几年来,二十四个省、市、自治区自行安排生产了九千二百多台小型印刷机械,成绩很大,但还存在一些问题。为了更好地发挥中央和地方两个积极性,促进印刷工业的发展,根据几年来实践经验和各地要求,对一九七一年下放地方自行安排解决的三十种印刷机械品种目录,重新进行审订,调整如下:

(一)属于附机配套产品,用品少,技术难度大,地方安排生产有困难的,有:铸版机、刮版机、修版机、浇平铅版机、修平铅版机、圆形晾纸机、拷贝机、烘版机、粘单页机、烫金机、切纸机、气泵、铸字盒等十三种,今后改由国家统一安排生产和分配。

(二)下列十四种产品:对开铅印机、四开铅印机、四开平压机、方箱机、圆盘机、立式凸版机、铅印打样机、刨平铅版机、捆书机、铁丝订书机、磨刀机、制铜锌版设备、打孔机、运纸小车,凡有条件的省、市、自治区,由出版行政部门和机械工业管理部门将自行生产的印刷设备品种,列入地方计划。建议原大区所在地的省市出版局牵头,组织大区协作,实行生产分工,互相交换品种和调剂余缺。地区间调剂后如还有多余或不足,由中国印刷物资公司协助解决。目

前尚不具备自行生产条件的省、市、自治区对这类设备的需要，以及援外出口和中央各单位的需要，由国家统一安排生产和分配。

(三)另外三种，其中扒圆机已淘汰，喷粉器随主机配套，静电消除器已交吉林省印刷物资公司组织生产供应，不存在调整问题。

上开十四种产品，由一机部、国家出版局统一选型、定型，并指定专业印刷机械厂供应统一图纸和技术标准。

附件：

十四种印刷机械产品目录及统一图纸供应单位表(略)

主送：各省、市、自治区机械局，出版局

抄送：国家计划委员会，各省、市、自治区计划委员会，中国印刷物资公司

(据国家出版局保存的原件刊印)

国家出版局办公会议纪要

1978年5月22日

一九七八年五月二十二日,出版局召开办公会议。

会上,陈翰伯同志宣布,由于工作需要,中央调王匡同志到外交部工作。

王匡同志宣布,中央宣传部通知,他离开以后,陈翰伯同志代理局党组书记、局长。

陈翰伯同志还传达了五月二十日和五月二十二日中宣部张平化部长等几位领导同志的指示。

五月二十日,张平化部长约王匡、陈翰伯同志谈话,讲了王匡同志工作调动后,接着谈到利用香港问题。张部长说,对香港要充分利用,出版局要把香港的出版工作抓起来。要多搞些精装书到香港去卖。出口书籍可以赚钱,钱不能都让日本人赚去。我们赚了钱留在香港,可以买我们需要的机器。二十四史可不可以用好纸、精装在香港印?可以印全套,也可以印分史的。你们为什么不组织香港的教授给我们写书,拿到国内出版!这样做,他们会很高兴,我们又做了统战工作。出版局要设立一个机构,有那么两三个人,专门和香港联系,香港也可以相应地有那么几个人专和国内联系。

在谈到起草出版工作报告时,张部长说,去年出版工作座谈会上批判"两个估计"是对的。但现在要强调批黑线专政。批黑线专政,无非还是书和队伍的问题。什么是黑线专政,根本的问题就是完全否定十七年,把这个案翻过来就可以了。

五月二十二日中宣部例会上,王匡同志汇报了我局一年来的运动情况，陈翰伯同志汇报了代中宣部起草关于印刷问题给中央的报告。王敏、王益同志做了补充。张部长说，两个汇报都很好。出版局的运动，大体上可以分为两个阶段：粉碎"四人帮"到去年四月，近七个月捂盖子；五月以后，揭了盖子，运动跟上来了。要对比两个阶段，总结、吸取经验教训。

当王敏同志谈到运动下一步打算时，张部长说，要注意班子，班子是关键，班子整顿好了，各项工作就会搞好。

会上，几位部长对我们代中宣部起草的报告，都讲了话。

张部长说，印刷技术现代化，是时候了。印刷和造纸，本来是中国古代的发明，现在我们落后了，对不起自己的老祖宗。为什么会这样呢？远的是因为中国长期的封建统治，近因是林彪、"四人帮"的干扰破坏。本来我们可以赶上去，由于林彪、"四人帮"的干扰破坏，差距又拉大了。正式给中央打报告，请华主席、党中央批示。

张部长两次谈到，你们计算一下，新建厂用多长时间可以收回投资。出版不但要算政治帐，也要算经济帐。

朱穆之副部长说，出书是个大问题，最近几年要出哪些书，出版局要很好规划。出书中有些什么问题，出版局也要管。出了书，要宣传，光登书目广告不行。图书评论也要考虑。

我赞成开个会，研究印刷问题，搞搞物质基础。

廖井丹副部长说，要把各方面力量连起来，要和各部委一起抓印刷问题，出版局要搞好规划。

朱穆之副部长说，文件批下来以后，请各有关部委来开个会。

张香山副部长说，李副总理讲过，非工业部门管工业，要管专用、配套、维修、科研。

张部长最后还说，机械我们自己造不出来的，要进口。出版印刷的现代化，也在四个现代化之内。

（此纪要系根据传达时的记录整理，仅供参考）

（据国家出版局保存的原件刊印）

民族翻译局筹备小组关于
民族翻译局筹建情况和问题的报告

1978年5月31日

现将我局的筹建情况和问题汇报如下。

一、民族翻译局的建立

民族翻译局的建立,是一九七四年二月二十二日根据敬爱的周总理的指示提出报告的。同年三月二十七日国家出版局根据这个报告,就建立马恩列斯著作、毛主席著作民族语文翻译机构问题,正式向中央写了报告。报告中提出机构名称为:"马克思恩格斯列宁斯大林著作、毛主席著作民族语文翻译局"。任务是:"以蒙古、藏、维吾尔、朝鲜、哈萨克文翻译马恩列斯著作、毛主席著作、党和国家重要政策文件,并担负党的全国代表大会和全国人民代表大会的翻译任务。"六月,中央政治局华主席、邓小平、李先念副主席等批准了这个报告。十二月,批准了筹备小组人选。一九七五年筹备小组开始工作。机关性质当时确定为事业单位,编制为一百七十人。在筹备小组开始工作时,吴庆彤、童小鹏等同志口头交待:除完成本身的翻译工作外,还要联系了解地方民族翻译出版工作情况。在翻译干部调齐以前,可以组织地方力量进行翻译。

二、机构的设置和人员配备情况

我们根据中组部业务组(75)干通字第19号关于从九省区给翻译局抽调翻译人员的通知,于一九七五年三月开始调干,现已从有关省、区调进翻译人员九十六名,其余翻译人员因宿舍没有得到解决不能调来。目前我局共有人员一百四十二名,其中翻译九十六名(蒙文二十名,藏文十五名,维文十八名,哈文二十一名,朝文二十二名),政治、理论干部八名,行政干部十八名,工人二十名。调进的翻译人员,由于有关省、区党委的大力支持,政治情况是好的,党员占百分之七十,团员占百分之十一,业务水平也是较高的,具有十六年以上翻译工作实践的占百分之五十九,十五年以下的占百分之四十一,文化程度多在高中以上,有三分之一的翻译人员兼懂英、日、俄等外语。翻译人员的身体健康状况是良好的,四十岁以下的占百分之六十。

各文种人员的配备,除哈、藏两文力量尚需充实加强外,蒙、朝、维文已近满员。蒙、朝、藏三个文种,已将当地从事翻译工作的主持定稿人调了进来,因此骨干配备较强。当然,由于审查不严,加之照顾干部家属,也还存在极少数翻译人员质量较差的问题。

根据边筹建边工作的精神,组织机构已逐步健全。按文种设立了蒙、藏、维、哈、朝五个翻译室,在行政上设立了办公室和政治处。经国家出版局批准,任命了十四名文室正、副主任。党的基层组织建立在各室,共有七个支部和一个共青团支部。

三、关于揭批"四人帮"和干部的思想状况

遵照华主席为首的党中央的战略部署,粉碎"四人帮"以来,我们广泛发动群众,深入开展了揭批"四人帮"的群众运动。批判了"四人帮"篡党夺权的阴谋活动,批判了他们的罪恶历史和反动的政治纲领,批判了他们歪曲和篡改马克思列宁主义和毛泽东思想,以及破坏党的民族政策、扼杀民族工作的种种罪行。我们还参加了出版局党组领导下的清查运动。经过清查,没有发现与"四人帮"阴谋活动有牵连的人和事。通过揭批"四人帮"的运动,各族职工和家属的阶级斗争、路线斗争和继续革命的觉悟不断提高,路线是非进一步澄清。"四人帮"的流毒和影响,正在得到清除。

关于当前干部的思想状况,从总的来看是比较好的,各族干部

之间是团结的。同志们对于来京为本民族人民翻译马列、毛主席著作,是非常高兴的。认为这是华主席为首的党中央对各族人民的极大关怀,是提高各族人民马列主义水平的重要措施,决心改变目前民族文字翻译出版马列著作方面的落后状态,尽快为各族人民提供民族文字版的马列著作。但是,由于多数人员工资较低,维哈藏族同志来京后又降低了工资,给他们带来一定的生活困难。加之生活上不习惯,探亲、住房等问题未解决,归属问题老不定,在一部分同志中,有一些思想波动。有的同志说,筹建几年归属不定,究竟要不要这个机构?少数同志提出调动工作和想回原籍。对于这些问题,我们作了正面教育,引导他们集中精力搞好马列、毛主席著作的翻译。

四、翻译工作的进展情况

一九七五年秋调进少数翻译后,我们即一边调入,一边开始翻译工作,在翻译中炼兵。最初是帮助民族出版社翻译马列三十本书和《红旗》的部分文章。一九七六年秋,人员增加,各文种相继有计划地开展工作,一边自己翻译,一边通过地方党委组织翻译。

一九七七年上半年全体翻译人员参加了《毛泽东选集》第五卷的翻译,对我们来说,这是一次极好的学习和锻炼,使我们在组织工作上,翻译业务上,学到了一些经验,为我们今后搞好翻译工作打下了好的基础。

截至目前为止,已发民族出版社的书稿有:蒙文《列宁选集》第一卷,朝文《论反对派》、《联共党史》,哈文《社会民主党在民主革命中的两种策略》。上半年可以继续发稿的有:蒙文《自然辩证法》、《论反对派》,藏文《路德维希费尔巴哈和德国古典哲学的终结》,维文《马恩选集》第一卷,哈文《论反对派》。计划下半年发稿的有:蒙文《马恩选集》第一卷,维文《马恩选集》第二卷(上册),哈文《马克思恩格斯及马克思主义》、《马克思恩格斯书信》,朝文《列宁选集》第一卷、《马恩选集》第一卷。

在今年全国出版工作座谈会期间,我们根据会议精神,拟定了一个比较长远的翻译规划:在一九八〇年至一九八二年间,蒙、朝、维三种文字完成马恩和列宁两个选集,全部交付出版;藏文、哈文至一九八五年完成两个选集,交付出版。大致每年每种文字翻译发稿两卷,约一百二十万字。在此期间,如毛选六卷以及其它各卷的翻译任务下达,为了集中力量搞好毛选翻译,上述计划需相应推迟。对于《马恩全集》和《列宁全集》的翻译规划,另行请示。

五、几个具体问题

(一)关于任务

为适应新时期总任务的需要,满足各族人民对于学习马列著作、毛主席著作的迫切愿望,马列的翻译工作应当尽快地搞上去。为此,我们意见,今后我局集中力量担负马恩列斯和毛主席、华主席著作的翻译工作,不承担其它别的翻译任务。为了提高翻译质量,要与各地民族翻译出版单位建立密切联系。

(二)关于体制

鉴于我局的筹建工作基本完成,机关内部各项工作逐步走上轨道,局领导体制应予确定。为了加强领导,有利于工作,我们意见,局建立党委会。设正副局长若干名,实行党委领导下的局长负责制。下设蒙、藏、维、哈、朝五个翻译室和办公室、政治处。

(三)关于名称

我局正式成立后,其名称应定为:中央马克思、恩格斯、列宁、斯大林、毛泽东著作民族翻译局,简称中央民族翻译局。这样去掉了原称"语文"、"出版"四字。因为翻译就包括了"语文"的意思,加上"语文"反而别扭,去掉"出版"二字,同任务相符。加了"中央"二字,以示区别地方;加了"马克思、恩格斯、列宁,斯大林,毛泽东著作"十六个字,表示其任务和党对少数民族学习马列、毛主席著作的关怀。

(四)关于翻译与出版的问题

翻译局搞马列和毛主席著作的翻译,民族出版社负责出版,两家办一件事,需密切配合。民族出版社建立已久,有丰富经验,我们要向他们学习。业务关系可采取中央编译局与人民出版社的办法。

以上报告是否妥当,请指示。

主送:国家出版局

(据国家出版局保存的原件刊印)

中共人民出版社临时委员会
关于人民出版社调整组织机构的意见

1978 年 5 月

人民出版社实行党委领导下的社长、总编辑分工负责制。

党委会是全社的领导核心。党委的领导，主要是政治上的领导，保证正确的政治方向，保证党的路线、方针、政策的贯彻，调动各方面的积极性，领导全社同志抓纲治社，认真作好出版工作。党委会批准全社年度和长期的选题、出书计划，并检查计划执行情况。了解、培养和选拔干部，知人善任，把力量组织好，同时要做好后勤工作，为编辑、出版人员创造必要的工作条件，以保证出版工作的顺利进行。社内日常的党务工作和组织工作，委托政治处负责。

各编辑室和其他部、室、处，可分部门或几个部门联合成立党支部。支部的任务是在社党委的领导下，按照党章关于党的基层组织的基本任务规定，抓好本部门的思想政治工作和日常的党务工作。支部要发挥战斗堡垒作用和党员的先锋模范作用，带领本部门的全体同志不断提高理论、政策、业务水平，努力做好编辑、出版、行政工作。完成党交给的各项任务。

全社建立一个团支部。团支部的主要任务是组织团员学习政治理论，钻研业务，过好组织生活，活跃机关文化生活，做好党的助手。团支部在出版局团委和社党委(通过政治处)领导下进行工作。

鉴于原来的第一、三、四编辑室战线太长。工作任务过于庞杂，另外,《新华月报》决定由新华社交回给我社编辑,因此拟调整设立九个编辑室。

原第一编辑室分为马列著作和翻译书籍两个编辑室。全社的外书工作任务考虑还是集中比较好,一方面是目前外文人员力量不足,分散以后工作很困难;另一方面也考虑到哲、经、史方面的著作稿,是人民出版社长期以来的薄弱环节,要求哲、经、史编辑室集中全力搞好,不宜在翻译书上分散精力。有书稿,如外国经济方面的重要书稿,经济编辑室认为需要译出,可以向翻译书籍编辑室推荐,一起把这方面的工作做好。

原第二编辑室有关毛主席著作的编辑工作,现在主要的都已由中央毛主席著作编辑出版委员会负责,但还有一些工作要做,如组织编写学习毛主席著作的参考读物、编索引类的工具书等,同时考虑到人民出版社还必须出好老一代无产阶级革命家,如周总理、朱委员长等的著作、传记和有关回忆录,而原三编辑室的战线很长,有些政治理论读物,以及宣传社会主义革命和社会主义建设成就的著作,需要花大力去组织,因此将党史以及和党史直接有关的书籍分出来,和原二编室余下的工作合并,成为一个毛主席著作和党史编辑室,原三编辑室仍为政治编辑室。

原第四编辑室分为哲学、经济、历史三个编辑室。

原第五编辑室不动。

增设新华月报编辑室。

为了对外联系工作方便,九个编辑室以后不再用编号,改用下列名称:马列著作编辑室,毛主席著作和党史编辑室,政治书籍编辑室,农村读物编辑室,哲学著作编辑室、经济著作编辑室,历史著作编辑室,翻译书籍编辑室,新华月报编辑室。

各编辑室必要时可在室内分设业务组,如历史著作编辑室可分设中史组、外史组等。业务组不算一级组织。

人民出版社的编辑部是对外联系编辑业务时使用的名称,也是九个编辑室的总称。不是一级组织。为了发挥集体领导作用,建立编辑部会议(或称总编办公会议)制度,这个会议一般由总编辑和副总编辑参加,有时可吸收总编室和编辑室正副主任参加。主要是研究编辑部的一些共同性问题,协调编辑部内部的关系,交流情况和经验,解决一些带倾向性的问题等。为了协调各个编辑室和出版部之间的工作,另由主管的社级领导同志定期召开生产调度会议。编辑部原来的办公室改称总编室,下属的编务、资料、美术、地图四个组不变。

以现在的行政处为基础,设立管理全社行政工作的办公室,将原分在政治处和编务组的属于全社性的秘书工作以及书稿档案和文印工作归到办公室,增设秘书科。

出版部和政治处的机构不动。

各部门的机构和主要工作任务如下:

(一)马列著作编辑室(简称马列编辑室)

负责马克思、恩格斯、列宁、斯大林著作(包括全集、选集、书信集、专题摘编和各种单行本等),学习马列著作的参考读物,马、恩、列、斯及其亲属的传记、回忆录及有关资料,马克思主义发展史的论著和资料等。

(二)毛主席著作和党史编辑室(简称毛主席著作编辑室)

负责毛主席著作(包括全集,选集、专题文集和各种单行本,根据毛主席著作编辑出版委员会的定稿做好发排工作),以及学习毛主席著作的参考读物,我国老一代无产阶级革命家的著作、传记、回忆录及有关资料,中共党史、军史及党史资料等。

(三)政治书籍编辑室(简称政治编辑室)

负责党和国家的政策、文件、华主席和中央其他领导同志的言论、著作,配合政治运动和重要的纪念活动以及革命传统教育方面的政治书籍,宣传我国社会主义革命和社会主义建设成就的著作,政治理论、政治常识和党的建设方面的基础读物和专著,国际政治方面的有关文件和资料等。

(四)农村读物编辑室(简称农村编辑室)

负责农村政治理论读物,以及政治文化综合读物《东方红》。

(五)哲学著作编辑室(简称哲学编辑室)

负责哲学和科学社会主义方面的著作,包括马克思主义哲学、毛泽东哲学思想和马克思主义哲学史的专著,现代资产阶级和现代修正主义哲学批判方面的论著,中国哲学史,外国哲学史,自然辩证法,逻辑学,美学,伦理学,社会发展史等著作。

(六)经济著作编辑室(简称经济编辑室)

负责经济方面的著作。包括马克思主义经济学说和毛主席经济思想的研究著作,政治经济学的教材、专著和工具书,社会主义经济问题的专著,从理论上总结我国社会主义经济建设经验的著作,中外经济史,经济思想史和批判修正主义经济学说的著作,世界经济、各国经济的情况、问题和理论的著作等。

(七)历史著作编辑室(简称历史编辑室)

负责中外历史著作、包括中国通史、断代史、专题史、世界通史和外国主要国家的国别史,史学史,国际共运史,批判资产阶级、修正主义史学观点的文集和著作等。

(八)翻译书籍编辑室(简称翻译编辑室)

负责外国政治学术书籍,包括兄弟党、兄弟国家的文件和领导人著作,有关国际共产主义运动及国际工人运动的著作、人物传记和文献资料,老修和现修资料,苏联政治首脑人物的言论、传记、回忆录以及有关苏联当前政治、经济、军事、外交等方面论著和资料,苏联和东欧出版的世界史,苏、美两国的历史,外国进步作家、友好人士有重大影响的著作等。

(九)新华月报编辑室

负责《新华月报》的编辑工作。

(十)总编室

总编室是编辑部的综合业务部门,处理总编辑交办的事务。领导编辑部的秘书工作,安排出书、综合和研究业务情况,编印业务情报。下设编务组、资料组、美术组、地图组,分别经管发稿、计划、稿酬、样本、宣传编目、读者来信、投稿和图书资料、美术装帧、地图绘制等项工作。外事归口由总编室处理。

(十一)出版部

出版部是负责书稿排校印制出版的生产组织部门,根据全社书刊发稿计划,安排排印力量,编制出书计划和物资材料采购供应计划,核定图书定价、用纸、印数,并检查图书排印质量,供给地方出版社纸型,负责书稿的校对工作等。下设出版、校对两科。

(十二)政治处

政治处是党的政治工作部门,负责全社的思想政治工作、人事工作、机关的安全保卫工作、以及干部参加集体生产劳动、文娱体育活动和劳保福利工作,在党委领导下协助各支部做好支部的思想组织工作,指导共青团支部的日常工作,协助党委做好政治理论学习和政治运动的组织宣传工作。政治处要贯彻落实党的干部政策和知识分子政策,恢复发扬党的传统作风,从政治上、工作上、生活上主动关心群众。

(十三)办公室

办公室是全社的办事部门,负责全社的秘书、财务和后勤等行政管理工作,综合全社的工作计划和工作总结,制定行政管理制度,收集、整理保管文书档案和书稿档案,全社公文函件的内外收发、打字和文印工作,经济核算、财务收支和监督工作,后勤供应、食堂、传达、宿舍、客房的管理工作,机关建筑物及其他财产的保卫工作,防火防震防毒和交通安全工作,机关卫生工作,组织干部参加人防等工程劳动及其他有关劳动等。办公室要主动关心群众生活,从行政和后勤方面保证编辑、出版业务的顺利进行。办公室下设秘书、财务、总务三个科。

关于党支部的设置,感到划分太小和过大(如整个编辑部成立一个支部)都不太适宜,拟考虑全社建立六个支部:马列、翻译、新华月报三个编辑室联合成立一个支部;毛主席著作、政治、农村三个编辑室联合成立一个支部;哲学、经济、历史三个编辑室联合成立一个支部;总编室—一个支部;出版部一个支部;政治处和办公室联合成立一个支部。

(据国家出版局保存的原件刊印)

国家出版局关于
改变五个印刷企业的领导体制和
恢复中国印刷公司的请示报告

1978年6月8日·(78)出印字第242号

此件已经国务院批准

　　文化大革命前,文化部出版局有三个直属印刷厂(北京新华印刷厂、北京第二新华印刷厂、湖北襄樊六〇三印刷厂),承担直属出版社的印制任务。另有两个直属字模厂(北京新华字模厂和湖北郧阳六〇五字模厂),承担全国新闻、出版的印刷字模生产。一九六三年,经国务院批准,曾设立中国印刷公司,作为文化部出版局领导直属印刷企业,指导全国书刊印刷工作的企业管理机构。一九六九年、一九七〇年,三个印刷厂和两个字模厂分别下放到北京市和湖北省。中国印刷公司也在这时撤销。

　　上述五个印刷企业下放后,在地方党委的领导下,仍然承担出版局直属出版社的印刷任务和生产全国印刷需要的字模,为出版事业作出了贡献。随着出版事业的不断发展,上述印刷企业的领导体制同形势发展要求,越来越不相适应。目前,为了加快出版事业的发展,急需对三个印刷厂进行技术改造,扩大生产能力;两个字模厂也迫切需要按照印刷技术革新的要求进行技术改造,制造新产品。同时,由于林彪、特别是"四人帮"的干扰破坏,加之我局的管理工作跟不上,全国书刊印刷企业管理工作中存在不少问题,规章制度混乱,技术落后,生产效率低,印装质量下降,这些都需要大力加强对全国书刊印刷事业的领导和管理。实践证明,国家出版局不直接管理几个印刷企业,没有管理和指导印刷工作的企业管理机构,对印刷事业的发展是很不利的。经中央宣传部同意,我们拟采取以下措施:

一、改变北京新华印刷厂、北京第二新华印刷厂、北京新华字模厂、湖北襄樊六〇三印刷厂、湖北郧阳六〇五字模厂的领导体制,实行以我局为主和省市分工管理的双重领导。此事已同北京市和湖北省有关领导部门商妥,取得了一致意见。双重领导和管理的分工,按"中共中央关于加快工业发展若干问题的决定(草案)"的规定办理(郧阳六〇五厂利润交地方)。

领导体制的改变,经国务院批准后,即与地方研究移交时间和办理交接手续。财务计划和物资供应渠道的改变,从一九七九年度开始。

二、恢复中国印刷公司,在我局领导下,管理直属印刷厂,并对全国书刊印刷工作进行业务指导。

中国印刷公司实行党委领导下的经理分工负责制,设经理一人,副经理若干人,下设若干处、室。所需干部拟从我局将要收回的印刷单位选调,不足部分由我局自行调剂解决。

以上报告,妥否,请批示。

主送:国务院
抄报:中共中央宣传部

(据国家出版局保存的原件刊印)

北京对外翻译出版处关于我处的任务和今后三年规划的请示报告

1978年6月8日·(78)对内字第28号

根据中共中央十八号文件提出各单位通过学习新时期的总任务发动群众讨论修订实现总任务的具体规划的要求，我们拟订了我处的任务与今后三年规划，经全体同志讨论，现请示报告如下：

一、翻译和印制联合国文件是我国恢复在联合国的合法席位之后的一项涉外任务。我处初建于一九七三年，目前仍处于边工作边筹建的阶段，预计这个阶段在一九八〇年底结束。根据新时期总任务的要求，为了更好地为我国革命外交路线服务，我处的工作任务必须有所变化和发展。

(一)翻译任务将逐步转由我处承担。

过去每年约1000万字的翻译任务是由全国四十八所大专院校承担的，我们只负责编辑加工和印制。随着教育事业的蓬勃发展，各院校的教学和科研任务加重，对联合国文件的翻译势难兼顾，我们准备把这一任务逐步承担起来。

(二)工作量将增加。

我处目前每年翻译、印制联合国文件约1200—1400万字，争取今后达到1600—1800万字(估计联合国总部1200—1400万字，巴黎教科文组织100—200万字，日内瓦联合国办事处100—200万字)。

(三)工作范围将更加广泛。

我们过去翻译的主要是联合国积压文件,这种文件将逐渐减少。今后我们将争取逐步增加翻译同我国对外斗争配合得更紧密的联合国当前会议的文件,并适当选择某些对我国有关部门有用的属于政治、经济、法律、社会(不包括科技)方面的联合国专题报告、情报资料、调查成果、学术著作等。现在我们承担了同外交部、教育部、外贸部有关的文件翻译、印制任务,今后将逐步创造条件,实现某些有关部委对我们的要求。从总的趋势看来,我处的任务将是长期的和比较繁重的,我们在工作安排上应更加主动,力争工作做得更多更好,更能紧密地配合国家实现四个现代化的要求。

二、根据上述任务要求,我们拟采取以下措施:

(一)认真揭批"四人帮",抓纲治处。首先要联系出版战线的实际,深入揭批"四人帮"反革命的两个估计,认真肃清其流毒和影响。要努力把领导班子建设成为坚强的战斗指挥部,注意抓大事、抓主要矛盾;认真实行民主集中制,密切联系群众;深入实际改进领导方法,工作中提倡埋头苦干,讲求实效。要加强政治思想工作。我处是新建单位,人员来自四面八方,没有什么过去遗留的问题,这有利于搞好团结。但又正因为是新单位,更需要我们从恢复和发扬我党的优良传统和作风出发抓好思想建设这一环节。目前机构和人员都在变动,要注意教育干部安心在现岗位上为人民服务,下决心为革命钻研业务。根据我处知识分子日渐增加的情况,要注意贯彻党对知识分子的团结、教育、改造的政策,充分调动他们的革命积极性。我们应该在出高质量成品的同时更要出政治思想好、革命干劲足、作风扎实、业务水平高的人才。要加强党的领导,发挥党、团组织的作用,搞好团结,搞好学习,经常研究干部的政治思想状况,及时发现问题并加以妥善解决。

(二)计划在三年内全部承担联合国文件的翻译任务。今年筹建翻译班子,边筹建边练兵,拟承担翻译任务的百分之十五,即200万字。明年争取承担任务的百分之三十到四十,译400—500万字。

一九八〇年争取承担任务的百分之六十到七十,即译 600—700 万字。从一九八一年起,我们可能翻译 800—900 万字,翻译任务基本上由我处承担,各院校作为受国家委托翻译联合国文件的任务可以解除,但可根据需要和某些院校的具体情况,采用约稿的办法由这些院校继续承译部分文件。

(三)在三年内把人员配齐和调整好。除正在筹建的翻译组外,其他各组还需要调整、充实和加强。要十分注意人员的政治业务水平。对于调进人员,要继续按邓副主席提出的各部门招工用人也要实行德智体全面考核的方针,有重点地采取考试的办法,择优录用。要注意使两部分人,即较年轻的同志和年龄较大而又具备较高水平的同志,在数量上各占一定的比例,以便以老带新,后继有人。翻译组和编辑组的同志要不断提高外语、汉语、国际知识水平,并注意摸索和研究英汉翻译中的一些理论和技巧问题。出版组同志要不断提高汉语和国际知识水平,提高校对的效率和质量。要熟悉随着印刷技术的不断革新而出现的现代化技术要求。政工组的工作要加强,除搞好人事、组织、保卫、劳资福利等工作外,还要把全处的宣传和学习工作抓起来,协助领导了解和解决干部中思想方面的问题。现在的办事组拟分为文书和行政两组。文书组要管理好文电,保证文书畅通,并管好全处的图书报刊阅览;文书组设打字室,除打印日常文书外,要积极训练、提高打字技术,准备承担联合国文件的打字任务。行政组的任务是搞好后勤,为编、译、校各组提供物质保证,不断提高服务质量和效率。对于干部的培养,我们主要是通过工作实践,要及时总结经验,抓紧业务学习,提高干部的业务水平,同时也举办一些汉语和外语的业余学习班。

(四)人员编制:为适应任务的加重和发展,我处编制预计三年内将达一百六十人左右。除主任一人、副主任四人外,下设六个组,编制如下:

翻译组七十人。今年约可调进四十至五十人,争取明年达到满员,一九八〇年内初步建成一个有相当水平的翻译班子。在这个班子里,除正副组长四人外,六十六名翻译人员中能担负校订工作的应占五分之二。

编辑组(包括一个资料室)三十人。除正副组长四人外,资料员四人,二十二名编辑人员中,能担负编审工作的应占三分之一。

随着我处承担翻译任务的增加,编辑任务将相对缩小,届时翻译、编辑两组人员将根据具体情况相应调整,两组的工作程序和组织安排也相应有所改变。

出版组三十一人。除正副组长四人外,校对二十二人,印制设计业务和对外发行五人。根据该组目前情况,有必要增加一些具有高中文化水平、年轻的男同志。

政工组三人。组长一人,干事二人。

文书组九人。除正副组长二人外,打字室三人,文书档案、收发通讯、图书管理等四人。

行政组二十二人。除正副组长三人外,干部(包括会计,医务、采购、仓库保管)五人,工勤人员(包括司机、电话员、炊事员、锅炉工、电工、水暖工、传达)十四人。

(五)建立干部考核制度。各组都要根据各自不同的业务对干部提出具体的要求,结合按劳分配的原则定期进行考核。我们将根据国务院和国家出版局的有关规定,结合我处具体情况,确定必要的职称。翻译、编辑、校对和打字工作应有单位时间定额,工作进度和质量应有记录。政工组,文书组和行政组的工作要一专多能,除精通本职业务,争取兼做其他工作,达到人员精干,效率较高。要奖惩分明,大力发扬正气,克服歪风邪气。注意发现同志们的长处和进步,调动一切积极因索,定期评比先进个人和先进集体。通过表扬、一定形式的奖励或提升职称等方式鼓励在工作中有贡献的同志。长期不能在本岗位上做出成绩的应适当调整。对同志们的缺点和错误,着重于思想教育,开展批评和自我批评,必要时也要执行纪律。

(六)加强资料工作。搞好资料的积累、整理和保管,争取在一两年内搞出若干套编辑和翻译业务方面的基本资料;搞出一套比较完整的和规范化的联合国各种文件体例格式的资料。此外,在同工厂密切配合的条件下定出缩短印制周期的要求和办法。

以上报告,是否妥当,请予批示。

主送:国家出版局党组。

(据国家出版局保存的原件刊印)

国家出版局党组对《关于人民出版社方针任务的请示报告》的批复

1978年6月10日·(78)出党字第26号

《关于人民出版社方针任务的请示报告》，已经出版局党组通过，并报请中共中央宣传部批准。请按报告中提出的方针和任务，切实做好各项工作，把人民出版社办好。

主送：人民出版社临时党委
抄报：国务院办公室
抄送：局属各单位

附：

中共人民出版社临时委员会
关于人民出版社方针任务的请示报告

1978年5月27日

为了更好地执行毛主席为文化出版工作规定的一系列方针政策，贯彻党的十一大路线和五届人大提出的新时期的总任务的要求，根据人民出版社的性质以及二十八年来正反两方面的经验，经社内各级干部和群众讨论，对我社今后的工作方针和任务，拟作如下的规定：

人民出版社是国家政治书籍出版社,它的根本任务是:宣传马克思主义、列宁主义、毛泽东思想,普及马克思主义的基础知识,宣传党的路线、方针、政策,宣传共产主义思想,宣传我国社会主义建设成就,批判资产阶级,批判修正主义,坚持为无产阶级政治服务、为工农兵服务的方向,为繁荣社会主义的科学文化事业、巩固无产阶级专政作出贡献。

第一,要把出版马列著作和毛主席著作放在首位,严格按照高标准、高质量的要求,出好马列著作和毛主席著作。在国内逐步开展马列著作研究的基础上,尽早实现毛主席关于出版马列著作要中国人自己写序言、加注释的遗愿,改变完全依靠外国版本的情况。在选编革命导师的专题论述和出版有关参考读物时,必须力求完整地、准确地体现马克思列宁主义、毛泽东思想体系。要出好华主席的著作。出好党和国家的文件。出好党史、党建的有关著作。

第二,加强出版马克思主义的各科理论著作和政治读物。鉴于"四人帮"在思想理论领域所造成的严重破坏,要特别注意出好哲学、政治经济学、科学社会主义、历史等方面的基本理论著作和基础知识读物,要大力组织分专题完整地系统地阐述毛泽东思想体系的著作,用马列主义、毛泽东思想为指导研究、总结中国革命和建设的成就和经验的著作,以及从理论上批判修正主义、资产阶级思想的著作。要着重出好高级理论著作,同时要做好普及读物的编辑出版工作,各种读物都要尽可能做到深入浅出,力求知识的准确性和文字表达上的鲜明生动性。普及读物的对象一般为初中以上文化水平的工农兵及干部。还要担负一部份适合农村需要的、具有农村特点的农村读物的出版任务。

第三,贯彻执行"百花齐放,百家争鸣"和"古为今用,洋为中用"的方针。我们的编辑出版工作要努力促使马克思主义的理论学术研究尽快地活跃起来,促使哲学社会科学日益繁荣。在学术上有一定价值的著作,即使存在某些缺点和不足,都应给予出版机会,不要苛求。为了更广泛地团结著译者,更有利于开展争鸣,某些学术著作仍可用"三联书店"的名义出版。马克思主义是在斗争中发展的,要严格按照毛主席规定的六条政治标准区分香花和毒草,在人民内部,允许展开充分的自由讨论,允许批评和反批评;对于科学上的是非问题,在处理书稿时应持慎重态度,不要轻率地作结论。要根据出版社的分工,有计划有选择地翻译出版外国政治学术书籍,特别是有关国际共产主义运动、工人运动的正反两方面的著作和资料;在加强调查研究的基础上注意选译对我们长远有用的、能反映国外最新研究成果,或最有代表性的论著;要重视出版各种反面材料和参考资料。

第四,出版工作必须走群众路线。制订选题计划和组织书稿,要争取有关党政领导机关、专业部门、理论研究机构、大专院校等单位的支持和帮助;要广泛组织和团结作者译者,不论对专业工作者或业余作者,都要密切联系,热忱相待,积极地组织他们编书、写书、译书,并分别不同情况,给以从事著译的各种方便。对稿件的重大修改,应同著译者协商。在大力组织新著作的同时,要注意旧书的再版重印工作。编辑人员,特别是总编辑和编辑室主任应分出一定的时间参加社会活动,经常了解并熟悉学术界的动态、规划和有关情况。要认真及时地处理来稿、来信,加强调查研究,经常了解读者的要求和反映,以不断改进我们的编辑出版工作。

在各项工作中,都要加强经营管理,注意经济核算,贯彻勤俭办社的方针。

以上意见妥否,请批示

主送:国家出版局党组

(据国家出版局保存的原件刊印)

国家出版局关于完成秋季大专教材印刷发行任务的情况汇报

1978年7月10日

一九七八年四月三日,国务院以国发(1978)53号文件批转教育部、国家出版局《关于全国教材出版发行工作会议的报告》以后,中央和地方各有关部门和单位,为贯彻文件中提出"保证'按时、足量'供应学校,实现'课前到书,人手一册'"的要求,都分别召开有关会议,认真落实,做了不少工作。但是,在进行这项工作过程中,也遇到不少问题和实际困难,主要是:

一、需要量不断增加,纸张不足。

人民教育出版社计划出版今年秋季大学、中专教材的共一百五十九种(包括新编和重印),年初计划用纸三十二万余令。三月下旬,根据预定数字的新情况,人民教育出版社提出了教材用纸的补充申请。根据实际需要,国家出版局同意增拨十二万令,加上年初已拨的教材用纸共为四十四万六千令。

五月中旬,新华书店北京发行所根据对一些省、市的调查了解的情况和汇总全国预定总数的教材,发现学校和社会上对教材的需要量大大突破了原来的计划供应范围和供应数量。

教材需要量之所以大幅度增加,主要原因有两个:一是各院校为了尽快多培养人才,决定扩大招生名额,增招走读生、旁听生、代培生、研究生等;有的院校增设了师资培训班、进修班;全国新建和恢复了一大批大专院校,他们都要求补订教材。同时,75、76届在校的工农兵学员，由于"四人帮"的干扰破坏，几年来既无教材，又没好好学习，现在急需统编教材发奋自学，这部分需要，原来未列入供应范围。二是社会方面。适应科学技术发展的需要，各地区、厂矿、机关开办了各种类型的业余学校，如电视大学、业余大学、技术学校等等，他们也提出需要教材，而且数量相当可观。这些原来都未列入供应范围。根据调查了解，大学、中专、七二·一大学所需教材用纸达七十八万令（其中包括预印一部分明年春季教材），这是必须保证供应的，而社会需要量也很大。根据这一新情况，人民教育出版社于六月初向教育部、国家出版局提出报告，紧急要求再增拨教材用纸五十六万令，以应急需。

二、印刷问题。

大学、中专教材，由于品种多，印量大，时间紧，大部分要求在七月、八月间出版发行。年初经国家出版局出面协商，安排在北京、上海、陕西、甘肃、吉林、江苏六省市印造。到五月中旬，七种外语教材还有六种找不到印刷厂排版。地质出版社承担印制十三种教材，有二种出书时间尚无法估定。人民体育出版社共十二种，至五月中仅安排五种。有些厂对制版、排版反应困难大，出书时间不能保证。

纸张、印刷时间问题，正是落实国务院批示要求"按时、足量"供应教材的关键。如果这些问题不能及时解决，就会使很多学生在开学时得不到课本，影响正常上课。

关于课本用纸问题，人民教育出版社原提出增拨五十六万令，考虑到有这些教材明年会在内容上有所修改，为避免积压浪费，适当控制社会方面的需要，解决减少用纸八万令，申请增拨四十八万令。国家出版局经过研究核实，现已决定如数增拨。至目前为止，国家出版局今年已拨教材用纸共达九十二万六千令。新近增拨的四十八万令纸，其来源是借调中央级出版单位图书用纸二十五万令，挪用六个省储备的《毛泽东选集》第六卷用纸二十三万令，待明年进口纸到达后归还。

为了解决秋季大、专教材印刷问题,六月下旬,国家出版局约请了北京、上海、陕西、江苏、甘肃、吉林、辽宁、山东、天津、河北、四川、湖北等十二省市的出版发行部门的负责同志来京开会协商,并具体落实了新拨教材用纸四十八万令的调拨、印刷和课本及时发行等问题。但有的问题尚待解决。如大学、中专教材,原来安排在六个省市印造已属战线太长,管理困难,现在扩大到十二个省市,困难就更多。现在离秋季开学只有两个月的时间(东北地区由于开学早,只有一个多月),如不抓紧,教材的印制发行就很难按期完成。又如,有的新编教材还没定稿;发运课本的包装用纸有的省市还没着落;有的厂印装不平衡,装订跟不上;一些省市,有的图书可以给教材让路,有的则不能让路,一定要在九月底前出版,以便在国庆节前供应,矛盾不好解决;有的地区邮路堵塞严重,书运不出去,等等。这些都是实际存在的困难,又是急需解决的具体问题。出版局一定要会同中央和地方有关部门和单位采取切实措施,相互配合,共同努力,解决具体困难。但由于增加数量过大,有些教材定稿迟,要到八月中旬才能供应纸型,因此,部分教材还是难以按时发到学校。

(原载国家出版局编《出版工作情况反映》第14期,1978年7月10日。)

(据国家出版局保存的原件刊印)

国务院批转国家出版局关于加强和改进出版工作的报告

国发(1978)141号
1978年7月18日

各省、市、自治区革命委员会,国务院各部委、各直属机构,党中央各部门,中央军委办公厅、各总部、各军兵种,人大常委会办公厅,高法院,高检院:

国务院同意国家出版局《关于加强和改进出版工作的报告》,现发给你们,请参照执行。

出版战线在宣传马克思列宁主义、毛泽东思想,实现新时期总任务,极大地提高整个中华民族科学文化水平的斗争中,担负着重要的任务。由于林彪、"四人帮"的干扰破坏,当前出版工作还远远不能适应形势发展的要求。各省、市、自治区革命委员会,国务院各部委,都应重视出版工作,切实加强对出版工作的领导,以揭批"四人帮"为纲,进一步端正出版工作的路线、方针、政策,狠抓印刷技术的现代化和纸张的生产,尽快把出版工作搞上去。轻工、机械、化工、商业等有关部门和出版部门要加强协作,为落实华主席关于"加强出版事业,尽快改变目前书刊品种少,出版周期长,印刷技术落后的状况"的指示作出贡献。

国务院

附：
国家出版局关于加强和改进出版工作的报告

1978年6月17日

为了贯彻执行党的十一大路线,尽快地把出版工作搞上去,经党中央和国务院批准,在中共中央宣传部领导下,我们于一九七七年十二月在北京召开了全国出版工作座谈会。这次会议着重批判了林彪、"四人帮"炮制的"黑线专政"论。针对林彪、"四人帮"全盘否定文化大革命前出版工作和出版队伍的罪行,会议明确肯定了建国以来毛主席的革命路线在出版战线始终占主导地位,出版工作的成绩是主要的,出版队伍中绝大多数的同志是好的和比较好的。会议还讨论了出版工作的具体路线、方针、政策问题,提出了今后三年(一九七八年到一九八〇年)的出书计划和八年(一九七八年到一九八五年)的出书规划设想。会后,中央和各地的出版部门传达贯彻了这次会议的精神,出版工作有了改进和加强。但是由于过去受林彪、"四人帮"的干扰破坏,后果严重,目前出版工作还远远不能适应形势发展的要求。华主席在五届人大提出了我国人民在社会主义革命和社会主义建设的新的发展时期的总任务,并明确指出,要"加强出版事业,尽快改变目前书刊品种少,出版周期长,印刷技术落后的状况。"华主席的指示,为我们消除林彪、"四人帮"干扰破坏造成的严重后果,在新的形势下进一步做好出版工作指明了方向。为了加强和改进出版工作,我们提出以下几点意见:

(一)

首先必须继续在出版战线深入开展揭批"四人帮"的斗争,进一步划清出版工作中的路线是非、思想是非,进一步明确出版工作的具体路线、方针和政策。当前,要紧密联系出版工作实际,继续深入揭批"四人帮"的"黑线专政"论,揭批他们推行的那条假左真右的反革命修正主义路线,打破"四人帮"设置的种种精神枷锁,在出版工作中全面地、正确地贯彻执行毛主席的革命路线。

出版战线的基本任务是:宣传马克思列宁主义、毛泽东思想,宣传毛主席的无产阶级革命路线和党的方针、政策,批判资产阶级、批判修正主义,传播阶级斗争、生产斗争和科学实验的理论和知识,促进科学文化事业的发展和繁荣,为极大地提高整个中华民族的科学文化水平,为实现新时期的总任务而斗争。

一、完整地、准确地宣传马克思列宁主义、毛泽东思想的科学体系。林彪、"四人帮"一贯披着马克思主义的外衣,肆意歪曲和篡改马克思主义。我们要正本清源,认真做好马列著作和毛主席著作的出版工作。要针对林彪、"四人帮"的歪曲和篡改,出好系统地阐述马克思主义基本原理的著作,出好从哲学、政治经济学和科学社会主义理论上批判林彪、"四人帮"反动思想体系的著作。要按照实事求是、从实际出发和理论联系实际的原则,出好研究新的历史条件下社会主义革命和建设中的新问题、新经验的科学著作。出版各类图书都要坚持以马克思主义的辩证唯物主义和历史唯物主义为指导思想,但又要注意结合各门学科、各类图书的不同特点,反对以马克思主义一般原理代替各门学科的具体研究,反对"穿靴戴帽"、乱贴标签、滥引语录的做法。要努力改进文风,彻底肃清"四人帮"帮八股的流毒。要重视反面教材的作用,出版有代表性的反面教材和参考资料。

二、坚持为无产阶级政治服务、为工农兵服务的方向。在新的历史条件下,出版工作为无产阶级政治服务、为工农兵服务,就是为新时期的总任务服务,为在本世纪内把我国建设成为社会主义的现代化强国服务。确定选题和制订规划,要兼顾当前需要和长远需要,兼顾阶级斗争、生产斗争和科学实验三大革命运动的需要,兼顾普及和提高的需要。出版工作要反对脱离政治的倾向，又要避免对为政治服务作狭隘的理解。要出版质量高的从理论和实践的结合上阐述党的路线、方针、政策，配合党的重大政治任务的图书，也要出版能够正确地传播科学文化知识，为提高人民科学文化水平所需要的图书。图书、报纸、杂志都是党的宣传工具，但又各有不同特点，要发挥图书的特点，一般不要把报刊上的文章汇编成书。各类图书都要努力提高质量，反对粗制滥造，避免重复浪费。

三、坚持百花齐放、百家争鸣的方针。要清除"四人帮"文化专制主义的流毒和影响。在人民内部，要有领导地、旗帜鲜明地采取放的方针，放手让大家创作，让大家著书立说。要严格遵守毛主席规定的区别香花和毒草的六条政治标准，不能任意上纲，把作品中的思想问题、学术问题搞成政治问题。在我们的出版物中，主要的和占统治地位的，必须力争是香花，是马克思主义。要花大力气，出版具有革命的政治内容和尽可能完美的艺术形式的丰富多彩的文艺作品，特别是现代革命题材的文艺作品，出版以马克思主义为指导的创造性的学术研究著作。要通过出版物促进艺术上不同形式、不同风格和不同流派的自由发展，促进学术上不同学派、不同见解的自由争论。同一专题可以出版不同作者、不同特点、各有创见的学术著作。重要的外国名著，可以出版有不同特色的译本。重要的古籍可以出版用不同方法整理的选本或注本。

四、坚持古为今用、洋为中用和推陈出新的方针。要继续批判"四人帮"的文化虚无主义和禁锢政策。批判地继承中外文化遗产，是发展社会主义新文化的必要条件。要按照不同读者的需要，分别轻重缓急，有计划有选择地整理出版中国古籍和翻译出版外国古典和当代的重要著作。供广大读者阅读的中国和外国的优秀著作，包括古典和当代的文学名著，要努力写好序言或出版说明。供专门研究工作者和教学人员阅读参考的中国古籍和外国著作以及各种参考资料，编选范围应当放宽，编选方式可以多样，以适应不同读者的研究和阅读的需要。要有计划有重点地翻译出版外国在自然科学方面的先进理论、先进技术以及在科学史上有影响的重要著作,并且作好外国科学技术文献资料的翻译出版工作。

五、坚持群众路线。要依靠广大干部、知识分子和工农兵,团结一切可以团结的力量,调动一切积极因素,以繁荣和发展社会主义出版事业。我们出版社的作者队伍,主要是战斗在各条战线上的知识分子。充分发挥他们的骨干作用,进行艺术创作,提出科研成果,发表学术见解等,是党的群众路线在出版工作中的重要体现。同时要满腔热情地支持和培养工农兵作者,扶植他们成长,并注意解决他们在写作中遇到的实际困难。要鼓励个人写作。组织集体写作,要根据需要与可能。领导干部、专业工作者和工农兵三结合是集体写作的一种方式,有条件时也可以采用,但要坚持自愿原则,不搞形式主义,反对弄虚作假。要广开才路,广开文路。要注意作者的政治情况,但出书主要是根据书稿的质量,不能任意剥夺作者出版的权利。作品署名要尊重作者的意见。

六、正确地贯彻执行党对知识分子的团结、教育、改造的政策,建设一支又红又专的编辑出版队伍。要继续批判林彪、"四人帮"全盘否定出版队伍的罪行。林彪、"四人帮"大搞"重建队伍",乱批"白专道路",使出版队伍受到严重破坏和摧残,编辑工作骨干力量大大削弱,青黄不接、后继乏人的现象比较普遍。狠抓出版队伍的整顿和建设,刻不容缓。要坚决地落实党的干部政策。一切冤案、错案都要切实纠正。能工作而没有工作的,应尽快安排工作。安排不当的专业人员,要逐步加以调整。已调离出版部门确有真才实学的专业人员,应尽可能使他们归队。要鼓励出版干部刻苦学习马克思列宁主义、毛泽东思想,坚持走同工农兵相结合的道路,努力改造世界观,同时要刻苦钻研业务,做到又红又专。编辑人员更应孜孜不倦地努力提高理论水平、文字修养和业务知识。编辑人员的首要职责是处理书稿,同时也要在一两门学科上有所专长。领导要鼓励编辑人员勤奋学习,注意研究思想战线上的新问题,努力提高辨明是非的能力。对于有志写作、有研究能力的人员,更应热情支持,给予一定的帮助。要充分发挥老编辑在业务上的骨干作用,鼓励他们在培养新生力量方面作出成绩。对青年编辑要规定适当的进修制度,大力进行培训。要恢复总编辑、主任编辑、责任编辑三级审稿制。恢复编辑人员的职称。编辑人员的工作应该受到尊重。各级领导部门要在工作、学习、阅读文件和内部资料等方面为他们提供必要的条件。要保证编辑人员每周必须有六分之五的时间致力于业务工作。

(二)

制订全面规划,采取切实措施,尽快改变目前书刊品种少、出版周期长、印刷技术落后的状况。我们的奋斗目标是:一九八〇年,出版工作经过认真整顿,大见成效,图书的品种、出书的数量和印刷质量都要达到和超过建国以来最高水平,保证各方面迫切需要的重要图书得到经常供应。一九八五年,出版工作出现全面繁荣局面,各个领域、各门学科需要的图书都能成龙配套,有一大批能反映我国理论研究、科学技术和文艺创作新成果的优秀图书;印刷技术的若干重要方面,要赶上世界先进水平或达到七十年代末的世界水平。各出版单位都要根据上面提出的奋斗目标,按照自己的任务,认真做好出版事业发展规划。

一、增加图书品种,力争在三、五年内,使图书品种少的状况有显著改变。当前图书品种少,主要是缺少各个学科的基本理论著作和有较高质量的各种文艺作品、各类工具书。必须集中力量,保证迫切需要的各类重点图书的出版。因此,对于哲学社会科学的基本读物,各级各类学校的教科书,鲁迅著作,反映现实斗争和革命历史题材的长篇文学创作,成套的中外文学名著和美术作品的丛书和选集,当前迫切需要的重要的基础理论和科学技术新成果的图组和各省、市、自治区党委,进一步加强对出版工作的领导。各省、市、自治区的出版局,作为出版事业的一级行政领导机构,要把本地区的出版、印刷、发行和印刷物资工作,切实地管起来。

一、充分发挥中央和地方两个积极性。中央一级和上海市的出版社,出书面向全国。其他省、市、自治区的出版社,出书以供应当地需要为主,适于全国发行的图书,也应兼顾全国。中央的和地方的出版社、专业的和综合的出版社,应既有分工,又有协作,积极完成全国统筹安排的出版任务。

二、加强图书出版的管理。所有正式发行的图书,都必须由出版社出版。马恩列斯著作、毛主席著作和华主席著作,专题语录,华主席标准像,经中央批准后由中央有关出版社出版,并供给地方纸型。有关毛主席、华主席形象的宣传画,涉及毛主席、华主席的革命实践活动和党的历史的重大问题,涉及国家机密等书稿、画稿,地方出版社须经省、市、自治区党委审查,中央一级出版社须经主管部门审查。涉及国界的地图,涉及外交政策的图书,须经外交部审查。凡在书店公开发售的图书,都允许外国人购买和带出国外,也都可以由国际书店等有关单位和出版社商量组织出口。我国学者向国外投稿,只要内容符合六条政治标准,不涉及国家的机密,经过国务院有关部委或省、市、自治区党委宣传部批准,邮局和海关应当放行。

三、出版社实行党委领导下的社长、总编辑分工负责制。建议各省、市、自治区党委和国务院各部委党组,为出版社配备懂得党的政策、热心出版工作的干部当党委书记,选择内行或比较内行的干部担任业务领导,物色勤勤恳恳、埋头苦干的干部负责后勤工作。出版社党委对出版工作的领导,主要是思想政治领导。党委要抓纲治社,要议政,也要议书,议政和议书要结合起来。要理直气壮地抓出书,认真讨论出书计划,研究出书当中的路线、方针、政策问题,抓好保证出书的重大措施。出版社应健全机构,人员不足的要适当充实。要恢复和健全出版部门的政治工作、编辑工作、财务工作、后勤工作等方面的规章制度。

以上报告,如认为可行,请批转各省、市、自治区和国务院各部委参照执行。

主送:国务院

附:

国务院办公室有关出版地图国界线画法审查工作问题的通知

1978年10月12日·(1978)室字29号

国务院批转国家出版局《关于加强和改进出版工作的报告》(国发(1978)141号)规定,出版涉及国界的地图,须经外交部审查。按此规定所有出版涉及国界的地图都送外交部审查,该部难以承担。为此,国务院决定,仍按一九七六年国务院、中央军委《关于加强地图国界线画法审查工作的通知》(国发[1976]6号)执行。

主送:各省、市、自治区革命委员会,国务院各部委、各直属机构

抄送:党中央各部门,中央军委办公厅、各总部、各军兵种,人大常委会办公厅,全国政协秘书处,高法院,高检院

(据国家出版局保存的原件刊印)

国家出版局关于
改变北京新华印刷厂等三个印刷企业的
领导体制有关问题的商谈意见

1978年7月20日·(78)出印字第323号

关于改变北京新华印刷厂、北京第二新华印刷厂、北京新华字模厂的领导体制问题,已经中央领导同志批示同意。这是为了适应出版工作发展的需要,加快上述三个厂的技术改造而采取的一项组织措施。为了共同作好这项工作,六月三十日,我局王益等同志和你局张治等同志,按照"中共中央关于加强工业发展若干问题的决定(草案)"的精神,就上述三个企业实行双重领导和分工管理的有关问题,进行了充分讨论,现将双方对有关问题商定的意见整理如下:

一、北京新华印刷厂、北京第二新华印刷厂和北京新华字摸厂三个厂实行双重领导,以国家出版局为主。国家出版局责成中国印刷公司管理新华印刷厂和第二新华印刷厂;责成中国印刷物资公司管理新华字模厂。对于这三个厂,国家出版局及两公司,负责布置生产任务,核定生产计划、财务计划和基建计划,统一申请和分配国家统配及部管物资,下达劳动力指标,并执行国家印刷任务及其他产品的分配和调拨计划。北京市出版局负责管理党的工作和思想政治工作,组织有关方面的协作和支援,监督和检查企业执行党的线路、方针、政策和完成国家计划的情况,负责属于地方分配的物资和生活物资的供应。

二、三个厂的主要领导干部的任免和调动,主要工程技术人员的调动和技术职称的授予或撤销,由国家出版局和北京市出版局共同商定,并按各自管理干部的权限范围分别办理审批手续。党的领导干部由北京市审批,行政领导干部和主要工程技术人员(工程师、技师)由国家出版局审批后任命。党政干部和主要工程技术人员的考核,以负责任免的部门为主,双方要及时沟通情况和交换意见。

三、关于三个厂的工会和共青团的工作,随着党的关系,由北京市统一管理。

四、政治运动和政治理论学习,由北京市统一领导安排,并和行政主管部门及时互通情况,行政主管部门积极支持、配合。一般职工的教育问题由北京市统一管理。

关于企业整顿问题,根据工厂的实际情况,双方都可主动提出在什么时候重点解决什么问题,经过协商共同组织力量把企业整顿好。

关于开展工业学大庆运动问题,双方都要加强领导,切实把运动开展起来,经常性的活动由北京市统一领导和组织安排。

五、关于北京新华字模厂今后的产品方向问题,经双方商定,拟将该厂尽速改造成一个感光化学版材厂。除保留机刻字模的生产外,主要生产照相制版软片和预制感光版等新版材(在适当的时候北京市印二厂的预制感光版中试工段可以合进去)。这些产品首先要保证供应北京地区印刷行业的需要。

六、北京市每年春、秋两季中、小学课本,印制时间比较集中,双方商定两个新华印刷厂今后继续承担部分印制任务。

七、关于现在北京新华印刷厂的748工程(书刊自动照排机)的科研项目,双方商定,今年仍由北京市主持,按原计划进行。明年怎么办?待双方同中央有关部委和北京市有关主管部门商量后再定。

八、北京市出版局提出要从厂里调一些工段长或老工人,以充实新近收管的原区属印刷厂的领导力量,还要调出一点科技人员,经商定，在厂里经过整顿后可以适当考虑北京市的需要，届时由双方商办。

九、今后两个印刷厂实行技术改造，更新下来的设备调拨问题，双方同意优先照顾北京市所属书刊印刷厂的需要。

十、三个厂领导体制的改变，从今年七月一日开始。

三个厂应立即向中国印刷公司和中国印刷物资公司分别填报截至今年六月底止的各项经济技术指标和印刷任务完成情况；编报全厂党政部门、生产车间干部名单和职工人数清册。年终要分别向两公司填报年末职工人数、流动资金、固定资产以及今年财务决算情况。

财务计划和物资供应渠道的改变，从一九七九年度开始。有关一九七九年统配和部管物资等计划，北京市出版局已布置各厂编造，应同时报中国印刷公司和中国印刷物资公司一份。

关于三个厂在一九七八年的基本建设、物资、劳动计划指标(包括北京新华印刷厂的职工宿舍、北京第二新华印刷厂工具书车间的建设、劳动指标分配等)，由北京市出版局继续安排争取完成。

十一、对以上问题的意见，经双方确认后，即将对三个厂的党政主要领导干部宣布执行，并告知国务院有关部委和北京市有关部门，以便衔接工作。

十二、有关双重领导分工的未尽事宜，双方随时协商解决。

上述双方商定的意见，如同意，请予函复。

主送：北京市出版事业管理局

抄报：中央宣传部、国务院办公室

抄送：国家计委、国家经委、国家建委、物资总局、财政部、国家劳动总局、中共北京市委文化出版部、北京市计委、北京市革委工交办公室、北京市财税局、北京市劳动局、北京市物资局、北京市科学技术委员会、中国印刷公司、中国印刷物资公司、北京新华印刷厂、北京第二新华印席厂、北京新华字模厂

(据国家出版局保存的原件刊印)

国家出版局关于
停止试用新简化字的通知

1978年7月29日·(78)出版字第329号

中央宣传部最近在《关于停止试用新简化字的报告》中指出："《第二次汉字简化方案(草案)》第一表试行以来,各方面意见甚多。教育部经中央批准已通知课本、教科书不使用新简化字。我们意见,人民日报、新华社、红旗杂志、光明日报及中央宣传系统其他单位出版的图书、报纸、刊物均可停止使用。停止的日期,由各单位自定。"为此,望各地出版部门遵照中央宣传部的报告精神贯彻执行。

主送:各省、市、自治区出版(文化)局,国务院各部委所属出版社

(据国家出版局保存的原件刊印)

中国社会科学院党组关于成立《郭沫若文集》编辑出版委员会的请示报告

1978年8月9日·社科(78)党字76号

此件已经中央批准

郭沫若同志是我国杰出的作家、诗人和戏剧家,又是马克思主义的历史学家和古文字学家。他和鲁迅一样,是我国现代文化史上一位学识渊博、贡献重大的著名学者。他在哲学社会科学的许多领域,包括文学、艺术、哲学、历史学、考古学、金文甲骨文研究,以及马克思主义理论著作和外国进步文艺的翻译介绍等方面,都有重要建树。为了纪念这位卓越的无产阶级文化战士,继承他留下的十分丰富和珍贵的遗产,我们准备成立《郭沫若文集》编辑出版委员会,搜集整理郭沫若同志未出版的文稿、书信、札记、讲话记录等,重新修订出版《郭沫若文集》。

《郭沫若文集》编辑出版委员会拟由下列同志组成,周扬任主任,委员(以姓氏笔划为序):于立群、尹达、冯乃超、冯至、任白戈、成仿吾、齐燕铭、张光年、李一氓、李初梨、沙汀、宗白华、茅以升、茅盾、林默涵、侯外庐、钱三强、夏衍、夏鼐、曹禺。

委员会下设办公室,由吴伯箫、黄烈负责,由我院文学研究所、历史研究所、考古研究所、哲学研究所分别担任有关方面文稿的具体编辑工作。

如经中央批准,我们即准备召开编委会,拟订计划,开始进行工作。

以上意见当否,请批示。

主送:中央宣传部并报中央

(据国家出版局保存的原件刊印)

教育部、国家出版局关于中等专业学校政治课教材的选用和供应的通知

1978 年 8 月 15 日·(78)教专字 814 号

为了适应当前教学工作的需要,从今年秋季开始,中等专业学校招收初中毕业生用的政治课教材,可选用全国统一编写的全日制十年制高中政治课教材,今秋一年级的新生开始选用辩证唯物主义常识上册;招收高中毕业生用的政治课教材,各校可根据具体情况选用大学或其他政治课教材。

为了使中专校选用的全日制十年制的高中政治课教材在今后能及时得到供应,请各省、市、自治区出版局,人民出版社或教育出版社在印制高中政治课教材时,增印本地区中专校的需要数,所需纸张,可在全年教材用纸计划内调剂解决。由于今年秋季用的中学教材征订工作已经办理结束,此项教材,可由各省、市、自治区教育(高教)局统一向省新华书店订书,由书店分别供应使用单位。

各地教育部门应向省、市、自治区出版局和新华书店提供本地区选用高中政治课教材的中专校的名称及其所在地,以及学生人数,并协助出版和发行部门做好教材的供应工作。

主送:各省、市、自治区教育(高教)局、出版局

抄送:国务院有关部、委,新华书店总店,各省、市、自治区新华书店

(据国家出版局保存的原件刊印)

国家科委关于
出版期刊审批手续的通知

1978年8月15日·(78)国科发条字250号

按照国发(1978)69号文《国务院批转国家计委等部门关于开展节约纸张工作的报告》规定:"出版全国性的社会科学、文艺、体育以及工、青、妇等群众教育期刊,要经党中央宣传部批准;出版全国性的自然科学和医药卫生期刊,要经国家科委批准;地方性期刊,要经省、市、自治区党委批准。"为做好期刊审批工作,特制定下列具体办法,予以试行。在试行过程中有什么问题,请随时告诉我们。

一、以下三类期刊,为全国性期刊:

1.国务院各部委(包括中央一级的学术团体)主办的、向全国发行的期刊;

2.国务院各部委(包括中央一级的学术团体)委托地方单位主办的、向全国发行的期刊;

3.实行国务院部委与地方双重领导并以国务院部委领导为主编单位主办的、向全国发行的期刊。

二、上述三类期刊,都需要经主管的国务院部委审批同意后,报国家科委批准。

三、凡地方单位主办的各类期刊,一律为地方性期刊,由省、市、自治区党委审批。

四、全国性期刊批准后,报国家出版局备案;地方性期刊批准后,报省(市、自治区)出版(文化)局备案,并抄报国家出版局。正式批准出版的期刊,如果停刊,应由主办单位报原审批部门和相应的出版(文化)局备案。计划纸张,应中止供应。

  主送:各省、市、自治区党委,国务院各部委

  抄送:国家出版局,各省、市、自治区党委宣传部,各省、市、自治区科委、科协、出版(文化)局,全国科协,中国科学院

(据国家出版局保存的原件刊印)

新华书店总店关于迅速恢复和大力加强旧书收售业务的通知

1978年8月17日·(78)总字第80号

　　旧书刊的收售流通,对于保全文献资料和提高书刊的利用率,有重要的作用。建国以来,旧书刊的收售是新华书店的一项重要业务。前些年,由于"四人帮"的干扰破坏,各地书店的旧书收售业务基本停止了。粉碎"四人帮"以来,随着揭批"四人帮"运动的深入开展,有些地方已恢复和开始加强旧书收售业务,但远不适应形势发展的要求。

　　现在,我国的社会主义革命和建设进入了新的历史时期,我国科学、教育、文化战线出现了欣欣向荣的生动局面。许多旧书刊是学术研究的宝贵资料。做好旧书刊的收售工作,对于贯彻"百花齐放,百家争鸣"和"古为今用"、"推陈出新"的方针,有重要的意义。同时,在当前纸张供应不足的情况下,收售旧书,以充分发挥旧书刊作用,节约出版用纸,也是很迫切的事情。为此,现通知如下:

　　一、各地书店应迅速恢复和大力加强旧书刊收售业务。直辖市和省会都要设专门的古旧书店或门市部。中小城市过去有古旧书店(门市部)的,一般地应恢复。一般小城市和县书店可根据情况和本身条件,适当开展旧书收售工作。

　　二、要加强与当地废品回收部门的联系和协作。废品回收部门回收的废旧书刊,凡有使用或保存价值的,当地书店要挑选出来作价收购。一九六一年六月,商业部、文化部曾发了一个《关于加强旧书回收工作的联合通知》,各地书店可据此与当地废品回收部门联系办理。

三、各地书店收购的旧书刊,要认真加以鉴别,区别处理。对于古旧书收售工作中的政策性问题,请遵照当地党委的指示和过去的规定办理。

你们对于开展和加强本省、市、自治区旧书收售工作的打算,请函告总店。

主送:各省、市、自治区新华书店,北京中国书店
抄报:国家出版事业管理局
抄送:各省、市、自治区出版(文化)局

(据国家出版局保存的原件刊印)

国家出版局关于重申
在图书版权页上记载印数的通知

1978 年 8 月 18 日·(78)出版字第 382 号

　　图书版权页上记载印数,国家出版行政机关历来有明文规定。但是,这些年来,有不少出版单位出版的图书版权页上没有记载印数,这不仅影响对图书资料的及时了解和长远积累,也不利于加强出版工作的管理。现特再次重申,所有图书都应按照规定在版权页上记载印数。过去未载印数的图书,再版时,应记载此书的累计印数。某些极个别因特殊原因不宜记载印数的图书,应在缴送的样本版权页上注明印数,以便查考。

　　主送:各省、市、自治区出版(文化)局,中央一级出版社

(据国家出版局保存的原件刊印)

供销合作总社、国家出版局关于供销社报送存书统计数字问题的规定

1978 年 8 月 28 日

(78)供销计联字第 416 号　(78)出发字第 395 号

为了更好地贯彻执行国家统计制度,加强存书管理,关于供销社报送存书统计数字问题,经我们研究决定:各供销社售书点,必须在六月和十二月的月终后五日内,把六月末和十二月末的存书金额数字分别报送县(市)新华书店和县(市)供销社,由县(市)新华书店逐级汇总上报。

主送:各省、市、自治区供销合作社、出版(文化)局,新华书店总店

抄送:国家统计局,各省、市、自治区新华店,新华书店北京、上海发行所,中国图书进口公司

(据国家出版局保存的原件刊印)

新华书店总店关于
加强旅游图书供应工作的通知

1978年9月16日·(78)总字第95号

在英明领袖华主席为首的党中央抓纲治国战略决策的指引下,我国社会主义革命和建设的形势一派大好。

随着反对苏美两霸的国际统一战线的广泛开展,我国国际威望的空前提高,将有越来越多的外国朋友、友好人士和港澳同胞来华参观旅行。根据中央关于发展旅游事业的指示精神,全国对外开放的城市和地区也将逐步增加。因此,加强旅游宣传工作,做好旅游图书的供应,积极向来华外宾宣传我国革命和建设的成就,介绍我国的革命圣地、纪念地和名胜古迹,是出版发行部门的一项重要任务。

为了做好旅游图书的供应工作,现将有关事项通知如下:

一、要在开放地区安排好供应网点。除原有开放地区外,各地根据外交部、公安部、总参谋部、中国旅行游览事业管理总局旅规字[1978]第14号通知规定,还将陆续开放一些城市和地区。各省、市、自治区书店接到本通知后,请向省内外事部门了解本省开放的城市和地区,积极安排好供应的网点,要使外宾所到之处都能买到有关旅游的图书。当地如有供应食品的小卖部等商业网点,书店应与之建立批销关系,委托这些网点代售旅游图书。各地书店要积极协助这些小卖部供应好旅游图书。在准备开放的重庆——上海水域和上海——青岛——烟台——大连、天津沿海线轮船上的小卖部,也要由起点或终点的书店,负责建立批销关系。凡是外宾居住的宾馆设有书亭的,除供应外文图书外,还要供应旅游图书和适合外宾需要的其他中文版图书。所有开放城市的门市部,都要加强旅游图书的发行工作,还可以在外宾旅行游览的重点地点设立书店的供应网点。

二、要组织好货源,有针对性地供应。为了加强旅游图书的出版,已专门成立了中国旅游出版社,其他有关出版社也将加强旅游图书的出版。这些出版社已计划分别出版"导游图"、"明信片"、"文字介绍资料"等供开展旅游事业需要的一些图书。北京、上海发行所和有关省级店对这些图书的分配,除供应外宾比较集中的北京、天津、上海、广州等少数几个城市店以外,主要供应有关旅游点的书店,不要采取平均分配的办法。不是有关旅游点的书店,可以不发。在货源充足的情况下,当地书店门市部和外宾所到之处的小卖部、宾馆书亭,都要有旅游图书的供应;在货源不足的情况下,则首先要保证外宾所到之处的小卖部和宾馆书亭的需要。一切应以方便外宾购买为原则。例如:到桂林游览的外宾,要在当地能买到有关桂林的旅游图书;到敦煌游览的外宾要能买到有关敦煌壁画的图书。有些旅游图书,特别是彩印的"明信片"、"导游图"等,印一次不容易,北京、上海发行所,有关省级店和旅游地区的书店,应有比较充足的储备。在估计售缺的可能时,要及早向出版社反映,组织重印。

三、要改善服务态度,提高服务质量。开放地区的书店特别要加强对工作人员进行改善服务态度、提高服务质量的教育,要千方百计满足外宾对旅游图书的需要。北京、天津、上海、广州等大城市店门市部可以为外宾办理邮寄图书。

深圳是大批来华旅游外宾进入我国的第一站,请广东省店向省党政领导部门请示,加强深圳书店的建设,并供应好必要的货源。

各省、市、自治区书店根据本通知进行安排的情况,希望于十月底前向总店作一简要的书面汇报。

主送:各省、市、自治区新华书店,新华书店北京、上海发行所

抄报:国家出版事业管理局、中国旅行游览事业管理总局、商业部

抄送:对外贸易部海关管理局、中国旅游出版社、文物出版社

(据国家出版局保存的原件刊印)

国家出版局发去《关于加强科技书发行工作的意见》的通知

1978年9月18日·(78)出办字第413号

今年八月中旬,经中共中央宣传部批准,我局在石家庄市召开了全国科技书发行工作会议。参加会议的有部分科技出版社、省级新华书店、工矿城市书店和少数县书店的代表共一百三十一人。会议以揭批"四人帮"为纲,贯彻落实了全国科学大会和全国财贸学大庆学大寨会议的精神,总结交流了科技书发行工作为科研、教学和工农业生产服务的经验。在这个基础上,讨论制定了《关于加强科技书发行工作的意见》。

现将这个《意见》发去,请各省、市、自治区出版(文化)局布置各地发行部门参照执行。《意见》中第八条,对出版方面提出了一些要求,请各科技出版社和地方出版社的科技出版部门参照办理。

对发行部门存在的一些实际问题,如充实科技书发行队伍,恢复和增设科技书发行网点,配备流动供应车辆等等,请根据国务院批转国家科委、国家出版局《关于大力加强科技图书出版工作的报告》(国发[1978]33号文件)的精神,积极争取当地党委的领导,妥善安排,逐步解决。

主送:各省、市、自治区出版(文化)局,中央一级各科技出版社,新华书店总店,新华书店北京、上海发行所

附：
关于加强科技书发行工作的意见

建国以来,我们的科技图书发行工作始终不渝地坚持执行了毛主席的革命路线,成绩是很大的。但是,由于受到刘少奇、特别是林彪、"四人帮"的干扰破坏,工作造成严重的混乱。发行工作的专业方向被否定,专业发行网点被撤并,干部被靠边,业务骨干队伍被拆散,进销业务秩序被打乱,许多积累的科技业务资料被销毁,好的传统服务方式被废除,大量科技书被加上莫须有的罪名而封存、停售、报废,科技书品种越来越少,科技书发行工作受到严重削弱。

揭批"四人帮"以来,各地书店为加强科技书发行做了大量工作,科技书发行数量有了大幅度增长,科技书发行工作出现了欣欣向荣的生动局面。

但是,林彪、"四人帮"的摧残破坏,后患严重,流毒影响远未肃清。科技书发行的机构、网点、队伍不健全,服务质量不高,工作的开展很不平衡,整个科技书发行工作还不能适应新时期总任务的要求。各地书店今后必须认真执行华主席的指示,坚持贯彻马克思主义的政治观点、生产观点和群众观点,采取有效措施,进一步加强科技书发行工作。

一、以揭批"四人帮"为纲,拨乱反正,提高认识。

加强科技书发行工作必须紧紧抓住揭批"四人帮"这个纲,把林彪、"四人帮"搞乱了的路线是非一一纠正过来。要着重批判他们散布的"黑线专政"论;批判他们以政治代替生产、以哲学代替自然科学的谬论;批判他们散布的"知识越多越反动"等等谬论。要通过揭发批判,拨乱反正,肃清流毒,提高认识。

二、沿着专业化方向,充实力量,健全网点。

随着我国科学技术事业的蓬勃发展,科技书的出版品种将越来越多,社会需要量也越来越大。科技书发行工作一定要充实发行力量,健全科技书发行网点,使之逐步向专业化方向发展。

北京、上海发行所要加强科技书进发业务,健全机构,充实人力,密切与科技出版社的联系,积累资料,搞好科技书的分配、储备和调剂,千方百计促进基层书店发行好科技书。

各省、市、自治区书店要建立科技书发行科(个别省、区条件不具备的可缓建),具体负责科技书发行业务的调查研究、宣传推荐、订添书审核和货源调度。

各大中城市书店要恢复和加强科技书门市部,附设或单独成立科技书机关服务部。直辖市店和省会书店应创造条件,尽快建立技术标准书籍门市部或专柜,兼顾全省(区)的需要。

工矿区书店目前无力建立科技书门市部的,应成立科技书发行组,专门负责科技书的宣传、征订和流动供应工作。

一般县书店也要积极创造条件,扩大科技书的宣传发行阵地,充实科技书发行力量,并协助供销社搞好发行工作。要特别加强与四级农科网的联系,围绕农林牧副渔业的全面发展和建设社会主义现代化大农业的要求,重点供应好农业技术、农业机械和发展社办企业的科技书。

在大型厂矿、科研单位和大专院校,试办群众性的科技书宣传征订网,委托那里的有关人员代订、代发科技书。各地书店要抓紧试点,取得经验,逐步推广,防止形式主义。要经过艰苦细致的组织工作,把专业发行队伍和群众性的业余发行队伍密切结合起来,形成一个渠道畅通的向专业化发展的科技书发行网。

三、加强调查研究,聘请发行顾问。

对科技书的订进,一定要加强调查研究,坚持群众路线,注意掌握各类科技书在本地区的供需情况。

在今年内,各地书店要根据发行工作需要,拟订调查研究提纲,报请当地党委批准,争取科委和有关专业局的协助,在不影响保密的前提下,对本地区科研、教学、生产单位需要科技书的特点和各种专业人员的分布状况,普遍进行一次调查。要同各有关单位建立固定联系,及时满足他们对科技书的需要。平时也要多作调查访问,多开小型座谈会,征求读者意见,了解需书情况。

不仅要向社会作调查,也要向专门家请教。所有的书店,都应按照本地区的特点和专业书的门类,通过有关主管部门聘请专业科技人员,担任发行顾问。这是一项重要的组织建设和业务建设,要把它作为一项制度固定下来,订进和发行科技书,要随时征求发行顾问的意见。定期聘请他们讲解科技知识,介绍本系统的发展形势和对科技书的需要情况,帮助改进订书工作和分析鉴定存书,要在广大群众的协助和监督下把工作做好。

四、充分运用《科技新书目》,全面加强科技书预订工作。

充分运用《科技新书目》,全面加强预订工作,是有计划有目的发行好科技书的中心环节。凡是负有科技书发行任务的门市部,都要按照《科技新书目》的要求,认真办理科技书预订。不仅要接受集体订户,也要接受个人订户。凡是《科技新书目》公布征订的书,都要收订,不能借口条件限制,只收订几种书,应付了事。对于读者订书单的催报、回收、汇总、收书、分配,直到通知读者取书,必须建立科学管理手续,实行岗位责任制。对于因内部差错事故而失信于读者的,要尽可能予以补救,并向读者道歉。京、沪发行所要根据读者和基层书店的意见,进一步改进《科技新书目》的编辑工作,使之更加适应征订科技书的需要。

五、改革门市工作,增加服务项目。

门市工作是联系群众、宣传群众的阵地。要在网点设置、营业时间、经营品种、服务项目和售书方式等方面,处处为群众着想,事事便利群众。在服务态度方面,一定要主动、热情、耐心、周到。要从群众观点出发,改革现行的栏柜售书的作法,尽最大的努力方便读者选购图书。变栏柜售书为开架售书,要采取积极态度,向书店干部、职工深入进行三大观点的教育,充分做好思想工作,有计划、有步骤、有区别地进行,通过试点,不断总结经验,使这项改革逐步完善起来。

为了让广大工农兵群众和科技人员腾出更多的时间和精力从事科研、生产括动,科技书发行工作要改变单纯坐店守柜的被动状态,恢复和发扬流动服务、送书上门的好传统,推广科技书展销经验,开展按专业部门的对口推荐、会议服务、电话购书、代查代找、缺书登记等服务项目。要反对强迫搭配供应和变相摊派的错误做法。直辖市店和省会书店要办好邮购部,认真处理读者的函购信件。古旧书店要加强科技书刊的收售业务,以弥补新书供应的不足。

六、分析存书,清仓挖潜,调剂余缺,加强管理。

要定期进行存书分析,逐步掌握科技书的供需规律,加速周转,防止库存书的不合理增长,不断提高管理水平。在目前科技书品种较少,货源不足的情况下,更要抓紧分析存书,清仓挖潜,开展"为读者找书,为书找读者"的群众性活动,充分发挥库存科技书的作用。在分析过程中,要总结有些存书不合理增长的经验教训,运用典型事例,进一步明确哪些书该储备,哪些书不该储备,哪些书应以预订为主,哪些书适合零售供应,因地制宜地制定科技书储备原则。

今冬明春,要普遍开展一次存书调剂。全国性的调剂由发行所组织,地方性调剂由省、地书店组织。调剂工作要经常化,全国性调剂办法,由京,沪发行所联合制定。

发行记录卡是加强存书管理不可缺少的工具。要结合整顿业务秩序,尽快把发行记录卡恢复和健全起来。书店的库房、门市部、服务部都要建卡,一书一卡。

七、培养发行科技书的专业人才。

发行好科技书,必须培养具有一定科学技术知识的专业人才。

要来一个动员,凡是从事科技书发行业务的同志,从领导到营业员,都要学习与本行业务有关的科学技术知识,本着"熟悉读者熟悉书"的要求,刻苦钻研科技书发行业务,大练发行科技书的基本功。总店要创造条件,编写科技业务知识教材。发行所、省、地(市)书店,都要制定培训规划,争取在两三年内,绝大多数从事科技书发行的同志能够更好地掌握业务,胜任本职工作。一切有条件的书店,都要结合当地生产特点,举办科技书业务讲座,邀请科技人员(发行顾问)有系统地讲授专业科技知识。并进行定期考核。对于学习优秀,在科技书发行工作中做出显著成绩,或者配合科研攻关有特殊贡献的,要给予各种不同的奖励。以精神鼓励为主,也要有适当的物质奖励。

八、科技出版社要协助书店搞好发行工作。

满足广大人民群众对科技书的需要,是出版社和书店的共同任务,社店双方要互相支持,密切协作。书店要及时向出版社反映发行情况和读者意见,按照出版要求发行好科技书。出版社要写好新书预告的内容介绍,交代清楚出版意图和发行要求,尽最大的可能保证按期出版,为征订科技书创造有利条件。对于供应紧张的品种,要定期组织重印,以满足急需。要负责编写《专业科技出版物介绍》,着重介绍本社出版物的特点、有关科技知识以及与四个现代化的关系,作为基层书店的业务学习教材。对于一些重点书,要尽可能通过本专业系统的渠道,开展宣传推荐(要事先和书店通气),协助书店搞好系统发行。

九、依靠党委,加强领导。

依靠党的领导是加强科技书发行工作的根本保证。各地书店的党组织,要把科技书发行提到重要议事日程,加强领导,制订规划,组织力量,落实措施,及时解决工作中存在的问题。要紧紧依靠当地党委的领导,抓紧抓好书店领导班子的整顿,第一把手既要抓政治,又要抓业务,亲自抓好科技书发行。要及时向当地党委请示汇报工作,按照党委对科研、教学和生产的部署发行好科技书。对于充实科技书发行队伍、恢复或增设专业发行网点、配备流动供应车辆等问题,要在当地党委的领导和支持下逐步加以解决。

(据国家出版局保存的原件刊印)

新华书店总店颁发
《图书发行统计报表制度》的通知

1978年9月22日·(78)总字第93号

一、为了适应各级领导机关及时了解图书发行情况，促进图书发行工作更好地为新时期的总任务服务，根据国家统计局的意见和省、市、自治区书店的要求，对《图书发行统计报表制度》进行了必要的简化和修改，现随文发给你们，请从一九七九年元月份起执行。

二、经营图书发行业务的供销社和商业部门的售书点，请根据供销合作总社、国家出版事业管理局(78)供销计联字第416号、(78)出发字第395号联合通知的规定于六月末和十二月末的月终后五日内，把六月末和十二月末的存书金额数字，分别报送县(市)新华书店和县(市)供销社，由县(市)新华书店逐级汇总上报。

三、西藏自治区各级新华书店，暂不执行本制度。各地新华书店和发行所发给西藏地区各级书店的图书，应在"补充资料"中予以反映。

附件(略)

主送：各省、市、自治区新华书店，新华书店北京、上海发行所，中国图书进口公司
抄报：国家出版事业管理局，国家统计局，中华人民共和国供销合作总社
抄送：各省、市、自治区出版(文化)局、统计局(处)、供销合作社

(据国家出版局保存的原件刊印)

国务院批转关于改用汉语拼音方案作为我国人名地名罗马字母拼写法的统一规范的报告

国发(1978)192号
1978年9月26日

各省、市、自治区革命委员会,国务院各部委、各直属机构:

现将中国文字改革委员会、外交部、国家测绘总局、中国地名委员会《关于改用汉语拼音方案作为我国人名地名罗马字母拼写法的统一规范的报告》转发给你们,望参照执行。

改用汉语拼音字母作为我国人名地名罗马字母拼法,是取代威妥玛式等各种旧拼法,消除我国人名地名在罗马字母拼写法方面长期存在混乱现象的重要措施,望各部门认真做好这项工作。

国务院

附：

文改会、外交部、测绘总局、中国地名委员会关于改用汉语拼音方案作为我国人名地名罗马字母拼写法的统一规范的报告

1978 年 8 月 30 日

为了进一步贯彻执行周恩来总理关于汉语拼音方案"可以在对外文件、书报中音译中国人名、地名"的指示，两年来，各单位作了大量准备工作。国家测绘总局和文改会修订了《少数民族语地名汉语拼音字母音译转写法》。国家测绘总局编制出版了汉语拼音版《中华人民共和国分省地图集》、《汉语拼音中国地名手册》(汉英对照)，并会同内蒙古、黑龙江、吉林、辽宁、西藏、青海、四川、新疆等省(区)进行了蒙、维、藏语地名调查，内蒙古和西藏地名录已正式出版，其它省区的地名录正在编纂中。广播局对有关业务人员举办了汉语拼音学习班。新华社编了有关资料。邮电部编印了新旧拼法对照的电信局名簿。中国人民解放军海军司令部航海保证部编绘出版了提供外轮使用的《航海图》。中央气象局向国际气象联合会提供的我国气象台、站名等也使用了新拼法。

去年八月我国派代表团参加了在雅典举行的联合国第三届地名标准化会议，会上通过了我国提出的关于采用汉语拼音方案作为中国地名罗马字母拼法的国际标准的提案。

在英明领袖华主席抓纲治国战略决策指引下，我们去年七月十四日又邀集外贸部、新华社、广播局、外文局、邮电部、中国社会科学院、民委、民航局及总参测绘局等单位开会研究了改用汉语拼音方案作为我国人名地名罗马字母拼写法的统一规范的问题。会

后又与中共中央毛泽东主席著作编辑出版委员会、中国科学院等有关单位进行了磋商。大家认为，根据目前准备工作的情况和对外工作的需要，同时鉴于一九五八年周总理指示以来在有些方面早已这样作了，因此，我国人名地名改用汉语拼音字母拼写，可在本报告批准后开始实行。同时考虑到有些单位的具体情况，统一规范可逐步实行。由于在联合国地名标准化会议上，我国同意国际上使用我国新拼法有个过渡，所以有些涉外单位，如民航局、邮电部等对今后国外来的文件、电报、票证等仍用旧拼法的，不要拒绝承办。人名地名拼写法的改变，涉及到我国政府对外文件的法律效力，因此，在适当的时候，拟由外交部将此事通报驻外机构和各国驻华使馆。新华社、外文出版局、广播局等单位也应做好对外的宣传工作。

此外，关于我国领导人的姓名和首都名称的拼写问题，我们认为：既然要用汉语拼音方案来统一我国人名、地名的罗马字母拼写法，领导人的姓名以及首都名称也以改用新拼法为宜。只要事前做好宣传，不会发生误解。

毛主席著作外文版中人名地名的拼写问题。本报告批准后，由外文出版局和中共中央马恩列斯著作编译局按照本报告的原则制订实施办法。

以上报告(并附件)如无不当，请批转各省、市、自治区、国务院各部委参照执行。

附：

关于改用汉语拼音方案拼写中国人名地名作为罗马字母拼写法的实施说明

一、用汉语拼音字母拼写的中国人名地名，适用于罗马字母书写的各种语文，如英语、法语、德语、西班牙语、世界语等。

二、在罗马字母各语文中我国国名的译写法不变，"中国"仍用国际通用的现行译法。

三、在各外语中地名的专名部分原则上音译，用汉语拼音字母拼写，通名部分(如省、市、自治区、江、河、湖、海等)采取意译。但在专名是单音节时，其通名部分应视作专名的一部分，先音译，后重复意译。

文学作品、旅游图等出版物中的人名、地名，含有特殊意义，需要意译的，可按现行办法译写。

四、历史地名，原有惯用拼法的，可以不改，必要时也可以改用新拼法，后面括注惯用拼法。

五、香港和澳门两地名，在罗马字母外文版和汉语拼音字母版的地图上，可用汉语拼音字母拼写法，括注惯用拼法和"英占"或"葡占"字样的方式处理。在对外文件和其他书刊中，视情况也可以只用惯用拼法。我驻港澳机构名称的拼法，可不改。

六、一些常见的著名的历史人物的姓名，原来有惯用拼法的(如孔夫子、孙逸仙等)，可以不改，必要时也可以改用新拼法，后面括注惯用拼法。

七、海外华侨及外籍华人、华裔的姓名，均以本人惯用拼写法为准。

八、已经使用的商标、牌号，其拼写法可以不改，但新使用的商标、牌号应采用新拼写法。

九、在改变拼写法之前，按惯用拼写法书写和印制的外文文件、护照、证件、合同、协议、出版物以及各种出口商品目录、样本、说明书、单据等，必要时可以继续使用。新印制时，应采用新拼法。

十、各科(动植物、微生物、古生物等)学名命名中的我国人名地名，过去已采取惯用拼法命名的可不改，今后我国科学工作者发现的新种，在订名时凡涉及我国人名地名时，应采用新拼写法。

十一、中国人名地名的罗马字母拼写法改用汉语拼音字母拼写后，我对外口语广播的读音暂可不改。经过一个时期的调查研究之后，再确定我们的作法。

十二、蒙、维、藏等少数民族语人名地名的汉语拼音字母拼写法，由中国地名委员会、国家测绘总局、民族事务委员会、民族研究所负责收集、编印有关资料，提供各单位参考。

少数民族语地名按照《少数民族语地名汉语拼音字母音译转写法》转写以后，其中常见地名在国内允许有个过渡。

十三、在电信中，对不便于传递和不符合电信特点的拼写形式可以作技术性的处理，如用 yu 代 u 等。

注：威妥玛(1818—1895)，英国外交官，1841年随英军侵入中国，曾任英国驻华使馆秘书、公使，于1867年出版一部京音官话课本《语言自迩集》，书中用罗马字母拼写汉语的方式，称为"威妥玛式"，原作为某些外国驻华使馆人员学习汉文的注音工具，后来扩大用途，成为在英文中音译中国人名、地名和事物名称的一种主要拼法，一直沿用至今。"威妥玛式"用许多附加符号区分发音，由于附加符号经常脱落，造成大量音节混乱。

(据国家出版局保存的原件刊印)

国家出版局关于
建立北京印刷学院的请示报告

1978年9月28日·(78)出教字第430号

建立北京印刷学院已经国务院批准

英明领袖华主席在五届人大政府报告中指出:"加强出版事业,尽快改变目前书刊品种少,出版周期长,印刷技术落后的状况。"华主席的指示,完全符合当前出版工作的实际,反映了广大群众的迫切愿望和要求。

解放前我国印刷工业的基础十分薄弱。建国以来,在伟大领袖毛主席和敬爱的周总理的亲切关怀下,我国印刷工业有了很大发展。近十多年来,由于林彪特别是"四人帮"的干扰破坏,我国印刷技术落后的状况非常严重,与国际先进水平的差距拉大了。

印刷技术落后,同我国印刷教育的薄弱是分不开的。印刷教育是实现印刷工业现代化的基础。印刷工业先进的国家,都设有印刷高等学校,中等印刷学校更为普遍。我国虽是一个有九亿多人口的大国,印刷职工有六十万人左右,但没有一所印刷高等学校,仅在中央工艺美术学院设有一个印刷系,在陕西机械学院设有一个印刷机械设计制造专业,规模都很小。中等印刷学校,文化大革命前在上海设有一所,现正在筹备恢复中。由于印刷教育工作太薄弱,印刷科技人员的成长十分缓慢。现在我国印刷企业,科技人员在职工总数中所占比例,每二百人还不到一人(工业先进国家,每七至九人中有一个科技人员),高级科技人员更是屈指可数。开展印刷科研工作,研究人员奇缺;开展中等印刷教育,缺乏专业教师。因此,发展高等印刷教育,建立一所印刷学院,为全国印刷科研、教育和生产单位培养专门人才,已为当务之急。

经征得轻工业部、文化部同意,印刷学院以现在的中央工艺美术学院印刷系为基础建立。中央工艺美术学院为艺术大学,印刷系附设在艺术大学,非长久之计。目前中央工艺美术学院要扩大招生,并将承担接收外国留学生的任务,校舍不敷应用,轻工业部和文化部也希望印刷系能早日分立出去。

建立印刷学院的具体设想如下:

一、这所印刷学院是工科性质的普通高等学校。本着发展现代化印刷工业的需要,本科设置印刷工艺、印刷材料、制版机械、印刷装订机械、印刷工业自动化、计算机应用、激光应用、印刷工业管理等八个专业,学制四年。为了快出人才,提高在职人员的基础理论和技术水平,与本科同时设置专修科、进修班,学制一至三年。学生在校规模两千人。教职工五百六十人,其中教师编制二百八十人,院办实习实验工厂工人六十人、全院工勤服务一百二十人、行政工作人员一百人。

二、师资来源:中央工艺美术学院印刷系现有教师二十五名。今后几年中,采取从有关单位选调印刷工程技术人员充任教师,以及开办师资进修班,由中国印刷科学技术研究所代培研究生,请国家计委、教育部逐年增加分配大学毕业生和选派留学生等措施,使教师在一九七九年底达到一百人。今明两年从外地调进教师二十至三十人。随后几年内到达编制数。同时积极组织力量编写、选译出版专业教材。

三、遵照无产阶级教育方针,实行以学为主,教学、科学研究与生产劳动三结合。要注意实验室的建设,引进新技术,建设必要的中间实验厂和新产品试制车间,以促进提高教学质量。努力做到既是教学中心，又是科研中心。

四、印刷学院归国家出版局直接领导，在北京选址建校，定名为北京印刷学院。北京是全国出版中心，也是印刷生产技术中心。在北京建校对于借用兼职教师力量、加强教师队伍建设、提高教学水平、密切与生产科研协作、及时吸收国内外技术交流新成果，都极为有利。校址初选在北京市昌平县沙河镇(已初步征得县社两级同意，待批示后，再与北京市进一步洽商)。

五、根据教学规模和教育部有关高等院校建校意见，计划建筑校舍六万四千二百平方米，投资二千八百五十万元(土地征购补偿及室内外建筑工程等一千三百五十万元、教学实验设备仪器和生活设备等一千五百万元)，其中外汇二百万美元。根据需要和可能，采取边建边办的途径，大体于四、五年内分期建成。拟在一九七九年建成简易平房五千平方米，以便继续招生，把印刷系从中央工艺美术学院分出去；一九八〇年动工兴建两万平方米，其余四万平方米分别于一九八三年前全部建成校舍，进一步扩大招生；一九八四年达到预定的学生规模，至一九八五年可望有毕业生近四百名。

上述报告，是否妥当，请审批。

主送：国务院

抄送：国家计委、教育部、财政部、国家经委、北京市革委会、中央宣传部、轻工业部、文化部

(据国家出版局保存的原件刊印)

中央宣传部关于
改变期刊审批办法的通知

1978 年 10 月 4 日·(78)宣办字 651 号

今年四月,国务院批转国家计委等部门关于开展节约纸张工作的报告规定:"出版全国性的社会科学、文化、体育以及工、青、妇等群众教育期刊,要经党中央宣传部批准。"根据目前的情况,经请示中央领导同志批准,将原来规定的办法加以改变:今后凡中央有关部和国务院有关部委及其所属单位出版属于上述范围的全国性刊物,均由中央有关部和国务院有关部委负责审查批准,不必再报我部。

主送:中央和国家机关各部委党委、党组,中央宣传系统各单位党委、党组

(据国家出版局保存的原件刊印)

卫生部、国家出版局关于中等卫生学校试用教材编审出版发行工作的通知

1978年10月6日

(78)卫教字第 1314 号·(78)出办字第 465 号

根据国务院国发(1978)53号文件批转全国教材出版发行工作会议报告的精神,切实抓好中等卫生学校的教材建设工作,努力作到在一九八〇年以前编写出版中等卫生学校十个专业(医士、中医士、妇幼医士、卫生医士、口腔医士、放射医士、助产士、护士、检验士、药剂士)的全部教材,共八十三种。按课程开设的先后顺序,于一九七九年秋季、一九八〇年春季、一九八〇年秋季分三批出齐,保证做到"课前到书,人手一册"。为了多快好省地完成这项任务,在统筹安排下,需要充分发挥中央和地方两个积极性,有计划、有步骤地搞好中等卫生学校教材建设工作。八月下旬我们邀请了有关省卫生局、出版局(社)和新华书店的同志开会研究了中等卫生学校教材编写出版发行的问题。经协商研究,对中等卫生学校教材的编审出版发行工作,采取统一组织编审,分散出版发行,统一编目征订的办法进行。九月中旬在全国中等卫生学校试用教材主编单位座谈会上,有关出版局(社)与各主编单位共同拟定了"全国中等卫生学校试用教材编审出版发行计划",现发给你们,望认真落实。为了做好这一工作,特将有关事项通知如下:

一、中等卫生学校试用教材的编审工作以省、市、自治区为单位,由卫生部统一组织安排,由省、市、自治区卫生局承担主编或协

编任务,具体编写工作由高、中等医药院校和有关单位承担。部分高等医药院校承担审定稿任务。出版发行工作分别由山东、广东、安徽、湖北、陕西、辽宁、浙江、江苏、四川、河北等十个省的出版社和新华书店承担。征订工作由新华书店北京发行所统一布置。

二、各主编单位要积极组织力量,切实安排好编审人员的编写和审稿时间,认真做好编写、审定稿、编辑加工和校对等项工作。书稿要保证质量,力求符合出版的要求,做到按时交稿。

三、承担出版中等卫生学校试用教材的出版社,要积极协助主编单位处理好稿件,千方百计克服困难,认真安排好出版印制工作。稿酬付给承担主编任务的省、市、自治区卫生局。

四、中等卫生学校试用教材所需纸张由有关省出版社编制计划,列入地方年度用纸计划之内,报国家出版事业管理局审批。有困难时由国家出版事业管理局研究解决。一九七九年的出版用纸计划,各地已经申报,可以不必再补报,而由国家出版事业管理局在下达明年计划时增列。

五、中等卫生学校试用教材的发行工作,按一九七八年一月十七日教育部和国家出版事业管理局下达的"关于高等学校、中等专业学校教材供应工作的通知"办理。要切实做好教材的供应工作,保证一九七九年秋季入学的新生用上新教材。

附件:

全国中等卫生学校试用教材编审出版发行计划(略)

主送:各省、市、自治区卫生局、出版局(社)、新华书店、有关高等医药院校、有关中等卫生学校

抄送:教育部、交通部、冶金部、铁道部、化工部、石油部、农林部、二机部、邮电部、水电部、商业部、总后卫生部、新华书店总店、新华书店北京发行所

(据国家出版局保存的原件刊印)

国家出版局关于
成立中国印刷学会的函

1978年10月11日·(78)出印字第502号

为响应华主席关于尽快改变印刷技术落后状况的号召,印刷战线的科技人员纷纷要求成立中国印刷学会。今年七月,在我局召开的全国印刷科研会议上,与会同志也提出同样要求,而且希望年内就能实现。

我们考虑到印刷学会这样的群众性的组织,除了团结作用之外,还有利于开展学术活动,普及科学技术知识,促进科研工作,推广先进经验。目前时机已成熟,我们准备立即着手筹建工作。

第一步先成立中国印刷学会的筹备组。筹备组由十一人组成(名单略),由史育才同志任筹备组组长,王仿子同志任副组长,筹备组的任务是:拟订学会章程草案,吸收第一批会员,准备召开成立大会。将来还准备成立各省、市、自治区分会。

以上设想是否可行,请予示复。

主送:中国科学技术协会

(据国家出版局保存的原件刊印)

廖井丹副部长在全国少儿读物出版工作座谈会上的讲话

1978年10月17日

1978年10月11—19日,国家出版局在江西庐山召开全国少年儿童出版工作座谈会。中共中央宣传部副部长廖井丹同志到会讲了话。会议由国家出版局代局长陈翰伯同志主持,并作了题为《解放思想,勇闯禁区,迎接少儿读物繁花似锦的春天》的讲话。会议初步澄清了许多被"四人帮"搞乱了的思想是非,讨论、制定了《1978—1980年部分重点少儿读物出版规划》。

廖井丹同志在讲话中首先肯定了这次座谈会开得很好,很及时。他说,在新的长征路上,开这样的会,研究如何使少儿读物出版工作适应社会主义四个现代化的要求,有它重要的意义。廖井丹同志说,这次会议,大家解放了思想,批判了"四人帮"破坏少儿读物出版工作的罪行,明确了今后的任务,开出了信心,开出了干劲。座谈会后将会出现一个少儿读物欣欣向荣,蓬勃发展的崭新局面。

廖井丹同志回顾了党中央、毛主席对少儿读物出版工作的关怀。肯定了建国十七年来少儿读物出版工作的主流是好的,成绩是很大的。他说,十七年基本上贯彻执行了毛主席的革命文艺路线和党中央一九五五年八月批示的方针,这是应该充分加以肯定的。

廖井丹同志批判了林彪、"四人帮"严重摧残少儿读物的罪行。

他说,少儿读物阵地,是个"重灾区",一定要把批判林彪、"四人帮"的斗争进行到底,肃清流毒,拨乱反正,迅速把少年儿童读物出版工作搞上去。他指出,目前突出的问题是,出书的品种少,题材、体裁不够多样化,书的质量也有待于提高,印数少,还远远不能满足两亿小读者的需要。廖井丹同志说,华主席党中央很关心这个问题。在全国科学大会上,华主席对加强青少年培养问题的重要指示和邓副主席在全国教育工作会议上的重要讲话,以及华主席为两个少儿刊物题词,都充分表明党和国家对培养下一代以及对少儿读物的重视和关怀。廖井丹同志说,搞好少年儿童读物的创作出版工作,是关系到我国培养教育下一代,早出、多出人才,早日实现社会主义四个现代化的百年大计。是一项极其重要的工作。

廖井丹同志着重说明了党的十一大路线和新时期的总任务。他说,实现社会主义四个现代化,邓副主席讲过,这是一场根本改变我国经济和技术落后面貌,进一步巩固无产阶级专政的伟大革命。我们必须为这场革命空前紧张地动员起来,我们的思想和工作必须适应这场革命。我们的少年儿童读物的出版工作也要适应这场伟大革命的需要。廖井丹同志说,为了把少儿读物出版工作搞好,必须扫除思想障碍,必须把揭批"四人帮"的斗争进行到底,把少年儿童读物这条战线的思想、理论、方针、政策的是非认真搞清楚,也就是把路线是非搞清楚。联系少儿读物出版工作的实际,深入揭批"四人帮"的假左真右的反革命修正主义路线。揭批"四人帮"在少儿读物的创作、出版方面所设下的"禁区",打碎"四人帮"强加在我们头上的精神枷锁,解决心有余悸的问题。这对当前搞好少儿读物的创作出版工作是完全必要的。

廖井丹同志说:华主席号召我们,在新的长征路上,思想再解放一点,胆子再大一点,办法再多一点,步子再快一点。这就是我们搞好少儿读物创作出版工作的出发点。我们的任务就是:解放思想,繁荣少儿读物创作,为新时期的总任务服务。

廖井丹同志阐述了实践是检验真理的唯一标准,强调说,理论联系实际,一切从实际出发,实事求是,是马列主义、毛泽东思想的一个根本观点,根本原则。"四人帮"在少儿读物创作中设置的种种"禁区",诸如不准讲少儿读物的特点,不准讲知识性、趣味性等等,就是不准实事求是,不准从实际出发。暴露了他们反马列主义反毛泽东思想的实质。廖井丹同志明确指出:我们既反对脱离政治的倾向,又要避免对为政治服务作狭隘理解。少儿读物为无产阶级政治服务,就是为实现四个现代化服务,为提高全国少年儿童科学文化水平服务,为把少年儿童培养成德、智、体全面发展的共产主义事业接班人服务。我们应当从实际出发,实事求事地、大胆地、放手地工作,写出更多的作品,出版更好的书。

廖井丹同志还着重阐述了贯彻党的"百花齐放、百家争鸣"的方针,调动一切积极因素,做好少儿读物的出版工作的问题。

廖井丹同志说,调动各个方面的积极性,要靠党的正确的方针和政策,这就是遵循党的十一大路线,贯彻执行"百花齐放、百家争鸣"的方针。他说只要符合新时期总任务的精神,有利于培养教育下一代,各种各样的题材都可以写,体裁也可以多样化,在实践中创造多种多样、丰富多彩的形式。对已发表的作品,不要过多求全责备;对有缺点或错误的作品,可以开展有益的批评和讨论,不要一棍子打死,要提倡民主讨论的风气。这样做,才能繁荣少儿读物的创作。

在谈到作者队伍问题时,廖井丹同志说,希望老作家继续为孩子们多写好作品,也希望在中、小学教师中,在科技战线的工作人员中,涌现千千万万的少儿读物作者。大家都拿起笔来为孩子们努力写作。希望老作家多多帮助青年作者,特别希望各级党委的宣传部门多多支持他们,帮助他们解决各种困难,使他们迅速地成长起来!这样作,少儿读物的繁荣,就大有希望了。

廖井丹同志说,搞好儿童读物创作出版工作的关键,是要加强党的领导,在党委的领导下请这方面的专家参加实际工作的领导。他说,少儿读物的创作出版工作要引起各级领导的重视,要使各种合理的要求和意见逐步落实。关于作者、编辑队伍的思想建设,组织建设的问题,逐步扩大建立少儿读物出版机构的问题,为受"四人帮"迫害的儿童读物作者出版工作者平反、昭雪、落实政策的问题,以及建立表扬奖励制度、组织优秀少儿读物评奖的问题等等,都要采取积极慎重的态度,逐步研究解决。廖井丹同志强调,加强党的领导,通过这次会议的传达贯彻就应该作出个样子。他要求代表们回去以后,积极向党委宣传部汇报这次会议的精神,请党委关心少儿读物的出版工作。最后,廖井丹同志告诉大家,这次会议,《人民日报》要发社论,希望其它中央和地方报纸、电台、文艺刊物,都要重视这项工作,以后,也应有经常性的宣传。不断地通过宣传使大家充分认识搞好儿童读物创作出版工作的重大意义。他还建议各级党委的宣传部对这件事一年要抓上一、两次,帮助出版部门和作者解决一些实际问题。

廖井丹副部长的报告,使代表们得到启发,受到鼓舞,增强了为繁荣少儿读物的创作出版工作,更好地为新时期总任务服务的坚强信心。

(原载《全国少年儿童读物出版工作座谈会简报》第12期,1978年10月19日)

(据国家出版局保存的原件刊印)

解放思想,勇闯禁区,
迎接少儿读物繁花似锦的春天
——陈翰伯同志在全国少儿读物
出版工作座谈会上的讲话

1978 年 10 月 18 日

十月十八日上午,陈翰伯同志在大会上讲话。他说,昨天廖副部长的讲话,讲得很好。听了他的讲话,我感到我们的工作不是在会议上结束,而是在会议结束以后才会有一个真正的开始。

华主席指示我们:"思想再解放一点,胆子再大一点,办法再多一点,步子再快一点。"在这次会议上,几乎天天都有同志强调这个问题,这也是我们大会的指导思想。现在,我们的思想是解放了些,胆子是大了些,大家都希望会议以后,迎来少儿读物繁花似锦的春天。这更是二亿儿童以及他们的老师、家长的共同心愿。

陈翰伯同志说,我们的步子能不能再快一点?明年"六一"国际儿童节搞一千个品种的儿童读物在全国新华书店供应,行不行?靠我们大家努力,也许会超过一千种,这样就更好。

陈翰伯同志说,我们出版局的工作没有做好,天天都听到喊"书荒",少儿读物更是一片荒芜。大家都说,没有粮食吃会饿死人,没有精神食粮吃也同样会饿死人、害死人。同志们讲了很多因为"书荒"造成的严重情况。更多的孩子处于半饥饿状态,知识贫乏,思想空虚,没有远大理想和革命抱负。饥饿和半饥饿状态会引起饥不择食的情况,黄色小说的手抄书到处流传。法院和公安局的同志们说,青少年犯罪的原因之一是这类手抄本的流传。这使我们出版工作者不能不严肃地想一想。今年春天,中国少儿出版社胡德华同志提到这个问题时说,我们出版工作者没有提供足够的精神食粮,有参予犯罪的负疚心情。这话说得语重心长,我们听了感到责任重大,所以下决心赶快筹备这次座谈会,希望尽快地占领少年儿童课余活动的阵地,开展读书、文艺、体育活动,帮助少年儿童健康成长,使他们能够自觉地抵制资产阶级的侵袭和腐蚀。

陈翰伯同志讲到几个小统计。文革前,语文读物从建国开始到一九六五年底,共出书一百一十一种,从一九六六年至一九七七年底,实际上是一九七一年以后,只出了三十种。文艺读物前一段时间出四千零一十八种,后一段出九百二十五种;科技读物前一段出六百二十二种,后一段出一百零五种;童话寓言等,前一段出六十七种,后一段出七种。这说明,解放以后五十年代、六十年代,儿童读物出得多,而且很受欢迎。只是到了最近几年大大减少了。粉碎"四人帮"后,冲破了不少禁区,稍有好转。在粉碎"四人帮"以后的一个时期还议论能不能出童话、寓言、神话,现在冲破了;外国的安徒生童话、格林童话能不能出,冲破了;文革以前出的书能不能再版,冲破了;一些作家能不能写书,能不能出版他们的书,冲破了。当然,到去年为止,出书还是不多,去年共出了一百九十二种。

少儿读物为什么这么少,粗略地想一想,大致有这么几条:

一、"四人帮"的干扰破坏。大体上从一九六六年的"黑线专政论"开始,以及后来两个反革命估计在教育部门猖獗,出版界受到波及,全盘否定了过去,也堵塞了将来的道路。

二、社会上不够重视。不重视少儿读物,首先是不重视少年儿童。鲁迅曾说过,在家里、在社会上都没有儿童的地位,更谈不上给他们精神食粮。解放后有了很大改变。毛主席、周总理、朱委员长都很关心少年儿童。粉碎了"四人帮",华主席、邓副主席对少年儿童也很关心,但社会上,对给少年儿童精神食粮还不够重视,阻力还不少。

三、有关领导部门也没有提到议事日程上来。出版局、出版系统也有这个问题。我们要出的书很多,培养作者问题没有重视,编辑人员也很少。希望有关方面,都能引起重视。

四、作家队伍没有形成,或者很少。作家自己有的还有思想问题,感到从事少儿读物的写作不大光彩。有人说,搞这玩意儿没什么意思。社会上还流传着"小儿科"的说法,甚至把少儿读物叫做"下脚料"。作者觉得很难舒展,得不到支持。

一举粉碎"四人帮",这是壮举。这一点我们已经做到了,但是,对于"四人帮"的思想流毒就不是"一举"、"几举"的事情,而是要"几十举""几百举"。在我们同志中间,肃清流毒和影响,要耐心,不能着急。下命令不行,强制不行,开一两次会,写一两篇文章都不行。思想问题属于人民内部矛盾,领导部门不重视更是内部矛盾,要做艰苦的思想工作。由于这些思想的存在,给我们带来了"心有余悸",就是心里"砰砰跳",有点害怕。看到书中有"太阳"的字样,心里就"砰砰跳"。我们以太阳来歌颂伟大领袖毛主席这是可以的,但是,这只是比喻。如果稿件中一提到太阳落山,就算是攻击,那么你对毛主席"残阳如血"、"一唱雄鸡天下白"等诗句,那该怎么办?如果有人编社会科学词典,把太阳作为政治词汇收进去,岂不是天大的怪事!陈翰伯同志说,"四人帮"是鬼,你越怕他,他越害你。在《不怕鬼的故事》中有一段《艾子》:一个小庙前有条小沟,有人过不去,就到庙里搬出木雕神像搭脚过沟。另一个人来了,认为这是亵渎神灵,诚惶诚恐地又把神像搬回庙里放好。晚上,小鬼们纷纷议论,说是应该狠狠地惩罚前面那个人。大鬼却说,只能惩罚后面那个人,因为前面那个人根本不相信我们,你怎么惩罚他。陈翰伯同志说,"四人帮"也是鬼,如果我们相信鬼,就会怕鬼;不相信鬼,就不怕鬼。

有些同志为什么会心有余悸?陈翰伯同志说,十二年来大家都生活在同一的历史背景中,一个比较普遍的问题就是路线、理论、思想是非弄不大清楚。即使是遭到严重迫害的一些同志,对某些问题也有时说不出个道理来。十二年来折腾了多次,从"黑线专政论"开始,然后"怀疑一切","打倒一切",一九七四年批"复辟回潮",一九七五年好转一些,一九七六年又批什么"右倾翻案",一九七六年十月一举粉碎"四人帮"。陈翰伯同志说,不管多么折腾,总共算起来就是两笔账:一正一反。一反是林彪、"四人帮"和他们形左实右的修正主义;一正是华主席领导的全国人民和战无不胜的马列主义、毛泽东思想。他说,为了继续革命,建设四个现代化的社会主义强国,就不能怕禁区。怕禁区就不能继续革命。陈翰伯同志说,一百多年前,马克思主义创立时,资本主义就是一大禁区,《共产党宣言》就是宣布要闯这个大禁区。五十多年前,毛主席建立中国共产党,就是要闯禁区,最后把蒋介石统治的大禁区冲破了。我们在江西开会,江西的南昌起义就是闯禁区。现在继续革命,非有这个精神不可。管它什么"军事重地,闲人免进",就是要闯进去!

陈翰伯同志说,前几年折腾了许多次,总起来是一反一正,一真一假。什么是真理,什么是谬误,只能用实践加以证明。文艺方面少儿读物的出版也是如此。革命的实践反复证明,只能实事求是,一切从实际出发,理论联系实际。违反这个原则一定会受到惩罚。有人说,把实践作为检验真理的唯一标准是"砍旗",这是"四人帮"流毒的一种反映。

陈翰伯同志还讲到要搞清儿童文学创作中被"四人帮"搞乱了的一些理论是非,讲到"童心论"和少儿读物的儿童特点不容混淆,讲到儿童的道德教育,美好情感教育。陈翰伯同志说,"儿童中心论"是杜威发明的,更早的卢梭《爱弥儿》中也有类似思想。儿童的思想会有阶级烙印,把儿童划为独立的世界就是错误的。反过来,否认儿童特点也是错误的。"四人帮"就是这一套,全是小孩斗爸爸,外甥斗舅舅,把儿童读物纳入他们篡党夺权的轨道。不少作品枯燥无味,孩子们反映"没意思"。陈翰伯同志说,儿童的特点是很显著的。成人从二十五岁至三十五岁之间差别不大,但小孩从五岁至十五岁就有很大的变化。五岁到七岁差别也很大,七岁能坐下来听一堂课,五岁就不大可能。婴儿到少年,对客观世界有个认识过程。五岁左右爱问"是什么",到七岁就爱问"为什么",所以儿童读物一定要随着儿童心理的变化,认识事物的规律去处理题材、体裁,并根据新时期的新特点,对儿童进行教育。

陈翰伯同志说,我提出一些意见和大家商量,这些意见也是大家提的。

头一个问题,马克思主义如何看待人道主义。这是一大禁区。马克思主义并不一般反对人道主义,而是放到一定的历史时期加以分析,区别对待。毛主席讲过要发扬革命的人道主义。人道主义最早的提法是人文主义,文艺复兴时期一些资产阶级思想家、艺术家如达芬奇等,鼓吹人性,反对神性,提倡人权,反对神权,打破精神枷锁,反对中世纪的黑暗统治,反映了上升时期资产阶级的利益和要求。到资本主义社会,宣扬人道主义就有麻痹斗争意识的作用了。到了现代,苏修把社会主义的最高原则歪曲为人道主义,反对马列主义和无产阶级专政,这是一种反动。但是,这并不是说人道主义在今天已经全部失去了它的现实意义。第三世界中,人道主义还有些作用。有些作家还不能以阶级观点来写作品,他还以人道主义作为思想武器去进行斗争。最近几年,由于"四人帮"的破坏,"人道"少了,动不动就捅刀子。他说,我们承认阶级分析,但完全抹掉人性、人道是不行的。母爱也是禁区,我们讲阶级论,不提倡孝道,但赡养父母、尊敬老人还是需要。父母如果是敌对阶级,一定要划清思想上的界线,政治上的界线,这也不是说生活上不管。生活上不管,你划清了界线,政府要管,你就是让政府划不清界线。会上有人说要爱人类,我赞成,前几年就不敢说这个话。毛主席说,无产阶级只有解放全人类才能解放自己。我们爱无产阶级,爱劳动人民,爱人类,这是个很好的思想。陈翰伯同志说,对于这个问题,可请人写点文章,引起讨论,有不同意见也不要紧。

陈翰伯同志说,关于道德,我们反对把道德看成抽象的、超阶级的东西,道德是上层建筑,无产阶级提倡共产主义道德,这与剥削阶级的道德有本质的区别。但这并不是说,中外古今的一切崇高的道德,如助人为乐、舍己救人等,统统都不能拿来教育人。共产主义道德不是天生的,是从古今中外的一切高尚的道德中提炼出来、发展起来的。我们要认真研究当前青年、少年的思想动向,针对新出现的问题,运用各种文艺体裁,对我们的小读者进行长期的、正面的思想教育工作。

陈翰伯同志还讲到关于美好情感的教育。他说,除了政治思想教育、革命传统教育、远大理想教育,少儿读物中还要有情感教育。按照儿童的心理状态,进行革命的教育是非常重要的。比如培养孩子的荣誉感、正义感。集体、个人都要有尊严,都应当有正义感。几十年前,我们刚懂一点马列主义时,我们就注意那些有正义感的人,然后接近他,帮助他分析,引导他走向革命,正义感正是革命的先行。有人说,革命胜利了,直接进行马列主义教育就行了。不一定。连正义感都没有,还谈得上革命理想、情操、远大的抱负?这些问题,要靠我们的作家、编辑去闯这个禁区。

陈翰伯同志说,这些问题,我说不好,我只能提出来。在另外的意义来说,这些文艺理论问题,儿童文艺理论问题也是我的禁区,我是没有资格发言的。我说得不对,请提出批评。通过讨论,我们的收获会更多些、更大些。我们就会从狭隘的走廊走到广阔的原野上去,为少年儿童写出更多更好的作品,主题思想就会符合今天的要求,体裁也会更加丰富多彩!

(原载《全国少年儿童读物出版工作座谈会简报》第 13 期,1978 年 10 月 19 日)

(据国家出版局保存的原件刊印)

国务院批转国家物价总局
关于提高部分纸张出厂价格的请示报告

国发(1978)227号
1978年10月26日

各省、市、自治区革命委员会,国家计委、轻工业部、商业部、教育部、财政部、国家出版局,中央办公厅、中央宣传部,中央军委办公厅、总政治部,人民日报社、新华社,人大常委会办公厅,全国政协秘书处,高法院,高检院:

  国务院同意国家物价总局《关于提高部分纸张出厂价格的请示报告》,现转发给你们研究办理。

  为了促进纸张生产的发展,调整部分纸张的出厂价格,是必要的。调价的时间,从今年十二月一日起执行,具体价格由有关部门通知下达。

  纸张出厂价格提高后,小学生作业本、学生课本和各种书籍、杂志的价格都不作变动,以利于广大群众学习科学文化知识。出版部门由于纸张提价而增加的支出,由财政部门给予补贴。书写纸、有光纸销售价格对市场影响不大,可以适当提高。各地区、各有关部门要向群众充分作好宣传解释工作,说明当前纸张紧张状况,教育广大工作人员爱惜纸张、节约纸张,坚决杜绝一切浪费纸张的现象。

国务院

附:

国家物价总局关于
提高部分纸张出厂价格的请示报告

1978年9月18日

随着生产建设和文教事业的蓬勃发展,各方面对纸张的需要大大增加,供不应求的矛盾十分尖锐。增加纸张的生产和供应,已成为当前迫切需要解决的问题。

目前纸张生产中存在的问题,一是品种之间增产的幅度不平衡,以草类为原料的文化用纸增加不多;二是一九六六年不适当地降低了纸张价格,加上这几年造纸原料价格上涨,企业管理不善,纸厂的亏损面很大。发展纸张生产,扭转企业亏损,关键在于进一步开展工业学大庆运动,大抓企业整顿,建立造纸原料基地,提高企业的管理水平。除此以外,适当提高几种纸张的出厂价格,使纸厂在正常生产、合理经营的条件下,能够获得一定利润,也是需要的。

一年来,我们同有关部门,对纸张价格进行了调查研究,在六月间召开的全国物价会议上,进一步征求了各地同志的意见。大家一致认为,凸版纸、书写纸、有光纸、黄板纸、箱板纸五种纸张的出厂价格,需作适当调整。具体意见是:

凸版纸(52克2号):由现行出厂价格每吨一千一百一十元调整为一千三百五十元,提高二百四十元;

书写纸(60克3号):由现行出厂价格每吨一千二百元调整为一千四百元,提高二百元;

有光纸(30克2号):由现行出厂价格每吨一千二百五十元调整为一千三百五十元,提高一百元;

黄板纸(10号)：由现行出厂价格每吨四百元调整为五百五十元，提高一百五十元；

箱板纸(10号)：由现行出厂价格每吨五百元调整为六百三十元，提高一百三十元。

上述五种纸张的调价，拟从今年十二月一日起执行。

纸张出厂价格提高后，对有关产品价格的安排意见是：

商业部门供应市场的书写纸、有光纸，大部分是工厂、机关、团体公用的，对市场影响较小。这些纸张的销售价，可以相应提高。

小学生作业本和学生课本提价，要增加人民的负担，对普及教育不利，在政治上影响较大，拟不作变动。目前广大职工群众正在积极学习科学文化知识，各种书籍和杂志提价，影响较大，也拟不作变动。

板纸价格调整后，纸箱(盒)厂仍有一定利润的，纸箱(盒)的出厂价格可以不动。凡是纸箱(盒)价格调整的，用纸箱(盒)包装的产品价格都不作变动。

出版部门由于纸张提价而增加的成本支出，建议由国家财政部门给予贴补。具体贴补办法，由国家出版局与财政部、教育部共同商定。

以上报告，业经国家计委领导同意，如无不妥，请批转各地区和有关部门研究办理。

主送：国务院

（据国家出版局保存的原件刊印）

《郭沫若文集》编辑出版委员会
第一次会议情况汇报

1978年10月27日

《郭沫若文集》编辑出版委员会于十月二十七日上午在政协礼堂召开第一次会议,到会的有编委会主任周扬同志,编委于立群、冯乃超、冯至、李一氓、李初梨、茅以升、林默涵、夏衍等同志,以及社会科学院、新闻、出版等方面列席人员共四十余人。

会议由周扬同志主持。首先为刚逝世的编委齐燕铭同志默哀。接着周扬同志讲话,他说,社会科学院党组关于成立郭老文集编辑出版委员会的请示报告已经中央批准,今天请大家来开第一次会议。出好郭老的著作,是一件大事。明年是建国三十周年和"五四"运动六十周年,希望郭老的文集明年开始出书。郭老的著作很多,包括许多方面,过去没有成立专门机构进行编辑出版工作,现在在编委会下设编辑办公室,由吴伯箫、黄烈同志负责。头一件工作要广泛征集郭老未公开发表的文章、手稿。收集后如何编,体例如何搞,有许多问题,请大家多提意见。新出的郭老文集要有注释,这是一件工作量很大的工作。从各地征集到的文章、书信、手稿等,可以选印出来,先在内部印发,让编委和有关方面看看。有的同志提出建立郭老纪念馆或"郭老故居",也希望大家提意见,再向中央报告。

《文集》编辑办公室负责同志汇报最近工作情况:中央于八月中旬批下报告后,在周扬同志领导下,于九月份开始工作。(1)已整理出一份郭老著作的总目录,为编辑文集作准备;(2)研究过去人民出版社、人民文学出版社编辑郭老著作的经验;(3)开始关于郭老在哲学、社会科学、历史等方面著作的调查工作。现在编辑办公室的地点还未确定,经费由哪里出也未定,已向中央写了报告,还未批下来。想集中力量先把郭老文集抓好,以适应广大群众的需求,早出书,快出书。对郭老原著一般不作文字变动,校勘发现有明显错误的要改正,事实有错误的加注释,尽量采用郭老的原注,有些需要加以说明的则另加注释。关于书籍版式,金文、甲骨文可根据实际情况另行设计,也可考虑缩小版面,同文字一致,这些都需要再研究。关于郭老的翻译著作,数量很多,还有未发表的书信量也很大,办公室条件差,拟放后一点再考虑。翻译著作很多,有三十万字以上,涉及到德、英、日、俄几种外文,工作量很大,不是短期能搞成的,拟放后一点再说。未发表的文章、手稿等征求、复制、保管等,工作量很大,需要有个常设机构来办。有一个纪念馆,就比较好办了。

以下由各编委及到会同志发言,摘要如下:

李初梨同志首先发言。他说,编辑郭老的文集要贯彻一个方针,就是"实事求是"。对鲁迅著作的研究方面,近几年来有好多就不是实事求是的。如"围剿"问题,有的文章说鲁迅反对瞿秋白的盲动主义,有这回事吗?有的文章说鲁迅反对李立三的盲动主义,有这回事吗?我就知道鲁迅曾准备给李立三出文集,就是在立三路线时期。诸如此类的事,对编辑郭老文集的工作不能采取这样的方针。要实事求是,是要冒风险的。不实事求是,"四化"就实现不了。郭老是老党员,1927年就参加党,李一氓同志是介绍人。但多年来郭老以无党派人士身份出现,郭老有很大的苦痛,内心很痛苦,他遵守党的规定,为了统战工作的利益,以无党派人士身份出现,难道心情能愉快吗?我了解这个心情,今天我要提一提这件事。鲁迅和郭老是中国现代文学的纪念碑。鲁迅死的较早,郭老经过抗日战争、解放战争,解放以后一直到林彪"四人帮"的垮台,比鲁迅多几十年的历史。特别在文化大革命中,他作为总理的助手,那时候,外国人到中国来,领导人能接待的不多,郭老分担了总理的担子,那是很繁重的任务。这两件事很少有人提到。

李一氓同志说:(1)看到国家出版局关于出版郭老著作的简报,感到纸张比较紧张,现在先出无注释的单行本,将来再出有注释的本子,如何做到并行不悖,又节约纸张。(2)郭老的翻译书如何出,要研究。要注意鉴别,有的不是郭老译的,应删去。如《新俄诗选》是我译的。(3)编选文集时,对郭老解放前写的一些情诗不要排除它,那是一种特殊的感情,应选进去。郭老生前自己编选的文集是一回事,我们选的又是一回事。今天的尺度要放宽一些。当然有些不适合的要排除。

郭老和鲁迅有关的文章也不要排除。现在有些文章把创造社和鲁迅的关系搞的那么紧张,为什么?很奇怪。当时给鲁迅作工作的一些同志,都是共产党员。有人告诉我说鲁迅日记中曾记载我和鲁迅一同吃过饭。我说还不止一次,不过有些同吃饭的人如潘汉年、丁玲、姚蓬子等,现在不好讲了。又如过去我拟编一个刊物叫《游击队》,鲁迅讲这名字不合适,改为《巴尔底山》,由我编,鲁迅出钱印刷,说明当时我们的关系非常密切。(4)收集郭老的材料要到日本跑一次,不要忘掉。(5)成立郭老纪念馆大家都欢迎,可在郭老住地成立,编辑室可考虑放在那里,于立群同志会赞成的。今后维修管理都好办。现在房子紧张,社会科学院自身都难保,吃饭都没地方。还是利用郭老住地,搞三四间房子比较好。

茅以升同志说:(1)已出的郭老文集17卷,700万字;加上其他方面的文章,可能有一千万字。郭老26岁写作,60年来不间断,平均一天要写500字,真是了不起。古人说"著作等身",名副其实的很少,郭老可当之无愧,真是洋洋大观。已出文集中未看到讲话稿,郭老讲话很多。他对中日友好功劳很大。1955年他率领代表团访日,讲话很多,为现在中日友好打好基础。建议把他的讲话编入文集。(2)郭老的科学论著、考古、甲骨文、论文等和文学作品编在一起不妥当。1955年日本就出了《郭沫若文库》。我们可否分别出《文集》和《科学论文集》,或将科学论文附入文集后面?(3)郭老写字很多,到处看到,能否收集编一卷《书翰集》,附入文集。(4)建议为郭老编一本《年谱》,附入文集。(5)文集中历史、考古文章不要用简体字,要附照片、图片、墨迹、手稿。科学论文目录要同时附英、日文译文。

李一氓同志说:《文库》是日本化的名称,我们不宜用。把科学论文附在文集后面的办法不赞成,郭老是学术权威,这样办不好。是否征求一下于立群同志的意见,或者仿照古人办法,出《郭氏丛书》甲编(收文学艺术、论文);乙编(收考古、甲骨金文等);版式分出三十二开、大三十二开或十六开本。

楼适夷同志说,出版局开会,布置文学、人民出版社分别出郭老著作,已开始做。文学出版社到1963年,出《郭沫若文集》17卷,原计划出10卷,只收文学著作,郭老提出要放科学著作,17卷都是郭老自编的。出版社对内容曾提过一些意见,有的郭老不同意,最后都照郭老的意见办。现在应出全集。

夏衍同志说:(1)完全同意李初梨同志意见,应用历史唯物主义总的精神来编,要接受现在所谓"鲁迅研究"的经验教训。有些是人为制造的矛盾,例如鲁迅和郭老、和"四条汉子"等,难道是尊重鲁迅吗?我不理解。我被列入"四条汉子"之列,而且有书为证:《鲁迅怒斥四条汉子》,就是没有当时拍的照片。还是要实事求是。有些鲁迅研究文章,把鲁迅说得天生就是一个马列主义者,上海出版的一本书说得最清楚不过了。其实鲁迅自己就说过他是从进化论转变过来的。过去古人对死者有"讳",有些事可以不讲,但歪曲事实是违反马列主义的。现在有些青年、大学生注释鲁迅著作找到我,我无法回答,他们根本不了解当时的历史情况。鲁迅参加"左联",

是王明路线时期的事，但当时不是所有的共产党员都是拥护王明路线。说鲁迅当时对王明路线有所抗拒是对的，说当时只有鲁迅一个人反对王明路线，就不是这么回事。

(2)出好郭老著作是很艰巨的任务，也有紧迫性。现在真正最早和郭老有来往的如创造社的人，还健在的人不多了。假如不赶紧征集材料，将来无法补偿。我以为把郭老传记先搞一些材料很重要。各个时期，如"五四"时期，有宗白华；创造社的人已很少，到广州时期只有李一氓等很少几个人；到日本流亡十年时有任白戈，真正了解的有实践的人，再过几年就可能找不到了，所以说收集材料带有急迫性。现在每省都有文艺杂志，可拟个条例，连登几期，广泛征集材料。

(3)注释问题关系很大，要实事求是。现在报刊上发表的有关郭老的回忆录，有不少和事实有差距。最近见到邓颖超同志谈起纪念总理的文章她有意见，有些与事实不符。

于立群同志说：衷心感谢同志们的帮助。编好郭老文集，实事求是很重要，要把过去一些文章将鲁迅和郭老弄得势不两立的敌对情绪，好像敌我矛盾的那种情况澄清一下。详细情况我也不知道。在大方向上，鲁迅和郭老没有什么区别，对敌人的态度两人是完全一样的。有机会时，和鲁迅博物馆研究一下，有必要把这个问题搞一搞，不然发展下去是很恶劣的。于立群还建议，将来出文集、全集要有索引，便于查考。

林默涵同志说：把鲁迅和郭老对立起来，不仅是个实事求是问题，而是"四人帮"的阴谋。"四人帮"把伟大人物都孤立起来，最明显的是对毛主席和鲁迅。在文化大革命期间，报上登的照片，毛主席身边的人，总理不能不登，此外就是林彪、陈伯达、江青几个人，目的就是把他们自己塞进去。最近准备搞纪念毛主席诞辰85周年摄影展览，选择毛主席的照片很难，大部分都是单身照，半身像，边上的人通通剪掉了。对鲁迅也是如此，同时代的战友，通通搞掉，不仅是郭老。江青恬不知耻地想把自己打扮成是鲁迅的"战友"。

鲁迅研究中不能混淆两类矛盾。鲁迅自己就讲过,他和创造社的争论,促使他学习马列主义,对党起了很好的作用。(夏衍同志插话:钟敬文同志曾把鲁迅的购书账做了研究,1927年前未买过马列的书,1928年后大量购置马列著作,是个很好的证明。)鲁迅曾想到广州找创造社同志搞统一战线,但去时郭老不在广州,未搞成。两个口号之争,鲁迅自己讲过我们并没有什么勾心斗角之处。"四条汉子"和两个口号论争根本无关。"四条汉子"是鲁迅幽默的说法,不能成为政治罪名。现在有些人对"四条汉子"是哪几个人也搞不清楚。甚至我也被怀疑过。我女儿插队,农村招工时,有人说我是"四条汉子",不让招,县里的劳动局长倒不错,到图书馆去找书翻,证明我不是"四条汉子",女儿才被招上了。

我赞成出郭老全集较好。因文集已有了17卷本,又是郭老自己编定的,还差二三本,很快出完,马上可供应读者需要。现在应搞全集。全集也可选收。如《鲁迅全集》有些文章就不收,如早期的科学译著《月界旅行》、地质等文章,有必要可另出,鲁迅也不是专门研究这些东西的,价值不大。还有当教员时的讲义,有必要也可单独出,供研究者用。又如整理古籍的一些著作,有价值也可另出,这些都不收进《鲁迅全集》。

出全集要加注释。《鲁迅全集》中的注有二条(1)注解,(2)校勘。校勘很麻烦,鲁迅著作从一版到十几版,有很多不同,有的是排错了,有的是鲁迅自己改的,也有些反而改坏了。搞鲁迅著作的注释有个依靠,1958年注释本不满意,毕竟做了不少工作;1973年后出版局又组织各地搞注释,问题很多,但还是可参考。而郭老的文集则要从头开始。鲁迅著作注释这几年搞了工农兵、工厂参加,是假的,实际上是是大学中文系师生搞的,注释的观点很多是"四人帮"的。每篇搞题解一大篇,差不多都要连上"四条汉子",现在将题解一概去掉。注释只是帮助读者理解作品,不是文艺评论,那是文艺评论家的事。注释要从简，不起字典的作用。应是字典上能查得到的，不注。你要研究鲁迅著作，字典都懒得查，那怎么行？字典上翻不到的东西，才加注，不能搞繁琐哲学。大学讲师都希望注得越清楚越好，不可能。

搞注释可以采取群众和专家相结合的办法，任务分到各省去，由大学中文系、哲学系、历史系去搞，不搞工农兵。鲁迅著作注释，各省还是做了不少工作，增加了很多条目，有些不必要，有些反映了群众认为需要注的东西，现在郭老文集注释也可以采取这个办法，对进一步搞好郭老文集的注释可起很大作用，对他们有好处，只靠少数专家搞时间太长，分到各大学去他们一定愿意，对提高教学质量有好处。

茅盾同志因病未参加会，来信提到伊朗方面提出郭老译诗《鲁拜集》，他们有很好的插图，希望再印时，可与他们联系提供插图。冯至同志也提到此事，希望文学出版社重印时将插图加上出些"豪华本"。

于立群同志说：郭老在"和大"的档案可清理利用，郭老有些讲话可编入文集。另外，希望注释排在本页书的下面，便于阅读。

最后由周扬同志讲话，提出以下意见：

（1）大家提了很多很好的意见。关于编委会的名称，以改称"郭沫若著作编辑出版委员会"较好，以便留有余地，将来出全集、文集都可以。

（2）编委会名单拟增加胡愈之、林林、刘大年、郑伯奇四人。

（3）考虑许多编委年龄较大，编委会不能多开，编辑办公室可以分别拜访，登门请教。

（国家出版局出版部根据记录整理）

（据国家出版局保存的原件刊印）

国家出版局关于调整新华书店北京发行所机构将原北京发行所改为新华书店北京发行所和新华书店储运公司的通知

1978年11月6日·(78)出发字第562号

为适应图书发行事业发展的需要,经局党组研究决定:调整新华书店北京发行所机构,将新华书店北京发行所按文化大革命前体制,改为新华书店北京发行所和新华书店储运公司,并由新华书店总店领导管理。

新华书店北京发行所负责北京地区出版社图书的总发行,办理有关图书的进发计划、征订、分配、书款结算、书籍宣传和出口供应等工作。

新华书店储运公司负责北京地区出版社图书的收发、储存包装及运输等工作。

两单位办公地点仍为北京市阜外北礼士路135号

主送:各省、市、自治区出版(文化)局、中央一级出版社、北京出版社、局属各单位

抄送:新华书店总店,新华书店北京发行所、新华书店储运公司,新华书店上海发行所,各省、市、自治区新华书店,国际书店,中华·商务广州办事处,民航总局,外贸部海关局,北京铁路局,北京市邮局。

(据国家出版局保存的原件刊印)

国家出版局党组关于北京盲文印刷厂改北京盲文出版社的请示报告

1978年11月7日·(78)出党字第40号

此件已经中央宣传部批准

我局所属北京盲文印刷厂负责选编和译印盲文读物,是一个兼有出版社、印刷厂双重任务的出版机构。但它至今还是用"盲文印刷厂"的名义出书。这不但给对外开展编辑出版业务带来许多不便,而且同国发(1978)141号文件规定的"所有正式发行的图书,都必须由出版社出版"的原则不相符合。为了加强和改进盲文出版工作,更好地满足全国一百六十万盲人的需要,我们建议将"北京盲文印刷厂"改为"北京盲文出版社"。

北京盲文出版社在出好马列著作、毛主席著作、华主席著作、党和国家重要文件的前提下,以出版更多更好的盲文普及读物为主,适当注意重点书的系统性和多样性,以满足广大盲人学政治、学科学、学文化的需要。同时,还要积极开展技术革新,采用新技术、新工艺,必要时引进先进技术和设备,加快盲文印刷的现代化。

我们拟加强对北京盲文出版社的领导,适当充实编辑力量,改善经营管理,以便进一步做好盲文出版工作。

当否,请批示。

主送:中共中央宣传部

(据国家出版局保存的原件刊印)

新华书店总店关于
做好专业工作者所需专业书籍
供应工作的意见

1978年11月8日·(78)总字第125号

在南宁参加古典文学教材编写协作会议的九十五位专业工作者,写信给人民日报反映购买专业所需的古典文学书籍很困难,建议各地书店改进对专业工作者的书籍供应工作。据我们了解,类似这封信反映的情况,其他书籍和很多地区也同样存在。为此,现将原信摘要附发,并对做好专业工作者所需专业书籍供应工作提出如下意见:

一、英明领袖华主席指出:"充分发挥知识分子的作用,对于加快发展科学教育文化事业,对于建设社会主义的现代化强国,关系都是很大的","专业队伍是提高整个中华民族的科学文化水平的尖兵和骨干力量,他们担负着科学技术上的攻坚任务,担负着向广大群众普及科学技术的任务。"因此,做好对专业工作者的书籍供应工作,对实现我国的四个现代化,关系很大。各地书店要提高认识,认真研究,做好对专业工作者的书籍供应工作。

二,各类专业书籍都要有针对性地向有关的专业工作者做好宣传介绍工作,使专业工作者知道有关专业书籍的出版情况。专业书籍尤其要贯彻计划发行、合理分配的原则。凡暂时不能满足供应的专业书籍(目前主要是社会科学、文化教育、文学艺术类中的一些书籍),除供应有关的图书馆、资料室外,对有关的专业工作者(有关专业的大学教师、研究人员、新闻出版编辑人员等)个人购买应适当照顾,尽可能优先供应他们的需要。具体供应办法,可因地制宜,但措施要落实,要讲求实效。

三、发书店在分配、征订专业书籍时要明确说明主要的读者对象。各地书店对各类专业工作者的人数、分布和需要情况,要加强调查研究,在不违反保密的情况下,掌握充分的材料。要登门拜访,经常征求专业工作者的意见,不断改进发行工作。

九十多位古典文学专业工作者的来信(略)

主送:各省、市、自治区新华书店

抄报:国家出版事业管理局

抄送:新华书店北京、上海发行所,新华书店储运公司

(据国家出版局保存的原件刊印)

国家出版局转发《关于大力加强少年儿童读物发行工作的意见》的通知

1978年11月10日·(78)出发字第571号

为了加强少年儿童读物发行工作,我局同意新华书店总店提出的《关于大力加强少年儿童读物发行工作的意见》。现转发给你们,请督促发行部门参照执行。

主送:各省、市、自治区出版(文化)局,新华书店总店

附:

新华书店总店关于大力加强少年儿童读物发行工作的意见

1978年10月

在实现新时期的总任务和我国四个现代化的过程中,华主席号召我们"一定要极大地提高整个中华民族的科学文化水平",并指出要特别重视青少年的培养。少年儿童的培养教育,要靠学校、家长、社会各方面的密切配合,而出版发行更多更好的适合他们阅读的图书,是一个重要的方面。

建国以来,在毛主席革命路线指引下,少儿读物发行工作取得了很大成绩,发行了大量优秀少儿读物,积累了不少经验。但是,前些年"四人帮"推行反革命修正主义路线,否定儿童特点,胡说"知识越多越反动",鼓吹"宁要没有文化的劳动者",炮制"黑线专政"等谬论,少儿读物发行工作受到严重摧残,各地的少儿读物门市部

基本上都被撤销,受少年儿童欢迎的服务活动和好的发行经验遭到废弃,少儿读物发行队伍也搞散了。

粉碎"四人帮"以来,随着少儿读物出版工作的恢复,少儿读物发行工作有了加强。但是由于"四人帮"破坏的严重,少儿读物发行工作,还远不能适应形势发展的需要。我们必须遵照华主席"思想再解放一点,胆子再大一点,办法再多一点,步子再快一点"的教导,切实地把少儿读物发行工作搞好。

为此,特提出以下意见:

一、深入揭批"四人帮",肃清流毒,提高认识。各地书店要在当地党委领导下,深入揭批"四人帮"破坏图书发行事业和少儿读物发行工作的谬论和罪行,彻底肃清流毒。在分清路线是非的基础上,发动群众,认真总结正反两方面的经验,充分肯定少儿读物发行工作中的优良传统、好的经验和正确的做法,并根据形势发展的需要,从当地的实际情况出发,制订出积极的、切实可行的加强少儿读物发行工作的具体规划。

二、调整机构,充实人员。各级新华书店都要有一定的机构或人员管理少儿读物发行工作。各大中城市书店要积极准备条件,随着少儿读物的逐渐增多,恢复和建立少儿读物门市部。一般县市书店也要设立少儿读物专柜、专架。对少儿读物可按照实际情况实行有区别的开架售书。要加强少儿读物发行人员的培养训练,调配善于做少年儿童工作的同志担任发行员,并保持相对稳定。要注意培养少儿读物发行人员的光荣感和责任感,定期评选并表彰奖励先进的少儿读物发行工作者,宣传他们的先进事迹和经验。

三、加强调查研究,做好进货工作。要适应形势发展的要求和少年儿童的特点及喜爱,满足少年儿童多种多样的需要。要调查了解少年儿童的分布情况,重视做好学校内外少年儿童读物的供应工作。要发行好对少年儿童进行思想教育的读物,同时要特别重视适合少年儿童阅读的科学文化知识读物的发行。

四、加强计划发行,坚持合理分配。为了使少儿读物发行得深入、普遍、合理,各地书店要密切与学校、少年宫、幼儿园、文化馆、街道儿童活动站的联系,积极帮助、推动学校、街道建立图书室,供应工作要有人负责,逐个落实。一些重点书,可以争取教育部门统一订购,一时满足不了的图书,应优先供应中小学和流通面较广的少儿阅览室、租书点。计划供应的图书,要允许购书单位挑选,无论门市零售或机关供应,一定要坚持自愿购买的原则,禁止搞搭配销售。

五、大力改进服务态度,积极开展服务活动。少儿读物发行人员一定要有"甘为孺子牛"的精神,热情耐心地为少年儿童服务。要懂得少儿读物的有关知识,了解儿童的心理和要求。要积极开展流动供应,送书上门,摆摊售书。农村流动供应员要把发行少儿读物作为主要任务之一,深入到农村学校流动供应。要加强少儿读物租阅工作,改进租阅办法,简化手续。积极开展供销社、商业部门代销代租,使少年儿童能够就近购买、租阅。

六、加强图书宣传,介绍推荐优秀读物。要运用各种工具、各种形式大力进行少儿读物的宣传。宣传要注意效果,不搞形式主义。发书店要向各地书店提供宣传资料和宣传品,编印少儿读物图书目录。各地书店要组织好每年"六一"节少儿读物的宣传发行工作,发行春秋两季课本时,要通过学校推荐发行一批少儿读物。门市部要布置橱窗,经常陈列宣传少儿读物。

七、与有关单位相配合,开展少年儿童读书活动。要加强与教育部门、团委、妇联和科学普及部门的联系,利用节日、寒暑假举办少儿读物宣传月(周),联合推荐少儿读物。密切配合当地举办的少年科技活动和其他活动,供应有关图书。有条件的地方,书店可附设少年儿童阅览室,举办少年儿童读书报告会,请作家、科学家、著名技术人员、劳动模范同少年儿童见面,开展各种受少年儿童欢迎的读书辅导活动,配合发行好有关图书。

(据国家出版局保存的原件刊印)

国家出版局印刷部关于
1978年上半年全国县及县以上
印刷厂基本情况的汇报

1978年11月14日

一九七八年七月十日,我局经国家统计局同意,对县及县以上印刷厂进行了一次调查,要求各地将调查表在八月十五日前报送我局。截止九月底,调查表基本收齐。我们对调查表进行了总汇,并做了初步分析。情况如下:

全国县及县以上印刷厂总数2183家。按中央和地方分,中央22家,地方2161家;地方2161家中,省级92家,地市级402家,县级1667家。按规模分,500人以上大厂132家,100人以上不足500人的中等厂765家,不足100人的小厂1286家。按隶属关系分,出版系统91家(其中大厂53家),非出版系统(主要为轻工系统)2092家。

全国县及县以上印刷厂职工总数343767人,平均每厂157人。在全部职工中,直接生产人员285942人,占83%;非直接生产人员(包括工程技术人员、管理人员、服务人员、其他人员)57825人,占17%。非直接生产人员超过国家规定,必须经过整顿,使管理人员所占比重降下来。

上述印刷厂实有主要设备共25968台,出版系统占4888台,轻工系统占21080台。设备中低速机器多,高速机器少。铅印机中,89%为对开机和四开机,全张平台机才占10.2%,轮转机才占

0.8%。胶印机中,对开四开占90%,全张以上仅占10%。品种也不配套,装订机太少,与印刷机不配套。对开平台印刷机共有5182台,而对开折页机仅644台。排字几乎全部为手工拣字,手动照排机总共才有240台,而且还没有充分发挥作用,产量微不足道。

上述印刷厂1978年上半年主要产品产量:铅印排版82亿字,铅印印刷1456万令(平台1200万令,轮转256万令),胶印印刷932万色令,凹印印刷26万令,装订1522万令(县及县以上印刷厂,大部分为零件厂,其排版字数,系折合字数,并非实际字数)。

上述印刷厂中,全部承担书刊印刷任务和主要承担书刊印刷任务的印刷厂(以下简称书刊印刷厂)为132家,职工总数95055人。1978年上半年工业总产值为3.95亿元,全员劳动生产率(全部职工平均每人半年的生产总值)为4402元;上半年商品产值为1.66亿元,全员劳动生产率为2016元。

书刊印刷厂中,凸印、平印、凹印三种印刷方式所占比重,如按产值计算,凸印为52%,平印为46%,凹印为2%;如按用纸量算,凸印占81%,平印占18%,凹印占1%。

全国书刊印刷厂,1978年上半年主要产品产量是:铅印排版20.9亿字,铅印印刷591.9万令(平台368.8万令,轮转223.1万令),胶印印刷522.4万色令,凹印印刷9.8万令,装订600万令。

全国书刊印刷厂,1978年上半年生产能力(按设备和人员可以开动的班次计算),铅印排版为30.7亿字,铅印印刷751.6万令(平台469.1万令,轮转282.5万令),胶印印刷628.7万色令,凹印印刷15.6万令,装订669.5万令。生产能力与实际产量相比,说明生产能力未能充分发挥(产量与生产能力相比,铅印排版为68%,铅印印刷为78.7%,胶印印刷为83%,凹印印刷为62.8%,装订为89.6%)。如果加强管理,出版社与印刷厂相互密切配合,印刷厂能均衡生产,不发生窝工现象,产量可以大大提高。

以上统计,不包括报社印刷厂、部队印刷厂、机关印刷厂、外贸部门的印刷厂、邮票印刷厂、钞票印刷厂等等,如加入上述印刷厂的数字(1977年数字),全国县及县以上印刷厂总数约为8000家,全部职工约为60万人,平均每厂70余人。

(国家出版局印刷部编《印刷简报》第4期)

(据国家出版局保存的原件刊印)

国家出版局关于
恢复加强书目编印工作的通知

1978年11月15日·(78)出版字第581号

图书目录是帮助读者了解一定时期图书出版情况的工具,是出版社加强与读者联系,进行书籍宣传的主要方法之一。特别在书籍品种日益增多,许多书不能充分满足需要,有些书只在一定地区、范围内发行的情况下,定期编印书目,可以帮助读者了解出书情况,通过图书馆等途径阅读;同时也可以帮助各地发行部门及时了解出版情况,有利于改进为读者服务的工作。粉碎"四人帮"以来,有部分出版社开始恢复编印书目,书籍宣传工作虽有所改进,但总的看来,这项工作还未普遍引起重视。为此,提出以下意见,请参照办理:

一、各出版社每年应对本年度出版的新书(包括重印书),汇编出版有部分内容提要的图书目录,赠送出版、发行部门及图书馆等组织读者参考。此项书目定名为《××××出版社图书目录(19××年)》。为便于集中保存和使用方便,书目开本统一印成小32开,著录项目包括:书名、编(著、译)者、开本、页数、定价、版别、出版年月、内容提要,并加以分类编排。这种书目,对于总结出版成果,编制重印书计划,提供了解图书资料等方面,都有益处,希望各出版社能将这一工作列入每年工作计划,认真做好。

二、除了上述定期编印的书目外,各出版社还可根据出书情况,不定期编印新书汇报性质的新书目录或专题书目;发行部门和有条件的出版社还可编印图书评介性质的宣传刊物。可以是成册的,也可以是单页或折叠的,要求印的好一些,设计的新颖一些。这类书目、宣传品主要通过发行部门免费发送给读者。

三、各出版社编印的各种图书目录和宣传品,每种请寄国家出版局(北京东四南大街85号)10份;版本图书馆(北京北总布胡同32号)5份。

主送:各省、市、自治区出版(文化)局,中央一级出版社

(据国家出版局保存的原件刊印)

国务院转发国家出版局关于编辑出版《中国大百科全书》的请示报告和补充报告

国发[1978]239 号
1978 年 11 月 18 日

各省、市、自治区革命委员会,国务院各部委、各直属机构,党中央各部门,中央军委办公厅、各总部、各军兵种,人大常委会办公厅,全国政协秘书处,高法院,高检院:

国家出版局、中国科学院、中国社会科学院关于编辑出版《中国大百科全书》的请示报告和补充报告,已经华主席、党中央批准,现发给你们,请参照执行。

编辑出版《中国大百科全书》,是发展我国科学文化事业的一项基本建设,对于传播马克思列宁主义、毛泽东思想,全面地系统地介绍古今中外的文化科学知识,提高整个中华民族的科学文化水平,实现我国的四个现代化,具有重要意义,请你们给予积极支持和协助。

国务院

附：

国家出版局、中国科学院、中国社会科学院党组
关于编辑出版《中国大百科全书》
的请示报告

1978 年 5 月 21 日

我国迄今尚未编辑、出版一部大百科全书。这同中央、华主席的伟大号召，极大地提高整个中华民族的科学文化水平，向科学进军，建设社会主义的现代化强国，都是极不相称的。

大百科全书是总结和综述过去历史上科学文化的一切成就，系统地全面地介绍当今世界上各个学科的全部知识，特别是最新成就的知识的总文库。大百科全书既是传播马克思列宁主义、毛泽东思想的重要工具，也是为迅速提高工农业生产而奋斗的有力武器。

西方各主要国家出版大百科全书，已有二百多年的历史。一般人常把是否出版大百科全书及其内容如何，作为衡量一国科学文化水平的标志。现在国外出版的百科全书种类多，数量大。美、苏、英、法、德、日等国，综合性的和专科性的百科全书，分别有几十种之多。最近第三世界国家也纷纷出版百科全书。

我国自古以来就有编纂百科全书型书籍的传统。《尔雅》是世界最古的百科性辞典之一。汉唐以来出了不少这类的书，宋代更见众多，明清两代则有《永乐大典》《古今图书集成》《四库全书》等卷帙浩繁的巨编。但中国历代所编的这些书，都属于类书或丛书性质，还不是现代工具书意义的百科全书。解放前出的旧《辞海》和近年修订补充的新《辞海》(先出按学科分册本，尚未出齐)，也只是学科条目简单的辞书，离今天要求的大百科全书还很远。

伟大导师毛主席和敬爱的周总理向来重视字典、词典和大型辞书的出版,《辞海》就是在毛主席亲自批示,周总理亲切关怀下修订出版的。革命导师马克思、恩格斯、列宁都重视百科全书的出版,他们在自己的研究和著作工作中,都经常利用当时各国的百科全书,并且都曾为欧美重要的大百科全书写过不少词目。

根据我国目前的需要,我们建议尽早出版《中国大百科全书》。所以要"尽早"出版,一方面是客观需要,为了普及和提高科技知识,为实现四个现代化提供必要的资料,这是一项刻不容缓的基本建设;另一方面是考虑到能够参加编辑工作的学术界力量,由于"四人帮"的干扰和破坏,青黄不接的情况十分严重:老的一辈接近衰老,新的一辈没有培养出来,此项工作,如果现在不着手,几年之后困难会更大,现在上马,则老的力量还可利用,通过工作也可培养出一批新的力量。当前,实际上也有快上速成的条件:许多外国较好的百科全书可供参考,大部分词目可以翻译,综合若干国家不同辞书的同类词目,经过我们加工整理,即可采用;一般词目从几千字到几万字(少数词目可能有几十万字),由专家分别编写,所需时间不长。百科全书按学科分类编辑,也可早出成品,分册出书,均衡排印,不致为其他书刊排挤。

关于出版《中国大百科全书》的初步设想是:此书约四、五十卷,四、五千万字。百分之六十以上为自然科学。在出版《全书》之前,先出分科性百科丛书,分科分类编写,编好一本即出一本,先在国内流通,请有关方面和广大读者提意见,修改后再出版综合性百科全书。设想《全书》从明年国庆三十周年时开始,陆续出版,以十年左右时间基本完成。

为了进行此项工作,须邀请全国各学科有成就有影响的专家,成立一个编委会(约五、六十人),下设总编辑部,总编辑部下再设各分科编委会和编辑部。编委会是咨询机构,总编辑部是执行机构。编委会拟聘请胡乔木同志为主任,周培源、严济慈、陈翰笙、于光远、周扬等同志为副主任。总编辑部目前拟设在国家出版事业管理局,先成立若干人的筹备机构,拟调姜椿芳、朱语今、曾彦修等同志前来主持筹备工作。

为出版百科全书,要成立中国大百科全书出版社,该社编辑部约需人员二百到三百人,拟分批分期配齐,请中央组织部帮助解决,因所需专门人材的面较广,部分人员须由外地调入北京。

关于编辑方针和编辑条例等细则,容后报请审批。

以上建议是否有当,请批示。

主送:中央宣传部并报华主席、党中央

附:

国家出版局党组关于
编辑出版《中国大百科全书》的补充报告

1978年10月21日

华主席、党中央一九七八年五月批准中国科学院、中国社会科学院、国家出版事业管理局关于尽早编辑出版《中国大百科全书》的请示报告后,我们当即成立了中国大百科全书出版社筹备组,开展各项筹备工作。现已调集一部分干部,初步拟定了编辑出版计划,开始按学科门类进行组稿活动,争取早日出书。

《中国大百科全书》规模大、涉及面广,须采取相应措施,才能完成编辑出版任务。鉴于上海的文化、科学、教育单位比较集中,著译力量比较雄厚,我们已商得上海市委负责同志同意,在上海设立中国大百科全书出版社的分社,由陈虞孙、汤季宏、王顾明同志等负责筹备。上海分社的业务工作由北京总社统一领导,在政治上、组织上拟请上海市委宣传部负责领导,并希望上海市委有一位书记也管一下上海分社的工作。上海分社编制暂定一百二十人,请上海市委协助调配所需干部和安排临时办公用房,经费由北京总社拨发。为长远的工作打算,等有条件时并拟在上海筹建印制《中国大百科全书》的现代化印刷厂,修建图书馆及办公楼。此外,随着工作的开展,还准备在部分省、市、自治区逐步建立中国大百科全书出版社办事处(请当地党委指定有关单位兼管,不另立编制)。为了使各方面了解和支持大百科全书的工作,我们请求中央将一九七八年五月批准的请示报告,连同本报告,一并批转中央和国务院各部门,各省、市、自治区党委,中国人民解放军总参谋部、总政治部。

以上报告,妥否,请批示。

主送:中央宣传部并报华主席、党中央

(据国家出版局保存的原件刊印)

努力做好少年儿童读物的创作和出版工作

《人民日报》1978年11月18日社论

最近召开的全国少年儿童读物出版工作座谈会，呼吁各级文化部门的领导和文艺界、出版界、科技界、教育界的同志们都来关心少年儿童读物的出版工作。这件事关系到我国两亿少年儿童的健康成长，希望大家都来重视这项工作。

华主席在全国科学大会的讲话中指出："提高整个中华民族的科学文化水平，还有一个十分重要的、应当特别予以重视的方面，这就是青少年的培养。青少年是我们无产阶级革命事业的接班人。青少年要从小健全地发育身体，培养共产主义的情操、风格和集体英雄主义的气概，还要从小养成爱科学、学科学、用科学的优良风尚。"邓副主席指出："革命的理想，共产主义的品德，要从小开始培养。"华主席和邓副主席的指示，深刻地阐明了加强少年儿童教育工作的重要意义。目前，我国有两亿少年儿童，占人口的四分之一。一二十年之后，他们是我国社会主义革命和社会主义建设的主力军，是实现四个现代化的主要力量。我们只有在青少年时期，从德、智、体诸方面抓紧对他们的教育培养，我们的革命事业才能后继有人，才真正有灿烂辉煌的前景。在少年儿童培养教育的工作中，少年儿童读物所起的作用是十分巨大的。那种认为少年儿童读物是"小儿科"、"下脚料"的思想是极其错误的。我们要大造舆论，使人们充分认识到为两亿少年儿童创作和出版图书，是一项十分重要而光荣的任务。

新中国成立以来,在毛主席、周总理和许多老一辈无产阶级革命家的亲切关怀下,我国少年儿童读物的创作和出版工作取得了很大的成绩,对我国年轻一代的成长起了很大的作用。但是,文化大革命以来,由于林彪、"四人帮"的干扰和破坏,少年儿童读物的创作和出版工作受到严重摧残。在"四害"横行时期,少年儿童读物的数量之少,质量之差达到了惊人的地步。除了一些按照"四人帮"的意图炮制的毒汁四溢的"读物"之外,千千万万少年儿童没有书看,知识严重贫乏,精神生活空虚。粉碎"四人帮"以来,这方面的工作虽在积极地恢复、整顿和开展,但由于"内伤"很深,少年儿童读物奇缺的情况至今还没有很好解决。去年全国出版的少年儿童读物只有一百九十二种,印数二千六百五十三万册,仅占当年图书出版总数的百分之一点五,总册数的百分之零点八。以我国有阅读能力的两亿小读者计算,每十三个孩子一年才能有一本书。面对这样严重的局面,一切关心后一代成长、重视祖国未来的革命同志都不应等闲视之!为了促进孩子们德、智、体的全面发展,培养共产主义的情操,我们不仅要出版政治、历史、地理等读物,还要出版更多的科技、文学、艺术的读物,以满足两亿小读者越来越广泛的需要。

要加速发展少年儿童读物创作出版事业,必须进一步解放思想。长期以来,林彪、"四人帮"在少年儿童读物创作和出版的领域里,划了许多禁区,下了好多禁令,例如不准提少年儿童读物的特点,不准提知识性,不准提趣味性,不准提题材、体裁多样化,等等,严重地束缚了人们的思想。直到现在,这种流毒还远远没有肃清,使有些同志仍然心有余悸。对于林彪"四人帮"的假左真右的一套谬论,以及他们规定的各种条条框框,必须进行彻底批判,拨乱反正,正本清源,划清路线是非,少年儿童读物的创作才有可能出现繁荣的局面。什么不能讲少年儿童的特点,什么不准提知识性、趣味性,通通都是林彪、"四人帮"假左真右的谬论。毛主席一贯教导我们,写文章作演说,都要看对象,做到"有的放矢","说话要有趣味"。鲁迅也要求这样的作品必须是既要"有益",又要"有趣"。要写得生动、活泼、形象、幽默、浅显易懂、引人入胜,这样作虽然要费力气,却是搞好少年儿童读物创作、出版工作的基本要求。我们搞少年儿童读物创作和出版工作的同志,必须"思想再解放一点,胆子再大一点",敢于冲破林彪、"四人帮"设的禁区,打破他们设的条条框框,在符合六条政治标准的前提下,提倡题材、体裁和风格多样化,真正做到"百花齐放"。

为了做好少年儿童读物的创作和出版工作,各级党委必须加强对这项工作的组织和领导。各级党委宣传部门要抓紧这项工作,要把出版、文联、教育、科协、共青团、妇联等等各方面力量组织起来,扎扎实实地建设好少年儿童读物的创作和编辑队伍。要认真开展少年儿童读物的创作、出版、评价、阅读等活动。要对优秀的少年儿童读物建立评奖制度。我们要大造为孩子们创作光荣的舆论,调动一切积极因素,组织老作家积极为孩子们写作,并热情地帮助青年作者提高写作水平。我们也希望广大有丰富实践经验的中小学教师、科学技术工作者、少年儿童工作者、各行各业的同志们,都能拿起笔来,为我们的两亿小读者写作,并给予大力支持。我们相信经过一个时期的努力,少年儿童读物园地百花竞开、欣欣向荣的局面一定会到来的。

(据《人民日报》1978 年 11 月 18 日刊印)

国家出版事业管理局关于
出版用纸提价补贴问题的请示报告

1978 年 11 月 20 日·(78)出计字第 599 号

国务院在批转国家物价总局《关于提高部分纸张出厂价格的请示报告》的批语中规定:"纸张出厂价格提高后,小学生作业本、学生课本和各种书籍、杂志的价格都不作变动,以利于广大群众学习科学文化知识。出版部门由于纸张提价而增加的支出,由财政部门给予补贴"。

最近,我们与财政部商谈具体补贴办法。我们的意见,按国务院的规定和余秋里副总理的批示,从今年十二月一日起,出版部门由于纸张提价而增加的支出,由财政部门给予补贴,纸张提价多少,补贴多少。如:一九七九年用于出版课本、书籍和杂志的凸版纸,经国家计委核定为三十三万吨,每吨提价二百四十元,财政部门应给予出版部门补贴七千九百二十万元。但财政部不同意按此项已定的原则补贴,而要求全国每一个出版单位,由于纸张提价而增加的支出,都作为出版企业的亏损。我们认为这样做不符合国务院批准的原则,实际上是把部分造纸厂的亏损转嫁到所有出版单位的头上。

出版单位一向按保本薄利的原则确定书价,利润率一般不超过百分之五。在出版成本中,纸张费用是主要支出,约占成本的百分之六十五左右,所以出版企业的利润是很少的。如果出版部门由于纸张提价而增加的支出不由财政部门按政策性亏损予以补贴,势必造成出版企业全行业亏损,都带上亏损单位的帽子。这不仅不符合扭亏增盈的精神,还会挫伤出版单位广大职工的积极性,而且对于出版企业改进经营管理,加强经济核算,改进职工福利,都极为不利。因此,我们要求仍按国务院批转国家物价总局报告时的规定,出版部门由于纸张提价而增加的支出,作为政策性亏损,由财政部门给予专款补贴。为了不影响出版社正常的经济核算,此项补贴由财政部门统一拨给出版部门的纸张供应单位。

以上报告妥否,请批示。

主送:余秋里副总理并邓小平、李先念副主席

抄送:国家计委、财政部、物价总局、轻工业部、教育部

(据国家出版局保存的原件刊印)

国家出版局颁发《新华书店滞销书处理的试行规定》

1978年11月23日·(78)出发字第592号

发去《新华书店滞销书处理的试行规定》,请转知所属书店试行。

这个规定,比较具体地规定了滞销书范围,适当下放了审批权限,同时对加强滞销书处理的财务管理和监督作了必要的规定。目前各地书店还在整顿中,对滞销书的处理工作要加强领导,特别是要注意检查,防止发生违反规定的现象。

试行过程中有什么问题,请及时汇报。过去颁发的有关书店滞销存书处理的通知中的规定,与本规定有抵触的以本规定为准。

主送:各省、市、自治区出版(文化)局,新华书店总店

附:

新华书店滞销书处理的试行规定

各地新华书店在图书进销工作中,要加强调查研究和宣传推荐,尽力防止和减少图书的滞销和积压。对于难以避免产生的滞销书,要经常和及时处理,防止长期积压,占用库房和资金,影响企业经营管理。处理滞销书,要注意政治严肃性,并注意尽可能发挥存书的作用和尽量减少经济损失。除平日的处理外,每年第四季度应对存书进行一次全面清查,对滞销积压图书集中处理一次。要通过

滞销书的清查处理,总结经验教训,不断提高书店的经营管理的水平。

现对滞销图书的处理,规定如下:

(一)滞销书范围:

一、风黄污损按原定价销售不出去的图书;

二、原为成套发售、但已残缺不全的零本书;

三、过期的历书、农历图、年历、月历(一般为过了春节)和过期的期刊(时间性强的过期半年以上,时间性不强的过期一年以上);

四、失去时效的学习材料、宣传小册子、宣传画、新闻展览图片;

五、教育行政部门决定不再作学校教材使用,还可作一般书阅读,而社会上需要也已很少的中小学教材;

六、已有修订本的一般旧版书(包括大学、中专教材);

七、由于进货过多、长期滞销积压的一般图书;

八、内容陈旧的一般图书。

马恩列斯著作、毛主席著作、华主席著作、革命领袖像、党和国家的重要文件,除风黄污损者外,一概不得擅自处理。

出版部门通知停售的图书,应严格按照通知及时彻底清理,不得作滞销书处理。

(二)处理方式:

一、调剂:经过推销不能解决的滞销书,可报请上级店进行调剂。凡能调剂解决的滞销书,都不得作降价报废和赠送处理。

二、降价:需要处理的滞销书,经过调剂得不到解决,或者估计不可能调剂解决的,可降价出售。降价一段时间仍销售不掉的,可进一步降低折扣出售。有时间性的书刊,作降价处理要及时。降价的幅度要适当,一般不低于定价的五折,最低不低于定价的二折。降价处理的书,在封底原定价附近标明"特价××元"字样。

降价处理的书,有旧书店的宜放在旧书店出售。没有旧书店的地方,可在一般门市部设立特价书专台出售。大中城市书店如有条件,可以视需要设立专门出售特价书的门市部。因风黄污损作降价处理的马恩列斯著作、毛主席著作、华主席著作、党和国家的重要文件,以及其他不宜在一般门市部特价出售的书,应在旧书店出售;没有旧书店的地方,可在机关内部出售。因风黄污损需要处理的革命领袖像,不得作降价处理。

三、报废:经降价处理后确实销售不掉的滞销书,可作报废处理。带有领袖形象的年画、宣传画,风黄污损的革命领袖像,作报废处理时,一律售给纸厂化浆,不得作其它用途,不得售给其他部门。

四、赠送:报废的滞销书,尚有一定阅读和参考价值的,也可赠送给适合的单位(不直接赠送个人)。

(三)审批权限和手续:

一、第一类至第六类滞销书作降价和报废处理,由县市书店负责人决定。但作报废处理均须经县市书店财务、业务、门市负责人集体审查,并抄列清单报省级书店备案。

二、第七、八类滞销书作降价和报废处理,由省级书店审查批准。但第七类滞销书作报废处理须征求发书店意见,第八类滞销书作报废处理须提请发书店征求出版社意见。

三、为便于处理工作的进行,发书店应根据各地存需情况,主动将发书店认为可以报废的第七类滞销书和出版社认为可以报废的第八类滞销书,编出书目,通知各省级书店供掌握参考。此项工作应每年年中成批进行一次。

省级书店可以将可降价或报废的第七、八类滞销书,通知所属县市书店作处理参考。县市书店可根据当地存需情况决定处理,不再经过审批。

四、发书店本身的滞销存书,可根据存需情况作降价处理,征求各地书店添配。发书店作降价处理的书,县市书店的存书降价与否,根据本地存需情况自行决定。

(四)财务处理：

一、滞销书降价和报废的经济损失，在各地书店按规定提存的"呆滞损失准备金"中解决。滞销报废书卖废纸收入，入"呆滞损失准备金"账户。呆滞损失准备金不得移作他用。

二、降价和报废的滞销书，要造具清册(包括书名、出版者、版次、册数、报损金额、处理原因等)，经过负责人复查点验，有关人员签字盖章后存案。其中报废部分应将图书的版本记录撕下保存备查(保存期限按照会计原始凭证的规定)，赠送部分不撕版本记录，将接受单位的收据保存备查。要严格按照国家财会制度办事，严禁弄虚作假。

(五) 新华书店总店和各省级书店要加强滞销书处理工作的领导，要注意从以下三个方面加强检查督促，总结和交流经验：

一、滞销书的处理是否符合规定?处理方式和降价幅度是否适当?防止发生乱降价、滥报废和弄虚作假现象。

二、清查和处理滞销书是否及时和按期进行?防止对滞销存书不闻不问，连年积压，造成账面存书虚假和不利于经营管理的现象。

三、是否通过滞销书的清查处理，总结经验，接受教训?防止只单纯处理存书，不研究改进进销工作和经营管理。

(据国家出版局保存的原件刊印)

新华书店总店颁发
《国营书店会计制度》的通知

1978年11月25日·(78)总第字140号

一、会计核算是管理国民经济必不可少的重要工具。为了做好会计工作,加强财务管理,提高各级书店的经营管理水平,促进图书发行事业的迅速发展,我们根据省、市、自治区书店的意见和要求,制定了《国营书店会计制度》,现随文发给你们,请从一九七九年元月份起执行。

二、根据经济工作应越做越细的要求,制度规定按照图书流转环节(调拨、销售)分别进行核算。省、市、自治区书店和没有代发书任务的地区书店,其管理费用,作为"调拨费用"列帐。

三、《国营书店会计制度》已经财政部和国家出版事业管理局审查同意,请按照制度规定的格式和日期,及时向有关部门提供会计报表。各地出版(文化)、财政部门,在汇总会计报表时,应按照书店的销售(调拨)净收入(扣除销售"调拨"折扣)列入"产品销售收入"项目。

四、在实施制度的过程中,如有什么问题,请及时向总店反映,以便请示有关部门研究解决。

《国营书店会计制度》已印发(略)

主送:各省、市、自治区新华书店,新华书店北京、上海发行所,新华书店储运公司
抄报:财政部,人民银行总行,国家出版事业管理局
抄送:各省、市、自治区出版(文化)局、财政局、人民银行分行

(据国家出版局保存的原件刊印)

国家出版局颁发
《新华书店图书发运工作办法》

1978年11月25日·(78)出发字第611号

发去《新华书店图书发运工作办法》,请转发所属新华书店贯彻执行。

两年来,新华书店的图书包装、发运、转运和收书各环节的工作,有了很大改进,但还存在不少问题:发书、转运慢,差错比较多,图书途中损失相当大。各地在贯彻这个办法时,对图书发运各环节的工作要切实加以整顿。图书转运、收书网点布局不合理的,新华书店总店应组织新华书店储运公司、上海发行所进行调查研究,与有关省、市、自治区新华书店研究调整。

本办法颁发后,文化部以前颁发的《新华书店自办图书中转工作办法》和新华书店总店过去发的有关规定,一律作废。

主送:各省、市、自治区出版(文化)局,新华书店总店

附：

新华书店图书发运工作办法

(一)总　　则

一、图书发运工作,是图书出版发行工作的重要组成部分。做好图书发运工作,才能顺利完成图书发行任务。各级新华书店都要十分重视图书发运工作。

二、图书出版后,一般均由出版地直接发到全国各县市。但我国目前大部分地区还不能直达运输,也不能联运,因此新华书店必须自办转运工作。直接发书和自办转运,是新华书店的优良传统,必须保持和发扬这个传统,认真做好图书转运工作。

三、新华书店的图书发运网,由以下三部分组成：

(1)发运店,包括担任总发行的发行所、省级书店,专业的图书储运公司和出版社在外地造货时当地代理发运工作的书店（印刷厂）。县市书店调出图书和向发运店退书,应如同发运店,按照本办法中的有关规定办理。

(2)中转店,包括转运地点负责转运工作的书店和个别地方由书店设立的专搞转运工作的中转站。县市书店及其门市部在县市境内的运输、转发,由县市书店自理,不属中转范围。

(3)收书店,即各地县市书店。县以下书店一般不作为直接收书单位,个别特殊情况需要和适于直接收书的,由省级书店和新华书店储运公司、上海发行所研究确定。

四、图书发运工作的总的要求是:安全、准确、迅速和节约。要努力提高工作质量和效率,特别是要消灭差错事故,尽力减少图书在包装、托运、转运、收发过程中的停留时间。为此必须：

(1)发扬共产主义协作精神,加强全局观点。发运店、中转店、收书店都要积极主动、相互配合,并与交通运输部门密切协作。

(2)健全规章制度,加强岗位责任制。发、转、收各环节都要做到：手续清楚，记录完整，定期考核，责任分明。

(二)包装发运

五、发运店发运图书，要适应不同的运输状况，包装牢固；包件内图书的品种、数量，应与随书附去的包装单所列完全相符；包件上的收转店名、地址等，要清楚、无误。要注意调查了解图书包装在运输过程中的实际状况，不断改进包装工作。

六、紧急出版配合学习、运动等时间性很强的图书，要作急件处理，优先和加速包装发运，并视需要用快件运输。

七、需要转运的图书，包件不要过重(一般以不超过十五公斤为宜)。转运的图书和发给中转店本身的图书一般可并单托运，转运的包件标签印绿色，直达的包件标签印黑色，以便中转店提取时分拣。转运的图书，发运店要开具中转通知单(简称"中转单")随交通运输部门的运单或随包件带交中转店，据以办理转运和结算转运费用。

(三)中　　转

八、图书的转运工作，以由转运地点的书店办理为主，视情况需要委托外单位代转和设立书店的中转站为辅。图书转运点要合理布局，并尽量避免往返相向运输和减少转运层次。超过两次转运的，除大宗图书外，一般宜用邮寄。

九、中转店要负责做好经转图书的提取、保管和转运工作，认真处理有关书店对转运图书的查询，及时向省级书店、发运店反映交通运输变化情况和图书包装质量问题。

十、中转店要根据转运工作量，配备责任心强的专职人员或以转运工作为主的兼职人员办理转运工作，并尽可能保持稳定。办理转运工作的书店，计算每人每年销售量时，可在总人数中减去办理转运工作的人员。有关转运工作的人员工资、劳保用品和必需的设备等费用开支，列入本店财务、基建计划内。总结评比应将转运工作作为一项内容。

十一、中转店向运输部门提取转运图书，按照本办法第十四条收书店提取包件的规定办理。收到转运图书后，根据情况采取适当的运输方式(整车、零担、客车捎带等)尽快转出。急件要努力争取当天转出或到书后第一班车(船)转出。客车捎带的图书，要同运输单位和收书店商妥简便可靠的交接手续。要注意了解图书交运后的实际运输情况，并加强与收书店的联系，不断改进转运工作。

如遇运输紧张，图书积压转运不出去，应根据情况及时向当地党政领导机关汇报，请求帮助解决；必要时向省级书店反映或与收书店联系，请省级书店或收书店设法，协力解决。

十二、中转店遇有标签脱落的转运包件，不能判明收书店时，可拆包查看包装单，补贴标签后转出；查不到包装单时，尽量详细提供有关情况函询发运店。遇有破损松散的转运包件，应将包装加固，加固费用由发运店负担。

中转店在任何情况下都不得扣留、拆卖转运的图书。

十三、需要再转的图书，中转店应将发运店附来的再转中转单，随运单带交下一中转店。如再转中转单遗失或漏附，应代补写中转单。

(四)收书和差错处理

十四、收书店向运输部门提取图书包件时，应按运单验明点收，如发现店名不符、件数不足、破包短书、污损受潮等情况，应当场请运输部门出具事故记录，请当地运输部门查处。损失的图书属运输部门责任的，在当地解决损失赔偿问题。

挂号邮件同上办理。虽未挂号，但邮件明显被拆过或邮运途中保管不善而发生图书短少、污损等情况，应在收取邮件当时要求邮局查明处理，改进邮递工作。

十五、收书店提取运回图书包件后，应有专人登记、拆包，按包装单点收。包内图书如有差错，写明有关单据日期、号码、差错情况等，经负责人复查签字盖章后向发运店查询。印刷(装订)厂小包

(捆)数量不足,要将包(捆)上封签撕下,盖章注明缺少数量,附寄发运店。发运店接到查询后,最迟应在半个月内查复。

十六、收书店划付书款后未收到书,最迟应在付款后九十天内向发运店查询;收到书后发现包内有差错,最迟应在收后三十天内向发运店查询。逾期对方可不受理,因而产生的经济损失由收书店负担。图书有倒装、缺页等印装质量问题,发现后通过发运店向出版社调换(无书调换时退给书款),不受上述时间限制。

代发的图书,倒装、缺页等印装质量问题向总发行的发运店调换,发书差错向代发店(厂)查询。

十七、发运和转运图书发生差错事故而造成的经济损失,由发生差错的责任单位负担。由于包装不善而造成的图书损失,由发运店负担。发运店、中转店、收书店未按手续办事,记录不全,单据零乱,因而不能查明差错事故责任时,由造成这一情况的单位负责,并负担差错事故造成的经济损失。由于不能防止的自然灾害和由于特殊原因无法查明责任的差错事故,造成的图书运输损失,由发运店负担。

十八、收书店收到不是发给本店的图书,不得拆卖,应判明情况处理:属运输部门差错,交运输部门退转,函告有关书店;属发运店或中转店差错,转运收书店(费用由造成差错的发运店或中转店负担),函告有关各店。

(五)运费负担

十九、由发运地到收书店县市境内(在不转换运输工具的情况下发到收书店县市境内离收书店最近的车站、轮埠)的运输费用,由发运店负担。收书店向车站、轮埠提取运回图书的费用,由收书店负担。收书店距取书的车站、轮埠超过二十公里的,超过的里程运费,由发运店给予补助。一般订添书,收书店要求快件发运的,增加的运费由收书店负担。

调剂图书的运输费用,一般由调出店负担;应调入店要求,支援性质的调剂、运输费用由调入店负担。

二十、转运费用由中转店垫付,由发运店负担。中转店每转运一件图书,发运店付给手续费人民币一角。由外单位代转的,负责联系督促转运工作和垫付转运费用的书店,发运店付给手续费每件人民币五分。中转店和发运店结算转运费用的办法,由新华书店储运公司、上海发行所征求省级书店意见拟订,经新华书店总店同意后实行。

调剂图书的转运费用和手续费,一律向调出店结算;应由调入店负担的,调出店付给中转店后再直接向调入店收回。

(六)领导管理

二十一、新华书店总店要加强对图书发运、转运工作的调查研究,总结交流经验,指导各地做好图书发运、转运工作。新华书店总店可视需要对本办法作补充规定。

二十二、各省级书店要加强本省、市、自治区图书发运、转运工作的领导和管理,包括:(1)加强图书包装、发运的业务技术指导;(2)组织管理好本省、自治区的转运工作,包括运输路线和转运点的选择、中转店(站)的设置、外单位代转关系的联系、转运费用结算工作的管理等;(3)调查研究,总结交流经验,培训人员;(4)与交通运输部门联系,解决本省、市、自治区图书运输上的问题;(5)编印本省、市,自治区收书店名、店址、运输路线、到达站名等一览表,分发各发运店,并及时通报变动情况。

转运点由省级书店与新华书店储运公司、上海发行所共同研究确定。跨省、市、自治区的转运,由有关省级书店协商安排。

二十三、新华书店储运公司和上海发行所要对全国图书运输状况进行调查研究,提供改进发运、转运工作的意见;协助省级书店安排好转运工作;搜集、编印发运、转运工作的资料。储运公司负责北三区加山东、河南二省,上海发行所负责南三区除山东、河南二省。

(据国家出版局保存的原件刊印)

全国科协、国家出版局关于执行《1978—1985 年全国重点科普图书出版规划》的通知

1978 年 12 月 5 日
(78)科协发普字 100 号　(78)出版字第 616 号

为了极大地提高整个中华民族的科学文化水平，加快实现新时期的总任务，更好地向广大干部、工农兵和青少年普及科学技术知识，必须大力繁荣科普创作，切实加强科普读物的出版工作，当前十分需要全面规划，统筹安排，充分发挥各有关出版社的积极性，各有侧重地集中力量编辑出版一些成套的科普读物。为此，在今年召开的全国科普创作座谈会上初步制订了《一九七八——一九八五年全国重点科普图书出版规划》，并在会后与各有关出版社进一步协商确定。现发给你们，请各有关出版社认真执行，并在编辑、出版等方面给以保证。

为使规划顺利实现，特提出如下几点要求：

一、承担本规划所列任务的各出版社，应分别成立各套丛书的编委会，以便按丛书所定要求研究、拟订选题和物色作者，保证丛书质量。各套丛书都要本着步子再大一点的要求(整个规划争取五年基本实现)，抓紧订好选题计划，并请于明年一月底以前分别报送全国科协与国家出版局。我们拟于明年适当的时候专门召开一次会议，交流经验，研究问题。

二、本规划所列各套丛书，均为全国发行，其他各出版社如需

组织同类题材的书稿,请注意避免内容雷同。各套丛书所需用纸由承担出版任务的出版社编入年度计划,不再专项安排,但请各级有关出版行政机关予以保证。

三、各省,市,自治区科协普及工作部,各学科专门学会普及工作委员会,中国科普创作协会筹委会,各省、市、自治区科普创作协会(筹委会),应把协助实现本规划作为重点工作之一,积极动员、组织会员协助各出版社完成规划所列丛书的编写任务。

四、在本规划执行过程中有什么问题、意见及要求,请及时向我们反映,以便研究解决。

主送:各省、市、自治区出版(文化)局及所属出版社,中央级各有关专业出版社
　　　各省、市、自治区科协,各学科专门学会普及工作委员会,中国科普创作协会筹委会,各省、市、自治区科普创作协会(筹委会)

附:

1978-1985年
全国重点科普图书出版规划

一、以广大干部和群众为对象,编辑出版下列各套丛书、讲座和画册。

1.《自然科学基础知识丛书》

以具有高中文化水平的广大读者为对象,每种十万字左右。由科学出版社编辑出版,一九八二年内出齐。

2.《数、理、化、天、地、生知识丛书》(六套)

以具有中学文化水平的广大读者为对象,每种五万字左右,图文并茂。由科学普及出版社、山东科学技术出版社、吉林人民出版社联合编辑出版,一九八三年内出齐。

3.《自然科学小丛书》

以具有初中文化水平的广大读者为对象,每种四至五万字,选

题可细一些,精一些。由北京出版社出版,一九八五年内出齐。

4.《图解科学普及全书——自然界的辩证发展》

以具有高中文化水平的广大读者为对象,每种二十至三十万字,四百至五百幅图。由上海科技出版社编辑出版,一九八二年内出齐。

5.《现代自然科学知识丛书》

以具有高中以上文化水平的读者为对象,每种十万字左右。由上海科技出版社编辑出版,一九八一年内出齐。

6.《新技术普及丛书》

以具有高中以上文化水平的读者为对象,每种十万字左右,由上海科技出版社编辑出版,一九八一年内出齐。

7.《工业现代化小丛书》

以具有初中文化水平的广大读者为对象,每种三至五万字。由科学普及出版社编辑出版,一九八二年内出齐。

8.《农业现代化小丛书》

以具有初中文化水平的广大读者为对象,每种三至五万字。由科学普及出版社编辑出版,一九八二年内出齐。

9.《现代农业科学讲座》

以具有高中以上文化水平的广大读者和农业科技人员为对象,每种三万字左右。由中国农学会主编,农业出版社出版,一九八二年内出齐。

10.《国防现代化普及丛书》

以具有初中以上文化水平的广大读者为对象,按航空、舰船、电子、武器等专业分别出版几套。由国防工业出版社编辑出版,一九八五年内出齐。

11.《部队科普丛书》

以具有初中文化水平的全军战士和基层干部为读者对象,每种三至五万字。由中国人民解放军战士出版社编辑出版,一九八〇年内出齐。

12.《自然辩证法通俗讲座》

以具有初中以上文化水平的广大读者为对象,每种三至五万字。由中国自然辩证法研究会主编,科学普及出版社出版,一九八二年内出齐。

13.《轻工业科学小品丛书》

以具有初中文化水平的广大读者为对象,每种四至五万字。由轻工业出版社编辑出版,一九八二年内出齐。

14.《科学广播》专辑

以具有初中文化水平的广大读者为对象,每辑五万字左右。由中央人民广播电台从"科学常识"、"讲卫生"节目中按专题选编,科学普及出版社出版,每年出版五至十种。

15.《科技图册》

由上海科技出版社编辑出版,每册一百五十至二百幅图,一九八五年内出齐。

二、以广大青年、中学生为主要对象,编辑出版下列各套丛书、读物及手册。

1.《青年文库》(自然科学部份,包括中外著名科学家和技术专家传记) 由中国青年出版社编辑出版,一九八五年出齐。

2.《高考指南》

指导考生复习和选择报考志愿,由各地方出版社根据本省的大专院校的招生专业编写出版,附全国招生的重点大学和本省大专院校介绍,每年修订重版一次。

3.《高考各科复习指导》

根据教育部制订的复习提纲编写,每门一册,列出应当熟练掌握的公式、原理、要点、习题等内容和答案,指导考生复习。由上海教育出版社编辑出版,每年修订一次。

4.《中学生各科实验手册》

按物理、化学、生物三门基础课各编一册，图文并茂，附以习题和答案，指导中学生做好实验。由上海教育出版社编辑出版，一九八〇年内出齐。

5.《中学科技活动丛书》

以初中以上的学生为主要读者对象，配以较多的插图、图解。由上海教育出版社编辑出版，一九八二年内出齐。

6.《数、理、化竞赛丛书》

以高中文化水平的知识青年、在校学生为主要读者对象，汇编国内外历届数、理、化竞赛试题及其答案或解题方法。国内竞赛由各科竞赛委员会主编，科学普及出版社出版。

三、以广大青年工人、企业管理干部为主要对象，出版下列各套丛书和读物：

1.《工业自动化丛书》

以具有相当高中及中专文化水平的管理干部、工人、初级技术人员为对象的中级应用技术普及读物，每种二十万字左右。由天津人民出版社编辑出版，一九八〇年内出齐。

2.《冶金工人、干部技术培训丛书》

为适应大量引进新技术、新设备的需要，出版《冶金工人技术培训丛书》和《冶金管理干部技术培训丛书》。由冶金工业出版社编辑出版，一九八三年内出齐。

3.《机械工业现代技术丛书》

以机械系统的工人、初级技术人员为主要读者对象。由机械工业出版社编辑出版，一九八五年内出齐。

4.《煤矿工人技术丛书》

以煤炭工业系统工人、初级技术员为主要读者对象，包括：《综合机械化技术丛书》、《煤矿常用仪器仪表丛书》、《立井井筒掘进机械化技术丛书》、《煤矿测量工人自学丛书》四套小丛书。由煤炭工业出版社编辑出版，一九八五年内出齐。

5.《煤炭综合利用小丛书》

以初中以上文化水平的工人、管理干部为读者对象。由山西人民出版社编辑出版,一九八五年内出齐。

6.《化工工人自学丛书》

以初中以上文化水平的化工工人为读者对象,通过自学达到中等专业学校毕业水平。由化学工业出版社编辑出版,一九八五年内出齐。

7.《化学工业知识丛书》

以化工战线广大干部为主要读者对象,由化学工业出版社编辑出版,一九八五年内出齐。

8.《天然气小丛书》

以初中文化水平的广大工人、干部为主要读者对象,每种四至十万字。由四川人民出版社编辑出版,一九八五年内出齐。

9.《电信技术普及丛书》

以具有一定电信、无线电基础知识的工人、干部为主要读者对象,着重介绍电信新技术知识,每种十五万字左右。由人民邮电出版社编辑出版,一九八〇年内出齐。

10.《建筑工人技术丛书》

以具有初中文化水平的建筑工人为读者对象,包括:《建筑工人技术学习丛书》、《建筑机械基础知识丛书》、《建筑安装新技术丛书》三套小丛书。由中国建筑工业出版社编辑出版,一九八五年内出齐。

11.《纺织工业知识丛书》

以纺织工业系统的新工人和管理干部为主要读者对象,着重介绍纺织工业的新技术知识,每种十万字左右。由纺织工业出版社编辑出版,一九八〇年内出齐。

12.《铁路工程新技术丛书》

以铁路系统工人、干部为主要读者对象,每种十万字左右。由人民铁道出版社编辑出版,一九八五年内出齐。

13.《铁路养护新技术丛书》

以工务职工为主要读者对象,每种五万字左右。由人民铁道出版社编辑出版,一九八五年内出齐。

14.《港口工人技术丛书》

包括:《港口机械丛书》、《港工航道观测仪表丛书》。由人民交通出版社编辑出版,一九八五年内出齐。

15.《公路工人技术丛书》

包括:《公路测量工人丛书》、《公路养护工人丛书》、《公路施工工人丛书》、《公路桥涵工人丛书》、《筑路、养路机械工人丛书》五套小丛书。由人民交通出版社编辑出版,一九八五年内出齐。

16.《地质工人自学地质丛书》

以地质部门初中文化水平的青年工人为主要读者对象,每种十万字左右。由地质出版社编辑出版,一九八五年内出齐。

四、以广大农村青年、农村干部为对象,出版下列丛书和挂图。

1.《农、林、牧、副、渔基础知识丛书》

以具有初中以上文化水平的农村青年、干部为对象,按专题分成若干小套。由农业出版社编辑出版,一九八五年内出齐。

2.农、林、牧、副、渔应用技术读物

①具有全国意义的按专题分成若干小套,由农业出版社编辑出版。

②各地方人民出版社(或科技出版社),在八年内分别出版若干小套适合本省特点的应用技术读物,已出的要在三——五年内配套补齐。

3.农业图谱、画册和挂图

以植物保护、农业机械、畜牧兽医等为主要内容。由农业出版社和有关地方出版社编绘出版。

五、以广大干部,群众和赤脚医生为对象,出版下列丛书。

1.《讲卫生小丛书》

以具有初中以上文化水平的广大读者为对象,由各地方出版社根据本省、市、自治区的生活特点编辑出版若干种或相邻几省合出一套。

2.《赤脚医生自学丛书》

各地方出版社根据本地区的特点及需要,编辑出版一套或由相邻几省各出一套。

六、翻译书

1.《科普译丛》。选择外国期刊上的优秀科普文章翻译汇集成册出版。由中国科普创作协会翻译研究组主编,科学普及出版社出版,每年出版六——十二辑。

2.在八年内由中国科普创作协会翻译研究组挑选国外七十、八十年代出版的优秀科普读物二十套,按专业内容分别推荐给有关出版社翻译出版。

注:1.以少年儿童为主要对象的科普图书规划已列入《一九七八——一九八〇年部分重点少儿读物出版规划》中,本规划略。

2.《农业机械化丛书》、《农村科学实验丛书》已近完成,未列入本规划。

(据国家出版局保存的原件刊印)

财政部、国家出版局关于恢复县(市)新华书店财务由省、市、自治区书店统一管理的联合通知

1978年12月6日
(78)财事字第361号　　(78)出发字第613号

新华书店的财务体制,在一九五七年以前,实行全国统一管理,总店、省店、县(市)书店三级核算的办法。一九五七年起,改为省、直辖市、自治区书店统一管理,省(直辖市、自治区)店和县(市)书店两级核算的办法。文化大革命期间,除贵州、内蒙古外,绝大部分省、市、自治区书店把所辖县(市)书店的财务,交由当地县(市)文化行政部门直接领导和管理。

新华书店的图书销售价格,在全国是统一的,没有地区差价。不论大小城市、山区、边远地区和少数民族地区,新华书店零售店的销售毛利相同,而销售成本(发行费用)却悬殊很大,因而有些县(市)书店利润过多,部分县(市)书店常年亏损,这是不合理的。如果县(市)书店的财务,由省(市、区)书店统一管理,就可以综合平衡,统一规划,以盈补亏,有利于图书发行事业的发展。为此,我们认为新华书店的财务体制,从一九七九年起,应该恢复文化大革命以前的做法,即:县(市)新华书店的财务,仍应由省、市、自治区新华书店统一管理,县(市)书店的利润,均应上交省、市、自治区新华书店,县(市)书店的亏损,亦由省、市、自治区新华书店弥补。

主送:各省、市、自治区出版(文化)局、财政局
抄送:各省、市、自治区党委宣传部、新华书店总店

(据国家出版局保存的原件刊印)

国家出版局
对领袖像(标准像)定价问题的批复

1978年12月6日·(78)出计字第628号

　　(78)人美字第60号函悉。领袖像(标准像)的定价,由于受林彪、"四人帮"极左思潮的影响,从1966年10月起减半降价以来,造成大量亏损,这是很不合理的。根据中央有关指示,按照保本薄利的图书定价政策,同意你社意见,从明年一月一日起全开像定价每张调整为三角八分,对开像每张为一角六分。在调整定价的同时,发行折扣恢复为七折。

　　各地书店现存领袖像售价不变,售完为止。

主送:人民美术出版社

抄送:各省、市、自治区出版局,新华书店总店,北京发行所

(据国家出版局保存的原件刊印)

国家出版局转发《1978至1980年部分重点少儿读物出版规划》的通知

1978年12月14日·(78)出版字第650号

为了给少年儿童提供丰富的精神食粮,今年十月在庐山召开全国少儿读物出版工作座谈会期间,经我局和有关出版社商量,拟定了《1978年至1980年部分重点少儿读物出版规划》,现发给你们。为了尽快实现这一规划,请参加各套丛书协作的单位,抓紧协商,订好选题,并将协议情况、选题计划及完成期限于明年一月底前报送国家出版局。另外,一九七九年"六一"国际儿童节前后的出书品种(包括丛书及丛书以外的其他少儿读物)也请同时报来。

主送:各省、市、自治区出版(文化)局,中央和国务院各部委有关出版社

抄送:中宣部、教育部、文化部、团中央、全国妇联、文联、科协

附：

1978至1980年部分重点
少儿读物出版规划

说　明

　　为了适应新时期总任务的需要，尽快地满足我国两亿小读者对精神食粮的迫切要求，在全国少年儿童读物出版工作座谈会期间，经各有关出版单位协商，拟定了《1978至1980年部分重点少儿读物出版规划》。这个规划的目的在于充分发挥中央和各地方出版社的积极性，加强协作，多快好省地为少年儿童出版各类优秀读物。本规划仅限于少儿读物中一部分重点图书。各出版社的少儿读物出版规划，由出版社自行拟订。

全国少年儿童读物出版工作座谈会
一九七八年十一月

1.《少年百科丛书》

　　这是一套向初中三年级学生或同等学力少年提供的知识性读物。

　　丛书从读者实际水平出发，联系三大革命斗争实际，着重讲基础知识，并注意介绍各门学科发展的新成就。

　　丛书各科选题总数暂定四百种左右，其中：①马克思主义基础知识和政治常识三十六种；②历史知识八十四种；③地理知识五十九种；④文学艺术知识三十九种；⑤自然科学知识一百七十八种。

　　这套丛书拟三年内出版一百至一百二十种，八年内出版三百八十至四百种，平均每年出版四十种。

　　出书单位：中国少年儿童出版社

2.《小学生文库》

适合小学三、四年级学生阅读的这套读物，内容尽量包罗万象，有社会常识，思想品德教育，也有自然科学知识和文艺性读物，课外活动辅导材料等。形式要浅显易懂，生动活泼、图文并茂。

争取一九八〇年内出书八十至一百种，一九八五年出书三百至三百五十种。丛书的各类选题由协作单位商定。

出版单位：辽宁人民出版社、吉林人民出版社、黑龙江人民出版社

3.《儿童图画丛书》

读者对象是学龄前儿童和小学一、二年级学生。丛书的内容分思想教育和知识教育两方面。

思想教育内容拟出版：

(1)革命导师、革命领袖和老一辈无产阶级革命家的故事二十五种；

(2)我党领导的各个革命历史时期的斗争故事四十种；

(3)阶级教育方面十种；

(4)社会主义建设，新人新事方面二十种；

(5)国际主义教育方面十种；

(6)思想品德方面一百一十种，其中包括童话形式的作品二十五种。

知识教育内容拟出版：

(1)自然科学知识方面一百二十种；

(2)社会科学知识方面二十五种。

丛书三年内出版一百种，八年内出版三百至三百六十种。

出书单位：少年儿童出版社

4.《革命先辈的故事》

这套丛书包括革命领袖、革命家和革命烈士的故事，要有高度的思想性，也要有一定的艺术性。可以是传记式的故事，也可以单写一件或几件最有代表性和富有教育意义的事迹；可以是一个斗

争时期的故事,也可以是一些革命生活和斗争的片断记述。选题由协作单位商定。读者对象:初中和小学高年级学生。

出书单位:湖南人民出版社、湖北人民出版社、江西人民出版社、陕西人民出版社

5.《少年思想通讯丛书》

用通讯形式,紧密配合党的教育要求,针对少年儿童思想实际,进行革命理想和共产主义品德教育。选题如:谈革命理想、谈为革命勤奋学习、谈向科学进军、谈遵守纪律、谈热爱劳动、谈助人为乐、谈集体英雄主义等。读者对象:初中、小学高年级。

出书单位:中国少年儿童出版社

6.《新时代英雄谱》

向少年儿童介绍同林彪、"四人帮"斗争的英雄及他们的优秀事迹,歌颂党的十一次路线斗争的伟大胜利,以及描写为完成新时期总任务而战斗在祖国各条战线上的模范人物,为少年儿童树立新时代的学习榜样。选题由协作单位商定。读者对象:小学高年级、初中学生。

出书单位:内蒙人民出版社、天津人民出版社、山西人民出版社

7.《历史小故事》丛书

按历史顺序,以著名人物和事件为内容,系统地介绍我国和世界历史知识小故事,帮助少年儿童了解我国和世界历史的发展、变迁的概貌。选题由协作单位商定。读者对象:小学高年级,初中学生。

出书单位:河北人民出版社、山东人民出版社、河南人民出版社

8.《可爱的祖国》小丛书

介绍祖国的自然面貌、历史古迹、革命圣地和各地区改造大自然的斗争、建设新貌,增加少年儿童的地理知识,培育他们热爱祖

国的情操。选题由协作单位商定。读者对象：小学高年级、初中学生。

出书单位：陕西人民出版社、广东人民出版社、中国少年儿童出版社

9.《祖国大家庭丛书》(暂定名)

这是一套向少年儿童进行民族团结、爱国主义教育的图书。介绍各族人民历史发展、风土人情、山河风光、历史的变迁及古今汉族与各少数民族友好团结的佳话。要求内容丰富，生动活泼。选题由各协作单位商定。丛书的对象是高小、初中学生。

出书单位：内蒙人民出版社、新疆人民出版社、青海人民出版社、延边人民出版社、甘肃人民出版社

10.《少年自然科学丛书》

全书共收选题一百余种。包括综合类十种，如：有趣的数学、有趣的化学、有趣的动物、有趣的植物、新科学技术等；数学类八种，如：数的故事、浅谈电子计算机、我们周围的数学等；物理类二十二种，如：物体运动的奥秘、电波世界、原子的秘密、飞向宇宙等；化学类十一种，如：元素的故事、石油的故事、塑料家族等；生物类二十七种，如：昆虫世界、世界珍贵动物、山野探宝记、鱼类一家等；天文气象类八种，如：月球旅行记、祖国的气候等；地学类十种，如：地球的画像、地下探险、奇峰异洞、大洲大洋的故事等；生理卫生类八种，如：人体旅行、健康和锻炼等；考古类四种，如：北京人的故事等；工程技术类十四种，如：船的故事、车的故事、纺织的故事、钢铁的故事等。读者对象：小学中、高年级。

出书单位：少年儿童出版社

11.《少年自然科学百科小辞典》

这是一套适合高小、初中学生学科学用的工具书。内容包括数理化、天地生各学科的基础知识，名词术语，中外主要科学家，主要科学发明，现代科学新成就等方面的简要解释。要求文字浅显，具

有知识性、科学性、趣味性的特点,图文并茂。全书约二百万字。一九八五年内完成。

出书单位:少年儿童出版社

12.《少年科学画册》

这套画册图文并茂,以图为主,向少年儿童生动地介绍自然科学的基础知识。一九七九年起每月出版一册。读者对象:小学中、高年级。

出书单位:北京出版社

13.《少年科技活动丛书》

包括:少年电工、气象活动、通讯活动、地震测报活动、船舰模型、飞机模型、声控模型、农业科学实验、科技小制作等。已出版《少年电工》等十二种,三年内再出版八种左右。读者对象:小学高年级、初中。

出书单位:少年儿童出版社

14.《外国少年科技》

翻译、选译,编译外国优秀少年科技读物。如:日本出版的《理科实验图册》、《发明和发现图册》、用图解形式向少年儿童介绍理化实验和许多科技成就,拟翻译出版;又如:一九七五年苏联出版一套小学生百科全书,拟从中选译有关自然科学,新技术的部分出版。读者对象:初中、小学高年级。

出书单位:北京出版社

15.《科学家的故事》

介绍古、今、中、外科学家勤学苦练,百折不挠,进行发明创造的小故事,向孩子们进行爱科学、学科学、用科学的教育,提高他们为实现四个现代化贡献力量的信心和决心。选题由协作单位商定。读者对象:小学高年级、初中。

出书单位:四川人民出版社、云南人民出版社、贵州人民出版社

16.《新科学技术丛书》

通俗生动地介绍国内外新兴科学技术的发展,以开阔少年儿童的眼界,增进他们的科学知识。选题由协作单位商定。读者对象:小学高年级、初中。

出书单位:北京出版社、安徽人民出版社、少年儿童出版社

17.《科技史话连环画丛》

以各学科、各项技术发展的历史为主题,通过中外科学家发明创造的故事,介绍科技发展史。读者对象:小学中、高年级。

出书单位:人民美术出版社、天津人民美术出版社、上海人民美术出版社

18.《自然画丛》

以彩色图画为主,介绍自然科学知识。选题三十七种,如《物质的秘密》、《海中宝藏》、《微生物是什么》、《认识自己的身体》等。读者对象:小学中、高年级学生。

出书单位:上海教育出版社

19.《少年体育丛书》

这套丛书包括思想教育、基本知识、运动生理卫生等内容,以启发思想,丰富知识,使少年儿童从小树立为革命锻炼身体,为祖国勇攀世界体育高峰的志向。选题约三十至五十种,一九七八年出版五至十种,一九八〇年内出版二十至三十种。要求通俗浅显,生动活泼,图文并茂。

出书单位:人民体育出版社

20.《三十年儿童文学选集》

为迎接建国三十周年,反映自建国以来儿童文学在毛主席革命文艺路线指引下取得的丰硕成果,出版一套儿童文学创作选集(一九四九至一九七九年)。

这套选集以短篇为主,其中选本包括《儿童短篇小说选》、《儿童诗歌选》、《短篇童话寓言选》、《短篇科学文艺作品选》、《儿童戏

剧选》、《低幼儿童文学选》等。作家作品选有冰心、张天翼、严文井、高士其、金近、叶君健、胡奇作品选和陈伯吹、秦牧、杨大群等老中青作家的儿童短篇小说选。这套选集在一九七九年内出齐。读者对象：初中、小学高年级学生、教师及儿童文学工作者。

出书单位：人民文学出版社

21.《外国儿童文学名著》

这套丛书着重选译在各国儿童文学发展史上有代表性的，具有丰富内容和较高艺术水平的著作。拟在今后三年内出版二十四种，其中初版十四种，重印十种。一九七九年出版《贝洛童话集》、《阿丽丝漫游奇遇记》、《格列佛游记》、《巴拉干的荆棘》、《兹麦伊儿童诗歌》、《海岛、城市、高山的故事》、《列宁的童年和少年时代》等；一九八〇年出版《尼尔斯奇遇记》、《祖国的故事》、《王尔德童话集》、《小流浪汉》、《班台莱耶夫小说选》、《日本童话集》等。读者对象：初中、小学高年级，教师及儿童文学工作者。

出书单位：人民文学出版社

22.《战斗的童年》文艺丛书

这套丛书反映在各个革命历史时期，各条战线，各个地区的少年儿童，在党的领导教育下锻炼成长的战斗历程，向孩子们进行革命传统教育。内容要求生动活泼，故事性强。

出书单位：中国少年儿童出版社

23.《中国古典文学小丛书》

本书采取节选、译写等方式，有选择地向小学高年级学生介绍中国优秀古典文学作品，让少年儿童初步接触祖国文学遗产并从中受到教育。

这套丛书拟收选题三、四十种，如《中国古代寓言》、《中国古代神话》、《儒林外史故事》、《西游记故事》、《镜花缘故事》等。

出书单位：少年儿童出版社

24.《科技文艺》小丛书

这套适于少年儿童阅读的科技文艺作品,取材广泛,包括儿童接触的自然环境和社会生活,从昆虫蚂蚁到宇宙星空,从海底鱼虾到火箭飞船,从动物家族到人类起源……从各方面帮助少年儿童认识世界,理解生活,启迪智慧,鼓舞他们的学习热情,帮助他们树立唯物主义世界观。选题由各协作单位商定。读者对象:小学中、高年级。

出版单位:江苏人民出版社、福建人民出版社、科学普及出版社

25.《少年文娱活动丛书》

包括儿童歌曲、儿童舞蹈、儿童戏剧曲艺等文娱读物,并介绍文娱活动的基本常识和技巧。读者对象:小学中,高年级、初中。

出书单位:人民音乐出版社、人民文学出版社

26.《快乐的幼儿园》小丛书

以图为主,配有少量的文字向学龄前儿童进行思想品德教育,介绍初次遇到的科学,给他们讲述童话、寓言故事,教给他们儿童歌谣、歌曲、游戏、谜语、美工……等。孩子们捧起这套斑烂夺目、饶有趣味的读物,如同置身在"快乐的幼儿园"里。读者对象:学龄前儿童。

出书单位:广东人民出版社、浙江人民出版社

27.《幼儿知识画册》

这是一套通过具体事物帮助幼儿认识他们最初接触到的一些概念的画册。比如:帮助他们认识"数"的概念,帮助他们学数数,学简单的加减法,还可以帮助他们认识形状、大小、重量、快慢,方向,颜色等概念。介绍知识,启发思索,故事有趣,没有说教的味道。读者对象:学龄前儿童。

出书单位:天津美术出版社

28.《幼儿挂图》

配合幼儿园教学,使孩子们能够通过看图认识环境,认识自然,能够看图讲述故事。要按儿童的年龄特点进行编绘。有的挂图

可附有文字脚本,供教师课堂教学用。读者对象:学龄前儿童。

出书单位:人民美术出版社

29.《教师丛书》

针对我国中小学教师、幼儿园教养员的具体情况和需要,有必要为他们编辑出版一套教师丛书。

丛书可包括:

(1)各科教师手册:介绍每科教师必须掌握、平时教学常用的基础知识;

(2)教学辅助材料:如中小学作文指导,新技术介绍,儿童心理发展研究等;

(3)先进教学、教育经验介绍,如怎样备课,怎样组织教学,怎样做班主任,怎样辅导学生课外活动等。

出书单位:上海教育出版社

(据国家出版局保存的原件刊印)

国家出版局关于动用《毛泽东选集》储备纸的请示报告

1978年12月15日·(78)出计字第657号

　　中央宣传部廖井丹副部长于1978年12月16日批:"要先征得毛著办同意后才能借用。"
　　中共中央毛泽东主席著作编辑出版委员会办公室于12月25日以(78)毛著编办发38号函答复中央宣传部:"关于借用《毛泽东选集》第六卷储备纸印中小学课本问题,我们意见,可以暂时借用。"
　　廖井丹副部长于12月26日批:"通知国家出版局。"

　　为保证《毛泽东选集》第六卷出版需要,经国家计委批准,今年安排了专项储备纸五万吨,已分别下达各地生产储存。
　　近来各地连续反映,由于纸张生产供应计划完成较差,不少省市自治区,中小学课本用纸不足,其中仅贵州、甘肃、河南、湖北、安徽等十省就缺少课本用纸一万五千吨,要求帮助解决。
　　为了不耽误明春中小学课本的印制,保证及时足量供应,所缺纸张,经与国家计委、国家经委、轻工业部共同研究,除同意动用国家储备的新闻纸六千吨,轻工业部调剂二千吨外,尚缺七千吨,我们商议先借用《毛泽东选集》第六卷储备纸,容后再予补足。
　　以上可否,请批示。
　　主送:中央宣传部

(据国家出版局保存的原件刊印)

国家出版局转发关于调整凸版纸等五种纸张价格的通知

1978年12月15日·(78)出计字第658号

现将轻工业部、商业部关于调整凸版纸等五种纸张价格的通知转发给你们参照执行。执行中有什么问题,请及时函告我局。

主送:各省、市、自治区出版(文化)局

抄送:中国印刷物资公司

附:

轻工业部、商业部关于调整凸版纸等五种纸张价格的通知

1978年11月7日

(78)轻财字第46号　(78)商物联字第30号

根据国务院国发(1978)227号"国务院批转国家物价总局关于提高部分纸张出厂价格的请示报告"的精神,现将有关价格问题具体安排如下:

一、标准品出厂价格:

凸版纸(二号52克)由现行每吨1110元调整为1350元,提高240元;

书写纸(三号 60 克)由现行每吨 1200 元调整为 1400 元,提高 200 元;

有光纸(二号 30 克)由现行每吨 1250 元调整为 1350 元,提高 100 元;

黄板纸(#10)由现行每吨 400 元调整为 550 元,提高 150 元;

箱板纸(#10)由现行每吨 500 元调整为 630 元,提高 130 元。

二、上述五种纸张(板)各种规格的出厂价格,一律按标准品调价金额相应调整。出厂和销售价格的等级差价,按现行规定执行。

三、书写纸、有光纸的包装条件,仍按一九六四年轻工、商业两部(64)轻工计字 151 号、(64)商百联字 480 号联合通知规定执行。

四、黄板纸、箱板纸的产品标准问题,因各地执行并不一致,如现在已按部颁标准执行的企业,仍应按部颁标准执行;如现在系按企业标准执行的企业,仍可暂按现行的企业标准执行,我们拟作进一步调查研究后,再作规定。

五、凸版纸出厂价格调整后,各省、市、自治区轻工业局和企业应根据使用部门需要的质量等级来安排生产。

六、上述纸张价格调整后,在市场销售的纸制品中,学生作业本的销售价格不作变动,商业亏损应体现在各级批发环节,作为政策性亏损,其他纸制品的销售价格可以相应调整。板纸提价后,纸箱(盒)厂仍有一定利润的,纸箱(盒)的出厂价格可以不动。凡是纸箱(盒)价格调整的,用纸箱(盒)包装的产品的出厂和销售价格,都不作变动。

以上纸张和纸制品出厂、销售价格的调整,统一于一九七八年十二月一日起执行。

主送:各省、市、自治区轻工业(一轻)局、商业局

抄送:中央办公厅,国务院办公室,中央宣传部,中央军委办公厅,总政治部,人大常委办公厅,全国政协秘书处,高法院,高检院,国家计委,国家经委,国家物价总局,财政部,教育部,邮电部,外贸部,供销合作总社,国家物资储备局,外文

局、国家出版事业管理局，05单位，人民日报社、新华社，各省、市、区计委(物价局)、物委，轻工业部华东、华北、东北、广州、中南物资管理处，陕西省轻工局业务代办组，轻工业部西南业务代办组，各省、区百货公司，北京市文化用品公司，上海百货站、市百货公司，天津、广州文化用品站、市百货公司

（据国家出版局保存的原件刊印）

国家出版局党组关于
改变建立出版社审批办法的报告

1978年12月19日·(78)出党字第50号

此件已经中宣部批准

据陕西、福建两省出版局报告,为了加强出版事业,两省的省委分别决定建立(恢复)陕西人民美术出版社和福建人民教育出版社,我们拟予同意。

根据最近中宣部改变期刊审批办法的精神,为了简化建立出版社的审批手续,建议今后建立出版社,改变由国家出版局研究同意,报党中央宣传部备案。当否,请审批。

主送:中共中央宣传部

(据国家出版局保存的原件刊印)

国务院批转关于
加强少年儿童读物
出版工作的报告

国发[1978]266 号
1978 年 12 月 21 日

各省、市、自治区革命委员会,国务院各部委、各直属机构,党中央各部门,中央军委办公厅、各总部、各军兵种,人大常委会办公厅,全国政协秘书处,高法院,高检院:

　　国务院同意国家出版局、教育部、文化部,共青团中央、全国妇联、全国文联、全国科协《关于加强少年儿童读物出版工作的报告》,现转发给你们,请依照执行。

　　为了极大地提高整个中华民族的科学文化水平,促使少年儿童健康地成长,出版更多更好的少年儿童读物,是一个十分重要的工作。当前少年儿童读物严重缺乏,各省、市、自治区革命委员会,国务院各部委和有关部门,都应关心和重视这个问题,尽快地把这方面的工作促上去。

国务院

附：

国家出版局、教育部、文化部、共青团中央、全国妇联、全国文联、全国科协关于加强少年儿童读物出版工作的报告

1978 年 12 月 8 日

华主席向全党发出"一定要极大地提高整个中华民族的科学文化水平"的伟大号召,并且指出:"提高整个中华民族的科学文化水平,还有一个十分重要的、应当特别予以重视的方面,就是青少年的培养。"邓副主席在全国教育工作会议上,提出抓好青少年的教育,促进整个社会风气革命化的问题。少年儿童是革命的未来,祖国的希望。对他们的培养教育,是改造中国,改造社会伟大工作的一部分。为少年儿童出版更多更好的读物,则是一个十分重要而又十分迫切的任务。

建国以来,伟大的领袖毛主席和敬爱的周总理一向很重视、关怀少年儿童读物的出版工作。党中央和国务院曾多次批转有关部门提出的改善少年儿童读物出版工作的报告,儿童读物的出版工作发展是很快的。仅一九五五年至一九六四年十年中,全国出版的少年儿童读物就达到六千多种。这些图书大部分是好的和比较好的,受到了广大少年儿童、教师和家长的欢迎。但是,这十多年来,遭到林彪、"四人帮"的严重干扰破坏,少年儿童读物的出版机构被拆散了,许多作者、编辑人员遭到迫害,文化革命前出版的作品几乎全部被否定了。少儿读物这块园地被糟蹋得百花凋零,一片荒芜。孩子们可看的图书,数量之少,质量之差,都达到了惊人的地步。千千万万的少年儿童精神文化生活处于饥饿状态,知识贫乏,思想空虚。有的看坏书,身心受到严重摧残,甚至走上犯罪道路。粉碎"四人帮"之后,这方面的工作虽然已在积极恢复、整顿和开展,

但由于"四人帮"造成的创伤很深,少年儿童书荒现象至今还严重存在。我国有阅读能力的少年儿童近两亿,而去年全国出版的少儿读物只有一百九十二种,印数二千六百五十三万册,仅占当年图书出版总种数(一万三千种)的百分之一点五,总册数(三十三亿册)的百分之零点八。少年儿童读物的作家队伍青黄不接,全国有影响的作家、画家只有二十多人。出版机构也很不健全,编辑力量十分薄弱,全国少儿读物的编辑人员不到三百人。这种状况,同一个九亿人口的社会主义国家很不相称,同新时期总任务的要求极不适应。急需动员各有关方面的力量,下大决心,花大气力,迅速改变目前的严重落后状况。

一

首先,要深入揭批林彪、"四人帮"。长期以来,林彪、"四人帮"披着马列主义、毛泽东思想外衣,肆意歪曲和践踏毛主席的文艺路线和出版路线,在少儿读物创作、出版工作中制造了许多"禁区",不准提少儿读物的特点,不准提知识性,不准提趣味性,不准提题材、体裁多样化,如此等等,严重地束缚了人们的思想,使人们不能动弹,不能前进。直到现在,这些流毒还远远没有肃清,不少同志仍然心有余悸。我们一定要坚持实践是检验真理的唯一标准,从实际出发,实事求是地总结二十九年来正反两方面的经验,敢于坚持真理,大胆拨乱反正,使人们的思想真正从"四人帮"的精神枷锁中解放出来。

(一) 少年儿童读物出版工作,必须为党在新时期的总任务服务,为提高整个中华民族的科学文化水平贡献力量。要通过各种读物,用马列主义、毛泽东思想教育少年儿童,用现代科学文化知识武装少年儿童,引导他们好好学习,天天向上,使他们从小健全地发育身体,培养共产主义的情操、风格和集体英雄主义的气概,从小养成爱科学、学科学、用科学的优良风尚，逐步成长为德智体全面发展的共产主义接班人。

(二) 少年儿童读物应该具有少年儿童的特点。孩子们年龄幼小，有不同于成人的生活、兴趣爱好和欣赏习惯，有自己观察事物的角度，有自己需要理解的问题。正如鲁迅所说的，孩子们有自己的"孩子世界"。我们一定要了解儿童，熟悉儿童，才能够创作出版为他们所需要、所喜爱的读物。不仅要区别少年儿童读物和成人读物的不同要求，还要注意不同年龄，高年级和低年级，入学后和学龄前儿童的不同需要。毛主席一贯教导我们，要从实际出发，实事求是，有的放矢，写文章和演说都要看对象。我们强调少年儿童特点，就是要求给孩子们出版的读物，从选题、内容、语言、表现形式或阐述方法，以至装帧插图、开本、印刷等方面，都照顾到孩子们的年龄和心理特征，考虑到孩子们的阅读能力、理解水平。不顾这些特点，主观地把成年人才能理解和感兴趣的东西，硬塞给孩子们，是错误的。

(三) 少年儿童读物应该富有知识性。孩子们正处于长身体、长知识的时期，求知欲特别强，最富于幻想，最容易接受新鲜事物。在幼小的心灵里，总是渴望认识生活，认识周围世界，几乎什么都要问一个"是什么"、"为什么"。为他们编写的读物，应该是知识的宝库，要从各方面启发孩子们的求知欲，助长孩子们对知识的浓厚兴趣和爱好，引导他们从小立志去探索大自然的秘密、向科学高峰攀登，树立建设现代化社会主义祖国的远大理想。

(四) 少年儿童读物还应该富有趣味性。一切图书、一切宣传文字，都应该力求写得有趣，能吸引人，感染人。给孩子们看的书，更应努力做到这一点。毛主席一向提倡"说话要有趣味"。鲁迅也强调，给孩子们的读物，既要"有益"，又要"有趣"。我们提倡趣味性，就是要求写得生动、活泼、形象、幽默，有吸引力，能够启发儿童的阅读兴趣，吸引孩子们的注意力和好奇心，并且要留下一些问题让孩子们自己去思索。把纷繁复杂的现象和艰深难懂的事物，用生动活泼的语言，趣味盎然的笔调，深入浅出地讲给孩子们听，不只是简单地告诉他们现成的结论，而且能启发他们开动脑筋去进一步探索问题，这是一种艺术，一种本领。现在我们这样的作品还很少，要大力提倡。

(五)要提倡题材、体裁多样化。少儿读物在图书的百花园里，应该是特别灿烂夺目、丰富多彩的。比起成人读物来，花色品种更应该多样。要坚决贯彻"百花齐放，百家争鸣"的方针，敢于创新，努力克服题材狭窄、样式单调的缺点。要大力开阔少儿读物的写作领域，只要符合新时期总任务的精神，有利于少年儿童德智体的全面发展，什么题材都可以写。少儿读物的各个品种，小说、童话、寓言、诗歌、散文、故事、游记、传记、书信、歌曲、图画、戏剧、曲艺、猜谜、科技制作、自制玩具等，都要发展，并要在实践中不断创造更多的丰富多彩的新形式，对孩子们进行多方面的教育。科学文艺是少年儿童喜闻乐见的品种，要大力提倡和扶植。

要加强少年儿童读物的理论研究和评论工作。要提倡民主讨论的空气。艺术上的不同见解，学术上的不同观点，应该通过实践、争鸣的方法去解决。要提倡批评，也允许反批评。坚决废除"四人帮"搞的那一套乱抓辫子、乱扣帽子、乱打棍子的恶劣做法。

二

要制订全面规划，采取切实措施，积极扩大作者队伍和编辑队伍，大力发展创作，尽快改进印刷条件，力争在较短的时间内，基本解决少年儿童书荒问题。到一九七九年"六一"国际儿童节前后，全国要有一千个品种的少儿读物在新华书店供应。主要措施如下：

(一)加强少年儿童读物出版机构，扩大编辑出版队伍。要充实和加强中国少年儿童出版社和上海少年儿童出版社，逐步增加编辑人员。其他省、市、自治区出版社也要充实和加强少儿读物的编辑力量,还没有少儿读物编辑室的,要尽快建立编辑室。已调走的有专长的少儿读物编辑人员,应尽快归队。少数民族聚居的省、自治区还应建立民族文字的少儿读物编辑室。天津、沈阳、广州、成都、西安等地,要积极创造条件成立少年儿童出版社,使每个大的地区都有一家专门出版少儿读物的出版社。

各级出版部门,要积极创造条件,采取多种形式,组织编辑人员的学习和进修。

要加强中央和地方出版社之间的经验交流,组织全国和地区性的分工协作。

(二)发展壮大作者队伍,大力繁荣少儿读物的创作。建议全国文联各协会、中国科普创作协会及其在各地的分会建立相应的组织,负责研究、指导、组织少儿读物的创作,并尽快地组织一批作家深入生活,争取在一、两年内每人都能拿出作品。要积极组织老一辈的革命家和科学、教育、文学、美术、音乐、戏剧工作者,为少年儿童写作。要充分发挥专业作家的作用,同时积极发展业余创作,大力发现和培养新作者。各出版社、少年儿童报刊,要互相协作,制订规划,努力在培养新人方面作出成绩。

对积极从事少儿读物写作的业余作者,希望所在单位给予热情支持。已有比较成熟的创作计划者,要给予一定的写作时间和写作条件。

为了培养创作和理论研究方面的新生力量,建议在有条件的大学和师范学院的中文系,恢复或建立儿童文学专业,并招收儿童文学研究生;有条件的美术院校,开设儿童画课。

为鼓励创作,恢复少儿读物评奖制度,每隔一、二年评选一次,对优秀作品给予奖励。明年,在国庆三十周年前后,要表彰一批长期为少年儿童写作有成就、有贡献的作者。

(三)加强少年儿童读物的印刷力量,进一步做好发行工作。建议上海建立一家主要印刷少儿读物的印刷厂；扩建青年出版社印刷厂，充实职工，增加现代化设备，使之适应印刷少儿读物的需要。其他省、市、自治区也要尽快改变目前印刷品种单一的状况，逐步做到能印多种规格的少儿读物，并努力缩短印刷周期，提高印装质量。

发行部门要努力把少儿读物尽快地送到小读者手中。要注意加强农村和边远地区的发行工作。各大城市新华书店要恢复少儿读物门市部，其他书店要开辟专柜。同时，要加强和扩大向国外特别是港澳出口的工作。

要充分发挥现有图书的作用。各大城市要办好儿童图书馆和阅览室。共青团、少先队要开展各种切实可行的读书活动。

(四)要办好少年儿童报刊，努力提高质量。共青团中央除已恢复《中国少年报》外，拟创办一个《少年科技报》。面向全国的儿童刊物，包括《儿童文学》、《我们爱科学》、《儿童时代》、《少年文艺》、《少年科学》、《小朋友》等，从明年起争取能增加印数。

各省、市、自治区的少儿刊物，要加强领导，提高质量，努力办出自己的特色。

三

培养教育少年儿童的工作，是全党的事业。要把少儿读物出版工作搞好，需要各方面、各部门的支持与合作，而关键在于加强各级党委的领导。李先念副主席在共青团第十次代表大会上指出："首先要把关心青少年作为我们党的一条基本方针，把这个问题放到各级党委的议事日程上来"。我们希望各级党委都来关心、重视这方面的问题，大力支持这方面的工作。建议省、市、自治区党委宣传部，每年抓一、二次少儿读物的创作和出版工作，切实帮助解决实际困难。报刊、广播电台要加强宣传，造成强大的社会舆论，以引起各个方面对少年儿童读物的重视。出版部门和教育部门、文化部门、共青团、妇联、文联各协会、科协和科普创作协会,要密切配合,共同做好少儿读物的创作和出版工作。

我们相信,在华主席为首的党中央的关怀下,在各级党委的重视和领导下,经过有关部门的共同努力,一定能很快地把这方面的工作搞上去,少儿读物百花竞开的繁荣局面一定会早日到来。

以上报告,如无不当,建议批转中央和国务院有关部门,各省、市、自治区依照执行。

主送:国务院

(据国家出版局保存的原件刊印)

财政部、国家出版局关于出版用凸版纸实行定额补贴办法的通知

1978年12月23日·(78)财事字第382号

根据国务院国发(1978)227号文件批转国家物价总局《关于提高部分纸张出厂价格》的批语和中央领导同志批示,对国家出版事业管理局所属系统调拨的凸版纸,由于高价购进,低价销售产生的差额由财政给予定额补贴,现将具体办法规定如下:

一、从一九七八年十二月起,对国家出版事业管理局所属系统调拨的凸版纸,按实际销售量每吨补贴二百四十元。

二、定额补贴的审批权集中在省、市、自治区财政局和出版(文化)局。各省、市、自治区出版(文化)局所属纸张供应单位(出版局、印刷物资公司(站)、省人民出版社,以下略)应在月终后根据实际销售量计算补贴数额,列入会计报表,报经省、市、自治区出版(文化)局核实,并经省、市、自治区财政局批准,于下月份从地方库"文教卫生企业收入"款下退库,作为政策性亏损补贴拨补给纸张供应单位。(国家出版事业管理局直属的中国印刷物资公司比照上述审批程序、由财政部退中央库款弥补)。

纸张供应单位收到定额补贴后,在会计上作为弥补政策性亏损处理。

三、按国务院批转《关于提高部分纸张出厂价格的请示报告》规定,调整部分纸张的出厂价格从一九七八年十二月一日起执行,

因此各省、市、自治区出版(文化)局所属纸张供应单位应在十一月三十日,按照凸版纸新的价格对库存凸版纸进行一次价格调整(由1,110元调为1,350元),同时调整国家资金。本年十二月以原价(1,110元)出售的凸版纸,可在次月一九七九年一月审批核实后,由地方财政退存补助。

　　四、国家出版局下达你省一九七九年凸版纸调拨计划××吨,可作为弥补政策性亏损的依据,但暂不调整地方财政收入任务。

主送:各省、市、自治区财政局、出版(文化)局

抄送:各省、市、自治区革委会扭亏增盈办公室、印刷物资公司(站)、省人民出版社、中央总金库及各省、市、自治区分金库

(据国家出版局保存的原件刊印)

国家出版局关于用新闻纸印书刊的纸张价格调整问题的通知

1978年12月30日·(78)出计字第691号

一九七九年用于出版课本、书籍和杂志的纸张,其中有一部份是新闻纸。为了使用凸版纸和新闻纸的书价统一,同时便于出版社和印刷物资公司进行正常的经济核算,经研究决定:

1. 从一九七九年一月一日起,出版系统纸张供应部门拨给出版单位使用的卷筒新闻纸价格每吨改为1060元;平版新闻纸每吨改为1110元计算。该项差价收入,统一由纸张供应部门掌握,应单独专户记帐,定期全部上交财政部门。

2. 各出版单位用新闻纸印的课本、书籍和杂志的定价,按照凸版纸定价标准统一计算。

3. 用于《红旗》杂志的新闻纸价格不变。

主送:各省、市、自治区出版局,中央级各出版社、杂志社,中国印刷物资公司

抄送:财政部,各省、市、自治区财政局

(据国家出版局保存的原件刊印)

补　遗

王仿子在全国书刊印刷工作会议上的讲话

(1964年6月28日)

1964年6月28日,文化部出版事业管理局副局长王仿子在文化部召开的"全国书刊印刷工作会议"上作了讲话,题为"充分发动群众,加强管理,增加产量,提高质量,更好地为文化出版事业服务",全文如下:

一

我国的书刊印刷事业在党的领导和全体职工的努力之下,已经得到很大的发展和提高,为我国社会主义革命和社会主义建设做了很多工作,取得很大的成绩。大家知道,我国的印刷工业,在解放以前是极其落后的,生产能力很小,技术水平很低,许多机器设备和原材料都依赖进口。在解放初期,全国的书刊印刷能力,仅有50万令,主要集中在上海等少数几个沿海城市。现在全国已建立专业的书刊印刷厂76家,有职工36000人。加上报纸印刷厂和社会零件印刷厂,全国现有印刷厂1800多家,职工17万人,已建成一支强大的印刷工业的队伍。印刷生产能力大大发展了,技术水平、产品质量也有很大的提高。一般的大量需要的机器设备和原材料已经能够自给自足,还有一定数量的出口,一些比较精密的机器也能够自己制造了。在经营管理方面,建立了整套计划管理、技术管理、经济核算的先进制度,大大提高了劳动生产率。对职工加强了政治思想工作,职工群众的思想觉悟大大提高。建立了培养技术人员的专门学校,并举办了各种训练班,已培养了一大批新的技术人材,提高了技术水平。解放以来,全国的书刊印刷工作创造了许多好的经验,实现了党和政府对印刷工作的要求.基本上满足了文化出版工作的需要。

1958年在党的鼓足干劲、力争上游、多快好省地建设社会主义总路线的指引下,在全国报纸、书刊印刷工作会议以后,书刊印刷事业又取得了不少新的成就。

(一)进一步贯彻了为政治服务为出版服务的方针。

1958年的会议进一步明确了书刊印刷工作的性质和方针,对于书刊印刷工作为谁服务的问题提高了认识。会议以后,许多印刷厂由于认真贯彻了这个方针,树立了政治是统帅的思想,改进管理工作,取得很好的成绩。有的已经建立了一套保证质量的制度,政治事故已大大减少,出书时间缩短,产品质量有显著提高。有的印刷厂由于树立了高度的政治责任心,发现了不少出版社没有发现的原稿上的错误,防止了严重的政治事故。片面追求产量、产值,追逐利润的资本主义经营思想已经减少了。只顾生产安排上的方便,不管出版方面轻重缓急的要求的本位主义思想也有所克服,印刷厂与出版社的关系进一步得到改善。

(二)开展了技术革新、技术研究,加强了器材供应工作,技术水平有新的提高。

1958、1959年连续召开了两次印刷技术革新经验交流会,开展了群众性的技术革新运动,破除迷信,解放思想,大大鼓舞了全体职工同志自力更生、奋发图强的精神。经过这几年的努力,排铸机、无线装订等项目已获得初步成功。字模的生产已经实现了半机械化。在各地的技术革新运动中，不少手工续纸的机器改为自动续纸，改进了铅印垫版方法，推行了胶印、平凹版工艺，推广了装订包本五合一操作法，对于提高印刷质量和生产效率起了重要作用。今年春天组织了访问日本考察印刷技术的代表团，对日本的印刷技术作了细致的调查研究，获得了很多可贵的资料，对于我国今后进一步提高技术水平有很大的促进作用。

1963年制订了印刷科学研究规划，加强对科研工作的领导。北京、上海两个印刷技术研究所在条件比较差的情况下，积极进行了研究工作。在设计新的印刷字体和中国画的复制方面，已经取得了不少成就。在印刷技术情报工作和印刷技术书刊的编译出版方面也做了许多工作。1960年建立了培养高级技术人材的印刷工艺系，明年将有第一批我国自己培养的大学生毕业。

1958年成立了中国印刷器材公司之后，印刷设备和一些主要原材料实行了统一分配，印刷器材的供应工作得到了改善，在促进有关部门制造新设备方面起了很好的作用。

(三)书刊印刷生产力的地区分布有了显著改善。

近几年来，边远地区和内地印刷能力薄弱的各省、自治区在发展书刊印刷力量方面做了许多努力。在调整、巩固、充实、提高八字方针的指导下，北京、上海两地对边远地区和少数民族地区做了重大的支援，仅印刷机一项即调出一百多台，调去职工一千七百多人。经过这几年的努力，山西、黑龙江、安徽、河南等省，已建立了专业书刊印刷厂；以前书刊印刷力量薄弱的内蒙、云南、青海等省，已扩大了生产能力。对于西藏地区发展印刷事业的需要，也大力给予支持。使得各省、自治区所需要的中、小学课本基本上可以由本地印制供应，大大改变了过去印刷生产力分布不合理的落后面貌。

(四)印刷质量有进一步的提高。

对于提高印刷产品质量，普遍得到了重视，许多厂的甲等产品的比例已有显著提高,原来质量较差的一些厂也有明显的进步。最近重印的《毛泽东选集》的印制质量比从前亦有进步。《人民画报》的彩色和单色的印刷质量比六年前都有明显的不同。1962年重印的《上海博物馆藏画集》的印刷质量比1959年送往莱比锡展览的初版本又有提高。印刷、装订中的事故差错已大大减少,特别是上海在这方面的成绩更其显著。

1958年以来书刊印刷工作的成绩是巨大的。这是坚持政治挂帅,坚持群众路线,是全体职工在党的领导下努力工作的结果。

但是,我们的工作还跟不上形势发展的需要,目前政治、经济、文化各方面的大好形势向出版、印刷提出了种种新的要求;我们的工作,跟工业、农业战线上种种新的成就比较,还落后了一大步。主要缺点有以下几个方面:

(一)对于为政治、为出版服务的方针还有认识不清、贯彻不力的情形。

在1958年的会议上进一步明确了印刷工作的方针、任务之后,各书刊印刷厂一般都努力贯彻这个方针,收效很大。但仍然有少数印刷厂、少数同志对于贯彻这个方针的重要意义认识不足,对于书刊印刷工作的目的性仍不大明确,没有很好地组织职工学习和贯彻这个方针。对于如何贯彻这个方针,有的思想上还不大明确,工作上缺乏措施。因此,不从政治利益出发的单纯经济观点,追逐利润,单纯以完成经济指标作为衡量一个印刷厂的工作成绩的现象,近年来还有发现。这些现象目前虽然不占主要地位,但对出版工作的危害很大。

(二)生产能力的发展和产品质量赶不上形势发展的需要。

全国书刊印刷生产能力不足已成为当前比较突出的一个严重问题。由于生产力不足,现在有很多急需的书刊印不出来,《毛泽东选集》今年只能安排印制250万套。数量少,出版时间长,不能满足目前普遍要求学习毛主席著作的急迫需要。《毛泽东著作选读》也受到印刷力量的限制,今年只能先印 1050 万册。甚至有些反修的文件不能及时出版,对外宣传的书籍、画册不能及时配合需要,有些期刊找不到印刷的地方,这是解放以来少有的现象。有些必要的重印书因为印刷生产力不足而得不到重印的机会,以致新华书店门市部的图书品种减少。

在印刷、装订质量方面,还有不少问题。字迹不清,墨色不匀,装订不牢固,翻揭不方便等毛病还比较普遍。对产品质量的检查,也常有把关不严、要求不高的情形,或者紧一阵松一阵,因而有些本来可以避免的事故还继续不断在发生。几年以前就提出了要解决硬封面发翘的问题,但至今没有解决。有些科技书的插图,模糊不清,色调走样,给科研工作造成很大困难。出国的书刊,如《人民画报》等的印制质量也不够理想,有的质量很不好,对于我国的国际威望造成不良影响。1958、1960 年印制的《毛泽东选集》曾发生白页缺页等严重事故,在政治上造成很大损失。这些不能容忍的现象不能不引起我们的高度警惕。如果在质量方面再不提出一个严格的要求,为已有的成绩而骄傲自满,固步自封,就不但有大大落后的危险,而且直接违背了书刊印刷为政治、为出版服务的方针。

(三)技术研究力量薄弱,对于先进技术、先进设备的推广和使用注意不够。

书刊印刷工业在旧中国不被重视,技术人材得不到培养的机会,解放以后,加强了培养工作,但技术研究力量还是十分薄弱。现在全国有工程师名义的仅四人,副工程师 13 人。1960 年建立的印刷工艺系明年才能有第一批毕业生 36 人,第二批学生 21 人要到 1968 年才能毕业。为了发展我国的印刷事业,迅速改变印刷技术上的落后面貌,需要完成很多技术研究项目,对亚非地区新独立的国家的印刷技术方面的援外任务今后必然越来越多,但是,现有力量不能适应这种种要求。

我们现在使用的机器设备与西德、日本等印刷技术先进的国家比较,多数已经落后了。如排字,我们全部是手工操作。装订的机械化程度很低。目前西德、日本使用的凸版铅印机最高转速是每小时两面共印40000张。我们现在最普遍使用的还是每小时单面1800张。印刷机与原材料还没有作到标准化系列化。此外,近几年新发展的先进印刷技术,如电子分色机、电子雕刻机、无粉腐蚀法、传真印刷等我国都还没有采用。

前几年技术革新中有的项目经过试验,证明是有效的,但是没有坚持下来。在推广和交流技术革新的成果方面,我们尤其做得不够。

(四)对书刊印刷事业缺乏统一的领导和管理,缺乏长远规划和统筹安排。

现有书刊印刷厂76家,其中分属于中央13个部门的有19家,各自经营。此外57家,分属于各省、市、自治区文化出版部门,没有统一的发展规划。由于缺乏把出版工作的需要与印刷生产能力的发展结合起来的全面规划,因此,出版任务和印刷生产能力之间常常不能平衡,甚至在一个地方或一个部门的领导之下,出版与印刷之间有的也没有求得平衡。有些地方或有些厂,尚有一些多余的生产能力,没有及时得到调度,加以利用。个别地方为出版社承印书刊的印刷厂属地方工业部门领导,在安排印件时,书版与商业印件常常发生冲突。

(五)企业的经营管理水平还跟不上工作发展的需要。

近几年来在管理工作上加强了政治挂帅,贯彻实行了党委领导下行政管理上的厂长负责制,管理水平不断提高。但是,还跟不上工作发展的需要。思想政治工作在某些企业中还比较薄弱,对于抓活的思想工作、对青年工人的教育工作,还做得不够。有些厂的主要技术经济指标还低于1959年的水平,三类产品还占有相当大的比重。有些规章制度不够健全,责任制没有严格执行,甚至为防止印制《毛泽东选集》出错而建立的检查制度也执行不严。有些设备还没有成龙配套,生产中一些薄弱环节长期没有解决。

造成这些缺点的原因,主要是我们对于书刊印刷工作在社会主义革命、社会主义建设中所处地位的重要意义认识不足;对于国际国内形势的发展、广大人民的需要对出版、印刷提出的繁重任务估计不足,因而放松了领导。总之,我们的认识落后于形势,落后于现实。又因为我们工作作风上的官僚主义,很少系统的调查研究,对全国书刊印刷事业情况不明,在贯彻调整、巩固、充实、提高的八字方针时,在必要的调整之后,对于如何巩固、充实、提高,缺少统盘的规划,研究不够,决心不大,抓得不紧。

二

书刊印刷工业具有非常强烈的政治性、思想性,是阶级斗争、生产斗争的工具。它又是一种加工工业,是整个出版事业中出版、印刷、发行三个环节中的一个环节。它从属于出版工作,通过为出版服务而达到为工农兵、为社会主义革命和社会主义建设服务。因此,为政治、为出版服务是书刊印刷工业坚定不移的长期的方针。书刊印刷工业的发展、调整和提高,一切工作的安排,都应该服从与适应出版事业发展的需要。

当前国际、国内是一片大好形势,全世界的革命力量不断壮大,帝国主义阵营分崩离析,修正主义的日子越来越不好过,我国的国际威望日益提高,我国人民同世界各国人民的友好关系更加广泛地发展,全世界人民,特别是在亚非拉地区,要求学习中国革命和社会主义建设经验,要求学习毛主席著作和想了解新中国情况的人越来越多了,这使得对出国书刊的数量和质量的要求越来越高了。在国内,由于社会主义教育运动的开展,学习解放军、学习大庆油田经验,全国人民掀起了一个学习马列主义、学习毛主席著作的热潮,给书刊印刷工作提出了一个伟大的光荣的政治任务。

今年1月,文化部召开了农村读物出版工作座谈会,根据毛主席和中央关于文化艺术工作指示的精神,检查和讨论了出版工作的方向问题,着重讨论了农村读物出版工作的任务。接着在5月又召开了农村图书发行工作会议。这两次会议,对于如何加强出版和发行农村读物,提出了各项具体任务。大力支援农业,很好地完成这些任务,满足农村读者的需要,也是书刊印刷工业当前的迫切任务。我们这次会议主要就是研究和解决如何提高书刊印刷生产能力,增加产量,提高质量,切实加强对书刊印刷事业的领导和管理,更好地为政治、为出版服务的问题。我们的初步意见如下:

(一)大力挖掘生产潜力,加强调度工作,提高设备利用率.努力争取在今明两年内继续增加产量120万令,基本上满足出版工作的需要。

近几年来,书刊印刷任务逐年增加,许多地方,特别是北京地区的印刷生产能力已大大落后于需要。北京、上海两地1962年的书刊出版任务为136万令,1963年发展到176万令,1964年计划为217万令,两年即增加了60%。这两个地方是我国最强大的印刷生产基地,力量最雄厚,条件最好,但现在也不能应付目前的局面。为了缓和北京的紧张状况,这几年通过租型造货的办法,把可以在地方印制的书刊尽量调到外地印刷。1962年有13万令,1963年为37万令,而1964年将达到58万令,约占中央级出版社书刊出版任务的三分之一。经过这样安排之后,今年还有40多万令纸的任务没有落实,明年的书刊任务还要增加80万令。经估算,今年必须千方百计提高产量40万令,明年在今年达到的基础上再增加80万令的产量,使全国书刊印刷能力达到500万令,才能基本上满足出版工作的需要。现在提出解决这个问题的一些措施:

1. 有些地方或有些印刷厂目前还有一些设备未能充分利用,如有的还只开动一班,少数地方还有个别闲空的机器没有使用,还有一些轮转机没有充分发挥效能等,应该积极加强管理工作,补充必要的人员和配套的设备，适当增加班次，提高轮转机的操作技术，以提高现有设备的利用率，增加产量。

2.地方与地方之间，这个厂与那个厂之间，这个时期或那个时期，还有忙闲不均的现象。虽然由于印刷工业的特殊性，要求完全均衡生产是不恰当的。但是，只要有可以利用的闲空时间都应该用来增加产量。今后由中国印刷公司担负调度工作，为全国各地、中央各部门的书刊印刷厂调度多余的生产能力。希望各地文化出版行政部门与各出版社、印刷厂支持这项工作。

3.同样一台机器，同样的印件，在这一个厂与那一个厂，产量还不是完全一样的，还有不少潜力可以挖掘。应该加强政治思想工作，启发职工群众的觉悟，解放思想，采用找差距，比先进，学先进，赶先进，帮后进的办法，把企业管理和生产技术的水平提高一步，进一步提高劳动生产率，使后进的赶上先进，先进的更加先进，在不增加人力物力的情况下把产量提高一步。

这些措施要求在少量增加人员编制和增加少量投资的情况下，两年增加产量120万令。能否做到，请大家讨论。当然，在增加产量的时候，不能影响产品的质量，决不允许用放松对质量要求的办法来提高产量。还要注意劳逸结合。

（二）进一步开展技术革新，加强科学实验，大力提高产品质量，力争在第三个五年计划期间赶上国际先进水平

书刊印刷技术和产品质量在解放后虽然有明显的巨大的进步，但是与印刷技术先进的国家比较，仍然有不小的差距。例如在创写新字体与字模制造方面，在排字、装订的机械化方面，在彩色图版的制版方法方面，印刷机的精密度与效能方面，在大面积彩色版的印刷质量方面，以及在先进工艺方法和塑料等新材料的使用等等方面，都需要有若干年的刻苦努力才能赶上去。为了争取以较短的时间，例如力争在第三个五年计划期间在印刷、装订的质量方面赶上国际先进水平，我们认为应该采取以下几点措施：

1. 发动群众鼓足革命干劲,追赶先进水平,造成人人找差距,个个比先进的运动。既要找出本企业与国内先进水平的差距,也要找到与国际先进水平的差距。凡是产品质量还没有达到国内先进水平的应该以赶上国内先进水平为奋斗目标,已经达到国内先进水平的应该以赶上国际先进水平为奋斗目标。要发动群众大家来分析产生差距的原因,以自力更生、奋发图强的精神找到赶上先进的办法,制订出具体的规划,切实地一项项付诸实施。在追赶先进水平这个斗争中,必须加强思想政治工作,启发群众的阶级觉悟,表扬先进,帮助后进,调动群众中的一切积极因素。还应该通过印制重点书刊如《毛泽东选集》、《毛泽东著作选读》等,开展群众性的质量评比,首先提高重点产品的质量,然后以重点带动一般,求得印制质量的不断提高。

2. 加紧培养技术干部和培养技术后备力量,争取在一、二年内把印刷工艺系扩展为印刷学院,上海印刷学校应扩大招生人数。此外还应该普遍采用师傅带徒弟的方式,有条件的厂,可以举办业余技术学校,开办短期训练班,举行技术报告会,还可以用派人到先进单位实习等方式培养技术干部。各个书刊印刷厂都应该成立技术研究小组,加强科学实验工作。今后文化部将要多开一些技术经验交流会,还准备在明年开展全国性的产品质量的评比。为了开展印刷科学的学术研究工作,我们已向科委申请成立印刷学会。两个印刷技术研究所的研究力量也正在设法加强,印刷技术情报的编译出版工作也将进一步加强。今后还要有计划地经常派人出国考察国外的先进技术,并聘请一定数量的必要的印刷专家。

3. 在采用国外先进技术和新设备、新材料,推动有关部门提高原材料的质量方面,今后必须采取更加积极的态度。中国印刷公司、印刷技术研究所、中国印刷器材公司等有关部门应经常注意技术和设备方面的新成就,有计划地经常进口一些新设备的样机和新材料,积极商请有关部门制造精密的高效率的印刷机器。首先应该在北京、上海两地有计划地以一些高效率的机器去替换效率太低的旧设备,集中力量建设一些新的车间,以求大幅度的提高产量和质量,树立先进技术的标兵。北京新华印刷厂明年将要建设一个全新的印制《人民画报》的车间,建成后,《人民画报》每期的印数可从目前的66万份提高到100万份,质量也将大大提高一步。还要积极推动轻工业部尽速生产高级合成树脂油墨,提高各种纸张的质量。

(三)加强统一领导、全面规划,加强企业管理工作,使书刊印刷工业的发展更好地适应出版事业的需要。

由于近年来文化部对整个书刊印刷工业的发展缺乏统筹安排、全面规划,在印刷工业的发展上有一定的盲目性,因而造成了与出版事业的发展不相适应、生产能力不足、产品质量不高、技术力量和研究工作比较薄弱;印刷机械和原材料品种不全、不配套,有的质量也不高;有些好的经验不能及时交流、推广;缺乏统一的规章制度,为书刊印刷工业的迅速发展和进一步提高质量造成了一定的困难。为了扭转这种情况,我们已经着手和将要做以下一些工作:

1. 文化部正在制订一个1966至1970年发展印刷事业的长远规划。在这个规划中对于书刊印刷力量的地区分布,关于新建印刷厂的方针,还有一些技术政策方面的问题都将提出来作进一步的研究。应该看到今后书刊的出版数量增长速度是会很快的,必然会对书刊印刷生产能力的增长提出更大的要求。也应该看到在第三个五年计划期间,国家在建设资金、器材供应、人员编制等方面,不可能全部满足印刷生产发展的要求。因此,在长远规划中必须贯彻艰苦奋斗,勤俭建国,自力更生,奋发图强的精神,更多依靠发动职工群众的革命干劲,依靠现有印刷厂改进经营管理、学习先进经验,进一步提高劳动生产率,同时有重点地建设少数必要的新厂,争取少花钱,少增人,而求得最大的效益,满足出版方面的要求。

2. 为了切实改进对书刊印刷工业的领导和管理，文化部在机构设置方面也采取了措施，经报请国务院批准成立了中国印刷公司。这个公司直接领导文化部所属的几个印刷单位，同时对全国的书刊印刷厂的印刷工作起指导作用。这个公司的主要任务除了管理文化部直属的印刷单位之外，还要根据出版事业的发展，对书刊印刷生产力的发展和地区分布等进行规划平衡；全面安排和调度印刷任务；会同有关方面制订统一的规章制度；组织印刷技术的经验交流和相互协作；协助有关方面加强印刷技术干部的培养工作；办理印刷机器和主要材料的分配工作等等。中国印刷公司应该立即健全机构，开展工作，努力做好以上各项工作。

3. 为了更好地规划书刊印刷工作，我们建议凡没有划归地方文化出版行政部门领导的书刊印刷厂，今后一律归口由文化行政部门领导，以便更好地配合出版工作。对于中央各部所属的书刊印刷厂，我们要求今后在发展和调整印刷生产能力时先与文化部商量，求得一致意见。对于这些印刷厂今后的生产能力的发展问题，我们也将主动向计委提出建议。

4. 书刊印刷工业的管理工作应当提高到一个新的水平。要加强政治挂帅，把政治与经济、政治与技术更好地结合起来。学习人民解放军的经验，高举毛泽东思想的红旗，加强思想政治工作，结合日常生活中的活思想经常向职工进行社会主义阶级教育，使广大职工更加无产阶级化。启发职工群众的自觉革命精神和政治责任感，更好地完成生产任务，严格实行成品、半成品的检查制度。管理机构必须面向生产，关心群众生活。贯彻两参一改三结合的精神，领导干部要参加劳动，深入群众，加强调查研究，掌握实际情况，抓好技术管理、生产调度、经济核算等环节，促使劳动生产率与产品质量的不断提高，缩短出书时间，降低成本。当前的企业管理工作必须为职工的革命化和企业的革命化而奋斗。

三

目前我国的形势大好，社会主义教育运动的胜利开展和解放军、大庆油田的经验，鼓舞了广大职工的革命精神。学习解放军、学习大庆油田经验，加强思想政治工作已成为国民经济各部门的共同的行动纲领。比学赶帮的增产节约运动正在蓬蓬勃勃地开展，它既是技术革新、技术革命运动，又是思想革命运动。通过这个运动，很多人解放了思想，打开了眼界，虚心学习了别人的经验，发扬了革命的战斗精神，形成争当先进，不甘落后的风气，形成满腔热忱帮助后进的风气。经过运动，职工群众中的先进队伍迅速扩大，生产技术水平和管理水平不断提高。在书刊印刷工业中也应该进一步加强思想政治工作，号召广大职工学习毛主席著作，听主席的话，按主席的指示办事。在学习主席著作时要联系实际，带着问题学，活学活用。我们也应当进一步发动职工群众的革命精神和昂扬斗志，并把这种革命热情引导到开展比学赶帮的增产节约运动方面来，我们要以毛主席的思想为指针，通过比学赶帮的增产节约运动，实现在今明两年提高印刷产量120万令，在第三个五年计划期间书刊印制质量赶上国际先进水平的奋斗目标。

要实现这个奋斗目标，还要切实加强和改进对书刊印刷工作的领导。首先是文化部要加强对全国书刊印刷事业的领导和规划。这次召开书刊印刷工作会议，仅仅是加强和改进工作的开始，今后还要继续做许多工作。各地文化出版行政部门和中国印刷公司，也要切实加强对所属书刊印刷厂的领导，改进领导作风和领导方法，做到吃透两头，一头是党的方针政策，一头是企业的实际情况。我们过去由于没有紧紧抓住这两头，所以常常脱离实际，犯主观主义的毛病，既不能很好地掌握方针政策，也没有正确地了解实际情况。今后必须努力改进领导作风，更好地学习党的方针政策和领会它的精神实质,同时要深入群众,加强调查研究,多到生产第一线去了解实际情况。只有这样,才能在一切工作中结合实际情况坚决贯彻为政治、为出版服务的方针,使政治挂帅挂到一切具体工作中去。各地文化出版行政部门还应当对当前书刊印刷厂开展的比学赶帮运动加强领导,要帮助企业在运动中发现问题和解决问题,使运动正常地开展起来,收到实效,防止流于形式。

书刊印刷工业目前正处于进一步发展和提高的有利时机,中央各有关领导部门对我们的工作极为关心,并给予很多支持。国际国内斗争的形势为书刊印刷工业提出了繁重的任务。我们面前的任务是很艰巨的,很光荣的。我们要在党和毛主席的领导下。更好地团结起来。发扬艰苦奋斗、勤俭建国、自力更生、奋发图强的革命精神,力争在不太长的时期内,把印刷工业的生产能力和产品质量大大提高一步,把印刷工业的生产技术迅速提高到现代化的水平上来,更好地为阶级斗争、生产斗争、科学实验三大革命运动服务,为文化出版事业服务。

(据王仿子同志保存的原件刊印)

极左思潮在出版工作中的一些表现*

彦 石

(1978年5月)

题 解　　　　　　　　　　　　　　　　宋木文

本文原载于1978年《出版工作》第5期。署名"彦石",为国家出版局研究室的代名。我曾将此文收入《宋木文出版文集》时,新写了"题解"。

1977年5月,中央决定王匡同志主持国家出版局工作,随后被正式任命为国家出版局党组书记、局长。他到职后首先要做的是清查"四人帮"及其在国家出版局的影响。在清查工作开始不久,王匡同志即开始考虑在出版工作中如何清除"文革"造成的恶果问题。他决定成立出版工作调研小组,由陈原同志主持,范用同志和我协助,以国家出版局研究室的几位同志为工作班子,另调李侃、张惠卿、倪子明、谢永旺等同志参加。王匡同志同时决定创办《出版工作》,作为交流出版工作情况的刊物。当时,国家出版局研究室专职人员仅有4人,全力投入揭批"四人帮"对出版工作的干扰破坏和弄清路线是非的调研工作,并承担《出版工作》的编辑出版。我是这个刊物的实际主编。1977年12月,全国出版工作座谈会批判"两个估计"后,出版界揭批"四人帮"的斗争日渐深入。为了推动这场斗争,弄清路线是非,又同直属出版单位部分同志座谈,由研究室的同志整理出这个综合材料在《出版工作》上发表。将此文收入

---

* 原载《宋木文出版文集》,中国书籍出版社1996年出版。

我的《出版文集》,主要是想使人们看到王匡同志请陈原同志主持的调研小组的工作成果,了解研究室这个精干的工作班子所做工作的意义。对文中所列极左思潮在出版工作中的十种表现,如果不是身经那场动乱的人,是很难理解甚至会引为笑谈的,然而又是那个年代确曾发生过,在打倒"四人帮"之前甚至被视为不可侵犯的。这次对极左思潮的批判是初步的,没有后来那样深入,但我认为让今天在出版战线工作的特别是年轻的跨世纪的人们了解,仍然是有意义的。

  1977年下半年以来,国家出版局曾就"四人帮"对出版工作的干扰破坏问题,先后召开了十数次调查研究会。最近,又约请各直属出版社部分同志举行座谈,揭批"四人帮"煽动极左思潮,严重破坏出版事业的罪行。在座谈会上,同志们说,"四人帮"所煽动的极左思潮无孔不入,通过各种渠道,严重地危害了出版事业。不揭开"四人帮"极左的画皮。就看不清极右的实质。不批极左思潮,就不能在出版工作中正确地贯彻党的方针政策。狠批极左思潮,标志着我们对"四人帮"的斗争又深入了一大步。

  根据同志们在历次座谈会上揭发的材料,现将极左思潮在出版工作中的一些表现整理出来。发生这些问题,祸根在"四人帮"。我们在材料中列举了一些观点和事例,是对事而不是对人,目的在于引起思考,联系实际,进一步分清是非,肃清流毒,团结战斗,搞好出版工作。

一、片面强调配合当前斗争　出书完全"跟着运动转"

  把出版为无产阶级政治服务,曲解成仅仅是为当前的政治斗争服务,把"配合当前"绝对化、各种图书都要围着当前运动转。各个出版社抢着"配合",大批出版报刊文章汇编。许多书题目一样,内容雷同。真正急需的出得很少,青少年读物品种少,质量低,阐述马列主义基本理论的学术著作几乎没有,甚至连专门整理古籍和翻译出版外文书的出版社,也要"突破框框",大搞"直接配合",与兄弟出版社抢选题。稍有疑义就被扣上"只要分工,不要路线"的大帽子,还说"分工是产生阶级的基础,分工越细越容易出修正主义",并且责问:"无产阶级专政的国家,为什么不能出关于无产阶级专政的书?""为什么不许革命?"为了紧跟运动,某出版社一个编辑室全被拴在"配合当前"的《活叶文选》上,据说,《活叶文选》的特点在于一个"活"字,不仅随时可以配合,而且转得快,实际上是可以随意把要"配合"的内容塞进去。由于片面强调出书要紧跟运动,结果运动一来,大家抢着配合,情况一变,忙着撕页、换页、挖改、停售、销毁,不仅政治上造成严重后果,经济上也造成很大损失。

二、穿靴戴帽　乱贴标签

根据所谓"配合当前斗争",在书中穿靴戴帽,乱贴标签,滥引经典著作。

不管什么书,都要在正文前印几页语录,都要在前言、后记中写上配合当前运动的内容,否则就被认为"不突出政治"。《方腊起义》一书,前面印上毛主席评《水浒》的语录,读者来信说,历史上的宋江并没有去打方腊,印这段语录是什么意思?一些历史人物传记,本与当前政治运动无关,硬要加进所谓"反击右倾翻案风"的内容。有人还说林肯是外国法家,真是滑天下之大稽!一本介绍农业机械的书,也要塞进"党内有一个资产阶级"的谬论,印了50万册,全部报废。在编辑辞书时,有人竟提出要把无产阶级专政落实到每一个词条上去。《现代汉语词典》对于"洋葱"一词的解释,有人硬要加上"洋葱具有叶焦根烂心不死的特点",据说,这才叫作突出阶级斗争观点,联系批"走资派"。有人把一部词典稿子中与酒有关的词条全部抄在一起,说这部稿子的编者是酒徒。又有人把"寡不敌众"一条解释为小国能够战胜大国,弱国能战胜强国。这真是令人哭笑不得!一些鲁迅著作的注释本,把鲁迅的话断章取义,硬往当前的政治运动上挂,搞实用主义。

三、精神枷锁沉重 "双百"方针无法贯彻

曲解"双百"方针,认为只有"香花"才能放,只有"真理"才能鸣,要百分之百正确,否则就是资产阶级"自由化"。对书稿往往攻其一点,无限上纲,认识问题被说成是思想问题,学术问题被说成是政治问题,一般政治问题被说成是反党反社会主义。某些观点阐述得稍有不准确之处,就被视为"反对马列主义、毛泽东思想"。知识性趣味性的图书,"有非政治倾向";风景花卉,"宣扬封建士大夫的闲情逸致";音乐的旋律轻松一点,是"轻歌曼舞,靡靡之音";画面的墨色浓一点,"反映了作者思想灰暗"。文学创作只能按照所谓"三突出"的框框写,写转变中的人物,就是"中间人物论";写英雄人物的缺点,就是"给英雄人物抹黑"。在文学创作中,反面人物放毒要当场批判,没有正面人物在场时,就要作者加上旁白。结果是千文一腔,千人一面,千篇一律。文艺理论的书籍,几乎全是宣扬"三突出"、"根本任务"论、"写大走资派"一类货色。历史书籍充斥着儒法斗争贯穿两千年的谬论。甚至于同时出版同一主题的两种学术著作,也成了问题。作者出了问题,同他有关的书要完全否定,又往往牵连到编辑。例如,吴晗出了问题,对他以前主编的一套《历史小丛书》,不管写书的作者和书的内容如何,都打成"黑书",以至株连到责任编辑。

四、在"封资修"大帽子下,不敢提"古",不敢说"洋"

把一切文化遗产统统说成"封资修名洋古",宣扬"剥削阶级意识形态",予以否定。一个时期人们不敢提古,不敢说洋,一提古就是"复辟","又奏前朝曲";一说洋就是"崇洋","外国月亮比中国的圆"。把专门整理古籍和出版外文书的出版社,说成是贩卖封资修的"黑店",说这里"复杂就复杂在一个'旧'字,古籍"不能今用,要它没用"。

荣宝斋是专门从事木版水印的书画社,他们的多数产品,是向国内外介绍中国传统艺术的。"四人帮"的一个死党却攻击荣宝斋出口的作品"不是社会主义内容,对外宣扬资本主义,充当外国人的加工厂",是"只要钱,不要线,出卖社会主义"。1976年国家出版局前领导规定,取消经营文物字画,停止收售、代售现代画原作,使荣宝斋业务陷于停顿。著名的《韩熙载夜宴图》,在国外影响很大,复制后既不让展出,也不同意出售。就连小幅的古绢画、花卉画、宋人画册、旧石章等,也不准外国人购买,引起外国友人的不满。

在极左思潮的影响下,中外古典名著都成了禁书,这些书的再版重印更是无从说起。"四人帮"大搞"评法批儒"后,约了一部法家和进步思想家诗文的稿子,上下几千年,冷冷落落只有20几个人,后来只好把陆游、辛弃疾作为"团结对象"列了进来。编写中国音乐史,因有些优秀作家很难说是法家,就不能肯定他们在音乐史上的地位,他们的作品也被砍掉了,一部丰富多采的中国音乐史变得寂然无声。

五、把"三结合"写书绝对化

把"三结合"写书绝对化。认为既然"无产阶级不只要支配物质资料生产,还要支配精神资料生产","三结合"写书就一律要以工农兵为主体。甚至还说,"任何著作都要吸收别人的思想,利用别人的材料,根本不存在什么个人创作"。因此,不问书稿内容,不考虑实际可能,写书都要通过"三结合"。有人提出,工农兵不但能写短篇,而且能写长篇,不只能写"今",而且能写"古",不只能用中文写,而且能翻译外文。请工农兵翻译外文书,圈点注释古籍,工农兵不会,只好现教现学,还把这种弄虚作假现象美其名曰"打破了禁区"。很多书,实际上是专业工作者写的,却挂上工农兵的名字,而且要把工农兵的名字署在前面。有时因作者太多,就用某某等,把专业工作者给"等"掉了,有的干脆就不写专业工作者的名字。一个时期,这种用工农兵名义领取通行证的作法,甚为流行。谁不同意这样作,谁就是否定"三结合",否定"新生事物",否定"工农兵占领上层建筑"。

由于片面地理解"工农兵占领上层建筑",有的出版社还搞了所谓"编辑分部",主要归所在基层党委领导,成员由出版社编辑和工人业余作者组成,从确定选题,到是否出书都由编辑分部决定,实际上变成了一个独立的出版机构,等于放弃了国家出版社的职责。

"三结合"写书中,工农兵和知识分子发生了意见分歧,往往只能听工农兵的,否则就被认为"还是知识分子把持的一统天下"。在某书的"三结合"小组中竟然有人说,"过去是你(指专业工作者)专我的政,现在该是我专你的政了。"大连红旗造船厂"三结合"小组编的《马恩列斯论历史科学》问题很多,人民出版社提出修改,就被责问,"是听工人的还是听你们知识分子的,究竟由谁说了算?"

六、排斥老专家老作家

全盘否定原来的专业作者队伍,特别是老作家,统统被认为是

"反动权威",不能请他们写东西,一写就是"黑线回潮"。许多在《讲话》指引下写出了好作品的著名作家,如周立波、李季、杨朔、马可、杨沫、曲波、梁斌、郭小川、马烽等,统统被打成"文艺黑线"人物,他们的作品都不能出版。李季同志同意谢冰心写邢燕子,也被视为"黑线回潮",遭到批判。傅雷是翻译巴尔扎克、罗曼·罗兰作品的著名译者,因为他曾是右派(已摘帽子),他翻译的《欧也妮·葛朗台》,译文质量很好,也不能出版,要另请其他单位重译。他翻译的巴尔扎克的《幻灭》,文化大革命前已打好纸型,也不敢出版。画家哈琼文作了两幅画,一幅署自己的名字,没有选上,一幅署他在农村插队女儿的名字,很快入选,还被人赞扬说,"专业的也画不出这个水平"。罗素的《西方哲学史》。上册先出版,署了译者的名字,下册是另一个译者译的,借故不署名字,这就发生误解,以为上册的译者出了什么问题。还有人提出疑问:"难道罗素会用中文写书?"自立"土政策",甚至一些作者家庭出身不好,社会关系有些问题,也不能出他们的作品。

七、全盘否定 17 年出版队伍

全盘否定 17 年的出版队伍。原出版口的一位负责人,竟然指使人写一份黑报告送给陈伯达,说什么"出版系统的领导骨干是从 30 年代过来的,不仅是一条黑线,而且是连锅端过来的黑店"。多年来,整个编辑队伍被说成是"黑的",是"旧势力"、"旧人马"、"老班底",出版社是"资产阶级知识分子的一统天下","资产阶级知识分子长期霸占的世袭领地"。有人无中生有地说,某出版社,"1960 年以来,四个社长,两对坏蛋","几个社长、总编辑都以权威的面目出现,各霸一方。对于他们网罗的那批叛徒、右派、胡风分子、国民党少将、特务,更是奉为'神明',这些家伙在出版社形成了一个特殊阶层,成为黑线统治的骨干力量"。总之,17 年的出版队伍是坏透了,烂透了,要"一刀两断"、"大换班"、"重建一支队伍"。

1972年底,原出版系统的干部陆续从干校回来工作,有人仍把他们看作修正主义路线的"社会基础"、"消极因素",他们回来工作就是"回潮复辟"。还说,"现在出版局的班子是旧中宣部、旧文化部的浓缩。"有的干部在1972年批林整风时尖锐指出:"林彪破坏了一支队伍",有的干部指出,这几年的出版工作"连初步繁荣也没有"。在所谓"反回潮"运动中,这些坚持正确意见的同志竟被大整特整,说他们是"否定文化大革命"。

八、乱扣"白专"帽子 取消业务学习

空喊突出政治,鄙视业务学习。谁学习业务,谁就会被看成是"业务挂帅"、"白专道路"、"成名成家"、"知识私有"。有人说"只要学好马列,就有了一切",用马列代替专业知识,其实马列也没有学好。有的人不仅自己以"外行"为荣,还鼓吹什么"当编辑没有什么神秘的,只要认识汉字就可以当编辑"。某出版社一位领导为帮助新来出版社的同志熟悉业务,开了一个20多本参考书的书单子,其中包括几本文学史、古典作品以及《红楼梦研究》、《武训传批判》等正反两方面的一些材料,也被指责为"腐蚀青年"、"黑线回潮"。有的人还要创造什么"不懂外文也能处理译稿"的"经验"。有位老编辑应几个青年的要求帮他们补习英语,结果也遭到质问:会一门外国语尾巴就翘起来了,再学一门外语,尾巴会翘到天上去,你准备把这些青年引导到哪里去?在这种空气之下,很多同志不敢学业务,政治理论的学习也没有搞好,致使出版队伍远远不能适应工作的要求。

九、无政府主义泛滥 破坏了合理的规章制度

借口反对所谓"管卡压",无政府主义泛滥,许多合理的规章制

度遭到破坏。有人公然组织群众批判责任编辑、编辑室主任、社领导逐级审稿的"三审制",说它是"修正主义一长制的复活",要党委把书稿的"终审权"下放给党支部。有的人甚至同总编辑争"终审权"。有的出版社,书稿档案制度没有了,岗位责任制取消了,责任编辑不写审稿意见。为编辑工作服务被说成是"为编辑老爷服务、为精神贵族服务","为编辑工作服务"这个口号多年不准提了。由于合理的规章制度被取消,原有的正确分工被打乱,有些出版社成了有政府的无政府状态。例如,由于校对制度不健全,以致在1977年第3期的《新华月报》中造成了一个严重的政治错误。有篇文章的原文是讲我国统一战线在反对社会帝国主义、帝国主义和解放台湾的斗争中的作用,由于排字出错又未校出,竟成为"社会帝国主义在解放我国的神圣领土台湾的斗争中,在坚持全世界人民在反对帝国主义及其走狗的斗争中,都发挥了和正在发挥着重大作用"。像这样的政治错误,出现在我们的出版物中,是建国以来少有的。

十、把"工人阶级领导一切"和党委一元化领导对立起来

把工人阶级领导一切、工农兵占领上层建筑,曲解成一定要有工人、解放军来出版单位担任各级领导。前些年,有的出版社硬把不是本社的工作干部、只是临时参加"三结合"编书的工人师傅派为编辑室负责人、支部副书记。有人还鼓吹出版阵地必须由工宣队来"占领和改造",否则就"意味着复辟"。少数"闹而优则仕"的人伸手向党委要官要权。由于受"踢开党委闹革命"谬论的影响,有的支委会开会像是联合国的安理会,个人对党的决议有所谓"否决权"。这些情况,干扰和削弱了党的一元化领导。

在"四人帮"乱批所谓"唯生产力论"的影响下,多年来出版社党委不能理直气壮地抓出书。这些年还有一个所谓"育人第一"的口号,说出版社主要任务是"育人",而不是出书。谁把主要精力用

在出书上,就被说成"只抓稿子,不抓脑子"。有人说,"只要路线对头,书少出一点,门市冷冷清清也是好的。"有人说,"开门办社主要是受教育,出书多少没关系。"党委抓出书,也被指责为"出书党"、"业务党",以致一些出版社的党委不抓出书问题,不讨论出书的方针、计划,大大削弱了党对出版工作的领导。

(据中国书籍出版社 1996 年出版的《宋木文文集》刊印)

中国青年出版社出版学生课外读物的情况
（中央宣传部出版处编《出版工作简报》第 9 号）

（1964 年 4 月 3 日）

中国青年出版社出版学生课外读物，在 1960 年以前，出版了两套直接配合正课的辅导读物：

初中自然科学补充读物	45 种
学习指导读物	6 种

另一方面，出版了帮助学生扩大知识领域的读物。自然科学方面有：

青年数学丛书	28 种
青年科学丛书	78 种
青年科学技术活动丛书	26 种
伊林的著作	16 种
别莱利曼的著作	8 种
费尔斯曼的著作	4 种

这两类书籍在 1961 年书籍质量检查时，经过初步清理，认为可再版的有 176 种，但一般都需要经过修订。

上述读物中，以直接配合正课的辅导读物发行量较大，如《平面几何学习指导》，已印 840,000 册，初中自然科学补充读物中的《因式分解》已印 274,000 册，《圆》已印 310,000 册。《三角形》、《算术学习指导》、《立体几何学习指导》和《平行四边形和梯形》等，每种印数均达 20 万册。此外别莱利曼的著作也较受学生欢迎，如《趣味物理学》已印147,000册,这类书适合于引导学生活用已经学到的知识,但发行量不如配合正课的读物多,如费尔斯曼的《趣味矿物学》,印数只有5,000册,史地读物中的《中国书的故事》,印数略多一些,也只有41,000册。编写得比较好的郑文光著《飞出地球去》,只印36,000册,周明镇著《我国古动物》,只印15,000册,这些书,适宜于学生阅读,内容也比较生动,而发行的少,一方面由于宣传评价工作不够,另一方面也由于这些书不是和正课直接配合,因学生正课负担过重,未受到学生的重视。

1961年,中国青年出版社在制定七年规划的过程中,考虑到要帮助青年增长基础知识,出版了如下六套丛书:

社会科学知识丛书	计划约出50种	已出5种
历史知识丛书	计划约出70种	已出8种
地理小丛书	计划出160种	已出19种
自然科学知识丛书	在原基础上修行扩充	已出2种
科学技术新成就丛书	计划出18种	已出4种
《你知道吗?》丛书	计划出32种	已出4种

以上六类书的发行量,多的如历史知识丛书中的《在古战场上》,已印208,000册;《你知道吗?》丛书中的生理卫生第二册,已印133,000册。其中有些书据各方面反映认为质量较好,如科学技术新成就丛书中的《未来的交通工具》,但由于出书时间不久,宣传评介不够,印数还不大。

现在由于研究改进教学方法,减轻学生负担以后,课外读物更为重要了。中国青年出版社,正在根据中宣部最近召开关于加强和改进学生课外读物出版工作座谈会上的意见一方面将过去出版的书籍加以清理,提出可以继续再版或经过修订再版的书目;另一方面经过调查研究以后,作出今后出版学生课外读物的全面规划。再版书目和今后的规划将报课外读物规划小组审定。

其他几家出版社,如人民教育出版社、科学普及出版社、中国少年儿童出版社等,也都正在根据中宣部召开关于加强和改进学生课外读物出版工作座谈会的意见,拟定这方面书籍的出版规划。

(据中央档案馆保存的原件刊用)

全国文艺杂志的出版情况

(中央宣传部出版处编《出版工作简报》第 10 号)

(1964 年 4 月 30 日)

(一)据今年第一季度统计,全国共出版各种文艺杂志 74 种,占全国杂志总数的 12%(全国公开出版的杂志总共 622 种,其中自然科学杂志 439 种,占总数 71%,除文艺杂志以外的哲学社会科学杂志 109 种,占总数 17%)。文艺杂志中属中央一级有关机关办的 25 种,各省、市、自治区办的 49 种。

(二)地方办的文艺杂志以上海、河北两地较多。上海有六种,即《萌芽》、《收获》、《大众电影》、《上海戏剧》、《上海歌声》和《少年文艺》;河北有五种,即《新港》、《河北文学》、《河北美术》、《群众歌声》和《河北文学·戏剧增刊》。

目前只办有一种综合性文艺杂志的有十二个省、市和自治区:黑龙江、山东、安徽、江苏、浙江、福建、广西、云南、陕西、甘肃、宁夏和北京。

其次有十个省和自治区各办有两种文艺杂志,这些省区除了有一种综合性的文艺杂志以外,有的还办了一种戏剧杂志,有的办了一种音乐杂志,还有的办了一种画报或美术杂志、如湖北有《长江文艺》、《长江戏剧》;四川有《四川文学》、《四川音乐》;广东有《作品》、《广东画报》。

此外有两个地方,各办三种杂志。吉林有《长春》、《电影文学》

和《说演弹唱》；内蒙古有《草原》、《包头文艺》(双月刊、今年初恢复出版)，和以蒙文出版的《花的原野》。西藏没有办文艺杂志。

(三)专门性的文艺杂志，以电影，音乐、戏剧，画报几个方面较多。

电影杂志有六种，其中有影协办的《电影剧作》和电影评论杂志《电影艺术》。上海有《大众电影》。吉林也办有一个《电影文学》，这个杂志的内容有剧本，有评论。此外还有两种电影技术方面的杂志《电影放映》、《电影技术》。

歌曲、音乐方面共七种，歌曲有：《歌曲》、《解放军歌曲》、《上海歌声》和河北的《群众歌声》；音乐有：《人民音乐》、《音乐创作》和《四川音乐》。

戏剧杂志共六种，其中有剧协办的《戏剧报》和《剧本》，有地方办的《上海戏剧》、《长江戏剧》、河南《奔流·戏剧专刊》和《河北文学·戏剧增刊》。

各种画报共有七种，大型画报除北京出版的《人民画报》、《民族画报》和《解放军画报》三种以外，省办的现在只有《广东画报》、《新疆画报》两种。其他省的画报在1960年整顿刊物后都已停刊。此外，现在有两个省办有通俗性的画报，即山西的《群众画报》和辽宁的《农民画刊》。这两个画报开本较小，发行对象主要是农民。

(四)全国74种文艺杂志，总共发行约400万份。发行15万分以上的共有六种：《人民文学》32万份；《大众电影》30万份；《解放军文艺》25万份；《少年文艺》16万份；《解放军画报》23万份；《人民画报》主要发行国外，包括18种文字版本，共发行57万份。

发行份数在一万份以下的有十种，其中发行较少的是《宁夏文艺》，发行五千份；福建的《热风》，发行七千份；《北京文艺》，也只发行九千份。

(据中央档案馆提供的原件刊用)

总政版《毛主席语录》的出版发行情况
（中央宣传部出版处编《出版工作简报》第 27 号）

（1966 年 3 月 11 日）

总政编印的《毛主席语录》，第一版和修订第二版，部队系统共印 1,473 万册。

各省、自治区、直辖市都向总政要了纸型，计划翻印总数为 4,736 万册，到二月下旬，已印出 817 万册。

中央有二十二个部、委向文化部提出了印制 1,235 万册的计划，其中已印出 425 万册。另有几个部、委也向总政要了纸型，自己筹纸翻印，没有向文化部提出印刷计划，据了解已印出 175 万册。

截止目前，已印出的共计 2,890 万册；计划印制尚未印出的计 4,729 万册。以上两数共达 7,619 万册。

各省、市印制计划数一般在 100 万册上下。超过 200 万册的有七个地方：最多的为河南，计划印 600 万册；其次江西 450 万册，上海 410 万册，黑龙江 350 万册，吉林 300 万册，北京 280 万册，浙江 210 万册。

各部和各地印制的语录，有些是用机关或党、团、工会经费支付，免费分发的。估计中央各部、委与地方的发行对象，有一部分是重复的。例如科委准备发给地方科委，铁道部准备发给全国铁路局，林业部发全国林业工人，统计局发全国统计系统干部，二轻部发全国手工业企业，煤炭部发全国煤矿职工，粮食部发各省粮食厅、县粮食局和粮店。一些部门在召开学习、生产的先进者会议时,常以语录赠送与会人员,这些也常与党、团、工会、机关等分发有重复。

(根据中央档案馆提供的原件刊印)

永安铁路车辆段支部书记
到职工宿舍搜查没收私人藏书

（中央宣传部出版处编《出版工作简报》第 27 号）

（1966 年 3 月 11 日）

人民文学出版社最近收到福州铁路分局永安铁路车辆段梁辉的一封来信，说该段支部书记亲自到职工宿舍检查书籍，搜去《雷雨》、《北京人》、《夜店》等四十余册。

来信说，该段支部书记是趁他不在的时候去宿舍检查书籍的。他共有图书一百来册，包括文艺理论、小说、剧本、诗歌等，其中有些是解放前出版的。这些书经该段支部书记检查后，被拿走四十册左右。拿走的书中，有曹禺的《雷雨》、《北京人》、《日出》、《原野》，高尔基的《底层人》、《夜店》，屠格涅夫的《处女地》，拜伦的《唐璜》，歌德、浮士德、裴多斐、海涅的诗集。支部支记说这些书都是解放前出版的，解放前出版的书，都有毒，有"蒋总统思想"不能阅读。

（根据中央档案馆提供的原件刊印）